VIDA E ETERNIDADE NAS GRANDES RELIGIÕES

Dados Internacionais de Catalogação na Publicação (CIP)
(Câmara Brasileira do Livro, SP, Brasil)

Ries, Julien
    Vida e eternidade nas grandes religiões / Julien Ries ; tradução de Francisco Morás. – Petrópolis, RJ : Vozes, 2019.

    Título original: Vita ed eternità nelle grandi religioni
    Bibliografia
    ISBN 978-85-326-5953-8

    1. Antropologia 2. Religião – Aspectos socioculturais 3. Religião e cultura 4. Sagrado I. Título.

18-19744   CDD-306.691

Índices para catálogo sistemático:
1. Antropologia cultural e religião : Sociologia   306.691
2. Religião : Antropologia cultural : Sociologia   306.691

Maria Alice Ferreira– Bibliotecária – CRB-8/7964

Julien Ries

VIDA E ETERNIDADE NAS GRANDES RELIGIÕES

Tradução de Francisco Morás

EDITORA
VOZES

Petrópolis

© 2014, Editoriale Jaca Book SpA, Milano

Título do original em italiano: *Vita ed eternità nelle grandi religioni*

Direitos de publicação em língua portuguesa:
2019, Editora Vozes Ltda.
Rua Frei Luís, 100
25689-900 Petrópolis, RJ
www.vozes.com.br
Brasil

Todos os direitos reservados. Nenhuma parte desta obra poderá ser reproduzida
ou transmitida por qualquer forma e/ou quaisquer meios (eletrônico ou mecânico,
incluindo fotocópia e gravação) ou arquivada em qualquer sistema ou banco de dados
sem permissão escrita da editora.

CONSELHO EDITORIAL

Diretor
Gilberto Gonçalves Garcia

Editores
Aline dos Santos Carneiro
Edrian Josué Pasini
Marilac Loraine Oleniki
Welder Lancieri Marchini

Conselheiros
Francisco Morás
Ludovico Garmus
Teobaldo Heidemann
Volney J. Berkenbrock

Secretário executivo
João Batista Kreuch

Editoração: Leonardo A.R.T. dos Santos
Diagramação: Sheilandre Desenv. Gráfico
Revisão gráfica: Alessandra Karl
Capa: Renan Rivero

ISBN 978-85-326-5953-8 (Brasil)
ISBN 978-88-16-41271-2 (Itália)

Editado conforme o novo acordo ortográfico.

Este livro foi composto e impresso pela Editora Vozes Ltda.

SUMÁRIO

Introdução, 7

I – Pré-história e populações de tradição oral, 15

   1 As crenças do homem arcaico na sobrevivência – Do *homo habilis* ao homem do neolítico, 17

   2 Morte e sobrevivência nas populações orais da África e da Austrália, 29

   3 A imortalidade e a sobrevivência nas religiões das populações ameríndias, árticas e finlandesas, 39

   4 Imortalidade e sobrevivência nas grandes religiões mesoamericanas, 48

II – Morte, destino e além-túmulo entre os indo-europeus, 55

   1 Morte e sobrevivência entre os etruscos e neo-hititas, 61

   2 Sobrevivência e imortalidade entre os celtas, 66

   3 Vida, morte, sentido do destino e do além nas concepções dos antigos germânicos e escandinavos, 76

III – Destino humano, morte e sobrevivência segundo as grandes religiões do antigo Oriente Médio, 99

   1 Sentido da vida e da morte e concepções do além-túmulo na religião do Egito faraônico, 101

   2 O homem mesopotâmico, seu destino e a morte, 120

   3 A doutrina zoroastriana da sobrevivência, da imortalidade da alma e da renovação do mundo, 129

IV – As grandes religiões da Ásia Central e Oriental, 143

   1 A imortalidade segundo o vedismo, o bramanismo e o hinduísmo, 145

   2 A imortalidade segundo o budismo, 164

   3 As religiões da China – Sobrevivência e imortalidade, 184

V – Duas religiões dualistas e iniciáticas: O orfismo e o maniqueísmo, 209

1 A imortalidade nas doutrinas e nos rituais órficos, 211

2 A escatologia na religião de Mani, 228

VI – A morte e o além no mundo greco-romano antigo, 237

1 As crenças pitagóricas na imortalidade celeste da alma, 239

2 Platão e a imortalidade da alma, 248

3 A morte e o além na religião grega, 260

4 Morte, sobrevivência e além-túmulo na antiguidade romana, 272

VII – Morte, sobrevivência, imortalidade, ressurreição nos três monoteísmos abraâmicos, 283

1 A visão hebraica do além-túmulo nas tradições bíblicas veterotestamentárias, 288

2 A visão cristã do além-túmulo, 292

3 Escatologia e teologia cristã, 303

4 Imortalidade e ressurreição nas crenças islâmicas, 320

VIII – Escatologia cristã e migração das almas, 331

1 Os cristãos diante da herança das religiões antigas, 333

2 *New Age* e reencarnação, 352

Epílogo – O homo religiosus e seu destino, 363

Bibliografia seletiva e geral, 371

Índice dos nomes e dos principais lugares, 377

Índice geral, 393

INTRODUÇÃO*

1 A vida: Os primeiros esboços de uma reflexão sobre a vida

Alguns sustentam que a primeira tentativa de definição da vida se encontre em Aristóteles: "Entre os corpos naturais, alguns têm vida e outros não a têm. Por vida entendemos o fato de nutrir-se, crescer e definhar automaticamente" (*De anima,* II, 1).

Os orientalistas encontram traços de uma reflexão sobre a vida muito antes de Aristóteles. Os egiptólogos nos mostram, desde o Antigo Reino, o sinal da vida, que encontramos ao longo de toda a história egípcia, até o período copta. É um sinal que simboliza a vida, seja como dom da divindade seja como força que se opõe à morte. No III milênio, no Vale do Indo, a glíptica do sítio arqueológico de Mohenjo-daro e de Harappa, no Paquistão, nos apresenta a deusa da vida em pé no meio de dois ramos da figueira sagrada, a árvore da vida. A mesma glíptica nos mostra aquele que foi interpretado como o Senhor da natureza, o grande Deus na direção do qual se voltam os animais, como para prestar-lhe homenagem.

Há muito tempo, embora tudo isso seja discutível, os orientalistas insistem na importância da deusa mãe na Índia pré-védica, na Mesopotâmia, na Anatólia, no Próximo Oriente e na Europa arcaica. Os vales alpinos da Valcamônica nos revelaram a existência de estátuas em pedra datadas do final do IV milênio. As incisões nas pedras feitas pelos Camunos [habitantes do Vale Camônica, ou Valcamônica] são divididas em três registros sobrepostos, que nos fazem pensar na tríplice divisão social descoberta por Georges Dumézil: soberania, força e fecundidade. Seriam estas estátuas de pedra indícios da chegada dos indo-europeus

---

* In: RIES, J. *Vie et survie dans le civilisations orientales.* Lovaina: Peeters, 1983, p. 1-6 [Acta Orientalia Belgica, 3] [trad. it. em: *Preistoria e immortalità.* Milão: Jaca Book, 2012, p. 7-18].

nos Alpes? Se esta hipótese se confirmasse, teríamos então em Valcamônica testemunhos preciosos da expressão arcaica da vida, não somente em termos individuais, mas também sociais.

1.1 A vida como manifestação e como animação

Em sua reflexão sobre a vida, o homem concentrou sua atenção nos fenômenos em que a vida se manifesta e na animação do ser através do sopro vital. Aristóteles fez uma distinção entre alma vegetativa, alma sensitiva e alma racional. Muito rapidamente o Oriente pensou na vida como animação do ser. No homem, os judeus distinguem a carne (*basar*), a alma (*nephesh*), princípio da vida física e sede da vida psíquica, e o sopro (*ruah*), princípio vital e sede dos sentimentos e da atividade intelectual. Os egípcios falam de *ka*, de *bai* e de *akh*. O *ka*, manifestação das energias vitais, função criativa e conservadora, é a parte divina do homem. É graças ao *ka* que a vida subsiste. O *bai* é a consciência individual, o princípio espiritual, a vontade, a sede dos sentimentos, o que governa as ações. *Akh* é um princípio imortal, uma potência invisível. Para o egípcio, portanto, são três os princípios que animam a vida. Uma vez tornados cristãos, os egípcios assumem dos gregos o termo *psychē*, e isso mostra, segundo Sauneron, que "nenhum termo da velha língua correspondia exatamente à noção cristã de alma".

A antropologia indo-iraniana também emprega diversos termos. *Vyāna* é a alma-sopro, o princípio espiritual que se encontra em todo ser humano, inclusive para a divindade suprema do zoroastrismo, o *Ahura Mazdā. Manah* simboliza a eficácia do pensamento. A alma libertada, *urvan*, designa o princípio da personalidade e parece corresponder ao ātman indiano. *Daena* é o intelecto religioso, que permite tomar consciência do mistério divino. O pensamento indo-europeu enfatiza, portanto, a dimensão espiritual do ser humano. Na Índia, perante o Absoluto, o *Brahman*, é possível perceber seu correlato humano, o *ātman*, princípio imortal que é convidado a libertar-se do corpo humano para juntar-se à perfeita identidade com o *Brahman*.

1.2 A vida como organização

O termo grego *organon*, que encontramos em Aristóteles, nos permite exprimir a noção de "vida organizada". O conceito ocidental de "organismo"foi sendo definido ao longo do século XVIII graças às pesquisas de naturalistas, médicos e filósofos que se puseram de acordo em relação à necessidade de encontrar substitutivos ao conceito de *alma,* visando a tornar mais adequada a unidade funcional do ser humano. Kant mostrou que o corpo orgânico não é somente organizado, mas também auto-organizável. No século XIX, Augusto Comte lembrava que a ideia de vida é inseparável da ideia de organização. Para ele, o organismo se define com o consenso das funções, ou seja, com a noção de *sympatheia* dos gregos. Comte transferiu para a vida social o conceito de consenso orgânico, transformando-o em fundamento de sua ciência organizadora da vida social, a sociologia.

Voltemos às civilidades orientais. Os egípcios concebiam a vida como a união harmônica dos princípios vitais e do corpo. Em *La civilisation de l'Égypte pharaonique* [A civilização do Egito faraônico], François Dumas traduz um texto da terceira dinastia, que nos dá uma ideia de como os egípcios representavam a vida:

> Assim, o coração e a língua têm poderes sobre todos os membros em razão do corpo estar presente em qualquer ser humano e a língua na boca de qualquer deus, homem, animal ou réptil vivo; e também porque o coração pensa tudo o que quer, e porque a língua comanda tudo o que ela quer [...]. O ver dos olhos, o ouvir dos ouvidos e o respirar do nariz se relacionam com o coração. E é o coração que produz incessantemente cada conhecimento; quanto à língua, ela repete o que o coração pensa [...]. Assim se realiza cada trabalho e cada serviço, o labor das mãos, o caminhar das pernas, o movimento de todos os outros membros, sob a ordem pensada pelo coração e expressa pela língua, e que cria incessantemente o ser de cada coisa[1].

Além do mais, conhecemos o impacto da noção de *maāt* sobre a vida de cada egípcio.

Na Índia a reflexão sobre a vida como organização gira ao redor da ordem social-cósmica. Aqui o termo chave é *dharma*, palavra que sintetiza em si a ordem global; os quatro *varna* e os quatro estados de vida. Deus faz nascer o mundo e o reabsorve em Si. Está no coração do cosmo segundo os termos da *Bhagavad Gīta*,

---

1. DAUMAS, F. *La civilisation de l'Égypte pharaonique.* Paris: Artaud, 1971, p. 247-248.

XVIII, 61: "O Senhor de todas as criaturas está no coração de todos, fazendo-os mover-se daqui para ali como as engrenagens de uma máquina graças ao seu poder misterioso".

1.3 A vida como desgaste e cessação

Entre a vida humana e a sobrevivência, a *after life*, situa-se a morte, drama do limite e da finidade, cessação definitiva das funções do ser vivo. A morte biológica é o fenômeno da cessação da vida humana como manifestação, como animação e como organização da unidade funcional do vivente. Mas é também um mistério ao redor do qual, no curso dos séculos, houve uma sacralização. "A morte – escreve Fustel de Coulanges – foi o primeiro mistério. Ela enredou o homem na via dos outros mistérios. Ela elevou seu pensamento do visível ao invisível, do transitório ao eterno, do humano ao divino"[2]. A morte é um momento decisivo da existência humana que se apresenta como passagem obrigatória. A pergunta é: passagem em qual direção, para qual estado? É a esta pergunta que os vivos tentam responder. E é nestas respostas que encontramos a sacralização da morte, a origem dos ritos e dos rituais funerários, as crenças tranquilizadoras, os comportamentos simbólicos e religiosos. O defunto foi objeto de atenção particular, mas também de abandono, e em algumas culturas inclusive de destruição. Existe, aliás, uma imensa variedade de sepulturas, dos túmulos às pirâmides, da simples inumação às cavernas funerárias[3].

2 A sobrevivência como vida para além do desgaste

O termo *survie*, sobrevivência, fez o seu ingresso na língua francesa em 1604, como termo jurídico. É o único sentido que nos oferece o *Dictionnaire de l'Académie* de 1878, ou a reedição de Littré de 1968. Entre os diversos sentidos, no Grand Larousse, encontramos: "prolongamento da existência para além da morte", e no Robert: "vida que continua após a morte".

---

2. FUSTEL DE COULANGES, N.D. *La cité antique*. Paris: Hachette, 1822 [trad. it.: *La città antica* – Studio sul culto, il diritto, le istituzioni di Grecia e di Roma. Roma/Bari: Laterza, 1925].

3. THOMAS, L.V. "Le sacré et la mort". In: RIES, J. (org.). *Les origines et le problème de l'homo religiosus*. Aix-en-Provence: Edisud, 1992, p. 209-252.

2.1 A noção de sobrevivência

Na Bíblia a sobrevivência é fundada na transcendência do espírito humano em relação à vida biológica. Os textos bíblicos falam igualmente da imortalidade pessoal, que situam para além de um juízo particular, eliminando assim qualquer perspectiva de reencarnação. O pensamento religioso do antigo Irã, por sua vez, é caracterizado por uma doutrina escatológica que insiste na sobrevivência no quadro de uma renovação do homem e do mundo. Para Zaratustra, a imortalidade do homem é uma nova juventude conferida aos fiéis de Ahura Mazdā.

No pensamento arcaico egípcio o defunto vive em regiões subterrâneas, onde tem uma atividade comparável à que tinha exercido na terra. Juntar todos os elementos dos quais é constituída a pessoa humana é uma obra fundamental para a sobrevivência: daí a mumificação, praticada desde os tempos mais antigos. A Bíblia, o Irã e o Egito conhecem o tempo linear, e deste fato resulta a ideia de uma sobrevivência definitiva logo após a morte e após um juízo. O islã retomará esta noção da tradição judaico-cristã.

Diferente é a situação na Índia, onde é central a noção de tempo cíclico. No vedismo a morte não é o fim da vida humana: o homem entra no reino de Yama, primeiro defunto e rei da morte. Com os *Upaniṣad* se afirma a doutrina do *saṃsara*, a transmigração:

> Como uma lagarta, que junto à extremidade de uma folha se contrai para um novo avanço, assim o ātman, sacudindo o corpo, renunciando ao não ser, se contrai para um novo avanço (*Bṛhadāraṇyaka Upaniṣad*, IV, 4, 3).

A sobrevivência se conecta às ações precedentes.

O budismo ensina a radical "não permanência". A doutrina do ato substitui a doutrina da criação. O ato é o soberano que cria e conserva o universo. Privado de *ātman*, o homem mergulha num oceano de não permanência. No entanto, o equivalente do eu, mantido sob a forma dos estados de consciência, explicará a dor e o renascimento. O verdadeiro fim do homem é a libertação da transmigração e da dor: o *nirvāṇa*.

2.2 O modo como se organiza a sobrevivência

Cada cultura organiza a sobrevivência à sua maneira. Para o Antigo Testamento, a sobrevivência aparece como uma existência diminuída, entre as sombras do *sheol*: na presença de uma eternidade incerta, o homem é vítima da angústia. No Novo Testamento, ao contrário, a sobrevivência é uma passagem para outro nível da existência, uma existência incorruptível inserida numa visão beatífica. Zaratustra ensina que depois da passagem da ponte de Shivat o fiel entra num lugar de felicidade, de luz e de paz. A luz de Ahura Mazdã dissipa toda angústia e faz a alma gozar de uma felicidade sem fim: *Ameretāt*, a imortalidade bendita. A comunidade masdeísta tornará sempre mais material essa felicidade. Fusão do paraíso de Osíris e da teologia solar, a doutrina egípcia leva à criação de um programa médio para o destino do além-túmulo:

> Passar o dia à sombra fresca do próprio túmulo aproveitando os suprimentos trazidos pelos próprios descendentes ou propiciados pela magia; no cair da noite, alcançar a barca do Sol, pará-la, entrar nela para atravessar o horizonte e penetrar assim em total segurança nas inacessíveis e perigosas regiões do além; parar confortavelmente nos campos de Osíris ou em qualquer outro paraíso, onde existem agradáveis passatempos; no momento em que o sol se dispõe a deixar estes países fabulosos... juntar-se ao veleiro de Rá, atravessar a bordo dele o horizonte oriental e renascer com ele no dia aqui em baixo; apressar-se para reconquistar o próprio túmulo[4].

O islã nos apresenta um paraíso fortemente colorido de alegrias materiais. Acrescentamos que no Novo Testamento e no Alcorão está presente uma doutrina da ressurreição dos corpos.

Na Índia a organização da sobrevivência é bastante diferente. Os *Brahmana* fundam sua doutrina da imortalidade no sacrifício necessário para a conservação do *Dharma*. Os *Upaniṣad* interiorizam essa concepção e a integram nas teorias do *karman* e do *saṃsara*. Segundo *Bṛhadāraṇyaka Upaniṣad* (II, 4, 1-14), é através do conhecimento de *ātman* que se conquista a imortalidade. Alhures este *Upaniṣad* afirma:

---

4. DRIOTON, E. "La religion égyptienne". In: *Histoire des religions*. Vol. 3. Paris: Gallimard, 1955, p. 125.

Os que agora o sabem e os que na floresta sabem que a fé é a verdade entram na fogueira, e da fogueira no dia, do dia na quinzena luminosa, da quinzena luminosa nos seis meses, quando o sol sobe para o Norte, e dos meses no mundo dos deuses, do mundo dos deuses no sol, na região dos relâmpagos. Chegados à região dos relâmpagos surge um ser espiritual, que os conduzem aos mundos do Brahman. Nos mundos do Brahman existem distâncias insondáveis. Para estes não há volta a este mundo aqui embaixo (*Bṛhadāraṇyaka Upaniṣad*, VI, 2, 15).

Para os budistas, *nirvāṇa* é o fim dos renascimentos, a negação da existência aparente. Alcançar o *nirvāṇa* nesta vida é possível: trata-se da abolição do sofrimento e da cessação do desejo. O *nirvāṇa* é denominado a outra margem, o refúgio, o abrigo, a proteção, a segurança, a calmaria, o fim, o estado sutil, maravilhoso. Ele aparece como um estado de felicidade imperturbável.

I
PRÉ-HISTÓRIA E POPULAÇÕES DE TRADIÇÃO ORAL

1
AS CRENÇAS DO HOMEM ARCAICO NA SOBREVIVÊNCIA
DO *HOMO HABILIS* AO HOMEM DO NEOLÍTICO*

Os homens da pré-história nos transmitiram uma série de documentos dos quais devemos individuar a mensagem: ossos, esqueletos, crânios, utensílios de pedra, túmulos, ocre vermelho, mobílias funerárias, incisões parietais e pinturas rupestres. É uma documentação muda, dado que os gestos, as palavras e as ideias religiosas não são matérias fossilizáveis. Acrescente-se que cada escavação arqueológica leva à destruição, ao menos parcial, de um sítio. Enfim, um depósito ritual é um conjunto do qual é extraído o significado religioso. Estas considerações não devem nos levar a deixar em branco os milênios da pré-história, dado que a análise da documentação arqueológica fornece aos historiadores das religiões a convicção de que o *homo faber* ou *ergaster* fosse também um *homo symbolicus* e um *homo religiosus*.

No tocante à nossa pesquisa sobre as crenças na sobrevivência, são as sepulturas que fornecem os indícios mais evidentes. Escavar um túmulo para analisar o corpo de um defunto é uma preocupação dos vivos. Esta preocupação já está presente na pré-história. Alguns autores acreditam que a primeira manifestação desta preocupação seja o canibalismo, o qual, evitando a corrupção do corpo do defunto, contemporaneamente servia para incorporar em quem o ingerisse parte do poder do defunto, colocando assim o defunto na continuidade da cadeia dos viventes[1].

---

* "Les croyances de l'homme archaique en une survie de l'homo habilis a l'homme du Néolithique" [trad. it. em *Preistoria e immortalità*. Milão: Jaca Book, 2012, p. 19-38].

1. THOMAS, L.V. *Le cadavre* – De la biologie à l'anthropologie. Bruxelas: Complexe, 1980.

1.1 Ritos e simbologia funerária no Musteriano

Os mais antigos túmulos encontrados pertencem à cultura musteriana, isto é, ao Paleolítico Médio, que vai dos 250.000 aos 40.000 anos a.c. Trata-se dos túmulos de Skhul e de Qafzeh em Israel, situados respectivamente próximos ao Monte Carmelo e a Nazaré (por volta de 90.000 a.C.), e dos túmulos do homem de Neandertal, a partir do ano 80.000 a.c. Pascale Binant fez uma boa síntese da documentação relativa às primeiras sepulturas na Europa[2], considerando que a partir de um *corpus* de atos e de objetos é possível evidenciar um pensamento coerente. Alban Defleur publicou uma documentação crítica a respeito das sepulturas musterianas: escavações, interpretações, datações dos túmulos da Eurásia a partir de 100.000 a.C.[3]. O autor mostra a riqueza e a diversidade das práticas funerárias no Paleolítico Médio, lembrando que a partir dessa época nos encontramos em presença de um tratamento social da morte. As sepulturas musterianas parecem mostrar com clareza que os vivos se tornam conscientes da existência de uma relação de alteridade criada pela morte e pela passagem do defunto a uma nova condição, graças ao túmulo no qual é depositado. Jacques Jaubert observa que a associação da sepultura com lugares habitados é característica da civilização musteriana. Os primeiros túmulos revelam assim o cuidado posto na relação entre os defuntos e os vivos[4]. Isto significa que o *Homo sapiens* tende a viver em proximidade com seus defuntos; trata-se de um fenômeno que encontramos amplificado na civilização chamada natufiana, entre os 12.000 e os 10.000 anos a.C. no Próximo Oriente, onde, após a sedentarização nos primeiros vilarejos, os cemitérios passaram a ser construídos nas imediações das casas[5]. Diversas sepulturas foram dispostas em gretas de rochas naturais, mas a maior parte constitui-se de covas, particularmente escavadas, preparadas para receber o defunto. Além da organização da cova, deve-se ter em conta também a tutela do cadáver garantida pelos vivos. Gabriel Camps estudou a proteção oferecida pelo homem

---

2. BINANT, P. *La préhistoire de la mort* – Les premières sépultures en Europe. Paris: Errance, 1991.

3. DEFLEUR, A. *Les sépultures moustériennes*. Paris: CNRS, 1993 [prefácio de Y. Coppens e B. Vandermeersch].

4. Com boa bibliografia: JAUBERT, J. *Chasseurs et artisans du Moustérien*. Paris: La Maison des Roches, 1999.

5. CAUVIN, J. *Naissance des divinités, naissance de l'agriculture* – La révolution des symboles au Néolithique. Paris: CNRS, 1994, p. 29-36 [trad. it.: *Nascita della divinità e nascita dell'agricoltura* – La rivoluzione dei simboli nel Neolitico. Milão: Jaca Book, 1997].

de Neandertal aos seus defuntos[6], observando que se temos esqueletos inteiros ou bastante conservados é porque estes foram enterrados em túmulos especialmente escavados para recebê-los. No tocante à França ele cita La Chapelle-aux-Saints, La Ferrassie, Combe-Grenal, Le Moustier e o "Roc de Marsal", onde corpos de adultos e crianças foram colocados em covas recobertas por uma laje de proteção. O autor vê nisto o nascimento de um sentimento religioso e o sinal de relações afetivas concretizadas pelas oferendas depositadas nos túmulos. Ele lembra particularmente o caso do sítio arqueológico de Regourdou, na Dordonha, França, onde o esqueleto repousa debaixo de uma espécie de túmulo no qual foram depositados ossos de urso e chifres de cervo. A sepultura n. 5 de La Ferrassie contém três raspadores orientados na mesma direção sobre o esqueleto, o que faz pensar que as oferendas não eram de caráter exclusivamente alimentar. Entre outros casos, Camps lembra o túmulo n. 6 de Shanidar, no Iraque, analisado por Arlette Leroi-Gourhan[7]. O esqueleto foi colocado no interior de um círculo de blocos de pedra que delimitam o espaço da sepultura. No interior do círculo havia grande abundância de pólen, cuja análise permitiu lançar a hipótese de que o corpo tivesse sido colocado sobre uma armação de troncos de éfedra ornados de flores amarelas de senécio, às quais foram misturadas flores azuis de muscari. A datação da sepultura nos faz remontar a 50.000 anos atrás. Todos estes detalhes mostram o caráter intencional do agir dos vivos e seu desejo de proteger o defunto.

Sabemos que a interpretação desta simbologia funerária do Paleolítico Médio deve ser feita com prudência. Observou-se que o fechamento de uma cova podia causar a chegada de objetos que não faziam parte de um depósito votivo de oferendas. André Leroi-Gourhan advertiu sobre o que ele chama de "uma inextricável confusão nas questões relativas à religião paleolítica". Embora admitindo que o fato de enterrar um corpo represente um forte indício a favor da presença da ideia relativa à sobrevivência, ele acrescenta que os testemunhos invocados para sustentar as crenças religiosas do Paleolítico Médio são fracos. Entretanto, em relação aos objetos presentes em inúmeros túmulos, ele considera que se possa falar de práticas religiosas[8]. É preciso, no entanto, sublinhar que nos quatro decênios

---

6. CAMPS, G. *La préhistoire* – À la recherche du paradis perdu. Paris: Perrin, 1982, p. 383-386 [trad. it.: *La preistoria*. Milão: Bompiani, 1985].

7. Cf. *Science*, 190, 1975, p. 562-569. • DEFLEUR, A. *Les sépultures moustériennes*. Op. cit., p. 151-168.

8. LEROI-GOURHAN, A. *Les religions de la préhistoire*. 4. ed. Paris: PUF, 1983, p. 53 [trad. it.: *Le religioni della preistoria*. Milão: Rizzoli, 1970].

transcorridas desde então a documentação arqueológica relativa à simbologia funerária do Paleolítico Médio fez consideráveis progressos.

1.2 Sepulturas e simbologia funerária no Paleolítico Superior

O Paleolítico Superior representa um período particularmente importante da história do homem: assistimos nesse período a aparição e a atividade do *Homo sapiens sapiens*, o homem moderno. Aqui aparecem muitas inovações, sobretudo na França e na Espanha. À luz de datações recentes, este período inicia aproximadamente 35.000 anos antes de nossa era e termina 26.000 anos mais tarde, isto é, por volta de 9.000 a.C. Trata-se, portanto, de mais ou menos 25 milênios, marcados por alguns acontecimentos fundamentais: a ampliação dos espaços ocupados pelo homem, novas tecnologias, o extraordinário desenvolvimento da arte testemunhado pela decoração das cavernas franco-cantábricas, o novo aspecto físico do homem. A hipótese de que no Paleolítico Superior tenha ocorrido uma revolução cultural é atenuada com explicações mais matizadas, dado que já no período precedente estavam embrionariamente presentes alguns acontecimentos. Esta revolução é considerada, pois, como um novo e rápido desenvolvimento. Isto vale também para as sepulturas e para a simbologia funerária, visto que o *Homo sapiens* dá continuidade às tradições neandertalianas, mas com um cuidado maior na proteção do corpo do defunto[9].

Em seu volume *La préhistoire de la mort* [A pré-história da morte], Pascale Binant analisa e fornece estatísticas preciosas: os casos aos quais são devidas as descobertas, os mapas dos sítios arqueológicos, a reorientação atual da pesquisa, os métodos de prospecção, a multiplicidade de maneiras de enterrar os defuntos, os problemas das covas, das cofragens, das posições do morto[10].

1.2.1 O ocre vermelho

O ocre vermelho é a cor da morte, que já tinha deixado alguns traços de sua presença ao longo do Paleolítico Médio. Em 1989, P. Faure falava do vermelho

---

9. CAMPS, G. *La préhistoire*. Op.cit., p. 386. • *Dictionnaire de la préhistoire, Encyclopaedia universalis*. Paris: Albin Michel, 1999, p. 828-836.

10. BINANT, P. *La préhistoire de la mort*. Op. cit., p. 19-84.

como cor do sangue, símbolo da vida e de sua continuação no além[11]. O ocre vermelho ao qual nos referimos é um óxido de ferro cuja intensidade muda segundo as proporções de hidróxido de ferro e das impurezas misturadas com a argila. Esquentando-o com o fogo é possível se obter tipos de vermelhos com maior ou menor intensidade. Fornalhas são conhecidas desde o final do Paleolítico Médio, sendo que a presença deste óxido vermelho aumentou rapidamente no Paleolítico Superior. Estaríamos, pois, diante de um uso funerário de caráter simbólico? P. Binant tentou esclarecer as diversas funções desta prática[12]. Por ocasião da reconstituição das cabanas do sítio paleolítico superior de Pincevent, em Seine--et-Marne, na França, percebeu-se que é nessas zonas, com forte difusão do ocre, que o ocre vermelho servia para purificar a terra dos insetos. Se nos túmulos o uso do ocre vermelho responde a um desejo de limpeza, pode ser que ele tenha sido utilizado com a intenção de melhorar as condições de vida no além. Esse vermelho, raro em estado natural e que necessita de um grande trabalho preparatório, também pode responder a um imperativo ritual: daqui seu caráter de versão simbólica funerária. Existe um aspecto do uso do ocre vermelho que faz pensar na vida e na sobrevivência: os estoques consideráveis deste material colocados ao lado do corpo e próximos à cabeça do defunto.

1.2.2 Os objetos de ornamentação

Uma segunda inovação funerária típica do Paleolítico Superior é representada pelos objetos de ornamentação que decoram o corpo do defunto: conchas perfuradas, dentes de animais furados, vértebras de peixes, pérolas e pingentes de osso e de marfim, pequenos seixos provenientes de rios. Yvette Tabourin nos forneceu uma longa lista[13]. A partir dos anos 35.000 a.C. as conchas, já famosas no Musteriano, encontrar-se-ão enfiadas ao redor do pescoço nas sepulturas do *Homo sapiens sapiens*, como se este tivesse começado a utilizá-las de modo sistemático. Pode-se destacar que houve uma escolha: duas espécies de conchas marinhas, recolhidas nas praias ou nas camadas fossilizadas nas encostas dos mares.

---

11. FAURE, P. "La pourpre, couleur des héros et des dieux". *L'Histoire*, 119, fev./1989, p. 93-95.

12. BINANT, P. *La préhistoire de la mort*. Op. cit., p. 127-132.

13. TABOURIN, Y. La parure des morts. *Histoire et archéologie* – La mort dans la préhistoire, n. 66, set./1982, p. 42-51.

A opção recaiu sobre uma pequena forma arredondada, lembrando uma pérola, ou uma forma alongada e um pouco amiudada. Mais numerosos são os dentes: incisivos de bovinos, de cavalos, de cabritos monteses, de antílopes, de cervos, de raposas, de lobos. Estes ornamentos são destinados particularmente a enfeitar a cabeça, aplicados tanto ao redor dela quanto na fronte, nas têmporas e na nuca. Realçar a cabeça é parte de uma simbologia funerária muito significativa. Pascale Binant dedicou um capítulo também à *L'art et les morts*[14] [A arte e os mortos].

1.2.3 Os utensílios

Uma terceira inovação consiste nos utensílios depositados nos túmulos e colocados à disposição do defunto em sua vida no além: raspadores, lâminas, cortadores, pontas de sílex ou de osso e chifres de cervos. Estes utensílios às vezes são colocados nas mãos ou próximos delas, às vezes junto à cintura, mas também próximos à cabeça. A alusão ao trabalho do defunto é evidente: o trabalho desenvolvido ao longo da vida ou da sobrevivência. Neste particular dispomos de uma série de elementos significativos relativos ao final do Paleolítico Superior. Dentre eles lembramos o crânio descoberto em Le Mas-d'Azil, na França, em 1958. Nas órbitas oculares deste crânio foram embutidas placas da epífise extraídas de uma vértebra lombar de um cervo, destinadas a conferir ao crânio uma nova visão. Trata-se de um crânio do período Magdaleniano que revela uma prática que se conservou ao longo dos milênios sucessivos. Estamos diante de uma simbologia e de um rito funerário claramente baseados na crença de uma vida no além[15].

No tocante ao homem musteriano, que conhecia e utilizava o fogo e dispunha de uma primeira organização das povoações, com zonas destinadas especificamente ao trabalho e ao repouso, assistimos a um aperfeiçoamento dos utensílios. Este homem não parece ser um bruto, dado que manifesta sentimentos de benevolência e se ocupa com os restos mortais de seus semelhantes: o homem musteriano começou a cavar túmulos em lugares previamente escolhidos, próximos às habitações dos vivos, dando-lhes formas específicas para proteger o cadáver do defunto.

---

14. BINANT, P. *La préhistoire de la mort*. Op. cit., p. 133-138.
15. VALOIS, H.V. Le crâne magdalénien du Mas-d'Azil. *L'anthropologue*, LXV, 1961, p. 21-45. Cf. tb. CAMPS, G. *La préhistoire*. Op. cit., p. 403.

Ao longo do Paleolítico Superior, caracterizado pela maravilhosa arte das cavernas e das grutas, o *Homo sapiens sapiens* multiplicou o número dos túmulos, aperfeiçoando sua disposição. Nesse período ele fez uso de maneira mais generalizada do ocre vermelho e dos ornamentos, com uma atenção particular à cabeça do defunto, tendo também introduzido nos túmulos os mais variados utensílios e instrumentos. Disto se pode levantar a hipótese de que o além é um mundo no qual é melhor não entrar de mãos abanando. Os vivos o sabem e transformam assim o túmulo num compêndio da própria cultura. Segundo Yves Coppens, para o *Homo sapiens sapiens* a morte tornou-se uma preocupação central, revelando um cuidado mais pronunciado do sentido do sagrado[16]. Como exemplo ele cita as sepulturas de Sungir, na Rússia (28.000 a.C). Num homem de aproximadamente sessenta anos, decano dos homens pré-históricos encontrados, foram descobertas milhares de pérolas de marfim costuradas nas vestes. O processamento de cada uma das pérolas exigiria uma hora de trabalho. Também era costume colocar duas presas de mamute com mais de dois metros de comprimento ao lado dos corpos dos defuntos mais jovens.

1.3 Do Mesolítico ao Neolítico

J. de Morgan, em 1909, deu ao termo "Mesolítico" os conteúdos sobre os quais a maior parte dos atuais estudiosos da pré-história concorda, reagrupando aqui todas as produções realizadas entre o período Magdaleniano e o Neolítico[17]. Nestas produções está incluída a civilização natufiana (de Uadi el-Natuf), que se estende do Eufrates ao Sinai, entre os 12.500 e os 10.000 anos a.C., segundo a datação de J. Cauvin, feita em 1994[18]. Segundo o autor, as escavações recentes mostram em todo o Próximo Oriente um processo progressivo de sedentarização, isto é, de estabilização numa terra – em aglomerações de assentamentos feitos por mãos humanas – de comunidades sempre mais densamente povoadas e ligadas a um ambiente fixo. Ao longo destes 2.500 anos encontramos assentamentos agrupados

---

16. COPPENS, Y. *Homo sapiens*. Paris: Flammarion, 2004, p. 40.

17. LEROI-GOURHAN, A. (org.). *Dictionnaire de la Préhistoire*. Paris: PUF, 1988, p. 686-687 [trad. it.: *Dizionario di preistoria*. 2 vols. Turim: Einaudi, 1991-1992].

18. CAUVIN, J. *Naissance des divinités*. Op. cit. • VALLA, F.R. *Les natoufien, une culture préhistorique en Palestine*. Paris: Gabalda, 1975.

em vilarejos, sepulturas simples ou seletivas instaladas debaixo das casas ou concentradas em verdadeiros e próprios cemitérios, sinais de uma ocupação permanente, não obstante a ausência de qualquer produção de subsistência. Por volta do ano 10.000 a.C., início do período Kiamiano, até crânios de animais são sepultados nas casas. À época dos primeiros vilarejos natufianos, a exploração do ambiente ainda era subordinada à mobilidade e à dispersão natural dos recursos. No Natufiano podemos observar diversas práticas de sepultamento, mas a maioria das sepulturas se encontra em espaços habitados. Trata-se de covas minimamente estruturadas, às vezes revestidas de argila, como em Mallaham, e às vezes recobertas por uma única pedra plana ou por blocos de pedra. O costume de separar os crânios dos esqueletos teve início antes de 7.500 a.C., na Sírio-Palestina. Em Jericó, por exemplo, foram encontrados vários depósitos de crânios. Num dos casos, os crânios estavam ordenados em círculo e voltados para o centro; em outro, tratava-se de três grupos de três olhando para a mesma direção. O Eufrates forneceu exemplos análogos. O que surpreende nesses crânios "recheados" de argila é o rosto, remodelado com um estuque argiloso que reproduz o rosto do personagem. Os olhos são refeitos com conchas. Às vezes o rosto parece pintado com uma cor que lembra a da pele humana. Os crânios foram encontrados agrupados, às vezes pintados com a cor ocre. Em Ramad estes crânios depositados dentro das casas. Os crânios, portanto, eram conservados nas residências dos vivos. Estamos diante de uma piedade funerária que parece ter raízes no Paleolítico Superior: os crânios, naturais ou remodelados, com sua multiplicidade e sua contiguidade são conservados nos assentamentos humanos, de forma a invocar os personagens defuntos[19].

Nesse período também nos deparamos com a representação das divindades. A deusa se tornará a pedra angular de um sistema religioso organizado ao redor dela a partir do X milênio, prosseguindo, ao longo do Neolítico, em todo o Próximo Oriente antigo. Ela é acompanhada de um mentor masculino, assemelhado a um touro. Na região saariana uma enorme silhueta antropomorfa feminina, assexuada, sobrepõe-se a pequenos personagens humanos de braços erguidos. Em Çatalhöyük [grande assentamento neolítico na Anatólia], um enorme touro é circundado por pequenas figuras vestidas com pele de pantera. A razão do orante, com os braços erguidos, surge em Valcamônica e no Próximo Oriente: entre a

---

19. CAUVIN, J. Les priemiers villages de Syrie-Palestine du IXe millénaire avant J.-C. *La Maison de l'Orient méditeranéen ancien*, 4, 1978 (Paris/Lyon: de Biccard).

divindade e o homem existe uma relação de subordinação. A arte, diz Cauvin, reflete aqui um acontecimento psíquico, o sagrado percebido a montante do homem, a crença numa entidade suprema[20].

Nosso interesse não se volta diretamente para o conjunto dos elementos que caracterizam a religião neolítica, mas à simbologia funerária; faz-se necessário analisar, portanto, as sepulturas e buscar compreender a simbologia[21]. À luz dos estudos de Jacques Cauvin podemos salientar que no VI e V milênio a Síria e a Palestina revelam uma grande homogeneidade em seus ritos funerários, embora a maior parte dos documentos proceda da Síria (Ras, Shamram Tell Jdeideh, Biblos). O exame dos documentos neolíticos antigos e médios de Biblos nos coloca diante de esqueletos inumados em chão batido ou em taipa de pedra. A regra é a sepultura individual: punhais, machadinhas feitas de basalto e vasos de oferendas[22]. Cauvin descreve uma curiosa construção, a "casa dos mortos" de Biblos do Neolítico Médio. Uma grande sala central teve "um importante aporte artificial de terra vermelha, apanhada do solo virgem avermelhado subjacente ao *tell*". Diversos níveis de solos virgens a recobrem: lá se encontram sem nenhuma ordem uns trinta esqueletos. No canto de um quarto adjacente, no interior de uma bacia de pedra, foi encontrado um depósito de crânios, único testemunho da Biblos do V milênio. As sepulturas individuais estão todas repletas de crânios. Mas no V milênio também surge a deusa, em primeiro plano, que, como em Çatalhöyük e em Ras Shamra, aparece em posição sentada. Segundo Cauvin, esta postura se tornará o símbolo fundamental da presença divina. Toda uma série de divindades posteriores dominantes emana desta imagem pré-história[23]. Em suma: Cauvin considera que no Neolítico Médio existiam três tipologias distintas de tratamento

---

20. CAUVIN, J. L'apparition des premières dinivités. *La recherche*, 194, 1978, p. 1.472-1.480. • CAUVIN, J.& CAUVIN, M.C. "Néolitisation". In: *Encyclopaedia universalis*. Vol. XII. Paris: Albin Michel, 1985, p. 1.073-1.079 [o mesmo verbete se encontra em: COPPENS, Y. *Dictionnaire de la préhistoire*. Paris: Albin Michel, 1999, p. 712-758.

21. RIES, J. "L'émergence de l'homme religieux dans les cultures et les civilisations méditerranéennes". In: RIES, J. (org.). *Les civilisations mediterranéennes et le sacré*. Turnhout: Brepols, 2004, p. 17-20 [Homo religiosus, II/4] [trad. it.: *Le civiltà del Mediterraneo e il sacro*. Milão: Jaca Book, 1991, p. 19-27].

22. CAUVIN, J. *Religions néolithiques de Syro-Palestine* – Documents. Paris: Maisonnneuve, 1972, p. 94-96, 104-105. • CAUVIN, J. *Les outillages néolothiques de Byblos et du littoral libanais*. Paris: Maisonneuve, 1969.

23. CAUVIN, J. *Religions néolithiques*. Op. cit., p. 98.

post mortem: a sepultura simples, a sepultura coletiva e o depósito dos crânios. As oferendas alimentares mostram que os túmulos constituíam o ponto de partida da sobrevivência.

Em 1973-1974, Marija Gimbutas fez escavações no sítio arqueológico de Achilleion, próximo à Vólos, na Tessália, sítio relacionado à cultura Sesklo. Trata-se de um sítio neolítico grego, datado entre 6.400 e 5.600 anos antes de nossa era. Nessas escavações nosso autor encontrou milhares de pequenas estátuas da deusa acima referida, bem como estátuas de outras deusas da morte[24], dentre elas a deusa mensageira da morte, representada sob a forma de uma ave de rapina, de um abutre oportunista ou de uma coruja, que conhecemos graças às pinturas murais de Çatalhöyük, onde abutres atacam corpos sem cabeça. Trata-se de uma representação do rito de desencarnação do cadáver. Mas nestas escavações também há a deusa branca, a figura nua e inerte das sepulturas: postura imóvel, normalmente sem seios, mãos sobre o peito ou soltas, às vezes sem braços, amplo triângulo púbico. Segundo M. Gimbutas, na religião da Europa arcaica a deusa da morte é também a deusa da vida, e isto explica as numerosas sepulturas em forma oval cobertas por uma pedra ou triangulares. A identificação da tumba com o molde da deusa é um motivo central. Em inúmeros túmulos encontramos representações da deusa da morte com o símbolo do renascimento: o útero, o triângulo púbico, o ventre, os glúteos e o ovo. Daí podemos deduzir a presença de um pensamento de caráter religioso.

Lepenski Vir é um sítio arqueológico do Neolítico junto às Portas de Ferro, no Danúbio. Ali viveu uma comunidade humana dos 7.000 aos 6.000 anos a.C. Talvez seja o mais antigo vilarejo da Europa. As escavações foram coordenadas por D. Srejović entre 1964 e 1967[25]. A aproximação entre ovo, peixe e água é constantemente posta em evidência pela decoração cultual: seixos pintados de ocre, inúmeros sinais incomuns e dezoito altares esculpidos em pedra de arenito amarelado. As escavações evidenciaram inúmeros túmulos, datados dos 6.500 aos

---

24. GIMBUTAS, M. *The Gods and Goddnesses of Old Europe*. Londres: Thames & Hudson, 1974. • GIMBUTAS, M. *La religione della dea nell'Europa mediterranea: sacro, simboli, società*. RIES, J. (org.). *Le civiltà del Mediterraneo e il sacro*. Op. cit., p. 49-67.

25. SREJOVIC, D. "La religion de la culture de Lepenski Vir". In: ANATI, E. (org.). *Symposium international sur les religions de la préhistoire: Valcamonia, 18-23 septembre 1972* – Actes du Valcamonia Symposium '72. Capo di Ponte: Edizioni del Centro, 1975, p. 87-94. • LETICA, Z. "Ensevelissement et rites funéraires dans la culture de Lepenski Vir". In: Ibid., p. 95-104.

5.500 anos a.C. O sepultamento dos defuntos era feito nas povoações: inumações, sepultamento parcial e cremação. Na maior parte das tumbas os esqueletos estavam em posição alongada, esticados, com as mãos colocadas sobre o baixo ventre. A fase mais antiga da cultura funerária é caracterizada pelo sepultamento à parte dos crânios, colocados sobre placas de pedra e coroados com um diadema de sílex. O recobrimento de ocre é bastante limitado. Inúmeros corpos estavam cobertos de dentes de peixe. A decoração funerária é relativamente reduzida: ornamentos, utensílios de pedra e de ossos, chifres de cervo ao redor da cabeça. Os corpos jazem nas habitações, ao lado das lareiras ou na parte central do lugar sagrado.

O que se poderia inferir do exame da documentação arqueológica encontrada em Lepenski Vir? É uma cultura que se insere na bacia danubiana, na época em que se formaram as primeiras comunidades de agricultores. É por volta de 6.000 a.C. que toma corpo a ideologia que governará estas comunidades rurais. Do contato constante entre a pedra e a água nasce o seixo, que parece ser um símbolo: um ovo cheio de energias. No santuário da casa central, uma pequena estátua em forma de peixe é colocada ao lado de outras duas esculturas, das quais uma representa uma mulher e a outra um homem. Talvez estejamos diante de um mito das origens, no qual a água, a pedra, o peixe e a cabeça humana ocupam uma posição central. A arquitetura e as esculturas seriam a ilustração de tal mito. Será que algum tipo de reflexão sobre a morte se teria desenvolvido a partir deste mito? Alguns elementos parecem confessá-lo: o sepultamento dos defuntos efetuado nas povoações; a inumação praticada durante todo o período em que persiste a cultura de Lepenski Vir; as placas de pedra colocadas debaixo ou atrás da cabeça; o sepultamento secundário da cabeça e a posição dos crânios sobre uma placa de pedra; em caso de cremação, relativamente rara, os ossos são separados das cinzas. A coloração com ocre é pouco praticada; a decoração funerária é composta de pedras e ossos, mas também de chifres de cervos depositados ao lado da cabeça; os defuntos jazem nas casas, ao lado das lareiras ou ao lado do altar; os corpos encontrados afastados das casas são reservados às crianças sepultadas debaixo de um assoalho. Parece que na cultura de Lepenski Vir havia uma hierarquia que reservava a sepultura aos personagens considerados importantes.

A pesquisa feita do Paleolítico Médio até o final do Neolítico nos convida a uma breve síntese. O aparecimento dos túmulos, por volta de 90.000 anos a.C., e a variedade dos túmulos neandertalianos, a partir de 80.000 anos a.C., testemunham que os vivos acreditavam numa sobrevivência dos defuntos. Com efeito, esses túmulos não eram simples fossas, mas continham também alimentos e utensílios para o uso do defunto inumado. Acrescente a isso, do Paleolítico Superior em diante, um tratamento especial do corpo do defunto, da cabeça e dos olhos, sinal do desenvolvimento da consciência e da crença do *Homo sapiens sapiens* numa vida *post mortem*. Após a sedentarização das populações do Próximo Oriente e a invenção do cultivo de raízes e tubérculos e da agricultura, o homem começou a representar a divindade, a mais importante das quais é a deusa. É, portanto, a grande mudança dos símbolos e a afirmação de uma nova etapa sob a égide da crença religiosa.

2
MORTE E SOBREVIVÊNCIA NAS POPULAÇÕES ORAIS DA ÁFRICA E DA AUSTRÁLIA*

Após termos considerado as crenças na sobrevivência do homem arcaico da pré-história, passemos a considerá-las nas civilizações orais. Uma pesquisa como essa nos consente pôr em evidência o valor simbólico dos comportamentos e dos ritos em uso entre esses povos no âmbito específico do encontro entre os vivos e os mortos. O estudo de tal simbologia nos faz entrar em contato com uma certa quantidade de valores vividos por essas populações: as relações com os ancestrais, os ritos de iniciação, a valorização do tempo, os mitos escatológicos. Assim podemos captar de modo mais adequado como se realizou a atividade do *homo religiosus*.

2.1 A África Subsaariana

Ocupar-se da África subsaariana não é tarefa fácil. A documentação reunida pelos etnólogos compõe-se de materiais em si muito díspares: entrevistas, testemunhos de informantes, mitos, provérbios, a totalidade revelada pelas tradições orais, com todas as fraquezas que decorrem deste método. Além disso, a África subsaariana tem mais de duas mil etnias, indiscutivelmente separadas por diferenças específicas. Assim, uma apresentação das crenças na imortalidade pressupõe escolhas e não pode evitar omissões. Mesmo assim apresentamos aqui alguns elementos fundamentais sobre as crenças e os ritos funerários da África subsaariana relativos à sobrevivência.

1) Um primeiro dado constitutivo das crenças dos habitantes da África Negra provém dos elementos de caráter escatológico. Para o africano existem dois tipos de tempo: o tempo mítico, ao qual se refere a coletividade – que se pretende eter-

---

* "Mort et survie chez les populations sans ecriture d'Afrique noire et d'Australie" [trad. it. em: *Preistoria e immortalità*. Milão: Jaca Book, 2012, p. 39-55].

na –, e que é o tempo da continuidade, e o tempo real, o da existência individual, no qual se situa a ruptura representada pela morte. Entre estas duas tipologias de tempo entra o jogo simbólico dos ritos funerários graças aos quais o defunto, saído do tempo contingente, desloca-se para o tempo mítico, o da pirâmide dos seres. Os ritos funerários representam a resposta da coletividade à morte do indivíduo tornando assim possível a vigência do grupo. Esta concepção da imortalidade da etnia, ligada à dupla realidade do tempo, está presente nas diversas cosmogonias africanas.

Ao lado da visão da etnia imortal existe a crença na sobrevivência do ser pessoal, indispensável para a vigência do grupo. Junto à etnia *Bobo,* em Burkina Faso, o tempo real é relegado aos cuidados de *Dwo*, uma divindade imutável que reina sobre os espíritos e os gênios, sobre a força vital (*ayámá*) e sobre os antepassados. Ainda em Burkina Faso, na escatologia dos *Dagai*, à concepção cíclica do tempo anexa-se a ideia da reencarnação do defunto: todo novo nascimento provém da transformação dos antepassados. Após a morte o defunto passa primeiro pelo país dos fantasmas, para tornar-se um antepassado ou reencarnar-se no corpo de um animal totêmico, de acordo com os casos.

Entre os Bantus da República Democrática do Congo, o *muntu*, princípio constitutivo da pessoa, dirige-se, após a morte, ao mundo dos antepassados ou ao mundo dos *mani*. Em cada nascimento é o antepassado que reveste a criança com sua própria força vital. Os *Samo* ensinam que *merè,* o *alter ego* imortal do defunto, dirige-se a um primeiro vilarejo dos mortos, e em seguida, após uma nova morte, vai para um segundo vilarejo. Ao termo desta dupla operação vida-morte, *merè* se estabelece numa árvore, e após destruir a árvore inteira entra numa outra árvore da mesma espécie. Na crença *yorubá,* o princípio vital *emi* abandona o corpo e se dirige ao local onde residem seus ancestrais bem-aventurados, local em que permanece unido a *ori*, o espírito tutelar. Em todas as culturas africanas, no entanto, os maus defuntos, cujo princípio vital era exilado da sociedade, vagueiam na atmosfera e se tornam prisioneiros das forças do mal.

Na África, a vida após a morte se caracteriza por uma referência ao passado que faz com que os defuntos assumam um papel importante na sociedade dos vivos. A reencarnação remete simbolicamente os defuntos ao circuito dos vivos. Os vivos invisíveis acompanham os visíveis[1].

---

1. THOMAS, L.V. *La mort africaine* – Idéologie funéraire en Afrique noire. Paris: Payot, 1982, p. 122-136.

2) Um segundo elemento fundamental da sobrevivência após a morte é a crença nos antepassados. Existem duas categorias de antepassados: os antepassados míticos, fundadores, e os antepassados que entraram neste estado depois de terem passado pela terra. A veneração dos antepassados ocupa um lugar central nas crenças e nos ritos da África Negra. A noção de antepassado tem dois componentes: de um lado a pureza do modelo social e religioso e de outro o cuidado pela continuidade e identidade da etnia. As duas componentes formam o conceito de imortalidade individual e coletiva. O antepassado representa a condição humana transposta simbolicamente para um plano numinoso, mesmo participando do mundo dos vivos. É a condição de antepassado que realiza a fase mais importante do destino *post mortem*. Uma verdadeira e própria solidariedade associa os defuntos que adquiriram o estatuto de antepassados aos vivos, que ficam em comunhão com eles de forma a viver o passado exemplar, ideal supremo de vida. Duas hierarquias complexas presidem a organização do mundo dos antepassados: uma hierarquia social e familiar e uma hierarquia fundada na linguagem e nas funções. Existem antepassados próximos e antepassados distantes. Os antepassados próximos são os defuntos recentes. Os antepassados distantes representam uma multidão anônima. Os mortos ilustres são antepassados admoestadores. Outros antepassados, porém, são defuntos ordinários, incapazes de distinguir-se do anonimato coletivo. Na concepção típica da África Negra, é a força vital que consente hierarquizar os antepassados. Os *Bantus* opõem os *Ba-vidye*, seres espirituais e ativos na vida da etnia, aos *Ba-fu*, defuntos ordinários. Entre estes últimos existem os espíritos que os vivos devem aplacar com oferendas e sacrifícios.

Se os antepassados revelam ser uma representação original da sobrevivência pessoal e étnica, é necessário especificar e atenuar alguns aspectos desta crença. A comunidade ancestral, fortemente hierarquizada, é depositária do saber acumulado pelas sucessivas gerações. Neste sentido se trata da memória da etnia, fruto de suas origens e de seu passado. Ela representa a leis dos Pais e exerce uma função de regulação permanente da vida do grupo. Isto explica a importância do culto e do ritual na sociedade africana. Mas, antes de atingir uma estabilidade definitiva, os defuntos passam por profundas transformações. É uma estabilidade que depende em parte da memória dos vivos e de sua capacidade de lembrar-se deles. Enquanto seus descendentes os homenageiam e os invocam, estes, embora estando mortos, continuam vivos na memória dos seus. Uma vez caídos no esquecimento, entram numa sobrevivência coletiva. Segundo os *Bambaras,* do Mali, os mais perfeitos entre os antepassados são admitidos a contemplar a Deus. Em cada caso, o mundo dos antepassados fornece à etnia um modelo e uma tradição das normas, assim como o penhor de sua perenidade. Ancestralidade e imortalidade se entrelaçam.

Outro aspecto importante da imortalidade ancestral se encontra na doutrina africana da reencarnação. Os etnólogos evidenciaram a complexidade da noção de pessoa, constituída de múltiplas componentes. Pode-se dizer que é a força vital do ser que se encarna, mas em sua realização a reencarnação se concretiza em diversas modalidades: a escolha, o sexo, a referência ao tempo, a referência ao defunto e ao grupo. Com a reencarnação acontece uma re-atualização do defunto que interrompe em parte o seu destino *post mortem*. A reencarnação pressupõe que o antepassado que retorna seja conhecido e esteja presente na memória dos vivos. A reencarnação só pode acontecer numa criança do mesmo sexo e que fala a mesma língua. O antepassado transmite uma parte de seu patrimônio genético, o que explica a importância que as diversas etnias conferem ao respeito pelo corpo e pela sua integridade após a morte, bem como seus cuidados com os funerais. O antepassado também transmite os elementos espirituais: os *kili,* na crença dos *Serèr* do Senegal, o *ri* ou o pensamento, entre os *Samo* de Burkina Faso. Entretanto, o antepassado reencarnado não deixa de viver no além. "A crença na reencarnação responde à intenção de re-atualizar o defunto, de recolocá-lo ao menos simbolicamente no circuito dos vivos"[2].

3) Em todos os povos da África subsaariana os ritos funerários representam tanto exemplos privilegiados das crenças na sobrevivência no além-túmulo quanto agentes que contribuem para realizá-la, absorvendo simbolicamente o transtorno introduzido pela morte. Analogamente aos ritos de nascimento e de iniciação, estes operam uma passagem que é tanto separação quanto agregação. Em todas as etnias africanas os ritos funerários caracterizam as fases sucessivas percorridas pelo defunto. Inúmeros são os atores: o defunto, o mestre de cerimônia, o coveiro, os construtores de padiolas, a família, o clã, os suplentes do defunto, os sacerdotes. Nas modalidades rituais, vale lembrar o fundo sonoro dos cantos e gritos, percebidos como desabafo coletivo, mas também como símbolo de fecundidade; também deve se levar em conta a purificação do cadáver,

---

2. Ibid., p. 135.

a abundância de palavras e alimentação, os ritos que zombam da morte, a inumação do cadáver e, em certos casos, os segundos funerais. Ao longo destes últimos os ossos são tirados do túmulo, enfeitados e colocados sobre o altar dos antepassados. Os povos *Fali*, dos Camarões, preparam ritualmente o crânio, o colocam numa urna e o recolocam no túmulo.

É na interpretação dos ritos de revitalização realizados sobre o defunto que individuamos as doutrinas relativas à sua metamorfose, realizada na perspectiva de uma nova vida. A vestição é feita com muito cuidado, de forma a não lesar o cadáver e salvaguardar seu aspecto. É uma adaptação ao novo nascimento, acompanhada de maquiagens e enfeites nos quais intervêm as cinzas, o caulino, o ocre vermelho e o pó de ouro. O caulino é o símbolo da vida. É utilizado nos ritos de fecundidade, como no caso de sua aspersão em campos pouco férteis. Nas cerimônias de iniciação o sacerdote e o iniciado são recobertos por ele. Aplicado sobre o cadáver, o caulino branco significa renascimento e vida. O uso do ocre vermelho para maquiar o rosto é frequente. Os sacrifícios e as refeições fúnebres são o viático necessário para o caminho. O defunto faz-se acompanhar de bijuterias de metal e de cornalina, de pequenas estátuas simbolizando a eternidade: pássaros, serpentes, caimões. Os ritos de separação e de encerramento visam a colocar o defunto no caminho do além em etapas escalonadas no tempo. Os ritos posteriores à morte garantem a passagem de uma fase à outra. O altar de família, as máscaras e as estátuas evocam a presença dos antepassados. Os *Asé*, do Benin, árvores genealógicas de metal, são outro suporte simbólico desta presença. No Gabão, os *Mpongwé* guardam como relíquias sobre uma cama campainhas com crânios pintados de vermelho. Encontramos costumes idênticos entre os *Mitsogho* e os *Fang*, etnias contíguas. A ordem do ritual funerário africano contribui para manter o equilíbrio entre as duas componentes da sociedade: os vivos e os mortos.

Na África subsaariana a concepção do tempo, a ancestralidade e os ritos funerários são três elementos essenciais da cultura e da religião. Estes fornecem uma extraordinária convergência de fatos e símbolos que lançam luz sobre a dupla concepção da sobrevivência, a da etnia e a da pessoa, aspectos intimamente entrelaçados. O tempo é o suporte das gerações. Passado, presente e futuro, estes três momentos da duração, podem ser concebidos somente em relação aos humanos, mas com o olhar voltado para o mundo dos antepassados, mundo por excelência dos vivos. A sobrevivência é assim ligada ao passado e à tradição ancestral, uma tradição que é adquirida e realizada pelas gerações sucessivas, vista como máxima de sabedoria e norma fundamental de vida. Graças às experiências realizadas com os defuntos e com a comunidade ancestral em perpétuo crescimento, os vivos enriquecem incessantemente seu depósito espiritual. Tempo linear e tempo cíclico se encontram e formam o eixo da imortalidade. O além é associado às ideias de repouso, de tranquilidade e de paz. Desde que viva em conformidade com a tradição, a sociedade dos vivos se encaminha para este paraíso. É pela via da comunidade ancestral e do culto aos antepassados que passa a sobrevivência do homem da África subsaariana.

Bibliografia

ABRAHAMSSON, H. *The Origin of Death* – Studies in African Mythology. Uppsala: Almqvist & Wikells, 1951.

BÜHRMANN, M.V. *Disintegration Effect of Death among Southern African black people*. Cidade do Cabo, 1980.

BUREAU, R. & ESCHLIMAN, J.P. "Les ancêtres en Afrique noire". In: POUPARD, P. (org.). *Dictionnaire des religions*. 3. ed. Paris: PUF, 1993, p. 44-49 [trad. it.: *Grande dizionario delle religioni*. Casale Monferrato/Assis: Piemme/Cittadella, 1990, p. 71-77].

DAMMANN, E. *Die Religionen Afrikas*. Stuttgart: Kohlhammer, 1963 [trad. it.: *Le religioni africane*. Milão: Il Saggiatore, 1968].

DIETERLEN, G. *Essai sur la religion bambara*. 2. ed. Bruxelas: Éditions de l'Université de Bruxelles, 1988.

_____. *Les âmes des Dogons*. Paris: Institut d'Ethnologie, 1941.

FROELICH, J.-C. *Animismes* – Les religions païennes de l'Afrique de l'Ouest. Paris: l'Orante, 1964.

GOODY, J. *Death, Property and Ancestors* – A Study of Mortuary Customs of the Lodagaa of West Africa. Stanford: Stanford University Press, 1962.

Les religions africaines comme source de valeurs de civilisation – Colloque de Cotonou, 16-22/08/1970. Paris: Présence Africaine, 1972.

Réincarnation et mystique en Afrique noire – Colloque de Strasbourg, 16-18/05/1963. Paris: PUF, 1965.

SULLIVAN, L. *Death, Afterlife and the Soul* – Selection of Encyclopedia of Religion. Nova York: Macmillan, 1989.

THOMAS, L.V. *Anthropologie de la mort*. Paris: Payot, 1976 [trad. it.: *Antropologia della morte*. Milão: Garzanti, 1976].

THOMAS, L.V. & LUNEAU, R. *La terre africaine et ses religions*. Paris: Larousse Université, 1975.

THOMAS, L.V.; LUNEAU, B. & DONEUX, J. *Les religions d'Afrique noire* – Textes et traditions sacrées. Paris: Fayard/Denoël, 1969.

ZAHAN, D. *Religion, spiritualité et pensée africaines*. 2. ed. Paris: Payot, 1980.

2.2 A Austrália: A sobrevivência no pensamento religioso dos aborígenes australianos

Em 1770 o explorador inglês Cook chegou à Austrália. Em 1788 cerca de quinhentas tribos já estavam recenseadas, cada uma reagrupada num conjunto de indivíduos ligados por uma ascendência comum. Os etnólogos dedicaram inúmeros estudos a estas populações, famosos particularmente por seus sistemas classificatórios de parentela. Os mitos australianos fazem referência a seres sobrenaturais, criadores, que plasmaram o mundo a partir de uma substância cósmica preexistente. O surgimento do homem sob a forma atual é situado na "era do sonho", uma época primordial chamada *alchera* ou *alcheringa* pelos *Aranda* ou *Arunta*, populações da Austrália central particularmente interessantes pela vida social e religiosa cujo conhecimento nos veio através dos estudos de Strehlow, Spencer e Gillen. Os mitos da criação giram ao redor dos Grandes Deuses e heróis civilizatórios, motivo pelo qual o originário se caracteriza como um elemento fundamental (Eliade). Os mitos das origens e o primitivo têm uma função crucial, dado que todos os ritos de iniciação, reprodução e fecundidade são ritualizações destes mitos. Em última análise, "todos os atos religiosos dos australianos podem ser considerados igualmente meios, diferentes, mas não menos relacionados, para restabelecer o contato com os seres sobrenaturais e para mergulhar de novo no tempo sagrado do sonho"[3].

Célula do universo sagrado criado pelos seres sobrenaturais, mas tornado profano com o nascimento, cada indivíduo deve encontrar a própria origem espiritual através dos ritos de iniciação: pela circuncisão, que é uma morte simbólica delimitada pelos gritos dos *Bull-roarers* e pela unção de sangue; pelos ritos do fogo purificador e espiritualizante; pelo rito purificatório realizado através da

---

3. ELIADE, M. *Religions australiennes*. Paris: Payot, 1972, p. 91 [trad. it.: *La creatività dello spirito* – Un'introduzione alle religioni australiane. Milão: Jaca Book, 1979].

água; pela entrega do *churinga*. O termo *aranda alcheringa* (*churinga, tjurunga*) tem o sentido de "tempo mítico", "tempo do Sonho": ele define tanto os tempos antigos quanto os antepassados-heróis. Objeto material, de pedra ou madeira, o *churinga* é entregue ao iniciado como símbolo eficaz de seu ser espiritual renovado. Graças ao *churinga* o iniciado refaz seu contato com o tempo primordial, o tempo do Sonho: ele se torna *atjira*, sagrado. Os símbolos sagrados são de fundamental importância para a vida do indivíduo e da tribo. Eles permitem refazer o contato com o Tempo primordial e reviver os acontecimentos originários: os mitos, os ritos, os lugares sagrados, o contato com o Deus do céu e o Tempo do Sonho. Uma exuberância de objetos criados pela arte aborígene permite brincar esplendidamente com esta simbologia. Vale lembrar que o *medicine-man* realiza funções em todos os níveis.

Para a tribo, a morte é um trauma, entendido como uma desarticulação da vida coletiva. Daqui os gritos, os lamentos, os ritos de luto, o canto das melopeias e a investigação para descobrir o espírito malvado que causou esta morte. Mas os australianos também acreditam que a morte seja o último rito de passagem, que faz atravessar do mundo profano ao universo sagrado[4]. O homem tem duas almas: o eu autêntico, espírito primordial e preexistente vindo do céu, do centro totêmico; e uma segunda alma, que permanece na terra, instala-se numa outra pessoa e vagueia entre os vivos. A alma autêntica deixa o corpo e reencontra o Tempo do Sonho eterno, onde se encontrava antes do nascimento do indivíduo. Lá ela viverá para sempre. Eliade considera que a morte australiana seja concebida como uma experiência estática, sob o modelo da primeira viagem dos seres sobrenaturais e dos antepassados míticos[5]. A alma faz aquilo que foi feito no princípio. Todas as tribos australianas professam a doutrina da indestrutibilidade da alma humana, entidade espiritual surgida no momento do Tempo do Sonho.

Os ritos funerários são de vários tipos. O corpo é tratado de modo diferente segundo as tribos: inumação, mumificação, cremação, exposição sobre uma plataforma com sepultamento adiado, depósito nas cavidades de uma árvore[6]. Os

---

4. Ibid., p. 165.

5. Ibid., p. 170-171.

6. ELKIN, A.P. *Les Aborigènes australiens*. Paris: Gallimard, 1967, p. 400-408.

funerais duplos são muitos: entre os dois se interpõe o luto. A mumificação visa dissociar o corpo do espírito, já que no final do período de luto a múmia é queimada. A cremação liberta completamente a alma. O conjunto dos ritos funerários deve levar a esta dissociação para que o espírito possa retornar à sua sede primordial, lá onde estão os heróis civilizadores. Graças aos ritos funerários o espírito preexistente recupera sua esfera espiritual, às vezes vista como centro totêmico primordial. Existe toda uma simbologia ritual recobrindo este caminho. Às vezes os ossos são colocados num sepulcro totêmico. As crenças na reencarnação são raras e confusas. Para o ser humano o ciclo vital é simples: preexistência do espírito, nascimento num corpo e ingresso no mundo profano, primeira etapa da reintegração no Tempo do Sonho graças à iniciação, retorno definitivo à condição primitiva graças aos ritos funerários.

Bibliografia

BERNDT, R.M. & BERNDT, C.H. "La religion des Aborigènes d'Australie". In: POUPARD, P. (org.). *Dictionnaire des religions*. 3. ed. Paris: PUF, 1993, p. 151-159 [trad. it.: *Grande dizionario delle religioni*. Casale Monferrato/Assis: Piemme/Cittadella, 1990].

_____. (orgs.). *Aboriginal Man in Australia* – Essays in Honour of Emeritus Professor A.P. Elkin. Sydney: Angus & Robertson, 1965.

_____. *The World of the First Australians*. Sydney/Londres: Angus & Robertson, 1964 [nova ed.: Camberra: Aboriginal Studies, 1999].

ELIADE, M. *Religions australiennes*. Paris: Payot, 1972 [trad. it.: *La creatività dello spirito* – Un'introduzione alle religioni australiane. Milão: Jaca Book, 1979].

ELKIN, A.P. *The Australian Aborigines*. Sydney/Londres: Angus &Robertson, 1938 [2. ed: 1943; 3. ed.: 1954; 4. ed.: 1964] [trad. fr.: *Les Aborigènes australiens*. Paris: Gallimard, 1967].

FALKENBERG, J. *Kin and Totem* – Group Relations of Australian Aborigines in the Port Keats District. Oslo: Oslo University Press, 1962.

HOWITT, A.W. *The Native Tribes of South-East Australia*. Londres: Macmillan, 1904.

NEVERMANN, H.; WORMS, E.A & PETRI, H. *Die Religionen der Südsee und Australiens*. Stuttgart: Kohlhammer, 1968 [trad. fr.: *Les religions du Pacifique et d'Australie*. Paris: Payot, 1972].

RADCLIFFE-BROWN, A.R. *The Social Organization of Australian Tribes*. Sydney, 1931.

SCHMIDT, W. *Urvölker Amerikas, Asiens, Australiens*. 3 vols. Münster: Aschendorff [vol. 1: 1931; vol. 2: 1934; vol. 3: 1935].

SPENCER, R. & GILEN, F.J. *The Aruna* –A Study of a Stone Age People. Londres: Macmillan, 1927 [2. ed.: 1966].

_____. *The Native Tribes of Central Australia*. Londres: Macmillan,1899.

STREHLOW, T.G.H. *Aranda Traditions*. Melbourne: Melbourne University Press, 1947.

WARNER, W.L. *A Black Civilization* – A Social Study of an Australian Tribe. Nova York/ Londres: Harper & Row, 1937 [2. ed.: 1958; 3. ed.: 1964].

3
A IMORTALIDADE E A SOBREVIVÊNCIA NAS RELIGIÕES DAS POPULAÇÕES AMERÍNDIAS, ÁRTICAS E FINLANDESAS*

3.1 As populações ameríndias

Abordamos aqui as crenças na imortalidade dos nativos americanos. Trata-se das formas religiosas que sobreviveram à época pós-colombiana, e que ainda subsistem em algumas regiões norte-americanas e sul-americanas. As crenças numa vida além-túmulo parecem fortemente ancoradas no pensamento indígena das épocas antigas. Provas disso são encontradas na concepção do mundo e da vida, nas tradições ancestrais e nas testemunhas dos visionários. Os visionários são personagens que vivem das experiências oníricas, ou *medicine-man,* que realizam viagens, na imaginação ou no êxtase, aos confins do reino dos mortos[1]. Os rituais funerários representam assim uma fonte preciosa do conhecimento das doutrinas relativas à sobrevivência.

Junto às populações ameríndias encontramos uma concepção da alma que é o fundamento das crenças na imortalidade. Na América Setentrional é muito difusa a ideia de uma alma duplicada. A alma corpórea dá ao corpo a vida, a consciência e a faculdade de movimentar-se. A alma do sonho é separada do corpo e pode vaguear no espaço e transportar-se para lugares distantes. A morte sobrevém quando a alma separada se torna prisioneira do reino dos mortos; é então que a

---

* "L'immortalité et la survie dans les religions des populations amerindiennes, artiques et finnoises" [trad. it. em: *Preistoria e immortalità.* Milão: Jaca Book, 2012, p. 57-72].

1. HULTKRANTZ, A. *Les religions des Indiens primitifs de l'Amérique.* Estocolmo: Almquist & Wiksell, 1963, p. 127.

alma corpórea se separa também do corpo[2]. Entre os *Esquimós* a alma corpórea que sobrevive após a morte se chama *tarneg*: ela mantém a forma do defunto no reino dos mortos. As tribos *Yuchi* e *Sioux* [ou Siú], da América do Norte, falam de quatro almas, o que representa uma bipartição da concepção das duas almas, com uma organização baseada no número sagrado quatro.

A América Meridional revela uma dicotomia idêntica. É o caso dos Mundurucus. Os *Waica* da parte superior do Orinoco e os *Jivaros* parecem, no entanto, ignorar a ideia de uma alma separada. Hultkrantz faz duas observações importantes. Primeira: nas duas Américas o conceito monista de alma está presente nas grandes civilizações, fato que talvez se explique pelo enfraquecimento do xamanismo; segunda: a crença nas duas almas, uma das quais é separada do corpo, também ao longo da vida, teria sofrido o impulso das experiências xamânicas da viagem da alma. As peregrinações do xamã e dos homens em êxtase onírico fornecem de fato uma vasta documentação sobre viagens no reino dos mortos. Na América Setentrional e na Meridional levam em consideração os obstáculos que se espalham no caminho da alma: as cortinas de fogo, a vastidão das águas ou os monstros que ameaçam os viajantes e tentam arrancar-lhes o cérebro. Os *Ojibway* [Ojíbuas] e os *Choctaw* [Choctó] da América do Norte falam do tronco de pinheiro escorregadio que une as margens de uma torrente que a alma deve atravessar. Na América do Sul, os *Manacica* acreditam que o defunto se põe a caminho rumo ao reino dos mortos logo após os funerais. O *medicine-man* o guia pelas florestas virgens, mares, pântanos e montanhas até o rio que separa a terra dos vivos da terra dos mortos. Nesta altura só falta ao defunto atravessar a ponte que liga as duas terras, agora protegido por uma divindade[3].

Na concepção ameríndia da imortalidade a Via Láctea ocupa um lugar central. Esta, aliás, é assemelhada ao arco-íris: para os *Kwakiult* da ilha de Vancouver ela é a *axis mundi*. Na Colúmbia Britânica o caminho das almas é a árvore do mundo. *Axis mundi*, árvore do mundo, via que junta terra e céu, xamanismo, todas estas realidades são fatores de um contexto mítico no qual estão presentes o êxtase e a imortalidade. Os indígenas acreditam que a alma se desloca para o reino dos mortos, e que ela chegou até eles graças aos mitos e às narrativas.

---

2. Ibid.
3. Ibid., p. 127-129.

Este reino é feito à imagem do mundo dos vivos. Assim, na América Setentrional este reino é denominado "terras afortunadas de caça". As tribos da Pradaria imaginam a morada dos mortos como uma pradaria cambiante, com banquetes e danças. Ao Leste do Mississipi e na América Meridional são a cultura do milho e as festas agrárias que caracterizam a representação desta área. A imortalidade é uma sobrevivência feita à imagem da vida terrena. A localização do reino dos defuntos apresenta muitas variantes: para os *Cubeo* da Amazônia o reino é o país dos antepassados, situado nas imediações dos vilarejos dos vivos; os *Pés Negros* [blackfoot] de Montana e da Alberta falam de "colinas de areia" que ficam a alguns dias a pé da área dos vivos; a maior parte das tribos da Amazônia pensa num lugar situado para além do sol poente; os índios dos *pueblos* o concebem situado debaixo da terra, coisa pouco comum entre os Ameríndios, dado que a maior parte destes coloca a alma num lugar luminoso. O pensamento indígena se caracteriza por um dualismo arcaico: os "malvados" e os que foram mortos de forma "maldosa" são condenados a uma vida errante de fantasmas, já que o reino dos mortos é acessível unicamente aos que, após uma morte normal, foram beneficiados pelos ritos funerários.

Estes ritos nos dão algumas indicações preciosas. Existem diversas modalidades de sepulturas: na América Meridional a inumação; no Canadá deposita-se o corpo sobre uma plataforma, no interior de uma árvore ou no chão. Entre os *Iroqueses*, *Algonquinos* ao Sul dos Grandes Lagos, existem os segundos funerais, ou seja, a inumação dos ossos desenterrados de um túmulo comum ou de uma urna funerária. A prática da decoração funerária é difundida na região andina: alimentos, bebidas, armas, roupas, bijuterias. Esta prática, à qual às vezes se associa a mumificação, permite falar em "cadáver ambulante". Na Colômbia alguns arqueólogos descobriram algumas fossas funerárias, símbolo da sobrevivência, e traços de sacrifícios humanos e de antropofagia. Os *Waica* da Amazônia praticam a cremação do cadáver: a alma do morto, chamada *nobolebe*, "nuvem", sobe ao céu, onde se une a *nonish*, a "alma de penumbra". Os ritos funerários têm por objetivo facilitar a viagem do defunto rumo ao reino dos mortos e impedir seu retorno. A crença na reencarnação existe no Sul e no Norte, onde é muito difundida inclusive entre os *Esquimós*. Menor é a difusão do culto aos antepassados, que encontramos, sobretudo, entre os *Zuni*, no Novo México, e na região dos Andes e nas Antilhas, entre os *Taínos* e aos *jivaros*. Alexander H. Burr chamou a atenção para a noção de "peregrinação da alma", presente em diversas cerimônias de iniciação: a da "Grande Casa" na tribo *Delaware* ou a do "Midwiwin"entre os *Algonquinos*[4]. Tais iniciações têm por objetivo fazer o iniciado compreender o sentido da vida, que começa neste mundo e continua, após a morte, no outro mundo.

Bibliografia

BASTIDE, R. *Les Amériques noires* – Les civilisations africaines dans le Nouveau Monde.Paris: Payot, 1967 [trad. it.: *Le Americhe nere* – Le culture africane nel Nuovo Mondo. Florença: Sansoni, 1970].

BENEDICT, R.F. The Concept of the Guardian Spirit in North America. *Memoirs of the American Anthropological Association*, 29, 1923.

BENZI, M. *Les derniers adorateurs du peyotl* – Croyances, coutumes et mythes des Indiens Huichol. Paris: Gallimard, 1972.

BURR, A.H. *The World's Rim* – Great Mysteries of the North American Indians. Lincoln: University of Nebraska Press, 1953 [trad. fr.: *Le cercle du monde*. Paris: Gallimard, 1962].

GIRARD, R. *Indios selváticos de la Amazonia peruana*. Cidade do México, 1958 [trad. fr.: *Les Indiens de l'Amazonie péruvienne*. Paris: Payot, 1963].

HULTKRANTZ, A. *De Amerikanska Indianernas Religioner*. Estocolmo: Svenska bokförlaget, 1967 [trad. ing.: *The Religions of the American Indians*.Berkeley/Los Angeles/ Londres: University of California Press, 1980] [trad. fr.: *Les religions des Indiens primitifs de l'Amérique* – Essai d'une synthèse typologique et historique. Estocolmo: Almquist & Wiksell, 1963].

_____. *Conceptions of the Soul among North American Indians* – A Study in Religious Ethnology. Estocolmo, 1953.

KRICKEBERG, W.; TRIMBORN, H.; MÜLLER, W. & ZERRIES, O. *Die Religionen des alten Amerika*. Stuttgart: Kohlhammer, 1961 [trad. it.: *Religioni dell'America precolombiana*. Milão: Il Saggiatore, 1966].

PARSONS, E.C. *Pueblo Indian Religion*. 2 vols. Chicago, 1939.

STEWARD, J.H. & FARON, L.C. *Native Peoples of South America*. Nova York: McGraw-Hill Book, 1959.

TAX, S. (org.). *Indian Tribes of Aboriginal America* – Selected Papers of the 29. International Congress of Americanists. Chicago: The University of Chicago Press, 1952.

WILLIAMS, P.V.A. Myths, Symbols and the Concept of Immortality among some Amerindian Societies. *Folklore*, 84, 1973, p. 327-337.

---

4. BURR, A.H. *Le cercle du monde*. Paris: Gallimard, 1962, p. 251-265.

3.2 As populações árticas e finlandesas

3.2.1 As tribos siberianas

a) Ostíacos e Vógulos

b) Samoiedos – Iuracchi

            Samoidos do Rio Ienissei

            Samoiedos de Tagvy

            Samoiedos Ostíacos

c) Tungúsicos

d) Yukagirs

Dos dois lados dos Montes Urais, cordilheira russa, observa-se uma grande semelhança entre as crenças relativas à alma. Os Ostíacos e os Vógulos acreditam na existência de uma alma dupla: de um lado a alma-sopro ou alma corpórea; de outro a alma-sombra, a alma de sonho, que é uma alma livre, muito incorpórea, mas que após a morte se une ao defunto. Assim, após o decesso, a alma, livre e imaterial durante a vida, assume um aspecto corpóreo em razão de seus vínculos com o cadáver. Cadáver e alma representam o defunto em sua identidade total e pessoal. Assim, o cadáver, em virtude de sua alma, está no túmulo, mas também alhures. *Ostíacos* e *Vógulos* acreditam que a alma livre penetre num reino subterrâneo, onde representa o morto com sua identidade.

Encontramos o mesmo pensamento entre os *Samoiedos* da Europa e da Sibéria: a alma livre sobrevive, e isso permite que os defuntos levem no mundo subterrâneo uma vida comparável à que tiveram na terra.

Na escatologia dos *Tungúsicos* do Ienissei [rio], após a morte a alma livre se desloca para o celestial país das almas, "a jusante do rio da tribo", o céu. Esta se torna uma *omi*, uma "alma de criança", que lhe dá a possibilidade de reencarnar-se. Trata-se de uma escatologia dualista: o corpo e a alma que habitaram o cadáver vão para o mundo subterrâneo, e a alma livre, tornada alma de criança, passa a residir no céu até reencarnar-se.

Também os *Yukagirs*, que ocuparam a Sibéria antes dos *Tungúsicos* e dos *Iacutos* [*Jakuti*], professam o dualismo da alma: o homem tem uma alma livre, cuja sede é a cabeça, e almas corpóreas situadas em outras partes do corpo. A alma livre se desloca para o reino dos mortos.

3.2.2 As populações finlandesas

A pneumatologia finlandesa é idêntica à do mundo euroasiático setentrional. A alma livre (alma-imagem, alma-sombra) é a manifestação extracorpórea do homem, e pode separar-se do corpo, inclusive ao longo da vida terrena, por ocasião do sonho, do êxtase, do transe. A alma corpórea, ligada ao corpo, move a vida física e psíquica, constituindo assim a pessoa humana. Este dualismo desapareceu com o surgimento do cristianismo, embora deixando inúmeros traços nas práticas religiosas. Os Cheremises, uma população finlandesa estudada por Harva, afirmam que após a morte, *ört*, a alma livre permanece junto ao cadáver e o acompanha até o túmulo. Durante as cerimônias comemorativas realiza-se uma festa em sua honra, e só posteriormente o cadáver é depositado no túmulo. Aqui as almas corpóreas cessam de existir. A alma livre, no entanto, continua representando o ser humano. Em toda a Eurásia Setentrional a morte é, portanto, considerada dupla: de um lado o cadáver, que foi abandonado pelas almas corpóreas, e de outro a alma do defunto, que prolonga a vida da pessoa. Esta dupla condição do defunto explica os ritos funerários e a ideia de sobrevivência. A família tem um cuidado especial para com o cadáver: ele é lavado, vestido, cercado de objetos funerários e de presentes que ele deve levar para os outros defuntos da família. Os finlandeses consideram vivos e mortos como uma família, realidade que se materializa especialmente no momento dos funerais e das cerimônias comemorativas. Para impedir que a alma retorne à casa do defunto, o cadáver é conduzido para fora através de um buraco feito na parede. Para eles o túmulo é sagrado, deve ser um lugar agradável e sugestivo, já que residência do defunto. O próprio cemitério é visto como o "vilarejo dos mortos". A linguagem finlandesa, no entanto, veicula algumas ideias relativas a uma permanência subterrânea dos mortos, bem como a ideia de que o defunto não deixa de exercer o trabalho que em vida realizava. A escatologia finlandesa, como toda a cultura "norte-euro-asiática", é obcecada pelo presente. Ela concebe a imortalidade não como uma eternidade, mas como um contínuo presente. Os finlandeses continuam celebrando a "presença" do defunto com banquetes e cerimônias comemorativas. Mesmo após a conversão dessas populações ao cristianismo, inúmeros ritos continuaram sendo praticados.

Bibliografia

HOLMBERG-HARVA, U. *Die religiösen Vorstellungen der Mordwinen.* Helsinque: Suomalainen Tiedeakatemia, 1952.

_____. *Die religiönen Vorstellungen der altaischen Völker*. Helsinque: Suomalainen Tiedeakatemia, 1938 [trad. fr.: *Les représentations religieuses des peuples altaïques*. Paris: Gallimard, 1959].

_____. *Die Religion der Tscheremissen*. Helsinque: Suomalainen Tiedeakatemia, 1926.

PAULSON, I. *Die primitiven Seelenvorstellungen der nordeurasischen Völker* – Eine religions ethonographische und religions phänomenologische Untersuchung. Estocolmo, 1958.

PAULSON, I.; HULTKRANTZ, A. & JETTMAR, K. *Die Religionen Nordeurasiens und der amerikanischen Arktis*. Stuttgart: Kohlhammer, 1962 [trad. fr.: *Les religions arctiques et finnoises* – Sibériens, Finnois, Lapons, Esquimaux. Paris: Payot, 1965].

3.3 Antepassados, xamãs, caminho dos mortos

Ao concluir esta breve síntese sobre as crenças na imortalidade junto às culturas orais da África, da Austrália, das Américas e da Ásia, algumas precisões se nos parecem necessárias.

Só tangencialmente abordamos a abrangência do tema relativo à reencarnação como crença e concretização da sobrevivência[5]. Também insistimos apenas que a imortalidade, por um lado, está ligada ao culto dos antepassados e, por outro, ao culto dos mortos. Isso talvez nos desafie a evidenciar melhor a diferença entre estes dois cultos, dado que nem todo morto se torna antepassado. Além do mais, se o culto aos antepassados é um elemento importante para compreender a imortalidade no pensamento africano, urge distinguir o culto aos antepassados do culto aos mortos. Este último faz parte dos ritos *post mortem*, ao passo que o culto aos antepassados se inscreve entre os elementos constitutivos e essenciais de algumas religiões arcaicas. Uma distinção semelhante adquire um certo peso nas religiões tribais como, por exemplo, as indonésias: os antepassados a quem é dirigido o culto são uma *elite* que teve um papel preponderante na vida do povo. A criação de um antepassado é obra de toda uma sociedade: ela acontece ao longo de uma festa iniciática solene. Neste sentido nos afastamos da fenomenologia do culto aos mortos e nos aproximamos da fenomenologia do culto aos soberanos.

O estudo relativo à imortalidade junto às populações ameríndias e euroasiáticas mostrou-nos a existência do "caminho dos mortos". Os itinerários percorri-

---

5. A este respeito remetemos a um item da *Encyclopédie* efetivamente dedicado à transmigração.

dos pelos defuntos são preciosos para conhecer como se caracteriza a crença na imortalidade destes povos. Encontramos dois percursos principais. O primeiro é o caminho do céu, reservado aos chefes, aos iniciados, aos defuntos que fazem parte de uma *elite* moral. O segundo é subterrâneo, ou melhor, horizontal: é o caminho ordinário, que leva ao mundo dos mortos ou simplesmente aos lugares familiares conhecidos do defunto. Na "descoberta" dos percursos dos mortos, o xamanismo assume uma função primária: é graças às viagens dos xamãs ao mundo transcendente que os vivos são informados sobre as vias do além. M. Eliade é autor de uma excelente pesquisa sobre este tema[6].

O problema do xamanismo é bastante complexo. O tratado de M. Eliade, *Le Chamanisme*, é um clássico sobre o tema. O termo "xamanismo" provém da língua tungúsica e nos foi transmitido pelo russo. O fenômeno xamânico é específico da Ásia Central, da Sibéria e da América ártica. Mas o fenômeno também se encontra no Japão.

Durante a conferência sobre *Ritos de iniciação* ocorrida em Liége e em Louvain-la-Neuve, Bélgica, entre 20 e 21 de novembro de 1984, Roberte Hamayon, parisiense, apresentou uma comunicação muito bem documentada sobre as *Diversas vias de aprendizado do xamanismo buriate*. Trata-se de seu ramo asiático, situado ao Leste do Lago Bajkal. A expositora insistiu particularmente no fato que o xamanismo buriate se encarrega da gestão das almas humanas e animais. Vale lembrar que estamos diante de uma sociedade de caçadores[7].

Eliade retoma a questão do xamanismo no terceiro volume de sua *História das crenças e das ideias religiosas*[8]. Para ele o xamanismo é um fenômeno religioso de caráter arcaico. Em sentido estrito o encontramos na Ásia; em sentido amplo também o encontramos alhures. Para Eliade, o elemento característico do xamanismo é a técnica do êxtase, uma técnica que se adquire com uma série de provas iniciáticas.

---

6. ELIADE, M. *Le chamanisme et les techniques archaïques de l'extase*. Paris: Payot, 1951 [2. ed. 1968] [trad. it.: *Lo sciamanismo e le tecniche dell'estasi*. Roma: Mediterranee, 1974].

7. HAMAYON, R. "De l'initiation solitaire de l'investiture ritualisée – Le cas du chamane Bouriate". In: RIES, J. & LIMET, H. (orgs.). *Les rites d'initiation*. Louvain-la-Neuve, 1986 [Paris, 1983, p. 163-202] [Homo religiosus, 13].

8. ELIADE, M. *Histoire des croyances et des idées religieuses*. Vol. III. Paris: Payot, 1983, p. 19-33 [trad. it.: *Storia delle credenze e delle idee religiose*. Vol. III: Da Maometto all'età delle riforme. Milão: Rizzoli, 2006] [trad. bras.: *História das crenças e das ideias religiosas*. Vol. III. De Maomé à idade das reformas. Rio de Janeiro: Zahar].

O xamanismo assume uma função central na comunidade, e esta função se revela insubstituível em tudo o que diz respeito às experiências da alma humana.

Eliade sublinha a ascensão celeste e sua contrapartida, a descida aos infernos[9]. As viagens xamânicas têm uma importância considerável na religião e na cultura dos povos altaicos. Para Eliade, o xamã é um verdadeiro especialista do sagrado, que busca ver os espíritos, que sobe aos céus ao encontro do divino e desce aos infernos para combater os demônios, a doença e a morte.

É graças à sua capacidade de viajar que o xamã contribui para gravar na memória de toda uma série de populações os traços salientes da geografia funerária e do caminho dos mortos. Visto que essa "revelação" é iluminadora para a vida das populações arcaicas, sublinhamos a ideia que domina estes mitos e estes ritos: "A comunicação entre o céu e a terra é realizável – ou o fora *in illo tempore* – por um meio físico qualquer (arco-íris, ponte, cipó, corda, 'cadeia de flechas', montanha etc.). Todas as imagens simbólicas do vínculo entre céu e terra são apenas variantes da Árvore do Mundo ou *Axis Mundi*"[10]. O caminho dos mortos, o xamanismo e a imortalidade nos levam a fatores que são de grande importância para o *homo religiosus*: o simbolismo do Centro, a Árvore cósmica, o Tempo primordial no qual as comunicações entre céu e terra eram normais. A crença na imortalidade orientou diversos povos arcaicos em sua descoberta do instante mítico e paradisíaco anterior à queda.

Bibliografia

ELIADE, M. *Le chamanisme et les techniques archaïques de l'extase*. Paris: Payot, 1951 [2. ed.: 1968] [trad. it.: *Lo sciamanismo e le tecniche dell'estasi*. Roma: Mediterranee, 1974].

SCHMIDT, W. *Der Usprung der Gottesidee* – Eine historische-kritische und positive Studie. Münster: Aschendorff [vol. X: Die Religionen der Hirtenvölker, 1952; vol. XI: Die asiatischen Hirtenvölker, 1954; vol. XII: Synthese der Religionen der asiatischen und afrikanischen Hirtenvölker, 1955].

STÖHR, W. & ZOETMULDER, P. *Die Religionen Indonesiens*. Stuttgart: Kohlhammer, 1965 [trad. fr.: *Les religions d'Indonésie*. Paris: Payot, 1968].

---

9. Ibid., p. 26-27.
10. Ibid., p. 382.

4
IMORTALIDADE E SOBREVIVÊNCIA NAS GRANDES RELIGIÕES MESOAMERICANAS

4.1 As grandes civilizações pré-colombianas

O complexo cultural e religioso mesoamericano inclui diversas civilizações do México e da América Central, que vai dos 3.500 a.C. à conquista dos espanhóis do século XVI.

Existem três grandes períodos: a época pré-clássica, que termina no século III de nossa era; a época clássica, que vai até o ano 1000; e a época histórica. Estudaremos somente esta última época, já que sobre ela dispomos de fontes arqueológicas e escritas relativamente amplas.

Além disso, estamos diante de três áreas culturais: a área mesoamericana, a área circum-caribenha e a área andina. A área mesoamericana compreende a civilização Olmeca, Zapoteca, Totonaca, Maia, Tolteca, a civilização de Teotihuacan e a Asteca.

As civilizações andinas são as seguintes: Chavín, Paracas, Mochica, Nazca, Tiahuanaco, Inca.

Neste estudo nos limitaremos às civilizações Astecas, Maias e Incas. Para o estudo destas civilizações consulte as obras citadas na bibliografia, no final do capítulo.

4.2 A religião dos astecas

A religião asteca – população que dominava no México no tempo da conquista – é um "sincretismo" no qual existem três deuses principais: Huitzilopochtli, o deus solar; Tlaloc, o deus da chuva, originário de Teotihuancan; e Quetzalcóatl, serpente emplumada dos Toltecas, heroína civilizadora e sabedoria cósmica. Para os Astecas, o mundo atual – já precedido por quatro mundos – tem a forma de uma cruz, cujo Norte é o país das trevas, a morada dos mortos. O mundo atual foi criado por Quetzalcóatl, que arrancou dos infernos os ossos dos mortos e lhes deu vida banhando-os com seu sangue. Este mundo está ameaçado por uma catástrofe que somente o sangue humano pode adiar. Daqui as guerras, indispensáveis na busca de prisioneiros para os sacrifícios.

4.2.1 O destino dos mortos

Para compreender o destino dos mortos precisamos levar em conta a religião, uma religião cósmica cujos elementos principais são o sol e a chuva. Ademais, na religião asteca a noção de destino é de fundamental importância. De fato existem três deuses.

Após a morte os homens devem submeter-se a destinos diversos, segundo a opção feita pelos deuses. As crianças nascidas mortas se deslocam para o décimo terceiro céu, onde está a "árvore do leite", que lhes fornece o alimento para uma infância sem fim. Os guerreiros mortos em campos de batalha e todos os sacrificados sobre um altar, assim como os mercadores mortos em suas viagens, tornam-secompanheiros do Sol, que os escolheu para terem parte na salvação cósmica. A cremação os prepara para esta "solarização": o cadáver é revestido de tecidos preciosos, o rosto é coberto por uma máscara, a cabeça é ornada de penas, as pernas e os braços simplesmente amarrados. Antes de lançar a múmia ao fogo, esta é munida de uma pedra preciosa, *chalchiutl*, que deverá preservar-lhe o lugar do coração durante a sobrevivência. Guerreiros, sacrificados e mercadores se tornam "companheiros da águia", *quauhteca*; eles acompanharão o Sol do nascente ao poente. As mulheres mortas em trabalho de parto são assemelhadas aos guerreiros. Elas acompanharão o Sol, do nascer ao ocaso, carregando-o sobre um leito de penas de Quetzal. Para esta *elite*, portanto, existe a imortalidade. A cada quatro anos os guerreiros se reencarnam.

A segunda categoria de defuntos é constituída de homens e mulheres escolhidos por Tlaloc: são os mortos afogados, fulminados ou mortos pela malária. Estes são inumados e levados para a morada do Leste, nos jardins de Deus. A religião agrária de Tlaloc prevê para eles uma eternidade feliz e uma vegetação exuberante: é a imortalidade no paraíso de Tlaloc. Um afresco de Teotihuancan representa este jardim tropical e os eleitos que ali cantam a própria felicidade.

Todos os outros defuntos vão para o reino do Norte, o país da noite. Seus cadáveres são cremados juntamente com o de um cachorro, companheiro dos humanos no caminho dos mortos, trajeto cheio de perigos, composto de oito estepes e nove rios. Ao final de uma viagem de quatro anos, os defuntos chegam ao inferno de Mictlan, deus que os aniquilará. Por quatro anos as famílias cumprirão as cerimônias fúnebres. Esta é, pois, uma massa de humanos sem destino.

Bibliografia

Para o estudo destas religiões, cf.os artigosde J. Soustelle, o grande especialista, no *Dictionnaire des religions,* organizado por P. Poupard. Paris: PUF, 1993 [trad. it.: *Grande dizionario delle religioni.* Casale Monferrato/Assis: Piemme/Cittadella, 1990,], e a obra *L'Univers des Astèques*. Paris: Hermann, 1979.

LEHMANN, H. *Les civilizations précolombiennes*. Paris: PUF, 1953.

SOUSTELLE, J. *La vie quotidienne des Aztèques à la veille de la conquête espagnole*. Paris: Hachette, 1955 [trad. it.: *Vita quotidiana degli Aztechi*. Milão: Il Saggiatore, 1973].

VAILLANT, G.C. *Aztecs of Mexico* – Origin, Rise and Fall of the Aztec Nation. Garden City: Doubleday, 1944 [trad. it.: *La civiltà azteca*. Turim: Einaudi, 1959].

4.3 A religião maia

Os Maias são "os gregos do Novo Mundo". É somente no século XIX que se descobriu a civilização Maia em Honduras, na Guatemala e, sobretudo, no México, na província de Yucatán: Palenque, Uxmal, Chichén Itzá. No México ainda vivem cerca de três milhões e quinhentos mil descendentes dos Maias. Nosso estudo abrange a época clássica: do III ao X século de nossa era. No culto fúnebre encontramos igualmente três categorias de mortos. Os privilegiados são os guerreiros mortos em combate, as mulheres mortas em trabalho de parto, os sacerdotes e os suicidas por enforcamento. Estes são imortais. No paraíso maia eles gozam das alegrias eternas debaixo da *ceiba*, árvore sagrada que atravessa todas as esferas do céu. É a "árvore da vida", *yaxche*, que faz a conexão entre o céu e a terra. A descoberta recente do túmulo de Pacal, rei de Palenque entre 615 e 633, nos coloca diante de testemunhos irrefutáveis da crença dos Maias na imortalidade: o defunto cai na boca do sol ao entardecer. Transformado no pássaro Mohau, símbolo da imortalidade, o morto sobe ao céu com o sol nascente.

A árvore cósmica, em forma de cruz, lança raízes no mundo aqui embaixo e se expande até o céu[1]. O *Livro dos mortos* da religião maia também desenvolve uma doutrina da reencarnação.

4.4 A religião inca

Quando as diversas civilizações se separam, na região dos Andes (Peru, Bolívia, Equador), elas formam nove populações. O chefe delas se chama Inca, nome da tribo fundadora. Por volta de 1445 estas populações ocupam a cidade de Tiahuanaco e as imediações de Titicaca. O império dura somente um século e entra em colapso sob os golpes dos espanhóis.

O deus supremo do panteão inca é o Sol, deus criador designado com o nome de Viracocha nas montanhas e de Pachacamac nas regiões costeiras. Os chefes das cidades são os "filhos do sol". Além dos templos solares, construídos em todas as grandes cidades, existe o culto à Pachamama, a deusa-terra, encarnação da fecundidade.

Diversos testemunhos da conquista espanhola se referem à religião inca. Todas as informações convergem: os Incas acreditavam na imortalidade, mas concebiam a sobrevivência como uma continuação da vida atual. A documentação encontrada no Peru atesta seus costumes fúnebres: conservação do cadáver; nome do antepassado falecido dado a um recém-nascido; posição fetal do corpo na tumba ou na urna funerária. A crença na sobrevivência explica o cuidado com a organização das tumbas, o embalsamamento dos corpos dos príncipes e a dura repressão a qualquer violação das tumbas. Para os funerais dos soberanos o ritual previa o embalsamamento, um tratamento especial do rosto e dos olhos, a condenação à morte e embalsamamento de suas mulheres e de seus serviçais, o depósito da mobília e dos objetos do príncipe na cripta.

Bibliografia

ANATI, E. (org.). *The intellectual expressions of Prehistoric Man:* Art and Religion – Acts of the Valcamonica Symposium '79. Capo di Ponte/Milão: Edizioni del Centro/Jaca Book, 1983.

---

1. SCHWARZ, F. *Les traditions de l'Amérique ancienne*. St.-Jean-de-Braye: Dangles, 1982, p. 168.

_____. (org.). *Symposium international sur Les religions de la préhistoire* – Valcamonica, 18-23 septembre 1972 – Actes du Valcamonica Symposium '72. Capo di Ponte: Edizioni del Centro, 1975.

ANTON, F. & DICKSTADER, F. *Das alte Amerika*. Baden-Baden: Holle, 1967 [trad. it.: *L'arte nell'antica America (200 a.C.-1500 d.C.)*. Milão: Rizzoli, 1968].

ARNOLD, P. *Le livre des morts maya*. Paris: Laffont, 1978 [trad. it.: *Il libro dei morti maya*. Roma: Mediterranee,1980].

BELTRÁN, A. *Arte rupestre levantino* – Seminario de Prehistoria y protohistoria. Faculdad de Filosofía y Letras.Zaragoza, 1968 [trad. it.: *L'arte rupestre del Levante spagnolo* – Da cacciatori ad allevatori. Milão: Jaca Book, 1979].

BREUIL, H. & LANTIER, R. *Les hommes de la pierre ancienne* – Paléolithique et mésolithique. Paris: Payot, 1951 [2. ed.: 1959; 3. ed.: 1973].

BREUIL, H. *Catre cents siècles d'art pariétal*. Montignac: Centre d'Études de Documentation préhistorique, 1952.

CAMPS, G. *La préhistoire* – À la recherche du paradis perdu. Paris: Perrin, 1982 [trad. it.: *La preistoria*. Milão: Bompiani, 1985]. Excelente obra de síntese sobre o *homo religiosus* pré-histórico, p. 371-445.

CAUVIN, J. *Religions néolithiques de Syro-Palestine*. Paris: Maisonneuve, 1972.

DUVERGER, C. *La fleur létale* – Economie du sacrifice aztèque. Paris: Seuil, 1978 [trad. it.: *Il fiore letale* – Economia del sacrificio azteco. Milão: Mondadori, 1981].

ELIADE, M. *Histoire des croyances et des idées religieuses*. Vol. I. Paris: Payot, 1976 [trad. it.: *Storia delle credenze e delle idee religiose*. Vol. I: Dall'età della pietra ai Misteri eleusini. 2. ed. Milão: Rizzoli, 2008]. Excelente estudo crítico sobre as religiões da pré-história, p. 13-67.

GIMBUTAS, M.A. *The Gods and Goddesses of Old Europe* – 7000 to 3500 b.C. Myths, Legends and Cult Images. Londres: Thames & Hudson, 1974.

GIRARD, R. *Le Popol-Vuh* – Histoire culturelle des maya-quichés. Paris: Payot, 1954 [2. ed.: 1972] [trad. it: *La Bibbia Maya* – Il Popol-Vuh: Storia culturale di un popolo. Milão: Jaca Book, 1976].

GRAZIOSI, P. *Palaeolithic Art*. Nova York: McGraw-Hill, 1960.

JAMES, E.O. *Prehistoric Religion* – A Study in Prehistoric Archaeology. Londres: Thames & Hudson, 1957 [trad. it.: *Nascita della religione*. Milão: Il Saggiatore, 1961].

JESSE, D.J. & NORBECK, E. *Prehistoric Man in the New World*. Chicago/Londres: The University of Chicago Press, 1964.

KARSTEN, R. *La civilization de l'empire Inca* – Un état totalitaire du passé. Paris: Payot, 1952 [2. ed.: 1979].

KRICKEBERG, W.; TRIMBORN, H.; MÜLLER, W. & ZERRIES, O. *Die Religionen des alten Amerika*. Stuttgart: Kohlhammer, 1961 [trad. it.: *Religioni dell'America precolombiana*. Milão: Il Saggiatore, 1966].

LAMING EMPERAIRE, A. *La signification de l'art rupestre paléolitique*. Paris: Picard, 1962.

LEROI-GOURHAN, A. *Les religions de la préhistoire*. Paris: PUF, 1964 [2. ed.: 1971; 3. ed.: 1976; 4. ed.: 1980] [trad. it.: *Le religioni della preistoria*. Milão: Rizzoli, 1970].

MELLAART, J. Çatal Hüyük – A Neolithic Town of Anatolia. Londres: Thames & Hudson, 1967.

_____. *Earliest Civilization of the Near East*.Londres: Thames & Hudson, 1965.

MÉTRAUX, A. *Les Incas*. Paris, 1962 [trad. it.: *Gli Inca*. 3. ed. Turim: Einaudi, 1969].

MÜLLER-KARPE, H. *Handbuch der Urgeschichte*. Berna/Munique: Francke, 1966.

NARR, K. (org.). *Handbuch der Urgeschichte*. Berna/Munique: Francke, 1967.

NOUGIER, L.R. *L'art préhistorique*. Paris: PUF, 1966.

PERROT, J. "Préhistorique palestinienne". In: *Supplément au Dictionnaire de la Bible*. Vol. VIII. Paris: Letouzey et Ané, 1968, cols. 286-446.

SCHWARZ, F. *Les relations de l'Amérique ancienne* – Mythes et symboles: Olmèques, Chavin, Mayas, Aztèques, Incas. St.-Jean-de-Braye: Dangles, 1982.

SÉJOURNÉ, L. *Pensamiento y Religión en el México Antiguo*. Cidade do México: Fondo de Cultura Económica, 1957 [2. ed: 1964].

SOUSTELLE, J. *L'univers des Aztèques*. Paris: Hermann, 1979.

_____. *Les Olmèques* – La plus ancienne civilization du Mexique. Paris: Arthaud, 1979 [trad. it.: *Gli Olmechi* – La più antica civiltà del Messico. Milão: Rusconi, 1982].

_____. *Les Aztèques*. Paris: PUF, 1970 [trad. it.: *Gli Aztechi*. Roma: Newton, 1994].

_____. *La pensée cosmologique des anciens Mexicains*. Paris: Hermann, 1940.

SREJOVIĆ, D. "La religión de la cultura de Lepenski Vir". In: ANATI, E. (org.). *Symposium international sur les religions de la préhistoire* –Valcamonica 18-23 septembre 1972 – Actes du Valcamonica Symposium'72. Capo di Ponte: Edizioni del Centro, 1975, p. 87-94.

THOMAS, L.V. *Le cadavre* – De la biologie à l'anthropologie. Bruxelas: Complexe, 1980.

THOMPSON, J.E. *The Rise and Fall of Maya Civilization*. Norman: University of Oklahoma Press, 1955 [trad. it.: *La civiltà maya*. Turim: Einaudi, 1970].

UCKO, P.J. & ROSENFELD, A. *Paleolithic cave Art*. Londres: Weidenfeld & Nicolson, 1967 [trad. it: *Arte paleolitica*. Milão: Il Saggiatore, 1967].

VON HAGEN, V.W. *The Incas*: People of the Sun. Leicester: Brockhampton, 1963 [trad. it.: *Gli Incas*: Popolo del sole. Roma: Newton, 1977].

WERNERT, P. "Cultes des crânes: représentation des esprits des défunts et des ancêtres". In: GORE, M. & MORTIER, R. (orgs.). *L'histoire générale des religions*. Vol. I. Paris:- Quillet, 1948, p. 51-102.

II

MORTE, DESTINO E ALÉM-TÚMULO ENTRE OS INDO-EUROPEUS

INTRODUÇÃO

Às longínquas origens de nosso atual conhecimento do mundo indo-europeu arcaico existem alguns autores que tentaram realizar uma pesquisa histórico-religiosa comparada graças à qual este relatório pôde gradualmente fazer progressos. Em 15 de março de 1762 A.J. Anquetil-Duperron (1731-1805) depositou em Paris 180 manuscritos redigidos em avéstico [zenda ou zend, língua iraniana oriental], pálavi [ou *pahlavi*, persa] e sânscrito, obtidos numa aventureira viagem na Índia. Foi assim que o Ocidente descobriu os textos do *Avesta*. Em 1730 Jean Calmette descobriu os primeiros dois livros dos *Vedas*, aos quais logo foram acrescentados os outros dois. Fundador do *Asiatic Society of Bengale*, William Jones fez em 1786 um discurso programático sobre o parentesco entre o sânscrito e o grego. No século XIX Max Müller (1823-1900) publicou os cinquenta volumes do *The Sacred Books of the East* e fez uma primeira tradução dos *Vedas* (6 vols., 1849-1873). Para ele, nos *Vedas* se encontra o pensamento originário dos povos arianos, o que nos dá uma chave de acesso ao bramanismo, ao budismo, ao zoroastrismo e ao pensamento greco-romano. *Nomina sunt numina*: a filologia comparada se torna assim o fundamento da história das religiões, oferecendo uma base histórica ao elemento indo-europeu. A nova disciplina não tardará a fazer seu progresso na universidade.

Continuando a estrada aberta por Max Müller, a escola comparativista partiu em busca da língua primordial, chegando ao indo-europeu que esta mesma escola considerava vivo por ocasião da dispersão dos povos. Mas imediatamente os linguistas compreenderam o quanto era evidente desde a pré-história a diferença entre os dialetos. J.G. Frazer (1854-1941) mergulhou na mitologia comparada: seu grande estudo *Il ramo d'oro* [O ramo de ouro] é formado por doze volumes, publicados entre 1911 e 1915. Aconselhado por Michel Bréal (1832-1915), que incansavelmente insistia nos fatores de pensamento e de civilização, no problema do sentido e nas causas intelectuais que levaram à transformação das línguas, Georges Dumézil (1898-1986) retomou todo o dossiê indo-europeu, individuando os erros cometidos e entrevendo a necessidade de comparar conjuntos complexos e articulados, cuja recorrência entre as diversas populações não é um fato casual; desta forma ele dedicou-se à análise dos traços do legado indo-europeu. Dumézil fez uso da linguística e da filologia comparada, influenciado pelas descobertas de Joseph Vendryes (1875-1960), que conseguiu colocar em evidência no léxico do sagrado a correspondência entre palavras indo-iranianas de um lado e ítalo-célticas de outro, e mostrando que entre os povos que mais tarde se tornaram os indianos, os iranianos, os italiotas e os celtas existiam termos religiosos comuns. O léxico do sagrado conservou-se nas duas extremidades do vasto mundo indo-europeu. O mundo da Ária (Pérsia) dispunha de conceitos religiosos veiculados por uma linguagem comum. Depois de um primeiro quarto de século de pesquisas, Dumézil encontrou a chave da herança do pensamento dos arianos: uma ideologia funcional e hierarquizada, na qual encontramos a soberania religiosa e jurídica, a força física aplicável em particular à guerra e à fecundidade, submetida a outras duas funções, mas indispensável ao seu desenvolvimento. Por quatro decênios, graças ao seu método comparativo genético, Dumézil se dedicará a toda a documentação disponível. Trabalhando com documentos que representam umas quarenta línguas, ele analisará os traços dos povos indo-europeus que ao longo do III e do II milênios anteriores à nossa era se deslocaram para a Ásia e para a Europa, da Índia ao Cáucaso, passando pelo Irã, avançando para a Anatólia, em direção ao Mediterrâneo e ao Atlântico, transmitindo seu pensamento, suas técnicas e seus rituais. Com a exceção dos hititas que, fixados na Anatólia, deixaram poucos traços de si. Sociólogo, etnólogo, linguista, filólogo e historiador, G. Dumézil dominava a arqueologia, a mitologia, os textos e dialetos de uns quarenta povos, trazendo assim à luz as estruturas do pensamento e as concepções religiosas e sociais dos antigos arianos[1]. Graças ao imenso trabalho realizado por nosso autor hoje dispomos de uma verdadeira *summa* de informações sobre

---

1. COUTAU-BÉGARIE, H. *L'oeuvre de Georges* Dumézil – Catalogue raisonné. Paris: Economica, 1998. • RIES, J. *La storia comparata delle religioni e l'ermeneutica*. Milão: Jaca Book, 2009, p. 56-96; 121-138 [Opera Omnia, 6].

os antigos indo-europeus. Jean Loicq nos fornece uma excelente síntese[2]. Os povos que falavam as formas antigas dos dialetos entraram em contato com as velhas civilizações mediterrâneas, uns desde o II milênio a.C., outros mais tarde. Uma dinâmica como esta supõe uma certa unidade cultural e religiosa e uma forte estrutura social. No mundo indo-europeu, a existência de deuses como seres luminosos e celestes se estabelece através do termo *deiwo*. O termo provém da raiz *dei-*, "brilhar", que também dá forma ao nome "céu" e inclusive "dia". Contrariamente aos deuses agrários mediterrâneos, estamos num contexto de deuses urânicos e diante de deuses "antropomorfizados". A religião desses antigos povos indo-europeus não tem denominações, mas nos remete ao radical *sak-* do verbo latino *sancire*. Daqui somos levados ao léxico geral do sagrado, a um rito e a um oficiante chamado *sacerdos*, "aquele que define o sagrado". O que é "consagrado" é colocado sob a proteção dos deuses e se chama *wid*, vocábulo que serve para exprimir o que denominamos "ciência religiosa". O tempo luminoso do céu, a água, o fogo e o vento são concebidos como forças animadas. Desde o II milênio se considera o sol como a divindade encarregada de vigiar os homens.

A parte mais original do pensamento religioso indo-europeu e da herança espiritual que este transmite é a organização do mundo dos deuses e a sociedade dos homens em três funções hierarquizadas, mas em relação entre si: a administração do sagrado, a força física e a guerra, e a economia relacionada com a riqueza, com a saúde e com a paz. No topo do mundo divino temos seis divindades, deuses soberanos que presidem estas três funções: *Varuna* e *Mitra* para a função do sagrado; *Indra* e *Vāyu* para a guerra; os *Nāsatya*, dos quais fazem parte *Haurvātāt,* a saúde, e *Ameretāt*, a imortalidade[3].

O léxico comum relativo ao âmbito fúnebre é muito pobre. Concerne apenas à inumação e à cremação do cadáver do defunto. Também temos poucas informações sobre o destino do homem e as crenças no além-morte. A alma é

---

2. LOICQ, J. "*Dumézil, Georges (1898-1986)*. In: POUPARD, P. (org.). *Dictionnaire des religions*. 3. ed. Paris: PUF, 1993, p. 548-552. • LOICQ, J. "Indo-Européens". In: Ibid., p. 936-953 [trad. it.: *Grande dizionario delle religioni*. Casale Monferrato/Assis: Piemme/Cittadella, 1990].

3. DUMÉZIL, G. *Les dieux souverains des Indo-Européens*. Paris: Gallimard, 1977 [trad. it.: *Gli dei sovrani degli Indoeuropei*. Turim: Einaudi, 1985]. Cf. tb. RIES, J. *Il senso del sacro nelle culture e nelle religioni*. Milão: Jaca Book, 2006.

geralmente assemelhada a um sopro: *prāna, ātman* em sânscrito, *psychē* em grego, *anima* em latim, mas seguramente vista como diferente do corpo.

Nesta segunda parte do presente livro examinaremos o que sabemos da morte e da sobrevivência entre os antigos indo-europeus: etruscos, neo-hititas, celtas, antigos germânicos e escandinavos. Mais adiante também trataremos dos iranianos no zoroastrismo, das religiões da Índia, do mundo latino e do mundo grego.

1
MORTE E SOBREVIVÊNCIA ENTRE OS ETRUSCOS E NEO-HITITAS

1.1 Os etruscos

A parte principal de nossa documentação sobre os etruscos procede dos autores latinos, principalmente a partir do século I a.C. A origem da Ásia Menor e da Lídia destes povos se confirma por considerações de caráter linguístico. Vindas da Ásia Menor, portanto, estas populações se fixaram na Toscana, numa data ainda indeterminada. Um dos traços mais surpreendentes que os romanos do final da República lhe atribuíam é que a religião etrusca se apresentava como uma religião do livro. De fato, quando os romanos ainda estavam se familiarizando com a escrita, os etruscos já tinham um alfabeto, que herdaram dos gregos. Três categorias de livros etruscos nos foram transmitidas: os *Libri fulgurales* [Livros fulgurais], que continham a arte de interpretar e de esconjurar os raios; os *Libri haruspicini* [Livros haruspicinos], que transmitiam os pensamentos escritos nas entranhas das vítimas; e os *Libri rituales* [Livros rituais], que tratavam dos ritos da religião e de tudo o que diz respeito à vida do Estado e das pessoas, bem como à consagração dos templos. Também se mencionam os *Libri fatales* [Livros fatais], que se referiam ao destino, à duração e ao ritmo da vida humana. G. Dumézil nos oferece inúmeras informações sobre o panteão etrusco[1].

Sobre o mundo dos defuntos, dispomos de documentos significativos, que são as pinturas que ornamentam as paredes das câmaras fúnebres: cenas de caça e de retorno das caçadas do VI e V século, monstros terrestres ou marinhos que povoam os mundos inferiores, cenas de banquetes, danças e jogos. Os mortos

---

1. DUMÉZIL, G. *La religion romaine archaïque suivie d'un appendice sur la religion des Etrusques*. Paris: Payot, 1966, p. 639-656 [trad. it.: *La religione romana arcaica*. Milão: Rizzoli, 2001].

eram inumados, e parece que se acreditava que continuassem a viver nos túmulos; daqui a suntuosidade das tumbas, que eram verdadeiras residências fúnebres desde o século VIII. Os quartos onde repousavam os defuntos se abriam para um corredor ou circundavam um átrio, a exemplo das casas particulares. Ali foram encontradas mobílias em abundância e ricos utensílios domésticos. A partir do século IV as pinturas murais passaram a representar os mundos inferiores, diferentes dos da Grécia, mas inspirados neles: o defunto viaja a cavalo, numa carroça; é acolhido por um grupo de homens; uma festa o espera. Assim, no lugar daquela prisão, que é o túmulo, existe um país dos mortos onde é possível identificar uma demonologia[2].

Entre os personagens destes mundos inferiores temos o *Charun*, o gênio da morte, que foi profundamente estudado por F. de Ruyt[3]. Seu nariz adunco faz pensar num pássaro predador, suas orelhas nos lembram um cavalo, seus dentes parecem ranger e mostram seu riso cruel. Este evoca um carnívoro pronto a devorar as próprias vítimas. Ele tem uma marreta para acertar o mortal cuja hora derradeira chegara, acompanhando-o em seguida em sua viagem ao além. Ao lado do *Charun* vemos Fúrias que se desencadeiam. Além desses personagens temos um demônio masculino, mais jovem e amável. Segundo de Ruyt, estas figuras horrendas acompanham o defunto do momento da morte até sua entrada nos infernos, mas sua companhia não passa de um infortúnio a ser superado antes de entrar numa eternidade de prazeres[4].

Segundo Raymond Bloch, na Etrúria o culto funerário tem uma importância fundamental[5]. A tumba é construída à imagem da casa, mas com mais capricho e luxo. Ela é protegida por um círculo de pedras ou por uma enorme laje que bloqueia a entrada. Supõe-se que o defunto permaneça na tumba. O tema da viagem para o além-túmulo explica o número de cenas representadas sobre as urnas e os sarcófagos fúnebres. O mundo dos infernos onde se encontram os mortos é pintado com cores diversas segundo as épocas. Na época arcaica, que foi um tempo de

---

2. Ibid., p. 656-658.

3. DE RUYT, F. *Charun, démon étrusque de la mort*. Bruxelas: Institut Historique Belge, 1934.

4. DUMÉZIL,G. *La religion romaine archaïque*. Op. cit., p. 658-659.

5. BLOCH, R. "La religion étrusque". In: PUECH, H.C. (org.). *Histoire des religions*. Vol. I. Paris: Gallimard, 1970, p. 840-873, esp.: "La mort et l'outre-tombe", p. 868-870 [Encyclopédie de la Pléiade].

prosperidade, as pinturas que decoram as partes das catacumbas subterrâneas de Tarquinia e de outras cidades respiram jovialidade e alegria: os defuntos parecem participar de uma vida paradisíaca, elegante e cheia de diversões. É a partir do século IV a.C. que a atmosfera muda e se torna mais pesada, em razão dos demônios de aspecto temível que surgem. Aita e Phersipnai, isto é, Hades e Perséfone, perderam sua amável figura. O aspecto de Charun não é o do barqueiro helênico: suas carnes azuladas lembram a decomposição dos corpos. Seu martelo evoca o golpe fatal da passagem. Nos afrescos mais tardios é visível o terror da multidão dos defuntos que se amontoam e caminham temerosos.

Num artigo rico de informações arqueológicas, artísticas e doutrinárias, G. Camporeale mostra uma aproximação feliz do mundo do além-túmulo graças ao estudo das necrópoles encontradas. Após ter fornecido algumas informações sobre a época protoetrusca, ele descreve as duas grandes fases ao longo das quais os Etruscos procediam à inumação dos mortos. A primeira fase vai do século VII ao século V: é a fase na qual o defunto é depositado numa câmara sepulcral ricamente decorada, que pode ser considerada a casa do defunto. Obviamente, os vivos faziam de tudo para tornar o defunto feliz. Os afrescos mostram cenas de caça, jogos e danças e ricas mobílias, feitas de bancos e diversos utensílios. Tudo isto representava a alegria da vida sobre a terra e devia consentir-lhe sua continuidade no além-túmulo. A partir do IV século houve uma grande mudança. Surge então um mundo demoníaco, com a presença de Charun, armado com seu martelo para desferir o definitivo golpe mortal e rodeado por inúmeros e ameaçadores demônios, cortejo que deve acompanhar o defunto até a porta dos infernos, do qual tais demônios são os guardiães: uma viagem angustiante. Desta forma, a partir do século IV o defunto se vê cercado por um mundo infernal[6].

Heródoto (I,99) aponta como pátria originária dos Etruscos a Lídia. A origem asiática é confirmada por historiadores antigos e modernos, e isto nos leva para a Ásia Menor. Em um artigo, Guy Kestemont estuda a questão da sobrevivência e do destino para os neo-hititas do século IX ao século VIII a.C.[7].

---

6. CAMPOREALE, G. "La religione degli Etruschi". In: CASTELLANI,G. (org.). *Storia delle religioni*. Vol. II. Turim: UTET, 1971, p. 539-661, esp.: "Vita d'oltretomba", p. 611-629. Bibliografia, p. 655-661.

7. KESTEMONT, G. "Survie et destin chez les Néo-Hittites, IVe-VIIIe s. av. J.-C.". In: THEODORIDES, A. & NASTER, P. & RIES, J. (orgs.). *Vie et survie dans les civilisations orientales*. Lovaina: Peeters, 1983, p. 55-69 [Acta Orientalia Belgica, 3].

1.2 Os neo-hititas

O mundo neo-hitita se desenvolve na Ásia Menor entre o século IX e o século VIII antes de nossa era e representa um elo de conjunção cultural e histórico entre a civilização hurrita-hitita e a arcaica e a aramaica. Entre as representações iconográficas nascidas desta cultura dispomos de uma série de relevos ditos "cenas de banquete". Estas cenas representam "um personagem sentado diante de uma mesa repleta de alimentos, tendo em suas mãos um copo ou uma taça". A este tipo de cena se acrescentam alguns símbolos, dentre os quais um cacho de uva e uma espiga. Esta mesma tipologia simbólica a encontramos nas mãos do deus-temporal Tarhu. Graças ao conjunto da documentação iconográfica atualmente conhecida, escreve Kestemont, podemos salientar que estes dois grupos simbólicos são símbolos divinos tanto do deus temporal quanto da deusa Kubaba, elementos ligados a cenas de festa, e se coloca em paralelo uma passagem da homenagem em aramaico da estátua do deus do tempo Hadad por parte do rei neo-hitita Panamuwa I. Nas linhas 12-15 lê-se um texto significativo:

> Aquele dentre meus descendentes que apanhar o cetro, subirá ao trono, exercerá o poder e celebrará Hadad, comemorará o nome de Hadad... dirá: possa a alma [*nebesh*] de Panamuwa comer junto a ti, possa a alma de Panamuwa beber junto a ti.

Segundo nosso autor está claro que "estas cenas de festa são uma representação das almas que comem e bebem". A alma do defunto participa da permanência bendita no paraíso do deus temporal. Trata-se provavelmente de um conceito escatológico, que Kestemont compara com Isaías 25,6-8, onde se fala de Javé preparando um "banquete de carnes gordas" para os povos e que fará a morte desaparecer.

O cacho e a espiga são símbolos escatológicos, e não são reduzidos a mero símbolo de um culto agrícola. Significam que a alma humana será recebida no mundo divino pelo deus temporal. Kestemont reforça sua hipótese analisando uma pedra da fiandeira encontrada em Marash: uma mesa repleta de comida e uma bordadeira segurando uma agulha por onde entra o fio. Na parte conclusiva das diversas análises, nosso autor afirma que toda esta documentação iconográfica e epigráfica nos mostra que a alma humana possui um destino na morada feliz junto ao deus temporal.

Bibliografia

BLÁSQUEZ, J.M. "La religion etrusca". In: *Historia de las religiones de la Europa antigua*. Madri: Catedra, 1994, p. 19-102.

BLOCH, R. *Les Étrusques,* "Que sais-je?". 8. ed. Paris: PUF, 1990 [trad. it.: *Gli Etruschi*. Milão: Garzanti, 1955 [Saper tutto, 55]].

_____. "La religion étrusque". In: PUECH, H.C. (org.). *Histoire des religions*. Vol. I. Paris: Gallimard, 1970, p. 841-872; bibliografia: p. 870-873 [Encyclopédie de la Pléiade].

MAGGIANI, A. "L'uomo e il sacro nei rituali e nella religione etrusca". In: RIES, J. (org.). *Le civiltà del Mediterraneo e il sacro*. Milão: Jaca Book, 1992, p. 191-207.

PFIFFIG, A.J. *Religio etrusca*. Graz: Akademische Druck/Verlagsanstalt, 1975.

RUYT, F. *Charun, démon étrusque de la mort*. Bruxelas: Institut Historique Belge, 1934.

THULLIER, J.P. *Les Étrusques* – La fin d'un mystère? Paris: Gallimard, 1992 [trad. it.: *Gli Etruschi* – Il mistero svelato. Turim: Electa/Gallimard, 1993].

TORELLI, M. "La religione etrusca". In: FILORAMO, G. *Storia delle religioni*. Vol. I: Le religioni antiche. Roma/Bari: Laterza, 1994, p. 331-347; bibliografia: p. 345-347.

2
SOBREVIVÊNCIA E IMORTALIDADE ENTRE OS CELTAS

2.1 História, civilização e religião

2.1.1 As populações célticas

A tradição historiográfica greco-romana chama de *galli* [gauleses], *galati* [gálatas] ou *celti* [celtas] os povos que a partir do século I a.C. ocuparam a Europa continental atlântica e mediterrânea, cujos poucos diferentes dialetos constituíam um grupo de línguas indo-europeias. Com base em critérios linguísticos, estes foram subdivididos em três tribos. Os primeiros são os gaélicos ou goidélicos: são os irlandeses e os escoceses. Na Irlanda a língua se conservou. O segundo grupo é composto pelos galo-britônicos, dispersos pela Bretanha insular e pela Bretanha Armoricana. O terceiro grupo é situado na Espanha: são os celtiberos. Entre 1800 e 1600 a.C., um ramo dos protocélticos [ou protoceltas] que vivia na Germânia se expande em direção à Grã-Bretanha. Por volta de 1500 a.C. a civilização proto-céltica do Bronze aparece na Germânia Meridional e na Gália Norte-Oriental. Por volta de 1200 a.C. têm início os "campos de urnas", que encontraremos na Gália e na Espanha por quatro séculos.

Por volta de 750 a.C.,constitui-se na Germânia, na atual República Tcheca, na Eslováquia, na Áustria e na França a civilização céltica da primeira Idade do Ferro. Os celtas entram em relação com os gregos, com os etruscos e com o mundo mediterrâneo. Depois do ano 500 a.C. começa a invasão dos celtas aos vales do Ródano e do Pó. A segunda invasão ocorre entre os anos 400 e 300. Em 390 eles incendeiam Roma. Em 359 tomam Bolonha. Os belgas, celtas originários da região transrenana, penetram na Gália no início do século III. As invasões prosseguem. É a grande expansão céltica. Em 270 destroem Delfi, mas são afugentados.

Em 278 passam para a Ásia Menor: é "um corpo de gálatas", segundo o rei da Bitínia. Na Itália eles continuam se expandindo, mas os romanos os fazem recuar. Na Espanha se instalam com o nome de celtibéricos [povos ibéricos pré-romanos celtas]. No ano 80 a.C. começa um recuo sistemático dos celtas. A partir do ano 58 a.C. César organiza a conquista da Gália. Em 43 a.C. são definitivamente vencidos pelos romanos. Ao longo de todo o Império Romano, a Irlanda e a Escócia foram as únicas regiões célticas independentes. Os celtas irlandeses se converteram ao cristianismo, dando vida ao cristianismo céltico, no qual o monaquismo gozará de enorme desenvolvimento.

2.1.2 A civilização céltica

As origens dos celtas permanecem obscuras. A homogeneidade das sepulturas, no entanto, nos faz pensar que seu berço possa ser a Europa Central e Ocidental. Por volta de 1500 a.C. encontramos túmulos construídos no interior de cavernas, caracterizados por ritos de inumação, mas "os campos das urnas" que se fazem presentes do ano 1200 ao ano 800 nos oferecem provas da cremação e das migrações das populações. A partir do final do século VIII a.C. os celtas são forçados por bandos de cavaleiros trácio-cimérios vindos do Oriente a deslocar-se para o Ocidente. Nesse período houve um despertar do ocidente céltico, com uma rápida expansão da metalurgia do ferro e a criação de uma casta de guerreiros armados com escadas. É neste período que tem início a construção de tumbas caracterizadas por ricos mobiliários fúnebres, nas quais prevalecem armas de ferro e partes de arreios de cavalo. Essa categoria dá vida aos nobres gauleses, os *equites* [cavaleiros], capazes fazer frente a César. Nesse período cessam os intercâmbios com o mundo mediterrâneo.

2.1.3 A expansão céltica

É uma expansão que começa no início do século V, originada pela grande prosperidade dos celtas, que graças à metalurgia fabricam armas e utensílios de um novo tipo: carroças, foices, arados de ferro pesados e enxadas de ferro. A criação de animais se difunde rapidamente. É a fase da expansão militar e dos intercâmbios com a Grécia. Os gauleses passam pela Itália e se aproximam dos etruscos. A arte céltica se desenvolve, imitando a arte etrusca, grega e iraniana. A partir do século IV os celtas são usados pelos gregos como mercenários. A Grécia exerce assim uma grande influência sobre a civilização céltica.

A partir do século III os celtas transrenanos passam para o Oeste. Ausone os denomina belgas. Eles assumem o lugar dos celtas, que se deslocaram para o Sul, na direção da Itália.

2.1.4 Os deuses dos celtas

Conhecemos os deuses celtas graças à arqueologia e às fontes céltico-romanas, dentre as quais o *De bello gallico* de César, e também graças às inscrições. Júpiter gálico é o antigo deus indo-europeu do céu, Dyaus, Zeus, Tiwas. Existem inúmeras colunas de Júpiter erguidas entre o ano 170 e 240 na Mosela, na Bretanha e entre os helvéticos, sobre as quais constam os sete planetas, o sol, a lua, Mercúrio, Hércules e Minerva, ou as quatro divindades: Juno, Mercúrio, Hércules e Minerva. Às vezes no cume da coluna vemos Júpiter a cavalo. Há também o deus da roda, símbolo do sol, e às vezes a cruz curva indo-europeia, a *swastika*. O deus irlandês Dagda é um deus bom e sábio, que corresponde ao deus Odin germânico. Ele é também o custódio dos juramentos. Segundo César, os gauleses veneram principalmente o deu Mercúrio, que corresponde ao deus Lug dos irlandeses. É o guia dos viajantes e o deus do comércio. Apolo é o deus da cura, ligado ao culto das águas.

Depois das pesquisas de Georges Dumézil ficou evidente que os celtas tinham uma religião popular e uma religião das classes superiores, religião dos druidas e dos cavaleiros. Os druidas recolheram a herança indo-europeia das três funções do sagrado, da guerra e da fecundidade, mas modificando este esquema. Deparamo-nos assim diante uma sociedade no cume da qual se situam os druidas, com a função do sagrado; em seguida vêm os cavaleiros, com a função da guerra; por fim as classes populares dos agricultores, dos criadores de animais e artesãos. Além disso, existe também o mito da luta entre os deuses Æsir e Vanir: trata-se do mito da batalha de Mag Tuired.

2.1.5 Os druidas

As melhores fontes para conhecer esta categoria do sagrado são o *De bello gallico,* de César (VI, 13-14), a *História,* de Diodoro Sículo (V, 31,2-5), e a *Geografia,* de Estrabão (IV, 4). Em base a estes três autores é possível compreender as subdivisões no interior da casta sacerdotal.

O termo "druida" vem de *dru-wid-es*, vocábulo que significa "os três sábios". É a mesma raiz do latino *videre*, do gótico *witan* e do alemão *wissen* ("separar"). Entre os druidas existe o harpista, o poeta, o historiador, o feiticeiro, o médico e o copeiro no mundo irlandês, bem como o druida, o vidente e o bardo entre os celtas do continente. O recrutamento não era hereditário. O ensinamento passava de mestre para discípulo e cobria um vasto campo de conhecimento que ia da teologia à história, das ciências da natureza à astronomia. À frente de todos está o clero: vestido de branco, o sacerdote sobe na árvore e corta o visgo e o coloca num pano branco. Os videntes são os encarregados da adivinhação e os bardos da poesia. Todos os druidas se submetem à autoridade de um único chefe. Não se sabe nada de preciso sobre o culto, com exceção desta coleta do visgo. Os celtas tinham templos e santuários na parte superior dos Alpes, nas passagens fronteiriças e na planície. Estes últimos eram lugares de peregrinação e de reunião religiosa e política.

	Druida	bardo	vidente
César	*druida:* religião, justiça ensinamento		
Deodoro	*druida, filósofo, teólogo:* religião	*bardo:* louvor, sátira, arbitragem	*adivinho:* adivinhação, arte da saudação, sacrifício
Estrabão	*druida:* ciência da natureza, filosofia, justiça	*bardo:* canto, poesia	*vidente:* sacrifício, interpretação da natureza

2.2 A morte e o além

2.2.1 *Alguns textos de autores antigos*

1) Júlio César: "O que estes (*sc.* os druidas) buscam fazer certificar é, sobretudo, que as almas não morrem, mas passam, após a morte, de um corpo a outro: isto

lhes parece particularmente capaz de estimular a coragem e suprimir o medo da morte" (*De bello gallico* VI,14; texto escrito por César entre os anos 58 e 52 a.C.).

2) Lucano: "Para vós, as sombras não vencem a morada silenciosa do Érebo e os verdes reinos de Dis Pater; o mesmo espírito governa um corpo em outro mundo. Se sabeis o que cantais, percebereis que a morte é o centro de uma longa vida. Certamente os povos que olham a Ursa maior são felizes em seu engano, uma vez que o temor da morte, o maior dos temores, não os atormenta. Daí, entre os seus guerreiros um coração pronto a lançar-se contra a espada, e aquela alma que sabe morrer porque se envergonha de levar uma vida destinada a regressar" (*De bello civili*, III, 399; morreu em 65 a.C.; sua descrição se baseia no texto de César).

3) Pompônio Mela: "Difundiu-se entre os povos uma das suas doutrinas, aquela segundo a qual as almas são imortais e que há outra vida entre os mortos, e isto os torna mais corajosos na guerra" (*De chorographia*, III, 2,18; autor do século I de nossa era, que escreveu, portanto, um século depois de César).

4) Diodoro Sículo: "Entre eles prevalece a doutrina pitagórica, que ensina que as almas dos homens são imortais e que retornam por um certo tempo em um outro corpo" (*Storie*, V, 31,2-5); "Durante os funerais estes lançam na fogueira cartas escritas aos seus mortos, como se os mortos devessem lê-las" (*Storie*, V, 28; autor do século I a.C., contemporâneo de César).

Estes textos devem ser relidos à luz das informações que a crítica moderna apresenta graças às descobertas recentes, no âmbito das pesquisas arqueológicas e epigráficas.

2.2.2 Funerais e túmulos

Inicialmente vale lembrar que a cremação dos defuntos é algo raro; a norma, ao contrário, é a inumação. A maior parte dos túmulos encontrados é simples. César escreve que "os funerais dos gauleses eram magníficos e suntuosos em comparação com a civilização deles. Tudo aquilo que no entender deles o defunto amava era lançado na fogueira, inclusive os animais, e até há pouco tempo era usual, numa cerimônia fúnebre completa, queimar os escravos e os clientes que lhe (*sc.* ao defunto) tinham sido caros em vida". Todos os historiadores modernos concordam com a afirmação de que nada que possa confirmar esta declaração de César foi encontrado (*De bello gallico*, VI, 19).

De fato, nos túmulos descobertos não foram encontradas provas de sacrifícios humanos. Foram encontrados, ao contrário, muitos traços de objetos que faziam parte da vida do defunto: bijuterias, armas, vasos. Mas uma coisa suscitou estupor: o número de espadas quebradas ou vasos rompidos, algo que parece ter sido intencional. Será que estaríamos diante de uma ilustração da destruição realizada pela morte?

Além disso, nos túmulos havia restos de alimentos: trata-se de refeições simbólicas que tinham uma grande importância nos ritos funerários.

Outro elemento descoberto nos túmulos gálicos é um *ovo quebrado*. Trata-se de um simbolismo eloquente: o ovo quebrado é sinônimo de vida. Estamos diante do elemento simbólico mais importante dos celtas em relação à sua crença na sobrevivência. O ovo está presente nos mitos cosmogônicos. O encontramos juntos aos celtas, aos gregos, aos egípcios e também na Índia. Neste mito o homem primordial nasceu de um ovo. O ovo, enfim, é relacionado à gênese do mundo. Além disso, ele é um símbolo de renovação periódica da natureza. Também em túmulos russos e suecos foram encontrados ovos de argila.

O catálogo da exposição da *Art celtique en Gaule* [A arte céltica na Gália] em Paris, em 1983-1984, mostra alguns nichos do santuário arqueológico de Roquepertuse que serviram para conservar os crânios[1]. Em três colunas verticais são escavados nichos ovais. No nicho superior de uma das colunas um crânio ainda pode ser visto. O Neolítico, no Oriente Próximo, guarda inúmeros traços do "culto aos crânios". Será que este culto não existia entre os celtas? Diodoro Sículo, além disso, fala de cartas aos mortos, um costume que se conservou em algumas regiões da Irlanda, ao passo que Pompônio Mela conta que os celtas acreditavam que "os negócios continuavam no além-túmulo". Os druidas proibiam que se colocasse por escrito a tradição céltica, mesmo conhecendo elementos de escritura. A prova disso está na descoberta de inscrições sobre pedras na Irlanda, na Escócia e no País de Gales. Tais inscrições foram inclusive encontradas em varas de madeira. Os druidas imaginavam que a tradição fixada pela escrita a impedia de permanecer viva.

---

1. MINISTERE DE LA CULTURE – DIRECTION DES MUSÉES DE FRANCE. *L'art celtique en Gaule* – Collections de musées de province. Paris, 1983, p. 134.

2.2.3 A mitologia e a épica célticas

No patrimônio mitológico dos celtas da Irlanda e em sua literatura épica existem celebrações da vida e da morte, da alegria e da tristeza, da paz e da guerra. Esta literatura, aprendida de cor, era transmitida pelos *fili*, poetas irlandeses detentores da tradição druídica[2]. A épica céltica na Bretanha é obra dos *bardos*, poetas e cantores, também estes herdeiros da tradição druídica. Conservados por tradição oral, esta épica e estes testemunhos mitológicos foram colocados por escrito a partir do século IX e sistematicamente estudados a partir do século XIX. Neles encontramos inúmeras alusões à morte e ao além-túmulo[3].

Num escrito mítico intitulado *La navigazione di Bran* [A viagem de Bran] temos passagens interessantes relativas ao mundo do além-túmulo:

> Existe uma ilha longínqua,
> ao redor da qual brilham cavalos marinhos;
> percurso branco ao longo de uma onda espumante
> com quatro pés de altura.
>
> Deleite para os olhos, sequência de vitórias,
> é planície onde jogam os exércitos;
> os barcos lutam com as bigas
> na Planície Branca-Prateada ao Sul.
>
> Pés de bronze branco abaixo dela
> brilhando através dos mundos deliciosos,
> terra adorável através dos mundos de vida,
> na qual tombam muitas flores.
>
> Existe a velha árvore com flores
> sobre a qual os pássaros se reúnem chamando as Horas.
> Numa harmonia costumeira
> eles chamam juntos a cada hora.
>
> Cores de todos os matizes brilham
> por todas as planícies de encantadoras vozes;
> a alegria é a de sempre, fixando-se ao redor da música,
> na Planície da Nuvem Prateada ao Sul.

---

2. MARKALE, J. *L'épopée celtique d'Irlande*. Paris: Payot, 1971.

3. MARKALE, J. *L'épopée celtique en Bretagne*. Paris: Payot, 1975. • BREKILIEN, Y. *La mythologie celtique*. Paris: Picollec, 1981.

Não existe tristeza nem traição,
na familiar terra cultivada.
Lá não existe nenhuma palavra rústica ou severa,
a não ser uma agradável música encantando os ouvidos.

Sem pesar, sem luto, sem morte,
sem doença, sem debilidade,
é assim que se reconhece Emain.
Não existe maravilha igual.

Uma beleza da terra mais maravilhosa
de adoráveis aspectos;
cuja vista é um nobre e belo país,
de incomparável bruma.

Se se olha a planície dessa terra abundante
onde chovem pedras de dragão e cristais,
o mar lança as ondas contra a terra
como cabelos cristalinos de sua juba[4].

2.2.4 *A imortalidade como destino da alma*

A imortalidade é a doutrina druídica que se refere à sorte normal da alma humana desfrutada no paraíso, este conhecido na Irlanda pelo termo *Sid*. O termo *sid, side* no plural, *siah* em irlandês moderno, significa a "paz do Outro Mundo". Trata-se de um "túmulo sobrenatural", de "um mundo maravilhoso", onde os defuntos levam uma vida paradisíaca. Trata-se da *Tir na m Beo*, a "Terra dos Viventes", da *Tir na m Ban*, a "Terra das Mulheres", da *Mag Mor,* a "Grande Planície", da *Mag Meld,* a "Planície do prazer", da *Tir na nog*, a "Terra dos Jovens". É um lugar situado no Leste, muito longe da Irlanda, para além do sol nascente. Às vezes também encontramos os termos *Tir Tairngiri*, "Terra da Promessa", onde cresce a árvore da vida. Os defuntos ali desfrutam de uma sorte invejável em relação ao mundo dos vivos. Tudo é belo, jovem, atraente e puro. Alguns textos falam da morada de Dagda, o "deus bom" irlandês, possuidor do caldeirão da abundância ou da ressurreição. É o deus que corresponde ao Júpiter gálico. No

---

4. LE ROUX, F. & GUYONVACH'H, C.J. *Les Druids.* 2. ed. Rennes: Ogam, 1986, p. 272 [trad. it.: *I Druidi.* Gênova: ECIG, 1990]. [N.T.: Esta é uma versão livre para o português, após ter comparado traduções em quatro línguas diferentes: o inglês, o francês, o italiano e o português].

Sid ouvem-se músicas maravilhosas, consomem-se alimentos suculentos e inesgotáveis, bebe-se cerveja, hidromel e vinho. Lá não existe mais nem tempo nem espaço. As classes sociais desaparecem. São os mensageiros do *Sid* que buscam os defuntos para introduzi-los neste mundo descrito de forma admirável pelos *fili*, poetas irlandeses da época arcaica. Só se chega a este lugar através de embarcação. Os mensageiros do *Sid* são muito frequentemente descritos como pássaros, cisnes. Em suma, o *Sid* é um mundo único, perfeito, cuja descrição depende da meditação e do ensinamento dos druidas. Estes assumiram um papel análogo aos brâmanes da Índia e conservaram a tradição indo-europeia nas margens ocidentais do mundo indo-europeu[5].

Bibliografia seletiva

Documentos arqueológicos

COCHET, J.B.D. *Sépultures gauloises, romaines, franques et normandes*. Paris: Derache, 1857 [reimp.: Monfort: Brionne, 1975].

DUVAL, P.M. *Les Celtes* – L'Univers des Formes. Paris: Gallimard, 1977 [trad. it.: *I Celti*:"Il mondo della figura – reprint". Milão: Rizzoli, 1991].

MINISTERE DE LA CULTURE – DIRECTION DES MUSÉES DE FRANCE. *L'art celtique en Gaule* – Collections de musées de province. Paris, 1983. Catálogo de uma mostra itinerante.

Civilização e história

DILLON, M. & CHADWICK, N.K. *Les royaumes celtiques*. Paris: Fayard, 1974.

GRENIER, A. *Les Gaulois*. Paris: Payot, 1970.

LE ROUX, F. & GUYONVARC'H, C.J. *La civilization celtique*. Rennes: Ogam, 1979 [trad. it.: *La civiltà celtica*. Pádua: Il Cavallo Alato, 1987].

MARKALE, J. *Les Celtes et la civilisation celtique*. Paris: Payot, 1973 [trad. it.: *I Celti*: Storia e leggenda di una civiltà. Milão: Mondadori, 2001].

_____. *La femme celte*. Paris: Payot, 1972.

---

5. LE ROUX, F. "La religions des Celtes". In: PUECH, H.C. (org.). *Histoire des religions*. Vol. I. Paris: Gallimard, 1970, p. 784-802 [Encyclopédie de la Pléiade].

Religião

DUMÉZIL, G. *La tradition druidique et l'écriture* – Le vivant et le mort. Paris, 1981 [Cahiers pour un temps].

LE ROUX, F. & GUYONVARC'H, C.J. *Les Druides*. Rennes: Ogam, 1982, [2. ed.: 1986] [trad. it.: *I Druidi*. Gênova: ECIG, 1990].

LE ROUX, F. "La religion des Celtes". In: PUECH, H.C. (org.). *Histoire des religions*. Vol. I. Paris: Gallimard, 1970, p. 781-839 [Encyclopédie de la Pléiade].

LOICQ, J. "Celtes et Celto-Romais". In: POUPARD, P. (org.). *Dictionnaire des religions*. 3. ed. Paris: PUF, 1993, p. 297-308.

_____."Druides et druidisme". In: POUPARD, P. (org.). *Dictionnaire des religions*. 3. ed. Paris: PUF, 1993, p. 543-546.

MARKALE, J. *Le druidisme*. Paris: Payot, 1985 [trad. it.: *Il druidismo* – Religione e divinità dei Celti. Milão: Mondadori, 1994].

RENARDET, E. *Vie et croyances des Gaulois avant la conquête romaine*. Paris: Picard, 1975.

VRIES, J. Keltische Religion. *Die Religionen der Menschheit*, 18. Stuttgart: Kohlhammer, 1961 [trad. fr.: *La religion des Celtes*. Paris: Payot, 1963] [trad. it: *I Celti*. Milão: Jaca Book, 1982].

ZWICKER, J. *Fontes religionis celticae*. 3. vols. Berlim, 1934-1936.

Bibliografia complementar

CAMPANILE, E. "La religione dei Celti". In: FILORAMO, G. (org.). *Storia delle religioni*. Vol. I: Le religioni antiche. Roma/Bari: Laterza, 1994, p. 605-633.

_____. "Aspetti del sacro nella vita dell'uomo e della società celtica". In: RIES, J. (org.). *L'uomo indoeuropeo e il sacro*. Milão: Jaca Book, 1991, p. 151-178 [Trattato di antropologia del sacro, 2].

MOSCATI, S. et al. (orgs.). *I Celti*. Milão: Bompiani, 1991 [catálogo da Mostra Palazzo Grassi, Veneza].

PISANI, V. "La religione degli antichi Celti". In: CASTELLANI, G. (org.). *Storia delle religioni*. Vol. II. Turim: UTET, 1971, p. 427-461.

_____. *Le religioni dei Celti e dei Balto-Slavi nell'Europa precristiana*. Milão: Galileo, 1950.

3
VIDA, MORTE, SENTIDO DO DESTINO E DO ALÉM NAS CONCEPÇÕES DOS ANTIGOS GERMÂNICOS E ESCANDINAVOS

Introdução

O termo "germânico" não é um conceito racional, mas linguístico, que assumiu seu significado autêntico no quadro das pesquisas do século XIX. Sua etimologia é incerta. Talvez sua origem seja céltica. O nome *Germanoi* se encontra em algumas listas de Marselha, entre os povos vencidos em 222 a.C. por Cláudio Marcelo. É graças ao *De bello gallico*, de Júlio César, que o termo passou ao uso corrente. Sobre o período que precede as campanhas de Júlio César os dados históricos são poucos (Píteas e Estrabão). No século VIII d.C. o termo *Deutsche*, "os do povo", designava as populações não romanas do Estado Carolíngio.

Os povos germânicos pertencem ao mundo indo-europeu. Sobre seu lugar de origem não existem dados certos. Sua primeira localização parece situar-se na Escandinávia Meridional e nas regiões nórdico-orientais da Europa. No início da nossa era eles se dividiram em três grupos. O grupo ocidental está na origem das línguas frísias, dos idiomas anglo-saxões, dos dialetos chamados *altfrankisch* e do antigo *Hochdeutsch*. O grupo nórdico engloba o norueguês, o islandês, o dinamarquês e o sueco. O grupo menos conhecido é o oriental: gótico e vândalo. Na Idade do Bronze o povoamento se estende sobre a Suécia Meridional, a Dinamarca e a Germânia Setentrional. Ao longo do último milênio que precede nossa era este povoamento invade a grande planície europeia e encontra o obstáculo do povoamento céltico, que se estende do Reno ao Danúbio.

As fontes para o estudo da religião germânico-escandinava

Nossas pesquisas dispõem de autores gregos e latinos. Em primeiro lugar temos o *De bello gallico*, de Júlio César, que data do ano 52 a.C., e que se inspira em informantes gálicos. Em seguida temos Tácito (54-130 d.C.), ao qual devemos o *De situ ac populis Germaniae*, publicado por volta do ano 98. O autor reúne informações de diversos autores, dentre os quais Júlio César e Plínio, o Velho. A estas informações acrescente-se as inscrições votivas descobertas em território germânico. Existem também documentos oficiais e textos de autores cristãos redigidos na época da conversão destes povos ao cristianismo. Estes textos fornecem informações sobre as antigas práticas pagãs. As fontes escandinavas são as mais ricas. Em primeiro lugar aparecem as inscrições *rúnicas*, escrita criada no final do primeiro século cristão, talvez inspirada num alfabeto etrusco.

Uma terceira boa fonte data da época dos Vikings, o século IX: trata-se da poesia *escáldica*, nascida na Noruega, mas que se deslocou para a Islândia. Em seguida vem o *Edda,* de Snorri Sturluson († 1241), autor que nos informa sobre os mitos e as divindades dos antigos escandinavos, e o *Edda poética* [ou *Edda em verso*]. Alguns de seus textos datam, aproximadamente, do ano 850. Por fim, temos as *Saghe*, que transmitem por escrito antigas tradições familiares escandinavas.

A mitologia teve um papel importante enquanto fonte do pensamento religioso. Snorri Sturluson, maior escritor escandinavo, esforçou-se para recuperar os mitos antigos, fornecendo assim bases sérias a toda documentação literária que data da época da conversão dos escandinavos: 999. No início de nossa era os povos escandinavos deram vida à mitologia dinamarquesa, sueca e norueguesa. Na Germânia ocorre um fenômeno análogo. As línguas se diferenciam, mas o fundamento da filosofia e da religião permanecerá no pensamento indo-europeu arcaico, como o confirmaram as pesquisas de Dumézil[1].

3.1 História e estrutura da religião

3.1.1 Os primeiros indícios de religiosidade

Por volta do ano 3500 a.C. aparecem os *dólmens*, monumentos funerários com grandes pedras horizontais em forma de colunas. A estrutura era recoberta por terra e formava uma tumba. Alguns dólmens tinham diversas câmaras sepulcrais.

---

1. RIES, J. "Histoire de la recherche sur les religions germaniques et scandinaves". In: RIES, J. *Pensée religieuse indo-européenne et religion des Germains et des Scandinaves*. Louvain-la-Neuve: Centre d'Histoire des Religions, 1980, p. 64-73 [Information et Enseignement, 13].

Na Dinamarca foram descobertos vários milhares de dólmens; na Alemanha, mil; na Suécia, mais de quinhentos. São tumbas de chefes. Em algumas delas foram encontradas mais de uma centena de esqueletos: trata-se de *Sippengräber*, tumbas de família. Nelas constatou-se também a presença de alimentos e fogos extintos, manifestações evidentes dos vivos em relação aos seus defuntos. Por volta de 2000 a.C. as tumbas são mais simples e o defunto é lacrado num caixão de pedra. É nesta época que tem início na Germânia e na Escandinávia a Idade do Bronze. Por volta de 1800 a.C. encontramos os primeiros Campos de Urnas, indícios da cremação dos cadáveres e sinal evidente da presença dos indo-europeus. O rito de cremação perdurará por quatro séculos, e posteriormente será alternado com a inumação. Durante o período dos Campos de Urnas, o cadáver do defunto era queimado com suas vestes e todos os seus objetos, e as cinzas eram conservadas nas urnas postas no solo. Assim, os dólmens são abandonados. Durante esse período apareceram os santuários, o mais célebre dos quais é Stonehenge. Trata-se de santuários solares. Por volta de 500 a.C. começou na Germânia e na Escandinávia a Idade do Ferro, que durará mil anos.

J. Wörfel, profundo conhecedor da cultura megalítica, mostrou que a religião dessa época conheceu uma notável expansão[2].

Nela encontramos um deus supremo, um culto aos antepassados e a crença num deus do céu. Wörfel situou a questão do encontro entre esta religião e a dos invasores indo-europeus no início do II milênio, cuja presença é atestada pelos Campos de Urnas. É o período do nascimento da Idade do Bronze. As antigas crenças germânicas sofreram a influência do pensamento indo-europeu. Deste encontro nasce uma nova cultura, e diversos elementos da religião megalítica penetram na religião indo-europeia. Também Dumézil examinou esta problemática, percebendo esta mudança da parte indo-europeia. Talvez tenha sido no âmbito deste encontro que a função guerreira passou a suplantar a função do sagrado, que, dentre as três funções sociais, passou para o segundo nível.

---

2. WÖRFEL, D.J. "Die Religionen des vorindogermanischen Europas". In: KÖNIG, F. (org.). *Christus un die Religionen der Erde*. Vol. I. Friburgo/Basileia/Viena: Herder, 1956, p. 160-537 [trad. it.: *Cristo e le religioni del mondo* – Storia comparata delle religioni. Turim: Marietti, 1967]. • DUMÉZIL, G. *Les dieux des Germains* – Essai sur la formation de la religion scandinave. Paris: PUF, 1959 [trad. it.: *Gli dei dei Germani* – Saggio sulla formazione della religione scandinava. Milão: Adelphi, 1974].

3.1.2 Sagrado e destino

a) Terminologia do sagrado e do destino

Um primeiro termo é *wih*, de *wihaz*. Pensou-se em *sancire*, ação cultual de consagração, e em *vincire*, vincular moralmente. A raiz *wih-* designa o *numen*, o princípio divino digno de adoração. O *numen* comunica seu caráter sagrado ao lugar, por exemplo, ao *Thing*, a assembleia do povo. Segundo R. Boyer, o sagrado é vinculado à ideia de força, de potência, de destino. O sagrado é manifestado pelo culto: *vé* significa "templo". O segundo termo é *heil, heilig*. *Heiligaz* exprime a relação com a potência divina.

Entre os escandinavos, *helgi* é o sagrado ligado a um lugar. *Helgi* ingressará na épica e designará o rei[3]. Segundo R. Boyer, nas *Edda*, no *Niegelungenlied* e nas *Saghe* encontramos a concepção do sagrado do final da época pagã, o que consente ver um aspecto da alma germânica. O destino é mais forte do que os mitos, e os deuses mais fortes do que o tempo e a morte, presidida pelo destino. O destino é expresso com diversos termos: *audma, tima, lukka, sköp, happ, gaefa, gifta, beil, forlög, orlog*. Na Germânia nos deparamos com a impetuosidade de viver: o espírito de luta está presente em toda a parte, a covardia é infâmia, o suicídio desconhecido. O destino se encarna, no entanto, o homem não sofre a própria sorte, mas a assume para si[4].

São as *Norne* [ou Noras], deusas que determinam o destino de cada um, ou as *Dísir*, deusas da fecundidade, que plasmam o destino do indivíduo que está para nascer: *sköp* = "plasmar" = "destino". Estas infundem no indivíduo uma energia vital que marcará sua personalidade: *mattr,* "potência", "força interior". Esta dotação inicial constitui o modo com o qual o indivíduo terá parte em seu destino. Além disso, por ocasião do nascimento deitava-se a criança sobre a terra para infundir-lhe a força da divindade andrógena, ou *Nerthus-Njord*, em seguida ela era erguida na direção dos deuses soberanos, os Æsir do céu, e aspergida com água. Tratava-se de um rito de comunhão cósmica. O germano é um ser ciente de sua participação no próprio destino.

---

3. BAETKE, W. *Das Heiligen im Germanischen*. Tübingen: Mohr/Siebeck, 1942.

4. BOYER, R. "Le sacré chez les anciens Scandinaves". In: BOYER, R. *Les religions de l'Europe du Nord et des Scandinaves*. Louvain-la-Neuve: Centre d'Histoire des Religions, 1980, p. 74-136 [Information et Enseignement, 13].

b) Destino e comportamento

Sagrado e destino estão relacionados. *Vidjà* significa "consagrar", isto é, associar-se ao destino. O *hofgodi,* ou sacerdote, é aquele que se reúne em comunidade, no templo, visando a que cada um conheça a própria sorte. Segundo Boyer, entre os antigos germânicos o sagrado não é uma teofania, mas uma epifania do destino. As inúmeras formas impessoais do germânico antigo e do nórdico mostram que tudo devia ser atribuído a este poder supremo.

Trata-se, em última análise, de assumir o próprio destino. O sentimento de autodesprezo é estranho aos germânicos. Incorporando esta verdade o homem se conscientiza de seu destino e busca para si um destino excepcional. Assim ele se sabe pertencente ao mundo do Transcendente. Sua honra consiste em manifestar esta pertença.

A dignidade do homem consiste em cumprir o seu destino, em assumi-lo. Todo homem recebeu a *gaefa-gifta,* o dom inicial. Trata-se de um dom pessoal que pode crescer ou diminuir. O germânico, portanto, deve conhecer-se a si mesmo, aceitar-se, assumir-se. Este é o centro do universo épico germânico: cumprir o próprio destino. Desta forma ele segue em frente, cometendo inclusive excessos: existem chefes, homens livres e escravos, homens para os quais o destino tem um interesse particular e homens desdenhados pelo destino. O heroísmo consiste em alcançar o próprio escopo, não importando os meios, tampouco as provações. O fim justifica os meios, a força vence o direito.

O cumprimento do destino deve assumir a forma de uma manifestação. Honra, reputação, fama, projeção: eis alguns conceitos que incessantemente retornam. As *Edda* e as *Saghe* mostram que o destino do indivíduo passa pelo aprendizado dos outros. Um dos termos que guarda o sentido de "reputação" em língua nórdica é *ordstir,* "agitação de palavras". "O homem fez-se por si mesmo, ideia que traduz seu destino; ele busca ao longo de toda a sua vida manifestá-lo por seus próprios atos"[5]. Daqui o sacrilégio representado pelo fato de atentar contra a honra de alguém. "Bater num sacerdote é sacrilégio, afirma Boyer, pois o homem é a encarnação, parcial e provisória, talvez, mas viva do destino"[6].

Negação e restauração do sagrado... Boyer oferece diversos exemplos extraídos das *Edda* mostrando que a desonra e a dúvida são negações do sagrado. A

---

5. Ibid., p. 19.
6. Ibid., p. 20.

homossexualidade é um insulto, já que significa falhar com a própria natureza. Para enfrentar a desonra e o sacrilégio recorre-se à vingança, que é cruenta. Boyer afirma que entre os antigos germânicos não se torturava: matava-se[7]. Assim, as legislações buscaram limitar ao máximo o exercício da vingança com o *wehrgeld* da arbitragem ou com o exílio.

c) Destino, família e clã

O destino tem preferências. Seu interesse pela espécie humana é desigual. A Germânia antiga tinha uma concepção aristocrática da sociedade. A *hamingja* é a forma que o destino assume quando relacionado a uma família. Trata-se da expressão do espírito dos antepassados. O germânico nunca está sozinho. É membro de um clã. Este clã é o receptáculo de uma parte da realização individual. Boyer mostra como este universo sagrado é organizado.

> No topo, a transcendência absoluta do destino sob suas representações guerreiras, reprodutivas ou jurídicas. Em seu primeiro plano a célula familiar, depositária de uma centelha dessa supremacia; logo abaixo o indivíduo, membro da coletividade em questão e intermediário extremo desta difusão do sagrado. Mas um vínculo, uma corrente, uma força interliga e anima estes diversos níveis: a comunhão neste sentimento de pertença[8].

Como a *gaefa* para o indivíduo, a *hamingja* não é definitivamente conquistada: cada família deve ciosamente preservá-la. Disto Boyer conclui que "a religião, entre os antigos germânicos, é um conjunto de práticas rituais destinadas a introduzir na família ou no clã, e em cada um de seus membros, a existência viva de uma força sagrada que foi concedida pelo destino"[9].

d) O sagrado fundamento do direito

Os antigos códigos germânicos são muito precisos. Os textos de Snorri falam de *Týr*, o deus mais antigo do mundo germânico, ou, por extenso, *Tyr-*

---

7. Ibid., p. 23.
8. Ibid., p. 29.
9. Ibid., p. 30.

-Tiwas-Dyaus-Dio. Trata-se de um deus raramente mencionado nas descobertas arqueológicas ou onomásticas. Sabemos que ele deu o nome à terça-feira: *týsdagr, Diestag.* Também estamos cientes de que J. de Vries menciona a inscrição romana holandesa *Mars Thingsus,* atribuindo-a a Týr. Seja como for, Týr é o deus protetor do direito. Em Snorri, Týr tem a ver com o mito: para acorrentar o monstro *Fenrir,* encarnação das forças do mal, Týr penhora o próprio braço, colocando-o na boca do lobo. Ele o perde, mas Fenrir acaba acorrentado. Talvez Týr apareça aqui como o deus supremo dos germânicos, em seus primórdios. Neste mito, o pacto é fundado e tornado direito através do penhor divino. Estamos, pois, diante de uma teologia do direito fundada no sagrado.

Quanto aos códices, eles nos apresentam uma dialética da honra e do destino. Quase não existem princípios abstratos. Julga-se em função das circunstâncias. A culpabilidade gira em torno da desordem cometida, não pela falta de respeito à lei, mas pelo desrespeito às exigências do destino[10].

3.1.3 Os deuses dos germânicos e dos escandinavos

Este é um problema complexo, longamente analisado pelos especialistas de história religiosa dos germânicos e dos escandinavos. Uma bibliografia seletiva no final do capítulo permitirá aos estudiosos orientações mais abalizadas. Aqui oferecemos uma brevíssima síntese de nosso estudo realizado em 1980[11].

Ao longo de suas pesquisas, Dumézil evidenciou a existência de deuses soberanos de três funções religiosas indo-europeias arcaicas: os deuses Mithra-Varuna, representantes da função do sagrado, o deus Indra, deus da guerra, e os Nāsātya, deuses gêmeos doadores de fecundidade, de saúde e de jovialidade. Este esquema indiano se encontra no zoroastrismo e na tríade capitolina em Roma, com Júpiter, Marte e Quirino, o que significa que a teologia tripartite remonta aos tempos da comunidade primitiva indo-europeia. Tudo isto está presente na teologia escandinava, com os deuses Odin, Thor e Freyer. Na teologia indo-iraniana verifica-se uma solidariedade entre os primeiros dois níveis em oposição ao terceiro. Na Escandinávia Odin e Thor pertencem à família dos deuses chamados Æsir e Vanir, que guerreiam antes selar a paz. Como conciliar estes dois

---

10. Cf. ibid., p. 39.

11. RIES, J. *Pensée religieuse indo-européenne et religion des Germains et des Scandinaves.* Op. cit.

aspectos? Dumézil chega à conclusão mostrando que a guerra entre os Æsir e os Vanir deriva de um mito precedente à dispersão da grande família indo-europeia. Este conflito, aliás, também existiu na Índia, onde os deuses da soberania e da guerra se opuseram aos deuses da fecundidade-fertilidade. As primeiras duas classes sociais tinham alguma dificuldade de entender-se com a terceira, a dos agricultores-criadores. No mundo indo-europeu os deuses soberanos do sagrado e da guerra são respectivamente responsáveis pelo âmbito religioso e pelo poder jurídico-político. Do lado religioso encontramos a sabedoria, a inteligência e o culto. Do lado da força e do aspecto jurídico existem a justiça, os contratos e os juramentos. São os Æsir que fazem parte dos dois primeiros grupos: os deuses detentores das potências do sagrado e da guerra. Eis a tríade dos deuses Æsir na Escandinávia e na Germânica, que se fazem presentes até o final do paganismo.

a) Odin, Wotan

O deus Odin (na Germânia) ou Wotan (na Escandinávia) é o chefe dos deuses, seu rei, o deus dos reis humanos, o protetor de sua potência. Fala-se em Alfadir, "pai dos deuses", Wodanaz, "o divino", Odhr, o *furor*, exaltação guerreira e valor religioso profético. Ele é ávido por sacrifícios humanos. Suas vítimas preferidas são os reis. É o inventor das runas; anuncia o destino. Odin é onisciente e estrábico.

Além disso, Odin é o árbitro dos combates. Ele paralisa os adversários com o terror, lança o dardo sobre o exército adversário. A morte violenta ameaça seus favoritos, mas estes entram no Valhalla. Odin-Wotan é, portanto, o deus do sagrado, mas também o deus da guerra. Existe, pois, uma derrapagem na direção da função guerreira. Na ideologia e na prática dos antigos germânicos a guerra invadiu tudo. A ausência de um autêntico corpo sacerdotal teve duas consequências: um estado rudimentar do culto e a carência de uma base teológica, esta indispensável para o desenvolvimento harmonioso da primeira função.

b) O deus Týr-Tiwas

Trata-se de um antigo deus do céu. A raiz do nome é *dyu*, "luz". Ele fazia dupla com Wotan, mas bandeou-se para uma função guerreira: *tys dagr, dinsdag*, o dia do deus Marte.

O deus Týr, como já mencionamos, perdeu a mão esquerda numa prova com o lobo Fenrir[12]. Isto nos mostra que estamos diante de um deus jurista, sua primeira função. Tiwas (forma mais antiga de Týr) representa o lado tranquilo da soberania, mas este se bandeou para o lado da guerra. Tácito assemelha Týr ao deus Marte.

c) O deus Thor-Donar

É o deus da tempestade. É também o deus da força: defensor dos deuses e dos homens, defensor dos santuários, protetor. Sua cor é vermelha, cor da guerra, da violência, da cólera. Thor carrega o martelo Mjöllnir, arma de defesa e arma de arremesso. Este martelo é sagrado e sacraliza tudo o que toca. É o símbolo religioso mais importante da antiga religião germânica. O sinal do martelo dos germânicos se oporá ao sinal da cruz dos cristãos. Thor é o que massacra os pagãos, o detentor da força demoníaca. Como deus da tempestade, Thor está ligado à fertilidade: batalha cósmica doadora de chuva e fecundidade.

Os Vanir são os deuses da terceira função, da fertilidade, da fecundidade, da geração dos homens e dos animais. Estes deuses se chamam Njördhr, Freye e Freyja. Seu culto era muito difundido na Germânia e na Escandinávia.

3.2 As crenças escatológicas dos antigos germânicos e escandinavos

Após um breve estudo da antropologia religiosa, que nos permitirá conceituar o homem com as suas componentes e o problema da morte, abordaremos a questão da escatologia individual, o futuro no além-túmulo, para em seguida dedicarmo-nos à denominada escatologia cósmica, isto é, à sorte final do cosmo, no caso específico, ao Ragnarök.

3.2.1 A escatologia individual

a) A noção de alma

Um problema fundamental para o estudo da escatologia é a concepção antropológica dos antigos germânicos. O que, em suas concepções, representava o ser humano? No *Völuspá* encontramos um texto interessante.

---

12. DUMÉZIL, G. *Les dieux des Germains*. Op. cit., p. 70-71.

17. Um dia, três poderosos e caritativos Æsir
saíram das fileiras destas tropas para retornarem à própria morada.
Encontram na costa Ask e Embla,
que ainda estavam sem força e sem destino.

18. Estes não tinham alma, não tinham nem razão
nem vida, nem movimento, nem boa cor.
Odin deu-lhes uma alma, Hlnir lhes deu a razão,
Ldur lhes deu vida e bela cor[13].

O texto sugere três componentes da vida autêntica, ou, talvez, cinco. Entretanto, nesta classificação a clareza não é evidente. Não é fácil definir as noções que traduzimos por termos como "alma" ou "razão".

Uma primeira noção é expressa pelo termo *hugr*, cuja etimologia é ignorada. O termo *hugr*, que alguns traduzem por "alma", sublinha o aspecto cognitivo e volitivo do homem: pensamento, razão, atenção em termos intelectuais, e vontade ou desejo em termos de decisão. É a explicação dada por Ström[14]. De Vries é da mesma opinião, mas com diversos matizes[15]. O termo *hugr* evoluiu na perspectiva da magia: o desejo pode ser uma realidade independente de seu autor e pode tornar-se uma potência que se exerce contra qualquer um, a ponto de tornar-se semelhante a um ser visível. Às vezes o termo *hugr* equivale a *vördhr*, que significa "guardião". Além disso, *hamr* alude à forma corpórea que permite a *hugr* executar uma ação. *Hamr, Gestalt*, do radical *kem*, "cobrir". Trata-se da materialização do espírito do corpo, aparência, forma corpórea passível de ser modificada[16]. O homem pode ter dois *hamr,* duas formas corpóreas (por exemplo, homem e lobo), mas só pode ter um *hugr*.

Para designar o aspecto emotivo do ser humano temos dois termos: *módhr* e *Hjarta,* que simbolizam o coração humano no sentido físico e psíquico. *Mórdhr* é usado para indicar a vida emotiva, a exteriorização das emoções.

Aqui o termo *hamingja* intervém mais uma vez. Os dicionários o traduzem como "espírito guardião", "espírito protetor", aplicado tanto ao clã quanto à pessoa, ambos sempre em estreita relação. De fato, *hamingja* designa uma potência

---

13. WAGNER, P. (org.). *Les poèmes mythologiques de l'Edda*. Liège/Paris, 1936, p. 84.

14. STRÖM, A. & BIEZAIS, H. *Germanische und baltische Religion*. Stuttgart, 1975, p. 176.

15. VRIES, J. *Altgermanische Religionsgeschichte*. Vol. I. 3. ed. Berlim: de Gruyter, 1970, p. 220-222.

16. STRÖM, A. & BIEZAIS, H. *Germanische und baltische Religion*. Op. cit., p. 177.

interior que se exterioriza. De Vries sublinha que *hamingja* pode ter um sentido duplo: de um lado pode designar o invólucro externo da alma, a forma no sentido de *hamr,* e, de outro, pode tratar-se de uma potência que é uma proteção pessoal ou proteção do clã, remetendo à ideia de um espírito protetor. Assim, *hamingja* oferece noções como as que dizem respeito à felicidade pessoal ou ao destino. O destino de algumas pessoas está em parte ligado ao de seu clã, àquilo que ele recebe do clã. Portanto, *hamingja* pode designar ou a forma que a alma pode assumir para manifestar-se ou o espírito protetor que providencia a força do destino[17].

A *fylgia* se apresenta como um ser feminino, que parece próxima à noção de manifestação da alma do clã, entendida como potência que age. Isto nos aproxima da ideia de um espírito protetor, de um anjo custódio: espírito tutelar. É uma espécie de *daimon* dos gregos, a personificação da potência do ser humano. A *fylgia* se manifesta principalmente durante o sono, a maior parte do tempo sob a forma feminina, e às vezes sob a forma animal[18]. Esta não pode ser considerada uma duplicação da alma, dado que ela pode advertir o homem do perigo que o ameaça. Trata-se, portanto, de um ser consciente e pessoal. O termo *fylgia* não é um conceito abstrato. *Daimon* dos gregos, ou *genius* dos romanos, a *fylgia* é a companheira do homem, um ser espiritual que o guia[19].

b) O problema da morte

Ström tentou fazer uma síntese deste problema debruçando-se sobre a pesquisa antiga e recente[20].

Na tumba, imediatamente após a morte, são fechadas a boca, os olhos e as narinas do defunto. Em seguida o cadáver é colocado na tumba, ou incinerado. A família faz uma refeição fúnebre. O defunto é inumado num lugar apropriado, que lhe permita vislumbrar sua casa e a paisagem ao entorno. Na tumba são colocados os objetos dos quais o defunto poderá dispor no outro mundo.

É notório o caso em que servidores vivos foram inumados com seu patrão para que pudessem continuar servindo-o. A Índia nos deixou casos análogos: *sati*,

---

17. VRIES, J. *Altgermanische Relionsgeschichte*. Vol. I. Op. cit., p. 223-224.
18. STRÖM, A. & BIEZAIS, H. *Germanische und baltische Religion*. Op. cit., p. 178-179.
19. VRIES, J. *Altgermanische Relionsgeschichte*. Vol. I. Op. cit., p. 228.
20. STRÖM, A. & BIEZAIS, H. *Germanische und baltische Religion*. Op. cit., p. 181-194.

uma viúva, precipitou-se sobre a fogueira na qual estava sendo cremado seu defunto marido[21]. A Germânia conhece casos de mulheres sepultadas vivas com seus maridos. De lá também nos vieram informações de inúmeras cremações de vivos juntamente com o defunto. Alguns textos escandinavos mostram o defunto vivo, dentro da tumba.

> Meus filhos, colocai-vos em duas tumbas erguidas
> à beira-mar, junto às ondas azuis.
> Seus sussurros serão para nossas almas uma suave música,
> elas cantarão o nosso canto fúnebre batendo na praia.
> Quando o pálido clarão da lua iluminar a montanha
> e o orvalho da meia-noite cair sobre a pedra de Bunta
> sentar-nos-emos, ó Thorsten, em nossas tumbas redondas
> e conversaremos juntos sobre estas suaves ondas[22].

Inúmeros testemunhos falam de mortos que perambulam. Os defuntos voltam para junto dos vivos: são os *daugar*, os retornados, que aparecem aos vivos principalmente à noite. Às vezes eles atacam humanos e animais. Neste contexto fala-se inclusive de uma segunda morte: o defunto morre uma segunda vez, e após este acontecimento (nova cremação dos restos) ele desaparece para sempre. Alguns defuntos se refugiam na montanha, onde é possível vê-los. Fala-se também de um reino dos mortos situado nas profundezas do oceano. Em virtude da concepção particular da alma, o defunto pode encontrar-se simultaneamente em dois lugares distintos.

Outro tema, o da *Wilde Jagd*, a perseguição selvagem, faz referência às almas que formam uma tropa que traz a tempestade: trata-se dos mortos sobre os quais pesa uma maldição, os que foram mortos de forma violenta, os condenados e os executados. Estas almas constituem uma horda de fantasmas que às vezes passa gritando no fundo do bosque, fato frequentemente visto como mau presságio[23].

Quanto às concepções populares e funerais, as literaturas germânicas e nórdicas mostram traços de tais concepções relativas aos que estão retornando. Todos estes dão prosseguimento, na segunda vida, à sua primeira e dolorosa existência.

---

21. SAXÃO GRAMATICO. *Gesta Danorum*, I,8,4: *hujus corpus... mariti cineribus adjunsexrunt.*
22. ANDERSON, R.B. *Mythologie scandinave* – Legendes des Eddas. Paris: Leroux, 1886, p. 251.
23. Cf. BOUCHER, T. LG, p. 144.

O cadáver é assim objeto de grandes cuidados. A cremação permanece uma prática comum até a Idade Média. Tácito[24] fala dos funerais:

> Os funerais não têm nenhuma pompa: só os corpos dos homens mais ilustres são queimados com um tipo de madeira de essência particular. Sobre as fogueiras não existem esbanjamentos, nem ricos tecidos, tampouco perfumes. As armas dos mortos, e às vezes seus cavalos, são queimados com eles. Um simples outeiro de grama sinaliza o lugar da tumba. Os mausoléus construídos sem nenhum capricho parecem uma honra demasiadamente pesada para as cinzas dos mortos. Os choros e lamentos cessam rapidamente, a dor e os remorsos duram mais. Eles parecem considerar que às mulheres convenha chorar e aos homens rememorar[25].

Cremação e inumação estão presentes. A cremação foi desaparecendo lentamente até a época de Carlos Magno, que a proibiu oficialmente. Contra o retorno dos mortos, inúmeras precauções foram feitas: aberturas nas portas e janelas para a passagem da alma, técnicas especiais dos choros e das lamentações. Para conduzir para fora da casa o cadáver se utilizavam diversos estratagemas a fim de confundir o caminho de um eventual retorno. Julgava-se que, com esta técnica, o defunto perderia a orientação. Às vezes abria-se um buraco na parede para fazer passar o cadáver de trás para frente e imediatamente o buraco era fechado.

3.2.2 Hel, a morada dos mortos

As tumbas megalíticas nos fornecem informações interessantes. Na maioria dos casos a entrada aponta para o Sul: os mortos estão na parte Norte. Os termos *Halja* em godo, *hella* ou *hellja* em alemão, *Hel* em inglês, *cuile* em irlandês indicam um lugar subterrâneo. Grimme faz derivar o termo *Hel* de *hilan*, "esconder".

Hel tornou-se o lugar da morada dos mortos. A poesia escáldica o descreve como um lugar de residência dos defuntos. Não é um lugar agradável[26]: atravessado por torrentes de barulho assustador, este lugar tenebroso situado no extremo Norte é protegido por muros e enormes portas, com águas turvas e lodosas. O *Völuspá* nos fornece uma descrição, misturando elementos pagãos e cristãos:

---

24. TÁCITO. *Germania*, XXVII.
25. BOUCHER, T. LG, p. 146.
26. VRIES, J. *Altgermanische Religionsgeschichte*. Vol. II. Op. cit., p. 376-377.

36. Uma torrente que desce do Leste invade o vale glacial.
Daí o frio ser percebido como o fio de uma lâmina de espada; é denominado Sid...

37. Da parte setentrional elevava-se das planícies tenebrosas
a sala de ouro reservada às famílias dos anões;
outra se erguia numa região inacessível ao frio:
era a morada na qual bebia o dito gigante Brimir.

38. Vi uma sala erigida longe do sol,
atrás dos cadáveres; a porta abre-se para o Norte.
Pelas claraboias dos tetos se infiltravam gotas de veneno.
Esta sala era entrelaçada por nós de víboras.

39. Aqui vi esbaldar-se em torrentes impetuosas
falsários e assassinos...
Aqui Nidhögg sugava o sangue dos defuntos,
o lobo dilacerava cadáveres...

A vida dos defuntos se apresenta como uma vida triste. Às vezes fala-se em Nifihel, o nono mundo infernal, mais triste do que os outros. Vales obscuros interligam estes mundos. Na entrada do Hel se encontra um cão feroz, o Cérbero dos mitos gregos. O *Hel*-Weg é *löng gaga*. O defunto, assim, deve fazer um longo caminho. Na Islândia era costume calçar o defunto com sapatos de morto, sapatos especiais para a longa marcha no outro mundo. Hel aparece como uma região crepuscular, o reino das sombras onde vagueiam os defuntos.

Hel é a deusa dos infernos, a fúria dos infernos, que recebe os defuntos em seu domínio. As lendas posteriores à conversão, que carregam traços da influência cristã, exasperaram o aspecto terrível da deusa. Snorri afirma que "a fome é sua mesa, a privação sua tigela, as preocupações seu leito, a lerdeza e a indolência seus servidores, a depravação sua porta, o precipício a soleira de sua morada"[27].

A religião germânica é fatalista e pessimista:

> Os antigos germânicos ignoravam o sentimento de pecado, e consequentemente o arrependimento e a redenção. A *Sühne*, um termo que aparece no léxico do guerreiro, exprime a ideia de reparação e de reconciliação, de resgate por um homicídio ou de sacrifício expiatório. Este primeiro caráter da religião germânica devia impedir-lhe de desenvolver-se universalmente, de elevar-se a *Weltreligion*[28].

---

27. WAGNER, P. (org.). *Les poèmes mythologiques...* Op. cit., p. 77.
28. DE REYNOLD, G. *La formation de l'Europe*. Vol. II: Les Germains. Paris: Egloff, 1953.

3.2.3 Valhalla, Walhalla, Valhöll

Na concepção nórdica pagã encontramos outra morada dos mortos, o Valhala. O *Grímnismál*, os ditos de Grimmir, um poema mitológico do *Edda*, reaviva as lembranças da antiga fé pagã e nos apresenta, no meio da organização do mundo, as residências do Valhalla. Após ter apresentado quatro palácios da terra sagrada, o poeta aborda o quinto.

> 8. Gladsheim é o nome do quinto; é aqui que se ergue
> o vasto Valhalla, resplandecente de ouro,
> e é aqui que Hropt reúne diariamente
> os guerreiros caídos em batalha.
>
> 9. Os que vêm de Odin
> reconhecem de cara a residência:
> a estrutura é feita de varas de lanças, o teto coberto de escudos,
> os bancos cobertos de couraças.
>
> 10. Os que vêm de Odin
> reconhecem de cara a residência:
> um lobo dependurado na entrada ocidental,
> acima dele uma águia plana.
>
> 23. No Valhalla existem, a meu ver,
> quinhentas portas, mais outras quarenta;
> oitocentos guerreiros sairão de cada porta
> quando se precipitam no combater contra o lobo[29].

O Valhalla é uma morada reservada aos escolhidos por Odin, isto é, aos guerreiros caídos em campos de batalha e a todos os que morreram num ato heroico. Os heróis merecem uma morada diferente da morada triste do *Hel*. Trata-se de uma morada dos bem-aventurados: os *eiherjar* são heróis da *elite*. Nesta morada a vida é agradável: lá há combates que não ferem nem matam, banquetes, bebidas de hidromel sagrado servidas pelas valquírias. Trata-se de heróis que foram admitidos na comunidade dos Æsir. Assim, nos campos de batalha os soldados não contemporizam, não temem a morte, já que vivem da certeza de entrar no palácio de Odin, Thor, Baldr, Týr, Bragi, Freyer, Heimdallr, Hödr, Vidarr, Váli, Ullr, Forseti, isto é, dos Æsir. Os guerreiros de Odin se nutrem da carne do javali Saehrimnir, que o cozinheiro Andhrimnir manda assar. Todas as noites a vítima se encontra intacta, e desta forma a refeição se repete a cada dia.

---

29. WAGNER, P. (org.). *Les poèmes mythologiques*. Op. cit., p. 132.

Esta concepção de sobrevivência é original, mas em conformidade com o que dissemos de Odin e da mística guerreira aristocrática. Existe aqui o encontro entre o mito e a épica. A via que leva ao Valhalla corresponde ao *devayāna* da Índia, o caminho dos deuses, ou o caminho que leva à morada dos deuses. Trata-se de uma concepção antiga no mundo germânico. Além da noção de Valhalla existe também o símbolo da pradaria verdejante de Odin, *Oddinsakr*. Ström identifica aqui o tema da imortalidade dos guerreiros. O da pradaria verdejante, por sua vez, é um motivo indo-europeu[30].

3.2.4 A escatologia cósmica: Ragnarök

a) O problema: o gigantesco combate

O termo *ragnarök* tem origem incerta. Lendo *ragna rökr* pode-se falar de "crepúsculo das potências", "crepúsculo dos deuses". R. Boyer tende para outra interpretação: *ragna rökr* seria o "destino das potências".

Muito se falou da representação do fim do mundo da literatura nórdica[31]. Alguns autores insistem no sincretismo germânico-cristão. Assim, Axel Oirik separou os elementos cristãos dos pagãos, nos quais identifica a presença de noções germânicas e noções célticas (no *Völuspá*). Reitzenstein tende para outra interpretação: para ele estaríamos diante de uma corrente maniqueísta que teria alcançado as regiões do Norte e que teria fornecido a estrutura de um gigantesco combate. Peuckert retoma a tese da influência maniqueísta, especificando qual seria a corrente que penetrou na Germânia-Escandinávia. Tratar-se-ia dos paulicianos oriundos da Armênia. A influência dos paulicianos teria penetrado pelos vales do Danúbio e pela Rússia. Reitzenstein sublinha alguns temas iranianos presentes no maniqueísmo e na escatologia germânica. De Vries pensa que a escatologia do Ragnarök seja uma doutrina a ser colocada no final do paganismo germânico, nela existem tanto elementos pagãos quanto cristãos. De Vries insiste no fato de que a construção é mais importante do que as pedras que a compõem. Ou seja, é para a construção que se deve olhar: para construção presente no texto de Snorri e no *Völuspá*.

---

30. STRÖM, A. & BIEZAIS, H. *Germanische und baltische Religion*. Op. cit., p. 192-193.

31. VRIES, J. *Altgermanische Religionsgeschichte*. Vol. II. Op. cit., p. 392-405.

b) O texto do *Völuspá*

Eis que a Sibila do Norte revela suas visões: cosmogonia, destino, escatologia. A descrição do crepúsculo dos deuses é, de fato, extraordinária: cenas trágicas, densas, concisas, perturbações globais, nascimento de um mundo novo e de uma era dourada. O tema da luta entre o bem e o mal é apresentado de forma magistral. O texto primitivo teria sido alterado por volta do ano 970. O documento lança raízes no paganismo do século VIII e IX. Confira o texto do *Völuspá* em R. Boyer[32], e em Wagner[33]. Aqui só apresentamos alguns extratos da tradução de Wagner.

> 44. Eis Garmr [o cão acorrentado] que late feroz na entrada de Gni-
> pahellir [caverna];
> a corrente se arrebentará; a fera voraz se precipitará.
> conheço uma enormidade de coisas; prevejo
> num longínquo futuro o fim do mundo e a queda dos deuses onipotentes.
>
> 46. Os filhos de Mímir saltitam aqui e acolá, enquanto
> o destino se faz ao som do velho chifre retumbante.
> Heimdallr sopra com ardor, com o berrante direcionado para o céu.
> Todos são tomados de pavor pelas vias infernais.
>
> 47. O freixo Yggdrasill treme, mas se mantém de pé.
> A colossal árvore geme, enquanto o gigante se agita.
> Odin consultará a cabeça de Mímir
> antes de ser devorado pelos parentes próximos de Surtr.
>
> 57. O sol começa a escurecer, a terra mergulha no mar,
> as estrelas brilhantes despencam da abóboda celeste.
> Revoltam-se fogo e fumaça.
> Chamas oscilantes se erguem até o céu.

Conhecemos somente algumas estrofes deste extraordinário poema. As causas do Ragnarök são claramente definidas: orgulho, intrigas, rivalidades e vícios entre os deuses. Uma desordem que contagiará o mundo. E eis o furioso tumulto de todas as potências do caos, a luta dos demônios e gigantes contra os deuses. Três invernos terríveis se sucedem; o mar é tomado pelas geleiras; as coortes destruidoras se lançam de assalto ao Valhalla; as tempestades se alastram; o cão dos infernos, o lobo Fenrir e a serpente de Midgard rompem as delongas; Loki

---

32. BOYER, R. & LOT-FALCK, E. *Les religions de l'Europe du Nord* – Eddas, Sagas, Hymnes chamaniques. Paris: Fayard/Denoël, 1974, p. 473-490.

33. WAGNER, P. (org.). *Les poèmes mythologiques*. Op. cit., p. 82-92.

traz do Norte uma tropa possessa de raiva; um terrível combate se deflagra entre os Æsir e os demônios; logo o mundo se precipitará numa balbúrdia desenfreada: é a aniquilação do cosmo.

c) Outros textos

Dispomos de outros textos que descrevem o Ragnarök. Snorri, no cap. 52 do *Gylfaginning*, retoma em parte as estrofes do *Völuspá*, e nos descreve de forma igualmente magistral a destruição do cosmo[34]. Boyer apresenta outros dois poemas do *Edda* poética, do qual o *Völuspá* faz parte. O *Völuspá* é nosso testemunho mais antigo, mais importante e mais expressivo.

3.2.5 A regeneração do mundo

Depois da grande catástrofe, o mundo renasce. A profetisa anuncia este novo mundo no final do *Völuspá*, "num dos mais belos poemas sagrados que existem e numa das obras-primas da literatura medieval"[35].

> 59. Vejo emergir a terra pela segunda vez
> do fundo do mar, e cobrir-se de nova vegetação.
> As torrentes voltam a cair em cascatas, a águia voa alta,
> caçando os peixes nas altitudes das montanhas.

> 60. Os Æsir se recolhem nas planícies de Ida
> e refletem sobre a enorme serpente que circunda a terra.
> Ali evocam a lembrança dos grandes eventos
> e os antigos mistérios de Fimbultýr.

> 61. Ali no verde encontrarão
> as maravilhosas tabuinhas de ouro
> que nos tempos primitivos os antigos possuíam...

> 62. Os campos, embora não semeados, cobrir-se-ão de frutos;
> o mal se transformará em bem, voltará a ser Baldr...

> 64. Vejo erguer-se em Gimlé um palácio
> coberto de ouro, mais brilhante que o sol:
> ali residirão as tropas que permaneceram fiéis
> e gozarão da felicidade até a consumação dos séculos.

---

34. BOYER, R. & LOT-FALCK, E. *Les religions de l'Europe du Nord*. Op. cit., p. 447-449.
35. Ibid., p. 471.

O poema termina com esta nota de otimismo. É perceptível a influência do pensamento cristão, que penetra no velho paganismo germânico.

> Para os escandinavos do mundo viking, como para toda a herança indo-europeia, o nada era inadmissível. Sobre planícies verdes, Vida e Viço, maravilhosamente poupados do evento cataclísmico, à sombra de Yggdrasill encontram um novo sol e Baldr, enquanto somente os deuses bons, retornados, descobrem intactas na relva suas tabuinhas de ouro[36].

Conclusões

Neste capítulo buscamos colher da forma mais adequada possível a *Weltanschauug* dos antigos germânicos. Felizmente, neste particular, dispomos de fontes nórdicas muito abundantes. Além disso, para um ou outro elemento, o confronto entre os textos nórdicos do século IX e X e as informações fornecidas pela *Germânia* de Tácito nos permitem deduzir o grau de antiguidade das concepções germânicas. Quanto ao povoamento do cosmo, uma certa prudência sempre é oportuna: trata-se de concepções populares que podem ser de data mais recente.

A cosmogonia e a escatologia apresentam inúmeros elementos provenientes da concepção indo-europeia. Existe, no entanto, uma série de doutrinas que parecem ser típicas dos antigos germânicos, particularmente em âmbito escatológico. A noção de alma é bastante particular. De grande originalidade é o Valhalla, o paraíso dos guerreiros e dos heróis. Esta concepção se adapta bem à classe de Odin, deus soberano e deus dos guerreiros aristocráticos. Tais concepções marcaram profundamente o mundo germânico. Percebemos um grande otimismo quando se trata de guerras e conquistas e descobrimos uma ideologia de dominação muitas vezes trazida à tona historicamente entre os povos nascidos dos antigos germânicos.

O Ragnarök, seguido da ressurreição do mundo, talvez seja um vestígio da concepção cíclica do tempo dos indo-europeus: a duração do mundo só pode ser uma duração limitada. Cada mundo é destinado a um desaparecimento, acompanhado do nascimento de um mundo novo. No zoroastrismo encontramos uma concepção análoga.

---

36. Ibid., p. 449.

Léxico

Edda poética: corpus dos grandes poemas mitológicos e heroicos que lançam raízes no passado escandinavo e refletem reminiscências históricas.

Edda de Snorri: texto em prosa do grande escritor escandinavo Snorri Sturluson (1179-1241), que apresenta um quadro da religião dos antigos pagãos partindo do *Edda* poética.

Gylfaginning: texto de Snorri Sturluson (*Edda*) que narra a fascinação de Gylfim, rei sueco mago, pelos mitos e lendas do passado.

Saga: narrativa composta por islandeses cristianizados que colocam em cena personagens que viveram em época pagã.

Ragnarök: termo que habitualmente é traduzido por "crepúsculo dos deuses"; texto no qual *Völuspá,* a Sibila do Norte, revela suas visões sobre as origens do mundo, sobre o destino e sobre o crepúsculo dos deuses. É a representação do fim do mundo e de sua renovação.

Völuspá: poema composto por volta do ano 1000 por um autor pagão que descreve um ciclo da história universal. Em imagens fulgurantes anuncia uma catástrofe universal que resultará numa renovação do mundo.

Yggdrasill: árvore do mundo, *axis mundi*, dos antigos escandinavos, um freixo gigante sempre verde, que é o suporte dos "novos mundos" e lança raízes em três direções, uma das quais termina no céu. É a árvore mítica, imagem e símbolo do cosmo e suporte do universo[37].

Bibliografia

Fontes publicadas

a) Germânia

BAETKE, W. *Die Religion der Germanen in Quellenzeugnissen*. Frankfurt am Main:- Diesterweg, 1938.

CAPELLE, W. (org.). *Das alte Germanien* – Die Nachrichten der griechischen und römischen Schriftsteller. Jena: Diederichs, 1929.

CLEMEN, C. *Fontes historiae religiones Germanicae*. Berlim, 1928.

---

37. Cf. estes textos, ibid., p. 57-609.

MUCH,R. (org.). *Die Germania des Tacitus*. Heidelberg: Winter, 1937.

NORDEN, E. *Die germanische Urgeschichte in Tacitus' Germania*. Leipzig/Berlim: Teubner, 1920, p. 42-134.

SCHRÖDER, R.R. *Quellenbuch zur germanischen Religionsgeschichte*. Berlim: de Gruyter, 1973.

b) Escandinávia

BOYER, R. & LOT-FALCK, E. *Les religions de l'Europe du Nord* – Eddas, Sagas, Hymnes chamaniques. Paris: Fayard/Denoëll, 1974.

BOYER, R. *Les sagas islandaises*. Paris: Payot, 1978.

DU PUGET, P. (org.). *Les Eddas*. Paris: Garnier, s.d.

EHRHARD, A. *La légende des Nibelungen*. Paris: Piazza, 1929.

MASTRELLI, C.A. (org.). *L'Edda* – Carmi norreni. Florença: Sansoni, 1951 [prefácio de R. Pettazzoni].

WAGNER, P. (org.). *Les poèmes mythologiques de l'Edda*. Liège/Paris, 1936.

A religião dos germânicos e dos escandinavos

BOYER, R. *Il sacro presso i Germani e gli Scandinavi*In: RIES, J. (org.). *L'uomo indoeuropeo e il sacro*. Milão: Jaca Book, 1991, p. 181-210 [Trattato di antropologia del sacro, 2].

_____.(org.). *La Saga de Sigurdr ou la parole donnée*. Paris: Cerf, 1989.

_____. *Le Christ des Barbares* – Le monde nordique (IXe-XIIIe siècle). Paris: Cerf, 1987 [trad. it.: *Il Cristo dei Barbari* – Il mondo nordico, 9.-13. Secolo. Bréscia: Morcelliana, 1992].

_____. *Le Mythe Viking*. Paris: Porte-Claive, 1986.

_____. *Moeurs et psychologie des anciens Islandais*. Paris: Porte-Claive, 1986.

_____. *La religion des anciens Scandinaves* – Yggdrasill. Paris: Payot, 1981.

_____. *La vie religieuse en Islande (1116-1264) d'après la Sturlunga Saga et les Sagas des Évêques*. Paris: Fondation Singer/Polignac, 1979; bibliografia p. 487-508.

_____. (org.). *La Saga de Niall le brûlé*. Paris: Aubier-Montaigne, 1976.

BUCHHOLZ, P. *Bibliographie zur alteuropäischen Religionsgeschichte*. Berlim: de Gruyter, 1954-1967.

CAMPANILE, E. "La religione dei Germani". In: FILORAMO, G. (org.). *Storia delle religioni*. Vol. I: Religioni antiche. Roma/Bari: Laterza, 1994, p. 635-665.

DE REYNOLD, G. *La formation de l'Europe*. Vol. II: Les Germains. Paris: Egloff, 1953.

DEROLEZ, R.L.M. *Les dieux et la religion des Germains*. Paris: Payot, 1962.

DUMÉZIL, G. *Les dieux souverains des Indo-Européens*. Paris: Gallimard, 1977 [trad. it.: *Gli dei sovrani degli Indoeuropei*. Turim: Einaudi, 1985].

_____. *Mythe et Épopée* – L'idéologie des trois fonctions dans les épopées des peuples indo-européens. Paris: Gallimard, 1968-1973 [trad. it.: *Mito ed epopea* – L'ideologia delle tre funzioni nelle epopee dei popoli indoeuropei. Turim: Einaudi, 1982].

_____. *Les dieux de Germains* – Essai sur la formation de la religion scandinave. Paris: PUF, 1959 [trad. it.: *Gli dei dei Germani* – Saggio sulla formazione della religione scandinava. Milão: Adelphi, 1974].

_____. *Mythes et dieux des Germains*. Paris: PUF, 1939.

MASTRELLI, C.A. "La religione degli antichi Germani". In: CASTELLANI G. (org.). *Storia delle religioni*. Vol. II. Turim: UTET, 1971, p. 465-533.

RIES, J. "La religion des Germains et des Scandinaves". In: POUPARD, P. (org.). *Dictionnaire des religions*. 3. ed. Paris: PUF, 1993, p. 760-771 [trad. it.: *Grande dizionario delle religioni*. Casale Monferrato/Assis: Piemme/Cittadella, 1990].

STRÖM, A. & BIEZAIS, H. *Germanische und baltische Religion*. Stuttgart: Kohlhammer, 1975.

THEY, E. *Il Ragnarök* – Evento storico e processo sottile. Milão: Arché, 1978.

VRIES, J. "La religion de Germains". In: PUECH, H.C. (org.). *Histoire des religions*. Vol. I. Paris: Gallimard, 1970, p. 747-780 [Encyclopédie de la Pléiade].

_____. *Altgermanische Religionsgeschichte*. 2 vols. 3. ed. Berlim: de Gruyter, 1970.

III

Destino humano, morte e sobrevivência segundo as grandes religiões do antigo Oriente Médio

1
SENTIDO DA VIDA E DA MORTE E CONCEPÇÕES DO ALÉM-TÚMULO NA RELIGIÃO DO EGITO FARAÔNICO

Introdução

O Egito é uma dádiva do Nilo. Com o termo *kemet*, "terra negra", os egípcios designavam o Vale do Nilo e seu delta, e com *Desheret,* "terra vermelha", o deserto. Os hebreus falam de Mizraim, "a fortificada". O Egito africano é constituído pelos novecentos quilômetros do Vale do Nilo e o Egito mediterrâneo pelo delta. Três são os fatores essenciais para a vida dos egípcios: a água do Nilo, que se precipita dos lagos africanos; a terra fértil do vale e do delta; o sol que dá ao país um verão perpétuo. Para os antigos egípcios, a cheia do Nilo e a inundação do vale, que vai de junho a setembro, constituíam o evento do ano. O limo trazido pela inundação tornava a terra muito fértil, tanto que permitia duas colheitas por ano.

A periodização da história do país é conhecida graças ao sacerdote egípcio Mâneton, que em 271 a.C. escreveu uma história de seu povo: *Aegyptiaká*. Mâneton é autor de uma subdivisão que se tornará clássica: trinta dinastias se sucedem do ano 2900 antes de nossa era até a Época Baixa, que termina em 323, com o período ptolomaico, seguido da ocupação romana no ano 27 a.C.

Esta durará até a invasão islâmica do ano 639. Os egiptólogos consideram que a história de Mâneton seja extraída das melhores fontes. Entretanto, eles discutem vivamente sobre a data inicial e a data final do Antigo, do Médio e do Novo Império. Cada império corresponde a um período de grande prosperidade, separado por uma fase intermediária de decadência. No final do Império Novo tem início um verdadeiro renascimento, cuja sede é a cidade de Saís, no Delta.

Eis o esquema clássico da periodização:

- a primeira dinastia começa por volta do ano 3000 com o rei e depois Faraó Menés. Ela é seguida pela segunda dinastia: trata-se das dinastias tinitas[1].

- O Império Antigo começa com o Faraó Djoser, que faz construir a pirâmide de Saqqara. A terceira dinastia reina de 2815 a 2700.

- A quarta, quinta e sexta dinastias reinam de 2700 a 2400. Segue-se um período de realezas múltiplas com a sétima e a oitava dinastia de 2400 a 2200, e a nona, a décima e a décima primeira de 2200 a 2050.

- O Império Médio vai de 2000 a 1800. É obra da décima segunda dinastia, que centraliza o poder, mas se fragmentará na décima terceira e décima quarta dinastias (1800-1750), e cai com a invasão dos Hyksos, vindos do Oriente Médio. Esta invasão afetará a décima quinta, a décima sexta e a décima sétima dinastias (1700-1590). Esta última afastará os Hyksos.

- O Império Novo começa em 1590 sob o reinado de Amósis I, em Tebas. É a reconquista de todo o Egito. Em seguida dar-se-á vida às conquistas externas. Este império durará até 1050, da décima oitava à vigésima dinastia.

- A Época Baixa vai de 1060 a 331, data da fundação de Alexandria, pelo conquistador Alexandre da Macedônia, e se desenvolverá da vigésima primeira à trigésima dinastia.

A pré-história egípcia

É no Egito que encontramos o autêntico início da civilização. O Vale do Nilo se apresenta como um verdadeiro laboratório da cultura arcaica[2]. Nesta região o Neolítico tem início 10.000 anos antes de nossa era. Numerosas escavações revelaram indícios precisos das primeiras tumbas, particularmente no sítio arqueológico de Merimde, escavadas pelo egiptólogo Hermann Junker, que revelou a posição embrional dos cadáveres, sua posição na área habitada e as oferendas postas ao lado do cadáver. Esses detalhes parecem fazer pensar que no Egito de 5000 anos a.C. houvesse uma certa intimidade entre os vivos

---

1. Cf. os detalhes: *Encyclopaedia universalis*. Vol. V. Paris, 1958, p. 1.014-1.016.

2. FISCHER, H. *Die Geburt der Hochkultur in Ägypten und Mesopotamien* – Der primäre Entwurf des menschlichen Dramas. Stuttgart: Klett, 1960.

e seus defuntos[3]. As escavações de Badari, no Alto Egito, e as de Nagada, entre Luxor e Tebas, confirmam estas primeiras descobertas, a mais importante sendo a inumação dos defuntos nos lugares habitados[4].

De 3315 a 2895 temos por quatro séculos as dinastias que Mâneton denomina tinitas, oriundas da cidade de This [Tinis], situada entre Tebas e Licópolis: sete reis da primeira dinastia têm suas tumbas em Abidos, bem como os nove da segunda. Nestas tumbas não se encontrou nenhum corpo. É o período das primeiras pirâmides. Nelas encontramos tumbas arcaicas reais, mas também tumbas populares. Algumas estelas trazem o nome e o título do defunto e uma decoração que apresenta o personagem à mesa, bem como oferendas esculpidas e uma refeição fúnebre. Nessas tumbas existem objetos como cerâmicas, vasos de pedra, vasos esmaltados, estojos, mesas, camas e utensílios de cobre. Sobre estelas reais encontradas em Abidos, vê-se representado o pássaro Hórus, acomodado em cima de uma base retangular. A partir de então Hórus se torna o deus dinástico, o deus falcão, protetor do rei. Quem fundou a realeza foi o Rei Menés. Estamos, pois, diante da passagem da civilização rural para a civilização urbana. É também o período em que tem início a formação da escrita hieroglífica e a administração real, centralizada no *per aa*, isto é, "a grande casa", que dará origem ao termo real *faraó*. Os egiptólogos elaboraram inúmeras hipóteses relativas ao nascimento da religião egípcia[5].

1.1 Os egípcios e o amor pela vida

O homem do Egito vivia maravilhado em meio à natureza, num país onde a chuva é rara, mas cuja cheia do Nilo o presenteia anualmente, e com uma regularidade impressionante, com a água milagrosa e o limo fértil, indispensáveis para uma abundante colheita e para uma exuberante vegetação. Assim, para os egípcios, o Nilo é um deus, o deus Hapi. Toda manhã o sol cruza a linha do horizonte para dispensar um calor benéfico e uma luz esplêndida. E assim o sol

---

3. VANDIER, J. *Manuel d'archéologie égpyptienne*. Vol. I: La préhistoire. Paris: Picard, 1952, p. 62-189.

4. Ibid.,"Tombes nagadéennes", p. 231-312.

5. RIES, J. "La religion de la préhistoire égyptienne: les étapes de la recherche". In: ANATI, E. (org.). *Les religions de la préhistoire* – Actes du Valcamonica Symposium '72, Centro Camuno di Studi Preistorici. Capo di Ponte, 1975, p. 293-312.

também se transforma em deus: é o deus Rá. No Egito a vida cotidiana decorre tranquilamente, mas entre contrastes que mexem com a imaginação: um céu luminoso e uma terra escura dominam o vale fértil; uma água florescente do Nilo margeada por uns dez quilômetros de terra fértil se transforma abruptamente em terras áridas e desérticas; por fim, um vale que se estende ao infinito e um delta que revela ser um verdadeiro microcosmo. Por um lado o Egito vive imerso num cosmo imóvel, por outro é sacudido por um extraordinário ímpeto da natureza e dos seres. Este contexto, feito de riquezas naturais e de contrastes cósmicos, marcou os espíritos desde os tempos mais antigos[6].

Tep zepi, "a primeira vez". Com estas palavras o egípcio designa o milagre inesquecível da criação, o evento originário, percebido como uma era dourada: o surgimento da terra, da luz, do homem. Para o egípcio, a criação era um fato, algo evidente. Mas precisamos explicar o como. Desde o início do III milênio, alguns teólogos se encarregam dessa tarefa. Em Heliópolis pensou-se numa colina primordial, da qual cada santuário egípcio seria sua cópia simbólica. Em Hermópolis os símbolos se multiplicaram: a colina, a ilha de fogo, o homem primordial, o deus numa flor de lódão. Os teólogos de Mênfis, capital das primeiras dinastias, mostravam o deus Ptah que cria com o coração e com a palavra. Tal diversidade na simbologia revela a admiração dos egípcios pela criação, por seu equilíbrio, por sua permanência.

No centro do pensamento religioso egípcio encontramos a ideia de um deus criador. O termo *ntr, netr, noute* designa, em copta, "deus". *Neter* indica a potência graças à qual a criação existe, se conserva e se renova.

Foi um deus criador que fez todos os outros deuses, cada qual sendo a manifestação da potência criadora. O deus criador é uma potência que venceu as forças do caos e organizou o cosmo.

É através dos deuses e dos símbolos que os egípcios exprimem o próprio pensamento e as próprias ideias. Para sugerir a providência de um deus, o apresentam como um pastor. O touro é por excelência o sinal da força e da potência. Em toda a parte a vida irrompe: a vegetação é luxuriante, a terra produz fartas colheitas, os animais pululam o delta e o deserto, o Nilo está repleto de peixes. É principalmente

---

6. RIES, J. Les singe de la vie comme expression du sacré dans l'Égypte antique. *L'umana aventura – L'aventure humaine*, outono/1986, p. 93-101 (Milão/Paris: Jaca Book/Payot).

a vida humana que representa uma realidade misteriosa: a criança nasce, cresce, começa a falar, a pensar, a rir. O egípcio sente-se no centro do mistério. Não é maravilhoso o fato que desde o início dos mais arcaicos tempos estes povos tenham manifestado a noção e o mistério da vida com um símbolo, o *ankh* [♀], que os coptas pronunciarão *onech?* Trata-se do símbolo da vida, que os arqueólogos encontraram já na época arcaica da cultura badariana e no sítio arqueológico de Gizé [Giza, Guizé ou Guiza][7]. Ao longo de milênios da história egípcia este símbolo será usado nos textos e nas inscrições, nas estelas e nas tumbas, na vida do faraó e no culto cotidiano. Tornado para o egípcio o sinal por excelência de cada vida, *ankh* será retomado pelos cristãos do Nilo como símbolo da cruz: ♀

1.1.1 *Ankh* (♀) como sinal da vida

A vida humana supõe a união de um corpo e de um coração. É um mistério sobre o qual as reflexões dos egípcios se detiveram longamente, com a elaboração da teoria de um princípio vital com três elementos: o *ka*, o *ba* e o *akh*. O *ka* é a força vital, simbolizada por dois braços erguidos, com as mãos abertas. É o sopro divino, partícula da consciência divina, suporte de cada ser criado, princípio de vida e de personalidade. O *ba*, também dito *bai*, é, ao contrário, a consciência individual do ser humano: ele comanda os atos e funda sua responsabilidade. Existe um terceiro elemento, o princípio mesmo da imortalidade, o *akh*. Nos tempos antigos o *akh* parecia reservado aos deuses e aos reis. Mas sabemos que a teologia conheceu uma fase importante de democratização no início do Império Médio. *Akh* é uma força divina que vem do céu. Cada vida depende da união destes três elementos do princípio espiritual do ser divino e do ser humano. A fim de que a vida humana possa existir, o princípio espiritual deve unir-se ao princípio material, o *zet*. Acrescente-se que o coração é o órgão mais importante, o centro da vida física, a sede do pensamento e da inteligência, da vida afetiva e da vida moral. Isto explica a razão pela qual durante o embalsamamento o coração nem sequer é tocado.

No Egito o tema da vida é onipresente. Ele se encontra em todas as expressões do pensamento, na meditação, na oração, na celebração do culto. O sinal *ankh* se encontra, pois, em toda a parte: na mão do sacerdote e da sacerdotisa; nos pórticos e nas paredes do templo; nas estelas e nas inscrições. Mais de uma

---

7. VANDIER, J. *Manuel d'archéologie* égyptienne. Vol. I. Op. cit., p. 339.

vez *ankh* é unido a *djed*, a pilastra símbolo osírico por excelência da vida. Em cada celebração do culto a água lustral tem um papel primário, que assume diversas funções. Muito frequentemente ela é conservada em um recipiente ou pote em forma de *ankh*: a simbologia da vida engloba o recipiente e o conteúdo. Além disso, *ankh* é ligado ao fogo e à luz; o museu do Cairo conserva diversos *ankh* de bronze, que aparecem como elemento principal de uma lâmpada ou de um lampadário.

A representação do *ankh* não pode deixar de despertar a atenção do historiador das religiões. Encontramos diversos exemplos desta representação no *Livro dos mortos*. Ele está presente na parte inferior do friso das deusas Ísis e Néftis, irmãs de Osíris, que estão ajoelhadas diante da pilastra *djed*, sede da vida e da luz. A pilastra sustenta uma bela representação de *ankh*. No cruzamento entre a parte inferior e as três ramificações do *tau* (T) nascem dois braços elevados para o alto, ambos munidos respectivamente de uma mão aberta, voltada para dentro. As mãos carregam o disco solar. Teologia, estética e simbologia se encontram: estamos diante de uma expressão realmente total do mistério transcendente da vida.

Até aqui nos ativemos ao sentido do *ankh* nos documentos advindos dos sacerdotes, dos teólogos, dos escribas, dos artistas. Ao lado da classe intelectual existe o fiel povo egípcio, que vivia sua religião no dia a dia: crença nos deuses, orações, inúmeras festas, culto privado, procissões. A religião popular precisava de objetos de culto e de suportes para suas crenças. Quanto ao sinal *ankh*, somos afortunados: egiptólogos, arqueólogos e saqueadores de túmulos reuniram uma magnífica coleção de sinais da vida, amuletos feitos por artistas ou artesãos locais, estatuetas carregadas pelas pessoas como ornamento e destinadas a garantir a proteção da vida. Esta documentação mostra com toda evidência que o sinal da vida não se limitava ao âmbito simbólico, reservado à teologia real, aos administradores dos templos, aos chefes e aos artistas. Ele fazia parte da crença de cada egípcio: a vida era um mistério.

1.1.2 *Ankh* (♀) como sinal da sobrevivência

O tema da vida está no centro da crença egípcia na sobrevivência. Toda a história do Egito, sua arquitetura, sua arte, seus textos, seus sacerdotes, seus escribas, sua religião proclamam a alegria de viver. Para o egípcio a vida humana não deve cessar com a morte. A mumificação e o culto fúnebre são criadores da sobrevivência. Os *Textos das pirâmides*, sob o Império Antigo, afirmam que o rei defunto parte para o céu, ou que para lá sobe para tornar-se uma estrela ou companheiro de Rá na viagem diária do sol. Na mesma época, as mastabas ou tumbas das pessoas singulares (faraós) mostram que a sobrevivência prolonga a vida: o defunto sentado à sua mesa é a mais antiga representação da sobrevivência.

O II milênio nos deixou os *Textos dos sarcófagos* e o *Livro dos mortos*. Este último documento, depositado sobre o coração da múmia, é um cruzamento entre diversas doutrinas: mumificação, psicostasia ou pesagem do *ba*, juízo dos mortos, reino dos mortos, liberdade do *ba*, destino bem-aventurado. Estas doutrinas se conciliam graças ao juízo da alma diante do tribunal de Osíris. Existem três categorias de imortais, os *maa kheru*: os imortais osíricos ligados às suas múmias conservadas e, por essa razão, livres para movimentar-se; os imortais osíricos cuja múmia foi destruída, mas felizes no reino da *duat*; os imortais solarizados, bem-aventurados nas barcas solares. Todas as necrópoles egípcias do Império Médio e Novo são hinos à vida, moradas de eternidade.

Na época helenística e romana a religião isíaca conhecerá uma grande difusão. A imortalidade permanece centrada no tema da vida. Na simbologia a água se reveste de grande importância: ela purifica, rejuvenesce e vivifica. As deusas Ísis, Néftis, Nut a buscam no defunto. Essa é o Nilo identificado com Osíris. O defunto a quem é dada a água vivificante recebe a força do deus Osíris.

Como símbolo da sobrevivência, *ankh* está presente nas tumbas e nos documentos fúnebres, do período antigo até a época romana. O encontramos nos funerais dos faraós, mas também nas mesas das oferendas, gravado nas falsas portas das mastabas. Nas esculturas do *Livro dos mortos* aparecem suas ilustrações mais eloquentes. Assim, no livro *Papiro de Ani,* os defuntos Ani e sua esposa invocam Thot, que lhes apresenta o sinal *ankh* como símbolo de eternidade[8]. Rá está sentado na barca solar, com o sinal *ankh* sobre os joelhos. Nas cenas da "pesagem da alma", *ankh* se apresenta como companheiro do defunto em seu caminho rumo à eternidade. Ele está na mão de Anúbis que leva a alma em direção à balança, depois na mão de Hórus, que após a pesagem da alma a conduz ao tribunal de Osíris. Na sala do juízo os deuses que acolhem o defunto carregam o *ankh* sobre os joelhos. A partir do Império Novo, o *ankh* faz parte do ritual de embalsamamento:

---

8. CHAMPDOR, A. (org.). *Le livre des morts* – Papyrus d'Ani, de Hunefer, d'Anhaï du British Museum. Paris: Albin Michel, 1963, p. 121, 130, 165.

ele é inciso no defunto. Ele também é gravado em muitos amuletos, e está presente no capítulo 46 do *Livro dos mortos*, que coloca o defunto sob a proteção de Ísis.

1.2 O egípcio diante da morte

O amor pela vida estimulou o egípcio a refletir sobre um evento inabitual: a morte. Os deuses eram adorados, representados e louvados enquanto senhores do destino. A reflexão teológica insistia que um deus soberano dividia os homens em diversas classes sociais. A doutrina da criação das diversas teologias apresentava os deuses e as deusas como senhores da vida e da morte. Sobre um papiro de Leiden, no Museu Nacional dos Países Baixos, lemos: "Amon prolonga a duração da vida e a encurta; dá um suplemento de destino àquele ao qual se afeiçoa"[9]. Estas noções de soberania divina são indispensáveis na compreensão do pensamento religioso egípcio, que vê na morte um elemento da ordem do mundo.

Diante da morte o egípcio se angustia. Do Império Antigo ao período ptolomaico encontramos textos que testemunham esta angústia. Na *Sapiência,* de Hor--djedet, anterior a Ptahhotep, encontramos estas palavras: "Opressiva é para nós a morte, elevada é para nós a vida"[10]. O sábio recomendava remediar a angústia da morte com oferendas dos mais impecáveis utensílios funerários. No Império Médio encontramos pedidos aos vivos: "Vós que amais a vida e odiais a morte, recitai para o defunto a oração dos mortos". Sob o Império Novo, na tumba de Neferhotep, as mulheres se lamentam: "Você que em vida era rico em servidores agora se encontra no país que ama a solidão. Aquele que abria as pernas para caminhar agora não o faz mais, preso às ataduras que o imobilizam"[11]. Os textos sublinham a solidão do defunto, sua privação dos bens terrestres, dos alimentos, das bebidas, da liberdade de movimento e da luz. Encontramos também uma expressão afirmando que "a morte é um inimigo". Alguns egiptólogos sublinharam que a paisagem egípcia contribuía para manter esta angústia: uma tênue faixa de vida com luxuriante vegetação cercada por um deserto em ambas as margens do

---

9. *Papiro de Leiden*, I, 350, III, 7.

10. VERNUS, P. (org.). *Sagesse de l'Égypte pharaonique.* Paris: Imprimerie Nationale, 2001, p. 51-54.

11. MORENS, S. "La mort et les morts". In: MORENS, S. *La religion égyptienne* – Essai d'interpretation. Paris: Payot, 1962 [2. ed.: 1984, p. 244] [orig.: Ägyptische Religion. *Die Religionen der Menschheit*, 8, 1960] [trad. it.: *Gli Egizi*. Milão: Jaca Book, 1983].

Nilo. Os cemitérios situavam-se nos limites entre o deserto e a região fértil. Zandee escreveu um livro intitulado *Death as an Enemy*[12].

A situação paradoxal deste povo profundamente religioso, amante da vida, mas angustiado pelo evento da morte, elaborou não somente uma riquíssima doutrina sobre o além-túmulo, mas também uma extraordinária série de ritos, regulamentações e monumentos funerários. É durante a própria vida que o egípcio preparava a própria morte.

Sua primeira preocupação era construir a própria tumba, sua "casa de eternidade". Uma máxima da *Sabedoria de Ani* (Império Novo) o afirma:

> Não deves sair de tua casa [isto é, morrer] se não conheces o lugar no qual devem repousar teus despojos, a fim de que aí possas ser sepultado. Imagine-o como o caminho que deves tomar. Enfeite teu lugar que está no vale, a tumba que deve servir de abrigo aos teus despojos. Guarde esta recomendação em teu espírito como um de teus deveres[13].

A tumba deve permitir o culto, as oferendas e as decorações, bem como os alto-relevos ou pinturas que lembram ao morto, de modo diferente segundo a época e a categoria social do defunto, os fatos principais de sua experiência terrena. No início do Império Antigo as representações eram evitadas, mas a partir da sexta dinastia as cenas figurativas passaram a enfeitar as partes superiores destinadas ao uso cultual. Nas mastabas muito frequentemente se encontram portas falsas sobre as quais cenas de refeições são esculpidas. Tudo isto está à disposição do defunto. As tumbas ditas mastabas são características do período feudal do Império Antigo. As cenas das refeições são relacionadas aos utensílios e à preservação cultual. A morte repousa mais abaixo, numa câmara fechada. Graças às diversas disposições testamentárias e outros documentos sabemos que os egípcios destinavam grandes somas à construção da própria tumba, à própria "casa de eternidade".

Outra medida importante consistia na conservação do esqueleto. Com a segunda dinastia teve início a mumificação do corpo enfaixado com ligaduras, que

---

12. KEES, H. *Totenglauben und Jenseitsvorstellungen der alten Ägypter* – Grundlagen und Entwicklung bis zum Ende des Mittleren Reiches. 3. ed. Berlim: Academie, 1977. • DONADONI, S. "Le mort". DONADONI, S. (org.). *L'homme épyptien*. Paris: Seuil, 1992, p. 305-334 [orig.: *L'uomo egiziano*. Roma/Bari: Laterza, 1990]. • ZANDEE, J. *Death as an Enemy according to Ancient Egyptian Conceptions*. Leiden: Brill, 1960.

13. MORENS, S. *La religion épyptienne*. Op. cit., p. 250. • VERNUS, P. (org.). *Sagesse de l'Égypte pharaonique*. Op. cit., p. 237-266.

em seguida eram banhadas de resina para mantê-lo rígido. A integridade do corpo é um elemento capital. Ao lado da múmia eram colocados quatro jarros que continham as vísceras, exceto o coração, que permanecia no corpo da múmia. Ao longo de toda a história do Egito faraônico a mumificação domina os ritos funerários. O respeito ao corpo e sua integridade são dois elementos essenciais nas práticas fúnebres do Egito faraônico. O embalsamamento mostra que a morte, no pensamento egípcio, não é um fim, mas uma passagem perigosa. Urge conservar o corpo do defunto, tornando assim possível a vida no além. Isto explica os múltiplos cuidados para impedir a degradação do corpo e conservar as forças vitais como suporte físico. Para realizar esta arriscada passagem, os egípcios construíram "casas de vida" nas quais os sacerdotes e os especialistas praticavam a mumificação, que podia durar até setenta dias[14].

1.3 Ritos funerários e escatologia

Ao longo das trinta dinastias os ritos funerários e a escatologia gozam de um grande desenvolvimento, que agora sinteticamente descreveremos.

1.3.1 O Império Antigo, 2700-2400 a.C. (segundo J. Vercoutter), da terceira à sexta dinastia

Nesse período o governo é assegurado pelos reis de Mênfis e Heliópolis. É Mênfis que se torna a capital, ao passo que os reis tinitas tinham governado o país a partir do Sul. A teologia real de Heliópolis terá uma influência determinante: é o culto ao deus Rá, culto solar.

Sob o Império Antigo encontramos mastabas reagrupadas ao redor das pirâmides de Gizé e Saqqara, e outras ao redor da pirâmide real: a cripta é posta no fundo de um poço e contém o sarcófago e alguns utensílios fúnebres. Na parte visível acima do chão se encontra uma capela destinada aos serviços funerários do culto. O Faraó Djoser, fundador da terceira dinastia, fez construir em Saqqara uma pirâmide em forma de terraços, composta de sete mastabas sobrepostas e

---

14. DERCHAIN, P. *Le papyrus Sait 825 (b.m.)* – Rituel pour la conservation de la vie en Égypte. Bruxelas: Académie Royale de Belgique, 1965.

recuadas uma em relação à outra, simbolizando uma escadaria monumental direcionada para o céu. O culto solar se torna o fundamento da potência real. A quarta dinastia fez construir a pirâmide de Gizé, seguida das pirâmides de Quéops, de Quéfren e de Miquerinos. A quinta e sexta são dinastias heliopolitanas. Neste contexto as pirâmides são memória da colina primordial da criação realizada por Atum-Ra, e são imbuídas do escopo de defender o corpo do rei depositado num sarcófago no interior da pirâmide. Numa capela edificada ao lado da pirâmide se realiza o culto fúnebre. É também um lugar das oferendas alimentares e outros tipos de oferendas, bem como das festas em honra ao faraó defunto.

No interior das pirâmides encontramos as inscrições denominadas *Textos das pirâmides*[15]. Os egiptólogos discorreram longamente sobre a doutrina da sobrevivência do faraó à luz destes textos, os mais antigos dos quais se encontram na pirâmide de Unas, último rei da quinta dinastia. Lá descobriram uma dúplice doutrina: de um lado, o antigo pensamento que situa o mundo dos defuntos na terra e se baseia no mito de Osíris e de Ísis no qual Osíris vela pela conservação do corpo real; de outro lado, a doutrina solar dos sacerdotes de Heliópolis, que fala da ascensão do faraó junto ao deus Rá.

J. Pirenne retomou estas discussões a partir de outros textos das pirâmides, levando em conta a doutrina egípcia do nascimento do mundo do *nun* primordial e a importância da teologia e do culto solar, que levou a uma espiritualização. No culto fúnebre da época heliopolitana Pirenne vê a origem da criação da vida no além-túmulo[16].

No final da sexta dinastia abre-se uma crise de poder que vai da sétima à décima dinastia, do ano 2363 ao ano 2050. É o período dos senhores feudais e da criação dos domínios sacerdotais ao redor dos templos. Além disso, é um período de democratização dos privilégios do faraó, usurpados aos príncipes feudais.

---

15. SETHE, K. (org.). *Die altägyptishcen Pyramidentexte nach den papierabdrücken und Photographien des Berliner Museums*. 3 vols. Leipzig, 1880, 1910, 1922. • SETHE, K. (org.). Übersetzung und Kommentar zu den altägyptischen Pyramidentexten. 6 vols. Glückstadt, 1933-1962. • SPELEERS, L. *Traductions, index et vocabulaire des Textes des Pyramides égyptiennes*. Bruxelas, 1934.

16. PIRENNE, J. *La religion et la morale dans l'Égypte antique*. Paris: Albin Michel, 1965, p. 1-38. Sobre toda esta discussão, cf. RIES, J. *La religion de l'Égypte pharaonique de la préhistoire à la fin du Nouvel Empire*. 2. ed. Louvain-la-Neuve: Centre d'Histoire des Religions, 1987, p. 41-51 [Information et Enseignement, 4/1].

1.3.2 O Império Médio, décima segunda dinastia, 1994-1797 a.C.

Esta dinastia tebana é a mais bem conhecida e a mais gloriosa. É a época da evolução do sistema feudal para a monarquia centralizada. O colégio sacerdotal de Tebas incorpora a teologia solar de Heliópolis, proclama Amon-Rá o grande deus, e tenta conciliar a doutrina fúnebre osírica com a doutrina solar. Amon torna-se assim o deus dinástico.

Ao longo do Império Médio aparecem os *Textos dos sarcófagos*, escritos em hieróglifo cursivo. O sarcófago representa a casa na qual o defunto constrói sua nova vida, entre utensílios e outros objetos ofertados. Esta casa é feita à imagem daquela em que ele viveu, com um céu, uma cobertura, um chão ornado por "dois caminhos" e quatro horizontes. O defunto é depositado com a cabeça voltada para o Norte e o rosto para o Ocidente: é um Osíris. Os textos se alongam em colunas verticais nos quatro lados. Os múltiplos ornamentos da decoração são ligados às diversas partes do corpo. Os sarcófagos encontrados são os dos grandes personagens e dos homens das letras que tinham acesso aos textos sagrados. Os textos dos sarcófagos são os herdeiros dos textos das pirâmides do Império Antigo, recopiados pelos escribas. O texto 335, que expõe a solarização do defunto, transformou-se no famoso capítulo 17 do *Livro dos mortos,* e é fruto de textos encontrados em 32 sarcófagos.

A temática dos *Textos dos sarcófagos* é rica e variada. O que emerge de seu conjunto é o triunfo da vida sobre a morte, expressa com a equiparação do defunto ao deus Rá, deus sol, que revive a cada manhã, ou ao deus Osíris, deus dos mortos. Para fugir dos perigos dos inimigos o defunto deve transformar-se em pássaro: falcão, andorinha, garça, guará. O morto também pode aparecer como uma chama que sai dos olhos do deus Hórus.

Duat é o mundo onde vivem os defuntos. A busca da salvação tornou-se um elemento importante do culto funerário garantido pelos sacerdotes. A múmia conserva a personalidade do defunto e lhe facilita o acesso à vida eterna. Para o egípcio do Império Médio a coisa mais importante é conservar sua vida sobre a terra; a morte é vista como uma passagem. Acrescente-se que a celebração dos mistérios de Osíris aos poucos ganha terreno: seu simbolismo mostra a germinação do grão e indica a importância da continuação da vida. Se a doutrina fúnebre é sempre centrada no deus sol, que permite ao defunto sair da tumba a cada manhã e participar da navegação celeste, muitas vezes os textos declaram que a viagem do defunto o conduz para Abidos, tornado um centro de peregrinação em honra a Osíris. Assim, alguns textos solares são modificados em sentido osírico.

O final da décima segunda dinastia coincide com as grandes migrações dos povos. Se a décima terceira dinastia ainda permanece sobre a terra real de Fayum, tudo muda com a invasão dos Hyksos, vindos do Oriente Médio.

1.3.3 O Império Novo, 1580-1085 a.C.

Logo após a expulsão dos invasores Hyksos, o Rei Amósis, iniciador da décima oitava dinastia, mantém Tebas como capital e organiza um forte exército de conquista, que dá vida a um império que se estenderá até o Eufrates. Ele transforma Amon em deus dinástico, cujo templo em Karnak será o centro de seu culto real. Thot é o deus dos escribas e da lei. Em Abidos prospera o culto de Osíris. Amenófis IV assumirá o nome de seu tio, Áton, chamando-se Aquenáton, e criará uma capital, Akhetaton, "o horizonte de Áton". Mas o clero de Amon, em desacordo com este cisma, esforçar-se-á para restaurar as doutrinas e os privilégios precedentes. E acabará levando ao trono Tutancâmon, filho de Amenófis IV, voltando assim às antigas tradições.

Graças ao *Livro dos mortos* se perfila uma nova orientação fúnebre. Trata-se do mais antigo livro ilustrado. Cada manuscrito traz o nome e o título do defunto. Enrolado e selado, colocado sobre a múmia do defunto ou fixado numa estatueta de Osíris, o papiro se torna o companheiro de eternidade do defunto[17]. A partir da décima oitava dinastia, a ilustração desta "Bíblia dos egípcios" se torna estupenda, com as cores amarelo, vermelho, azul e verde alternadas pela cor dourada, ou mesmo em preto e branco. O livro será recopiado até o período romano. Formado em suas grandes linhas por volta de 1550, ele retoma alguns dos *Textos das pirâmides* e dos *Textos dos sarcófagos*, acrescentando-lhes outros. A ilustração procede dos sarcófagos reais da dinastia tebana (a décima segunda). Sob a vigésima sexta dinastia da época saíta, por volta de 650, o livro será definitivamente completado, compondo-se de cento e cinquenta capítulos. Cada papiro inicia com a fórmula "Livro do raiar do dia", título que pretende mostrar a bem-aventurança

---

17. BARGUET, P. (org.). *Les textes des sarcophages égyptiens du Moyen Empire*. Paris: Cerf, 1986 [Littératures anciennes du Proche-Orient, 12].

suprema do defunto que acompanha o sol. O raiar do dia equivale a um renascimento para o defunto. O capítulo 17 começa com uma declaração: "Início das transfigurações e glorificações da saída do império dos mortos e do retorno ao mesmo". A grande revelação do *Livro dos mortos* é a doutrina solar, que durante o Império Antigo era privilégio do rei. As esculturas descrevem os funerais, os ritos de abertura dos olhos, dos ouvidos e da boca, o papel dos sacerdotes, a barca solar e a *gnose* (conhecimento) do defunto, da qual nos séculos posteriores os gnósticos se aproveitarão a seu modo. Além dos textos solares temos textos osíricos que dizem respeito à viagem da barca solarizada através do mundo subterrâneo, com uma geografia detalhada. Também encontramos o juízo do defunto, a pesagem de sua alma e finalmente sua admissão ao destino dos bem-aventurados[18].

1.4 O juízo dos mortos

1.4.1 Maat, *encarnação da verdade e da justiça*

Deusa de aspecto de jovem mulher ornada por uma pluma de avestruz, Maat encarna a verdade e a justiça. É filha de Rá, mas personifica a ordem universal: é o equilíbrio cósmico, norma jurídica, verdade, equidade e justiça. As *Instruções ao Rei Merikare* afirmam que viver em conformidade com Maat "garante mais a eternidade do que uma tumba". É ela que os reis oferecem o deus, carregada no côncavo da mão como uma boneca, nas cenas dos fundos das capelas. Maat representa também o equilíbrio do cosmo, e neste sentido é a interação das forças que garantem a ordem universal, a sucessão do dia, o elevar-se cotidiano do sol e qualquer manifestação da sociedade humana: a concórdia entre os vivos, a piedade religiosa, o respeito à ordem constituída pelos deuses, a justiça nas relações sociais e a verdade na vida moral. Ela é assim a ética em conformidade com a consciência: afeta a lei, as disposições rituais, as obrigações sociais e morais. O faraó, filho de Rá, deve conservar Maat e oferecê-la aos deuses.

O justo, o homem de bem, e até mesmo o bem-aventurado no outro mundo é denominado *Maaty*, "o que é de Maat", enquanto o rebelde, o autor de um sacrilé-

---

18. BARGUET, P. (org.). *Le livre des morts des Anciens Égyptiens*. Paris: Cerf, 1967 [Littératures anciennes du Proche-Orient, 1] • CHAMPDOR, A. (org.). *Le livre des morts*. Op. cit. • KOLPAKT-CHY, G. (org.). *Livre des morts des anciens Égyptiens*. 4. ed. Paris: Dervy/Livres, 1979.

gio, o perturbador que atenta contra a ordem dos homens e da natureza, é *isefety*, vocábulo que designa o desrespeito à Maat, a transgressão, a agressão. Assim, cada transgressão à ordem constituída é considerada prejudicial ao seu autor: Maat lhe imporá seu castigo. Segundo Dumas, "o sucesso terreno e a felicidade do além-túmulo" estão nas mãos de Maat. Esta doutrina essencial de Maat, que vai do Império Antigo ao Egito faraônico, pode ser considerada o fundamento último do juízo dos mortos, dado que Maat tem a ver com cada homem, tanto o faraó, custódio de Maat, quanto qualquer outro indivíduo. O sábio Ptahhotep ensina: "Grande é Maat, longeva e eficaz; essa não foi destruída desde os tempos de Osíris... O homem que se consagra a Maat sobrevive, mas para o malvado não existem tumbas".

Sobre a terra cada egípcio deve aprender a conhecer a Maat. O tema do conhecimento, a *gnose,* é de fundamental importância no culto funerário[19].

1.4.2 O juízo do defunto

Encontramos o juízo dos mortos já nos *Textos das pirâmides*. Diversos temas afirmam que o faraó defunto é proclamado *maa-kheru*, "justitificado": trata-se de um reconhecimento de caráter jurídico. A pirâmide de Miquerinos fala de um tribunal do grande deus. Não é possível estabelecer se se trata de Osíris ou de Rá. Os *Textos dos sarcófagos* oferecem alguma precisão sobre este tribunal. Na instrução do Rei Kheti III da décima dinastia, redigida por seu filho, está escrito:

> Vá com passo tranquilo para o mundo do além
> a alma vai para o lugar que conhece.
> O tribunal que julga o pecador,
> bem o sabes, não é indulgente.
> Não te assegura sobre a extensão dos anos,
> os de toda uma vida voam num instante[20].

---

19. THEODORIDES, A. *Vivre de Maât* – Travaux sur le droit égyptien ancien. 2 vols. Bruxelas/ Louvain-la-Neuve/Lovaina: Société Belge d'Études Orientales, 1995 [Acta Orientalia Belgica, Subsidia I e II].

20. YOYOTE, J. "Le jugement des morts dans l'Égypte ancienne". In: *Le jugement des morts –* Égypte ancienne, Assour, Babylone, Israël, Iran, Islam, Inde, Chine, Japon. Paris: Seuil, 1961, p. 19-35 [Sources Orientales, 4].

É no *Livro dos mortos* do Império Novo que encontramos todos os detalhes sobre o juízo dos mortos[21].

1.4.3 A psicostasia, a pesagem do coração, segundo o cap. 30 do Livro dos mortos

Em 1839 o termo "psicostasia" entrou no léxico dos egiptólogos franceses para designar a pesagem das almas no juízo dos mortos no Egito. O termo é tomado de Ésquilo, o dramaturgo ateniense que mostra numa tragédia, perdida, os deuses que, usando uma balança, comparam o sopro vital (*psychē*) de Aquiles e o de Mêmnon para saber qual dos dois cairá por primeiro às portas de Troia. A arqueologia nos forneceu inúmeros escaravelhos, entalhados numa pedra preta ou verde, com gravações na parte plana o capítulo 30 do *Livro dos mortos*. São os escaravelhos do coração encontrados sobre as múmias, às vezes inseridos no lugar do coração. O *Livro dos mortos* fala da pesagem do coração. No *Livro dos mortos* do papiro de Hunefer, Champdor publica um magnífico friso[22]. Em cima, o defunto está prostrado diante dos deuses, seus juízes. Abaixo temos a sala do juízo: o deus Anúbis conduz o defunto para a balança, onde seu coração será colocado sobre um prato para ser medido, com os pés de Maat sobre o outro prato. Ao deus Thot cabe a tarefa de comunicar ao conselho dos deuses o resultado da pesagem. Isso nos permite supor que a doutrina da pesagem do coração seja de origem hermopolitana, vinculando-se com a corrente solar de Heliópolis.

1.4.4 O juízo na sala das duas Maat

Após a pesagem do coração ocorre o juízo feito pelos 42 deuses instalados na sala das duas Maat. Estas informações se encontram no capítulo 125 do *Livro dos mortos*[23]. É o capítulo mais longo deste texto escrito, que existe desde a décima segunda dinastia, por volta de 1560 a.C. Neste capítulo temos duas longas

---

21. Citamos os textos traduzidos em: BARGUET, P. (org.). *Le livre des morts*. Op. cit. Cf. tb. RIES, J. *La religion de l'Égype pharaonique*. Op. cit.

22. Cf. a nota 18.

23. BARGUET, P. (org.). *Le livre des morts*. Op. cit., p. 127-164. Cf. tb. HOYOTE, J. *Le jugement des morts*. Op. cit., p. 42-65.

declarações de inocência feitas pelo defunto. Trata-se de declarações de ordem negativa. O defunto declara o que não fez. Em seguida acontece o interrogatório do defunto. Yoyote considera que as duas Maat estão indicando simbolicamente os dois olhos de que fala a mitologia de Letópolis: um olho é o sol, o outro a noite. As duas Maat correspondem aos dois monumentos cósmicos da deusa Maat, que vigia os homens dia e noite. As duas confissões negativas, trechos fundamentais do capítulo 125, mostram uma crença firme e um juízo do além-túmulo exercido pelos deuses, evidenciando, além disso, no Egito faraônico, a existência de uma tradição de um ideal de justiça e benevolência universal fundado na piedade.

1.5 O destino abençoado

Após o juízo do tribunal dos 42 deuses que se mostraram favoráveis ao defunto, este é levado pelo deus Thot ao seu "lugar de eternidade"[24]. Às vezes este lugar é denominado "belo Ocidente", o que faz pensar no deus Osíris. Ao longo dos séculos o império dos mortos foi considerado um mundo subterrâneo, como as tumbas, e percorrido pelo sol desde o momento de seu ocaso ao amanhecer. O deus deste mundo subterrâneo é Osíris.

No verso do papiro sobre o qual foi redigido o texto do *Livro dos mortos*, e que foi colocado sobre o coração da múmia no sarcófago, se encontra o título "sair da manhã" ou "livro do romper da manhã" ou "início das fórmulas do romper da manhã". Em geral se acrescentava o nome do defunto precedido do termo "Osíris". O defunto, portanto, é um Osíris. Isto significa que o desejo do morto, que por sua vez constitui sua felicidade suprema, é o de estar entre os que circundam o sol em seu curso diurno. Para os egípcios o sol circulava no mundo subterrâneo, e o iluminava em sua passagem. É o mesmo que encontramos no *Livro das portas* ou *Livro do Am-Duat* [ou Amduat]. Assim, de noite, o defunto está sob a luz do sol, mas pela manhã deseja sair com ele, aproveitando-se de seu brilho sobre o mundo dos vivos. A expressão "romper da manhã" ou raiar do dia já está nos *Textos dos sarcófagos*. O romper do dia com o sol, deus Rá, equivale a um renascimento cotidiano do defunto à imagem do sol. Após ter realizado sua jornada à luz, o morto reencontra no Ro-setau [ou Rostau], a entrada no mundo

---

24. Cf. a discussão sobre o além-túmulo: KEES, H. "Die Jenseitsführer". In: KEES, H. *Totenglauben und Jenseitsvorstellungen der alten Ägypter*. Op. cit., p. 287-302.

subterrâneo. De acordo com o final do capítulo 127 do *Livro dos mortos*, o defunto então declara:

> As portas do céu, da terra e da Duat me foram deixadas abertas. Sou a alma de Osíris, no qual descanso. Passei por vossos portões e ao ver-me me aclamaram. Entrado, louvado, saído, amado, caminhei e em mim não foram encontradas nem culpas nem delito algum.

Quando, após o juízo na sala das duas Maat, o defunto desce nos domínios do deus Osíris, ele pede a Osíris que preserve sua múmia, que deverá ser conservada intacta, protegida da corrupção. Identificado com Osíris pelo fato de ter sofrido, como ele, todos os ritos de purificação e de embalsamamento, o defunto se beneficia de sua eternidade. Assim pode acompanhar o deus Rá em seu curso e, como ele, renascer a cada manhã. Sendo preservado da destruição por Osíris, o defunto pode participar na vida do deus Rá. Se Osíris e Rá têm igual importância no *Livro dos mortos* é porque ambos são deuses da justiça e da verdade, os donos da Maat. O ideal de pureza ao qual invoca o defunto tem seu modelo nas duas divindades. O capítulo 125 do *Livro dos mortos* termina numa verdadeira euforia:

> Aquele sobre o qual este livro será recitado será próspero e seus filhos serão prósperos, já que julgado sem culpa. Ele colmatará o coração do rei e de seus cortesãos. Ser-lhe-ão dados o pão de milho, o cântaro, o doce, o grande pedaço de carne provenientes do altar do grande deus. Não será afastado de alguma porta do Ocidente. Será introduzido com o rei do Alto Egito e do Baixo Egito. Seguirá Osíris.

Bibliografia

ASSMANN, J. (org.). Ägyptische Hymnen und Gebete. Zurique/Munique: Artemis, 1975 [Die Bibliothek der alten Welt – Der alte Orient].

BARGUET, P. (org.). *Textes des sarcophages égyptiens du Moyen Empire*. Paris: Cerf, 1986 [Littératures anciennes du Proche-Orient].

_____. (org.). *Le livre des morts des anciens Égyptiens* – Transcription, traduction, commentaire. Paris: Cerf, 1967.

BARUCQ, A. & DAUMAS, F. (orgs.). *Hymnes et prières de l'Égypte ancienne*. Paris: Cerf, 1980 [Littératures anciennes du Proche-Orient].

DONADONI, S. "Religione egiziana". In: FILORAMO, G. *Storia delle religioni*. Vol. I: Le religioni antiche. Roma/Bari: Laterza, 1994, p. 61-114.

_____. (org.). *Testi religiosi egizi*. Turim: UTET, 1970 [Classici delle religioni, 11].

ELIADE, M. *Histoire des croyances et des idées religieuses*. Vol. I: De l'âge de la pierre aux mystères d'Eleusis. Paris: Payot, 1970, p. 411-418 [trad. it.: *Storia delle credenze e delle idee religiose*. Vol. I: Dall' età della pietra ai misteri eleusini. Florença: Sansoni, 1999].

GOYON, J.-C. (org.). *Rituels funéraires de l'ancienne Égypte* – Le rituel de l'embaumement, le rituel de l'ouverture de la bouche, les livres des respirations. Paris: Cerf, 1972 [Littératures anciennes du Proche-Orient].

HOPFNER, T. *Fontes historiae religionis aegyptiacae*. Bonn, 1922-1925.

HORNUNG, E. (org.). *Die Unterweltsbücher der Ägypter*. Zurique/Munique: Artemis, 1992.

_____. (org.). *Das Totenbuch der Ägypter*. Zurique/Munique: Artemis, 1979.

KEES, H. *Totenglaube und Jenseitsvorstellungen der alten Ägypter* – Grundlagen und Entwicklungen bis zum Ende des Mittleren Reiches. 5. ed. Berlim: Akademie, 1983.

MORENZ, S. *Ägyptische Religion*. 2. ed. Stuttgart: Kohlhammer, 1977 [trad. It.: *Gli egizi*. Milão: Jaca Book, 1983].

ROSATI, C. (org.). *Libro dei morti* – I papiri torinesi di Tachered e Isiemachbit. Bréscia: Paideia, 1991 [Testi del Vicino Oriente antico, 1].

SPIEGEL, J. *Die Idee vom Totengericht in der ägyptischen Religion*. Gluckstadt/Hamburg: Augustin, 1935.

VANDERSLEYEN, C. *L'Égypte et la vallée du Nil*. Vol. II: De la fin de l'Ancien Empire à la fin du Nouvel Empire. Paris: PUF, 1985; bibliografia: p. V-CXIII [Nouvelle Clio].

VANDIER, J. *La religion égyptienne* – Mana. 2. ed. Paris: PUF, 1949.

VERCOUTTER, J. *L'Égypte et la vallée du Nil*. Vol. I: Des origines à la fin de l'Ancien Empire. 12000-2000 av. J.-C. Paris: PUF, 1992; bibliografia: p. III-LII [Nouvelle Clio].

2
O HOMEM MESOPOTÂMICO, SEU DESTINO E A MORTE

Introdução

A Mesopotâmia compreende o Vale do Tigre e do Eufrates e toda a área intermédia. Ponta oriental do Crescente Fértil, esta corresponde em grande parte ao Iraque moderno. Ao Norte, a Alta Mesopotâmia é uma vasta planície em parte desértica. Ao Sul temos um altiplano aluvial banhado por dois rios. A partir do IV milênio, esta região se tornou uma fonte de intensa civilização graças aos trabalhos de irrigação. S.N. Kramer escreveu um livro de grande sucesso: *L'Histoire commence à Sumer*[1] [A história começa na Suméria]. O título alude à organização social e política bem como a criação de cidades e Estados, a fundação de instituições, a produção organizada de alimentos, de roupas e utensílios, não esquecendo o comércio, a arte e a escrita. Tudo isso foi obra dos sumérios, de origem ainda desconhecida, que construíram as grandes cidades, aos quais se juntaram populações semíticas provenientes do deserto da Síria, que sob Sargão [da Acádia] se impuseram às cidades. No III milênio operou-se assim uma simbiose entre os sumérios e os acadianos semitas. Atualmente a civilização sumério-acadiana tornou-se conhecida graças ao meio milhão de documentos e vestígios culturais encontrados[2].

O simbolismo religioso do touro e da deusa, atestado desde o Neolítico, foi transmitido na Suméria: estrutura transcendente dos seres divinos confirmada pelo sinal característico, a estela que precede o ideograma. Na Suméria a tríade dos grandes deuses é constituída por *An*, deus celestial, *Enlil*, deus da atmosfera, e *Enki*, senhor da terra. Entre os sumérios encontramos também a temática das

---

1. KRAMER, S.N. *From the Tablets of Sumer* – Twenty-five firsts in Man's recorded History. Indian Hills: The Falcon's Wing, 1956 [trad. it.: *I Sumeri agli esordi della civiltà*. Milão: A. Martello, 1958].
2. BOTTÉRO, J. *Mésopotamie* – L'écriture, la raison et les dieux. Paris: Gallimard, 1987.

águas primordiais e o tema cosmogônico da separação entre o céu e a terra. Nas doutrinas sumérias dispomos de quatro narrativas da criação do homem: a criação a partir das plantas, o homem plasmado a partir da argila, a criação por parte da deusa *Aruru*, e o homem plasmado pelos deuses. Para os sumérios o homem foi criado para servir aos deuses. Dado que os deuses são responsáveis pela ordem cósmica, os homens devem submeter-se às suas injunções. Aqui intervêm os decretos divinos, os *me*, que fixam o destino de cada ser, de cada forma de vida, de cada ato. A ordem cósmica é perturbada pela Grande Serpente e pelas culpas e erros dos homens, daí a necessidade de ritos, dentre os quais o da Passagem do Ano, *Akitil* para os sumérios, *Akitu* para os babilônios[3]. A construção dos templos é, por sua vez, uma reiteração da cosmogonia, dado que o templo, palácio de deus, é verdadeiramente uma *imago mundi*. A instituição da realeza desceu do céu com a coroa e o trono.

A maior parte das cidades-templos sumérias foi unificada pelo rei da cidade suméria de Uma, Lugalzagesi, por volta de 2375, empresa repetida em seguida por Sargão, rei da Acádia. Por volta de 2000 a.C. a língua suméria deixa de ser falada, embora permanecendo língua litúrgica. O pensamento religioso acadiano colocará o acento no homem: a precariedade da condição humana, o fato de o homem ser criado para servir aos deuses, sua impossibilidade constitutiva de alcançar a imortalidade. É uma antropologia pessimista que se faz particularmente evidente no poema babilônico *Enuma elish*, escrito em honra ao deus Marduk. Outro texto, a *Teodiceia babilônica*, é ainda mais pessimista[4]. A distância entre os homens e os deuses se revela intransponível, apesar do homem possuir o *ilu*, o espírito que lhe vem dos deuses. É no período acadiano que se desenvolvem as técnicas da adivinhação, que permitem conhecer o futuro. Decifrando o mundo, o homem da Babilônia tentava controlar o tempo. Por volta de 1500 a.C. a época criativa do pensamento mesopotâmico sofre uma desaceleração[5].

---

3. JEAN, C.-F. *Le péché chez les Babyloniens et les Assyriens*. Paris: Geuthner, 1925.

4. ELIADE, M. "Les religions mésopotamiennes". In: ELIADE, M. *Histoire des croyances et des idées religieuses*. Vol. I: De l'âge de la pierre aux mystères d'Eleusis. Paris: Payot, 1970, p. 68-96 [trad. it.: *Storia delle credenze e delle idee religiose*. Vol. I: Dall'età della pietra ai misteri eleusini. Florença: Sansoni, 1999].

5. Cf. a narrativa bilingue da criação do homem em BOTTÉRO, J. & KRAMER, S.N. *Lorsque les dieux faisaient l'homme* – Mythologie mésopotamienne. Paris: Gallimard, 1989, p. 502-525 [Bibliothèque des Histoires] [trad. it.: *Uomini e dèi della Mesopotamia* – Alle origini della mitologia. Turim: Enaudi, 1992].

2.1 Gilgamesh em busca da imortalidade

> Na Mesopotâmia a morte (*mutu*) era percebida como um destino a tal ponto universal e inevitável para os homens que, quando surgiu a preocupação de fazer-se uma ideia sobre os deuses, imaginados a partir de nosso modelo, a fim de sublinhar mais nitidamente a distância e a diferença, se lhes reservou uma vida sem fim[6].

Esta breve consideração de Jean Bottéro abre a problemática da qual nos estamos ocupando e nos convida a examinar os documentos arqueológicos e os ritos funerários, mas também a mitologia suméria e acadiana, que hoje conhecemos melhor graças aos trabalhos dos assiriólogos[7].

Com suas inúmeras pesquisas, Mircea Eliade mostrou que o mito é uma história verdadeira, sagrada e exemplar, que fornece aos homens modelos de conduta, embora necessite de uma hermenêutica religiosa. O mito é uma experiência que faz reviver o mistério das origens[8]. O mito mesopotâmico de Adapa narra como este sábio é convidado a comparecer diante do tribunal de Anu por ter quebrado as asas no vento do Sul. Adapa conta sua aventura, mas se nega a comer do "pão da vida" e a beber "das águas da vida" que o deus lhe apresenta, e assim perde a ocasião de tornar-se imortal[9].

Outro mito que representa a busca da imortalidade é a *Epopeia de Gilgamesh*, rei de Uruk, redigida em sumério, mas chegada até nós graças a uma versão acadiana. O personagem é só parcialmente legendário[10], e é possível que ele tenha tido um papel importante na cidade de Uruk. Filho da deusa Ninsun e de um mortal, Gilgamesh sai vitorioso de um combate com Enkidu; em seguida, todos os deuses se dirigem à fabulosa floresta de cedros custodiada por Humbaba, um ser monstruoso e onipotente. Os deuses derrubam então a floresta, inclusive o cedro sagrado. A deusa Ishtar convida Gilgamesh a desposá-la, mas ele a repudia com insolência. Humilhada, Ishtar implora que seu pai Anu crie o "Touro celeste", com o objetivo de destruir Gilgamesh e sua cidade. Primeiramente ela

---

6. Ibid., p. 325.

7. Ibid.

8. RIES, J. *Le mythe et sa signification*. 3. ed. Louvain-la-Neuve:Centre d'Histoire des Religions, 1982 [Information et Enseignement, 6] [trad. it.: *Il mito e il suo significato*. Milão: Jaca Book, 2005].

9. LABAT, R. et al. (orgs.). *Les religions du Proche-Orient asiatique* – Textes babyloniens, ougaritiques, hittites. Paris: Fayard/Denoël, 1970, p. 29-294.

10. Ibid., p. 145-226. Cf. tb. ELIADE, M. *Histoires des croyances*. Op. cit., p. 89-92.

conhece a recusa, depois a aceitação, mas somente após a ameaça de Ishtar de fazer os mortos saírem dos Infernos. O "Touro celeste" se lança sobre a cidade de Uruk, que começa a desmoronar. Enkidu o prende pelo rabo e Gilgamesh lhe enfia a espada na nuca. Enkidu arranca uma perna do "Touro celeste" e cobre de injúrias a deusa Ishtar. Durante a noite, Enkidu sonha ter sido condenado pelos deuses e morre. Gilgamesh se torna irreconhecível. Por sete dias e sete noites chora a morte do amigo Enkidu e recusa seus funerais. O corpo começa a se decompor, razão pela qual Gilgamesh lhe organiza grandiosas exéquias. Após as exéquias Gilgamesh perambula pelo deserto, aterrorizado pela ideia de morrer. Em seguida decide visitar Utnapishtim, fugido do dilúvio. Ele consegue atravessar as águas da morte e pergunta a Utnapishtim como ele conseguiu a imortalidade. Este lhe aconselha a não dormir por seis dias e sete noites. Gilgamesh, porém, dorme, e Utnapishtim exclama sarcástico: "Eis o homem forte que aspira à imortalidade!". Quando Utnapishtim o desperta, Gilgamesh grita: "No quarto em que durmo reside a morte, e onde quer que eu vá, ela ali está". Ele desce então ao fundo do mar e recolhe a planta que lhe devolve a juventude, mas uma serpente sai da água e lha rouba. É seu fracasso total.

A *Epopeia de Gilgamesh*, portanto, é uma ilustração da condição humana: a morte é inevitável. O homem foi criado mortal, para servir aos deuses. A distância entre os deuses e os homens é intransponível. Os textos mitológicos não são um tratado sobre a morte, mas nos oferecem pistas de busca que consentem lançar luz sobre os elementos arqueológicos de que dispomos.

2.2 A morte e o além

Uma primeira tentativa de explicação resulta da descoberta de testemunhos mesopotâmicos.

2.2.1 Os funerais e o percurso dos mortos

Na Mesopotâmia os defuntos eram enterrados em cemitérios, envoltos numa esteira de junco e depositados em sarcófagos de terracota[11]. Foram encontradas

---

11. SCHÜTZINGER, H. "Tod und ewiges Leben im Glauben des Alten Zweistromlades". In: KLIMKEIT, H.-J. (org.). *Tod und Jenseits im Glauben der Völker*. Wiesbaden: Harrassowitz, 1978, p. 323-346.

também tumbas de família debaixo das casas. Durante as dinastias de Ur e na época assíria existiam cemitérios reais. Nas tumbas costumava-se colocar os utensílios de uso do defunto. Acreditava-se que, após a morte, a alma se dirigisse ao Oriente, em direção ao sol levante, e chegasse primeiramente à porta externa do mundo subterrâneo, onde o porteiro Nedu a aguardava. Após a autorização dada por Ereshkigal, rainha do Mundo Subterrâneo, também denominada *Allatu*, a alma pode cruzar as sete portas rumo ao palácio da soberana, mesmo tendo que abandonar em cada porta uma parte das próprias vestes, apresentando assim completamente despida diante de Ereshkigal, esposa do deus Nergal. No final do percurso ela chega a Namtar, o "responsável pelo destino", dentre os diversos demônios. Não temos indicações precisas relativas a um juízo dos mortos. O que fica claro é que o defunto se encontra num lugar sem qualquer possibilidade de retorno. Sobre a terra seu corpo (*zumru*) se faz cadáver e se decompõe. Sobram apenas dois elementos: a ossada do ser humano (*esemtu*), depois seu fantasma (*etemmu*) – uma sombra (*sillu*).

2.2.2 A morada nos infernos

A sobrevivência do defunto tem lugar nas profundezas, debaixo da terra. Os infernos subterrâneos ou submundos são essencialmente trevas, imobilidade e silêncio, ornados pelo pó e pelo barro. Jean Bottéro cita um texto eloquente, retirado de *Ishtar nos infernos*[12].

> Para o país sem volta, para o reino de Ereshkigal,
> Ishtar, filha de Sin, decide viajar;
> decide viajar, a filha de Sin,
> para a morada escura, a residência de Irkalla;
> na morada da qual não sai mais quem nela entrou;
> é um caminho a ser percorrido sem volta.
> A morada à qual se chega é privada de luz,
> feita somente de terra e alimentada de pó,
> mergulhada nas trevas, sem jamais ver o dia,
> revestida como um pássaro de ridícula plumagem,
> enquanto sobre as portas e sobre as trancas acumula-se a poeira.

---

12. BOTTÉRO, J. *Mésopotamie*. Op. cit., p. 323-346.

Além disso, o mundo subterrâneo é ocupado pelos *Anunnaki*, as divindades infernais. Compreende-se a desigualdade de destino dos defuntos, atestada pelos diversos documentos, sobretudo, pela atitude dos vivos em relação aos mortos. É preciso alimentar os mortos e dar-lhes de beber, derramando água nas tumbas através de uma abertura (*arūtu*); ao término do mês lunar celebrava-se a morte dos defuntos para ajudá-los e desviá-los da cólera contra os vivos.

2.2.3 A dependência dos mortos

No último dia de cada mês o núcleo familiar comemorava seus mortos e fazia uma refeição ritual (*kispu*), que consolidava o vínculo vital. De alguma forma o morto estava presente: por suas roupas, seus utensílios da vida cotidiana, seus instrumentos de trabalho ou provisões dispostas como viático. Tudo isto tornava evidente que, para os vivos, o defunto tinha entrado numa existência nova, frágil, mas análoga à precedente. Para a cosmologia mesopotâmica o universo era formado por duas cúpulas antitéticas, o "lá em cima", o céu, e o "lá embaixo" isto é, o inferno, simétrico ao céu. Os vivos são dependentes dos deuses celestes, e os mortos passavam a depender dos deuses infernais (os *Anunnaki*). Neste país sem volta, a tumba é uma espécie de antecâmara. Daí a importância do sepultamento dos mortos. Pensava-se que fosse lícito às almas dos mortos (*etemmu*, "fantasmas") sair do inferno e voltar para a terra dos vivos a fim de molestar os homens: daí também a importância dos rituais e orações, mas também o respeito por suas tumbas.

Uma série de inscrições fúnebres tinha por objetivo inculcar este respeito[13]. Trata-se, em parte, de inscrições reais. Algumas outras inscrições, em menor quantidade, foram encontradas nas tumbas e entre os despojos que elas continham.

O *etemmu* (morto, fantasma) era intimamente dependente dos sobreviventes, ideia fundada na solidariedade familiar. Dentre os rituais de exorcismo mais de uma vez nos deparamos com a linha ascendente e colateral. As inscrições das tumbas não fixam nenhum limite de tempo à antiguidade dos ossos. No momento da morte a família era obrigada a chorar o defunto e a sepultá-lo segundo os ritos. Sempre existiu o costume de sepultar os defuntos no subsolo das casas. A família

---

13. BOTTÉRO, J. "Les inscriptions cunéiformes". In: GNOLI, G. & VERNANT, J.-P. (org.). *La mort et les morts dans les sociétés anciennes*. Cambridge/Paris: Cambridge University Press/Maison des Sciences de l'Homme, 1982, p. 373-406 [2. ed.: 1990].

devia salvaguardar a sobrevivência do defunto pronunciando seu nome, nutrindo-o e dando-lhe sempre água fresca de beber. No final de cada mês o desaparecimento da lua voltava os espíritos para os mortos. Celebrava-se então o *kispu*, uma refeição de solidariedade familiar em uso no mundo semítico da época. Convidava-se a morte a vir comer com os vivos e a alimentar sua frágil existência.

2.2.4 A reação dos mortos

Na antiga Mesopotâmia acreditava-se que os mortos (*etemmu*) pudessem exercer alguma ação sobre os *anilū*, os vivos[14]. *Etemmu* e demônios figuram nos exorcismos. Os vivos imploravam aos defuntos, imaginando-os nos infernos, em pé entre os *Anunnaki*, os deuses infernais. Os mortos podiam agir contra os vivos, aparecer-lhes à noite, assustá-los, incomodá-los e enchê-los de terror. Os mais temidos eram os mortos estrangeiros, os enforcados, os afogados e os errantes, potencialmente capazes de lançar-se contra os vivos. Os rituais de exorcismo tinham por objetivo impedir que os *etemmu* concretizassem suas malvadezas. Por intermédio de uma estatueta buscava-se fazer descer novamente o defunto ao inferno. Nos últimos dias do mês de *Tammuz* (junho-julho), aniversário da morte e da partida deste deus para o inferno, se lhe confiava um defunto que parecia perigoso, a fim de que este deus o levasse ao país sem retorno e lá o acorrentasse. O inferno, portanto, podia apresentar-se como uma fortaleza repleta de forças hostis aos vivos. Além disso, em alguns textos o inferno é representado como um lugar triste, onde a existência não passa de uma caricatura da vida terrena. Tudo isto nos dá um duplo quadro do inferno, lamentável e hostil ao mesmo tempo. Seja como for, para o mesopotâmico a morte punha fim a uma existência luminosa e feliz, e de maneira irreversível.

2.3 O juízo dos mortos?

Jeanne-Marie Aynard estudou o problema do juízo dos mortos na Mesopotâmia[15]. A sobrevivência do morto e sua morada nos infernos então presente em vários documentos. Basta repassar as orações, os salmos penitenciais e o elenco

---

14. BOTTÉRO, J. *Mésopotamie*. Op. cit., p. 341-346.

15. AYNARD, J.M. "Le jugement des morts chez les Assyro-Babyloniens". In: *Le jugement des morts*. Op. cit., p. 81-102.

dos pecados para compreender que o mesopotâmico estava ciente de sua culpabilidade quando transgredia as leis estabelecidas pelos deuses[16]. Em muitas orações o homem pede aos deuses que pronunciem a sentença que o aguarda, e os textos dedicados à "descida aos infernos" falam de sete juízos. Para consolar Gilgamesh da recusa da imortalidade, um lugar de destaque lhe é reservado nos infernos. Os textos falam da igualdade de todos os homens diante da morte. Gilgamesh e os *Anunnaki*, os demônios, indicam aos novos chegados seu lugar, prescrevendo-lhes assim o destino. Vários assiriólogos falam positivamente de um juízo dos mortos[17]. Recentemente Jean Bottéro voltou à questão, sustentando que os argumentos a favor de um juízo usados até hoje são dúbios, mas eles avançam alguns pontos que não devem ser negligenciados. Os *Anunnaki* infernais às vezes se reuniam num conselho de sete membros e eram apresentados como juízes que emitiam sentenças sobre pessoas e sobre a humanidade inteira enquanto esta adentrava em seu reino infernal. Entretanto, vale lembrar que, na Mesopotâmia, julgar significava decidir: atribuir, impor um destino, inclusive desconsiderando méritos e deméritos. Era um ato não de lógica ou moral, mas de poder. No relato de Inanna nos infernos, os *Anunnaki* proferem seu juízo, ou seja, que a deusa seja tratada segundo as leis do inferno, da forma como são tratados os outros defuntos: a cada um destes devia-se comunicar, à chegada, o destino definitivo, ou seja, que se estabelecesse perpetuamente no país sem volta. É algo diferente da psicostasia do Egito, embora seja necessário considerar a sociedade hierarquizada mesopotâmica. De fato, os reis permaneciam reis após a morte, e os grandes personagens faziam ricas oferendas às divindades infernais para criar-se uma existência mais confortável. Daí, entre os mortos, uma hierarquia de condições correspondentes ao destino de cada um.

Bibliografia

Bibliografia crítica

ELIADE, M. *Histoire des croyances et des idées religieuses*.Vol. I: De l'âge de la pierre aux mystères d'Eleusis. Paris: Payot, 1970, p. 403-414 [trad. it.: *Storia delle credenze e delle idee religiose*. Vol. I: Dall'età della pietra ai misteri eleusini. Florença: Sansoni, 1999].

---

16. JEAN, C.-F. *Le péché chez les Babyloniens et les Assyriens*. Op. cit.

17. EBELING, E. *Tod und Leben nach den Vorstellungen der Babylonier*. Leipzig: de Gruyter, 1931. • SCHEIL, V. *Revue d'Assyriologie*, XIII, 1916, p. 165s.

Fontes – textos

BOTTÉRO, J. & KRAMER, S.N. *Lorsque les dieux faisaient l'homme* – Mythologie mésopotamienne. Paris: Gallimard, 1989 [Bibliothèque des Histoires]. [trad. it.: *Uomini e dèi della Mesopotamia* – Alle origini della mitologia. Turim: Einaudi, 1992].

BOTTÉRO, J. *Mythes et rites de Babylonie*. Paris/Genebra: Champion/Slatkine, 1985 [Bibliothèque de l'École des Hautes Études. Sciences historiques et philologiques, 328].

DHORME, P. (org.). *Choix de textes religieux assyro-babyloniens* – Transcription, traduction, commentaire. Paris: Gabalda, 1907.

FALKENSTEIN, A. & VON SODEN, W. (org.). *Sumerische und akkadische Hymnen und Gebete*. Zurique/Stuttgart: Artemis, 1953.

JEAN, C.-F. *La littérature des Babyloniens et des Assyriens*. Paris: Geuthner, 1924.

LABAT, R. et al. (orgs.). *Les religions du Proche-Orient asiatique* – Textes babyloniens, ougaritiques, Hittites. Paris: Fayard/Denoël, 1970.

A religião

BOTTÉRO, J. *Mésopotamie* – L'écriture, la raison et les dieux. Paris: Gallimard, 1987.

CAGNI, L. "La religione della Mesopotamia". In: FILORAMO, G. (org.). *Storia delle religioni*. Vol. I: Le religioni antiche. Roma/Bari: Laterza, 1994, p. 115-176.

_____. Il mito babilonese di Atrahasis – Mondo divino, creazione e destinazione dell'uomo, peccato e diluvio. *Rivista biblica italiana*, 23, 1975, p. 225-259.

_____. "La religione assiro-babilonese". In: CASTELLANI, G. (org.). *Storia delle religioni*. Vol. II. Turim: UTET, 1970, 59-125.

CASSIN, E. "La mort – Valeur et représentation en Mésopotamie". In: GNOLI, G. & VERNANT, J.-P. (orgs.). *La mort et les morts dans les sociétés anciennes*. Cambridge/ Paris: Cambridge University Press/Maison des Sciences de l'Homme, 1982, p. 335-472 [2. ed.: 1990].

CATELLINO, G.R. "La religione sumerica". In: CASTELLANI, G. (org.). *Storia delle religioni*. Vol. II. Turim: UTET, 1970, p. 1-55.

_____. *Mitologia sumerico-accadica*. Turim: UTET, 1967.

DHORME, E. *Les religions de Babylonie et d'Assyrie*. Paris: PUF, 1945, p. 1-330.

JESTIN, R. "La religion sumérienne". In: PUECH, H.C. (org.). *Histoire des religions*. Vol. I. Paris: Gallimard, 1970, p. 154-202 [Encyclopédie de la Pléiade].

NOUGAYROL, J. "La religion babylonienne". In: PUECH, H.C. (org.). *Histoire des religions*. Vol. I. Paris: Gallimard, 1970, p. 203-248 [Encyclopédie de la Pléiade].

PETTINATO, G. (org.). *La saga di Gilgamesh*. Milão: Rusconi, 1992.

3
A DOUTRINA ZOROASTRIANA DA SOBREVIVÊNCIA, DA IMORTALIDADE DA ALMA E DA RENOVAÇÃO DO MUNDO

Introdução

Zaratustra, sacerdote e profeta, viveu nas regiões orientais do Irã, num altiplano, no interior de uma sociedade ariana composta por príncipes feudais, sacerdotes, agricultores e criadores de animais. Esta sociedade era dominada por classes feudais que hoje denominaríamos *Männerbünde* e que celebravam sacrifícios cruentos de bovinos. Podemos tranquilamente situar Zaratustra no início do primeiro milênio anterior à nossa era. Ele foi autor de uma grande reforma religiosa e social. Transmitidos séculos afora por tradição oral e depois postos por escrito, os textos zoroastrianos se chamam *Avesta*. Sobrou apenas um terço dos textos avésticos: hinos, preceitos, relatos, leis. Dentre estes, o *Yasna* é o livro dos sacerdotes usado nas celebrações do culto. Os dezessete hinos chamados *Gāthā* são os únicos documentos que podem ser atribuídos ao próprio Zaratustra. Trata-se de hinos voltados para a divindade, análogos aos hinos védicos da Índia. Graças aos *Gāthā* é possível ter acesso aos elementos principais do pensamento de Zaratustra[1].

---

1. WOLFF, F. (org.). *Avesta* – Die heilingen Bücher der Parsen. 2. ed. Berlim: de Gruyter, 1960. • DUCHESNE-GUILLEMIN, J. *Zoroastre* – Étude critique avec une traduction commentée des Gatha. Paris: Maisonneuve, 1948. • INSLER, S. (org.). *The Gathas of Zarathustra and the other old Avestan texts*. Leiden: Brill, 1975 [Acta iranica, 8]. • HUMBACH, H. *Die Gathas des Zarathustra*. 2 vols. Heidelberg: Carl Winter, 1959. • GNOLI, G. *De Zoroastre à Mani* – Quatre leçons au Collège de France. Paris: Institut d'Étude Iraniennes, 1985, p. 31-52. • BOTTÉRO, J. "L'Iran antico e lo zoroastrismo". In: RIES, J. (org.). *L'uomo indeuropeo e il sacro*. Milão: Jaca Book, 1991, p. 105-147 [Trattato di antropologia del sacro, 2].

3.1 A reforma teológica de Zaratustra

Zaratustra mudou profundamente a concepção dos deuses védicos e a teologia indo-iraniana das três funções, transformando o deus Varuna da Índia no deus supremo Ahura Mazdā, rodeado de arcanjos, segundo a expressão de Georges Dumézil: são os *Amesha Spenta*, os "Imortais Benfeitores" que permanecem no interior da classificação segundo as três funções[2]. O primeiro casal de arcanjos é formado por Vohu Manah, o Bom Pensamento, e Asha, a ordem: o Bom Pensamento ocupa o lugar de Mithra, ao passo que Ahura Mazdā faz-se acompanhar de Asha, que governa o percurso do sol e das estrelas e participa a obra da criação realizada por Ahura Mazdā. As primeiras duas entidades se apresentam como uma espiritualização do Varuna (Asha) e de Mithra (Vohu Manah). O segundo casal de arcanjos é formado por Khsathra, o Império, e Armaiti, a Devoção, próxima do Império. Estas duas entidades mostram que o homem está empenhado num combate espiritual. O terceiro casal substitui os deuses gêmeos Nāsatya. Trata-se de Haurvatāt, a Saúde, e de Ameretāt, a Não Morte. Este casal tem a missão de salvar, curar e rejuvenescer a humanidade. Ahura Mazdā é criador e senhor deste casal.

A reforma dos deuses soberanos indo-europeus tornados arcanjos, encarregados de coadjuvar Ahura Mazdā, o deus supremo, é completada por um profundo dualismo, que existe desde as origens e se exprime através do Spenta Mainyu, o Espírito bom, e Angra Mainyu, o Espírito mau. Spenta Mainyu se apresenta como o assistente direto de Ahura Mazdā na criação da vida, da ordem do mundo e dos bovinos. Além disso, é dispensador de salvação e de imortalidade. À Spenta Mainyu se opõe Angra Mainyu, o Espírito mau, destruidor, mentiroso e pai da mentira (*drug*). Ele é, além disso, inimigo da vida do homem: uma oposição de pensamento, de doutrinas e de forças mentais, e mesmo ontológica (Y. 45,2). À volta de Angra Mainyu então em ação as *daēva*, doravante dominadas pelo erro e pela mentira, inimigas do homem e da vida, amigas do furor que destrói a vida.

Desta forma Zaratustra impele o homem a decidir-se contra o mal e escolher o bem nos pensamentos, nas palavras e nas ações. Numa religião de tendência monoteísta que confere honra e poderio a Ahura Mazdā, Zaratustra conserva ou

---

2. DUMÉZIL, G. *Naissance d'archanges* – Essai sur la formation de la théologie zoroastrienne. Paris: Gallimard, 1945.

introduz um dualismo radical. O dever principal do homem é decidir-se entre o Bem e o Mal.

3.2 O homem na religião de Zaratustra

Estamos diante de uma antropologia dualista que opõe a alma ao corpo, este sendo considerado mau e perverso, visto que após a morte transforma-se em cadáver que vai contaminar a terra e a água. É daqui que provém o rito da descarnação do cadáver, exposto aos abutres, como fazem ainda hoje os parses [ou pársis] indianos de Mumbai, sobre as famosas torres do silêncio. Existem quatro termos para designar a alma humana[3]. A palavra *viāna* indica a alma-sopro (Y. 29,6). Trata-se do princípio espiritual que se encontra em qualquer ser humano: o eu espiritual. *Manah* significa "espírito", e designa uma atividade que provém do interior do homem e dá ao pensamento uma eficácia ligada às consequências benfazejas da escolha (Y. 36,18; 53,2). Esta diz respeito à atividade da consciência, do pensamento e da memória. *Urvan* é o princípio da personalidade; é a parte da alma-consciência que atormenta os que cometeram maldades. Aqui se poderia falar em *spiritus vitae*, termo análogo ao *ātman* do hinduísmo. *Urvan* consente a intervenção humana em âmbito espiritual e religioso (Y. 49,11; 46,11). Enfim, o quarto termo é *daena*, o intelecto religioso que permite ao fiel conhecer a revelação proveniente do deus Ahura Mazdā. O conceito define a parte espiritual do homem que o coloca face a face com deus, implicando-o na escolha entre o bem o mal (Y. 45,2; 51,21).

Esta corrente espiritual representa um elemento importante do pensamento religioso indo-europeu. A parte espiritual do homem exerce a atividade consciente e responsável. O ser humano é essencialmente um eu espiritual portador de um princípio de personalidade e de ação e dispõe de um intelecto capaz de captar o mistério. Esta insistência dos *Gāthā* de Zaratustra vai condicionar a

---

3. WIDENGREN, G. Stand und Aufgabe der iranischen Religionsgeschichte. *Numen*, I, p. 16-83; II, p. 47-134; cf. I, p. 30-39. • WIDENGREN, G. *Les religions de l'Iran*. Paris: Payot, 1968 [orig.: *Die Religionen Irans*. Stuttgart, 1965]; cf. sobre a alma p. 55-58; 116-119. • KÖNIG, F. *Zarathustras Jenseitsvorstellungen und das Alte Testament*. Friburgo/Basileia/Viena: Herder, 1964, p. 51-60. Um livro fundamental que encara a questão da influência do zoroastrismo no Antigo Testamento. Uma longa análise leva o autor a realçar paralelismos sem oferecer certeza sobre estas influências: está presente uma visão análoga à imagem do mundo e uma indicação sobre as disposições fundamentais do *homo religiosus*.

vida, o instante da morte e a sobrevivência à morte. Y. 46,7 nos mostra a *daena* no contexto da revelação. Zaratustra afirma: "Anuncio este mistério à minha consciência". Ele encontra na terra um protetor: o fogo ritual do qual é custódio, e o põe em relação com a justiça. O culto ao fogo restará fundamental na doutrina zoroastriana. Os templos do fogo se multiplicarão e permanecerão no centro do culto dos parses de Mumbai.

3.3 Zaratustra e a salvação

O Profeta não duvida do aniquilamento das *daēva*, os demônios, e do triunfo dos bons, e afirma que desde as origens Ahura Mazdā fixou a retribuição dos atos do homem, atribuindo uma compensação pela palavra e pela ação, e que esta retribuição virá após a morte (Y. 48,1). A Justiça, Asha, terá a última palavra e confirmará o triunfo final. É em base aos méritos transmitidos ao outro mundo por Spenta Mainyu que acontecerá a retribuição. À medida que o homem conforma a própria vida e o próprio comportamento à doutrina divina proveniente de Asha, a Justiça, suas ações passam a ser consideradas meritórias. O mérito das ações é transmitido ao outro mundo através da oração e da celebração do culto (Y. 34,2).

A salvação do homem passa por um juízo que acontecerá no momento da passagem da alma pela ponte de Chinvat (Y. 46,10; 51,13). Os *Gāthā* dão vários nomes ao lugar da morada dos bem-aventurados. Um deles é expresso pelo termo *Garōdemāna*: a "casa do canto". A ponte de Chinvat representa o ponto de passagem daquele que opta entre a terra e o céu (Y. 46,10-11; 32,13). Os textos falam de *shivato paretu*, da viagem da alma após a morte. O próprio Zaratustra acompanha os justos e os precede sobre a ponte de Chinvat.

Os *Gāthā* falam de uma recompensa (*mizda*) na vida futura aos que ao longo da vida realizaram a vontade de Ahura Mazdā (Y. 46,19). A natureza da recompensa é representada pelo termo *Grasha,* que muitos estudiosos traduzem por "transfiguração" (Nyberg, Duchesne-Guillemin). Seja como for, com este termo temos a ideia de uma renovação, de um retorno à juventude. Trata-se de uma doutrina otimista, que consiste numa espiritualização *post mortem*. Entretanto, na descrição da recompensa dos justos encontramos também termos materiais: alimento, bebida, luz, sol. As noções de alimento e bebida têm um fundo muito nobre: de fato, eles se referem aos bovinos, fruto da criação. A vida pastoril da comunidade de Zaratustra é plasmada em base à descrição da recompensa (Y. 34,11).

Além disso, os *Gāthā* descrevem a punição reservada aos maus, aos que matam os bovinos e aos maus príncipes que exercem um poder pernicioso (Y. 46,11): estes mergulharão na casa do mal, a casa da *drug* (da mentira). Para estes não há possibilidade de retorno. A casa da *drug* é um lugar da desordem, da mentira, da corrupção e das trevas (Y. 49,11; 31,10). É uma casa de lamentos onde tudo é mau, inclusive o alimento. Os maus são agrupados e circundados pelos espíritos malignos (Y. 49,11).

Esta doutrina da salvação da alma faz parte do ensinamento de Zaratustra transmitido pelas *Gāthā*. Vale ressaltar que esta doutrina se afasta do pensamento védico; nesta encontramos a noção de imortalidade (Y. 47,1; 53,1). Além disso, percebe-se a grande insistência do Profeta na responsabilidade do homem e na decisão que ele toma. É o próprio Ahura Mazdā que, no momento da criação, estabelece o princípio da recompensa e da punição. Na descrição desta recompensa encontramos Haurvatāt e Ameretāt, as duas entidades que orientam para uma felicidade simultaneamente material e espiritual (Y. 45,6,7,10; 41,1). Vale lembrar que esta doutrina escatológica é otimista e se manteve viva até os zoroastrianos modernos, entre os parses da Índia e aos guebri do Irã.

3.4 A viagem da alma após a morte

Nas *Gāthā*, imediatamente após a morte a alma abandona o corpo e parte em direção à ponte de Chinvat. Num documento avéstico que se perdeu, mas que hoje está reconstituído, a alma passa três noites ao lado do corpo antes de partir para seu destino definitivo. Este texto é o *Hadōxt Nask*[4], que põe em cena Zaratustra e Ahura Mazdā, que responde à pergunta sobre a salvação do zoroastriano: a alma passa primeiramente três noites próxima ao corpo. O fiel recita a *Gāthā Ustawaitī*[5] durante a primeira noite, cantando assim o louvor em honra a Ahura Mazdā. Ao longo da segunda noite ele a canta em atos, durante a terceira a canta

---

4. No *Avesta* primitivo, o *Hadōxt Nask* se encontrava no vigésimo lugar. A partir dos textos encontrados três iranistas recompuseram o texto: JAMSPJI, H.; HAUG, M. & WEST, E.W. (org.). *The book of Ardâ Vîrâf*. Bombay, 1872. Cf. tb. COLPE, C. *Die religionsgeschischtliche Schule* – Darstellung und Kritik ibres Bildes vom gnostischen Erlösermythus. Göttingen: Vandenhoeck & Ruprecht, 1961, p. 117ss. [Forschungen zur Religion und Literatur des Alten und Neuen Testaments – NF, 60].
5. "Ushtavaiti Gatha". In: KELLENS, J. & PIRART, E. (org.). *Les texts vieil-avestiques*. Vol. I. Wiesbaden: Reichert, 1988, p. 141-154.

fazendo uma escolha, na encruzilhada dos dois caminhos. Nesta fase a alma do justo já goza a felicidade da própria recompensa. A alma do infiel, ao contrário, vaga ao redor da cabeça do defunto. Na angústia e na desgraça ele canta a *Komma Gāthā*: "Para onde fugir, para onde andar?". Ao romper do dia, no ocaso da terceira noite, a alma do justo sente aproximar-se um vento tônico e perfumado que a própria *daena* lhe traz sob a forma de uma bela adolescente de quinze anos, radiante e cheia de vida. À pergunta: "De onde és?", a adolescente responde: "Oh tu que tens bons pensamentos, boas palavras, boas ações, sou tua própria *daena*". A alma do fiel responde: "Quem, então, te amou?". A *daena* responde:

> És tu mesmo com teus bons pensamentos, com tuas boas palavras, com tuas boas ações e com tua boa consciência. Quando viste alguém provocar um incêndio, adorar os ídolos, arrastar alguém para a escravidão, derrubar árvores, te sentaste e cantaste as *Gāthā*, fizeste-lhes uma oferenda, celebraste o fogo de Ahura Mazdā, praticaste a hospitalidade para com o fiel vindo de perto ou de longe. Assim, por mais digna de amor que eu fosse, tornaste-me ainda mais digna de amor; por mais bela que eu fosse, tornaste-me ainda mais bela; por mais desejável que eu fosse, tornaste-me ainda mais desejável; por mais que já ocupasse um lindo lugar, deste-me um lugar ainda mais lindo.

Na aurora do terceiro dia a alma do infiel se encontra numa situação inversa. O infiel está num desterro, imerso num odor fétido e sujeito ao vento que sopra do Norte, lugar do inferno. Ele respira deste odor fétido e está diante de uma bruxa, sua *daena*.

Neste contexto, a alma do justo encontra a si mesma; o *urvan* saído do corpo se encontra diante de seu homólogo celeste. Segundo Geo Widengren, a alma do homem seria composta de duas partes: a parte terrestre seria condicionada pela vida material do homem, e no momento em que esta deixa o corpo se encontraria diante de sua parte celeste, que é, para o justo, uma figura belíssima, e, para o infiel, uma horrível bruxa. Para Widengren, trata-se da doutrina da virgem luminosa, que também encontramos no maniqueísmo, na doutrina do gêmeo[6]. Segundo Franz König trata-se do encontro entre a alma do defunto e sua consciência personificada[7]. O *urvan*, com seus pensamentos, suas palavras e seus atos plasma a

---

6. WIDENGREN, G. *Die iranische Geisterwelt* – Von den anfängen bis zum Islam. Baden-Baden: Holle, 1961, p. 169-171.

7. KÖNIG, F. *Zarathustras Jenseitsvorstellungen und das Alte Testament*. Op. cit., p. 68-70.

partir da vida terrena sua *daena* celeste, reflexo da vida do homem sobre a terra. H.S. Nyberg, ao contrário, vê na *daena* que se apresenta diante do *urvan* do defunto uma delegada da comunidade celeste, proveniente de todas as almas dos justos que já estão junto a Ahura Mazdā: seria uma virgem luminosa, que representa a comunidade celeste, réplica da comunidade terrena dos fiéis zoroastrianos[8].

3.5 O juízo da alma do defunto

A doutrina de Zaratustra sobre o juízo é bastante conhecida. No momento da morte o destino da alma já está fixado, dado que ela depende da opção feita ao longo da vida terrena. No momento de aproximar-se da ponte de Chinvat a alma é tomada de angústia. Chega então o juízo através do fogo para colocá-la à prova: um fogo que permanece sobre a influência do juízo divino (Y. 48,1; 43,1), caminho pelo qual deve passar cada alma. As boas ações são justapostas às ações más, como num livro contábil. O juízo termina com um aceno de Ahura Mazdā, já ciente dos atos de cada ser humano[9].

O *Hadōxt Nask* fornece ulteriores detalhes sobre o percurso que conduz ao juízo. A alma do justo faz um primeiro passo no âmbito dos bons pensamentos, um segundo no das boas palavras, um terceiro no das boas ações e um quarto passo no âmbito das luzes sem início, e em seguida entra no paraíso (II,15), onde a alma recebe um alimento celeste denominado *zaramaya raogna*, que significa "manteiga de primavera". É um alimento de imortalidade, mas sobre o qual dispomos de poucos detalhes.

M. Molé dedicou um artigo ao juízo dos mortos no masdeísmo [ou zoroastrismo][10], onde analisa os documentos pahlavi, que consentem integrar o que sabemos graças às *Gāthā* e ao *Hadōxt Nask*. Os inúmeros textos traduzidos pelo autor em francês mostram que a tradição do Profeta relativa ao caminho percorrido pela alma após a morte se enriqueceu de inúmeros interrogatórios, nos quais intervêm diversas divindades que voltaram ao masdeísmo popular após a

---

8. NYBERG, H.S. *Die Religionen des alten Iran*. Lepzig: Hinrich, 1938 [reimp.: Osnabruque, 1966, p. 115-120].

9. KÖNIG, F. *Zarathustras Jenseitsvorstellungen und das Alte Testament*. Op. cit., p. 80-92.

10. MOLE, M. "Le jugement des morts dans l'Iran préislamique". In: *Le jugement des morts*. Op. cit., p. 145-175.

morte do profeta. Além disso, estes textos mostram que a religião popular levou à morada de Ahura Mazdā uma série de prazeres materiais. A importante pesquisa de Franz König sobre as crenças zoroastrianas relativas à sobrevivência, várias vezes citada aqui, demonstra que a religião popular do masdeísmo não é uma religião diferente da religião de Zaratustra, mas representa seu desenvolvimento e simultaneamente um sincretismo.

3.6 O destino da alma após o juízo

Nas *Gāthā,* depois da morte, após a passagem da ponte de Chinvat e do juízo, a alma do fiel entra num lugar de luz, de alegria e de felicidade (Y. 49,5). Manteiga e leite lhe são oferecidos. Com as entidades *Haurvatāt,* a Saúde, e *Ameretāt,* a Imortalidade, Zaratustra espiritualizou estes dons materiais (Y. 44,17-18; 45,5; 47,1). Além disso, a alma é subtraída ao Espírito mau, já que ela se encontra "nas pastagens da justiça e do bem" (Y. 33,3). É um lugar de luz. O tema da luz é muito importante na concepção zoroastriana do céu. Existe também uma contraposição insistente relativa à duração, ao passo que a vida sobre a terra é breve (Y. 43,2). A alma vai morar na casa de Ahura Mazdā. Aqui encontramos também a palavra *kshatra,* que indica a noção de "reino" (Y. 44,17). Na casa de Ahura Mazdā a alma gozará de um repouso sem fim: *Ameretāt* tem o sentido de "não morte". Trata-se, portanto, da imortalidade. Segundo o cardeal König, eminente iranista, após ler as *Gāthā* diz ser possível concluir que, por um lado, não há um lugar intermediário entre o dos fiéis e o dos infiéis e, por outro, que a morada dos fiéis é caracterizada por uma imortalidade feliz[11].

Após o juízo, o lugar da morada dos infiéis é caracterizado pela comida ruim, pelas trevas e pelos gemidos (Y. 49,11). Toda descrição sobre a morada dos maus é negativa: nela está ausente qualquer tipo de alegria atribuída ao céu. É a casa da *drug*, da mentira (Y. 49,11). Aos sofrimentos materiais somam-se os sofrimentos espirituais: trata-se, sobretudo, da consciência das almas malvadas de terem perdido as alegrias celestes (Y. 31,20). O inferno é o lugar da morada do Espírito mau (Y. 51,14; 49,11; 46,11). Nas *Gāthā* não há nenhuma menção à cessação dessas dores materiais e espirituais[12].

---

11. KÖNIG, F. *Zarathustras Jenseitsvorstellungen und das Alte Testament.* Op. cit., Op. cit., p. 106-113.
12. Ibid., p. 105-106.

O que encontramos nos textos provenientes da comunidade masdeísta sincretista que se formou após a morte de Zaratustra a respeito do destino da alma depois do juízo? König interrogou vários desses textos, examinando em primeiro lugar os *Yasht*, os hinos destinados a cada uma das 21 divindades. Neles existem os termos *asan* ou *asman* para designar o céu, e também a presença dos *fravashi*, que são os anjos custódios colaboradores das divindades[13].

Yasht 13,2 é um texto importante, que alude ao céu radiante de luz do qual participam os *fravashi*. *Yasht* 3,2 e 19,6 remetem a esta casa luminosa, onde ressoam as vozes da oração e do canto. É um lugar luminoso, visível de longe, que domina e envolve a terra, um lugar onde os defuntos vivem na felicidade. Um paraíso onde moram os *Amesha Spenta*. Poucos são os textos que falam de Ahura Mazdā, mas a comunidade zoroastriana conserva as noções de *Haurvatāt* e *Ameretāt*.

O lugar da morada dos infiéis permanece caracterizado pelas trevas. A mentira e as trevas são as duas características desta caverna, a *gereda*.

3.7 A ressurreição dos mortos

Esta questão foi muito discutida pelos especialistas iranistas no tocante às *Gāthā*. Segundo König, não há nada que possa ser atribuído a favor ou contra uma possível ressurreição dos mortos. As almas são concebidas de forma relativamente material, como os *rephai'm* dos hebreus. Alguns estudiosos se baseiam nos textos que falam da morada dos fiéis junto a Ahura Mazdā para sustentar que jamais se acena para a ressurreição dos corpos. H. Lommel, ao contrário, leva em consideração o texto (Y. 307), que fala da "duração do corpo e dos sopros de vida". Em sua opinião, a noção de duração dos corpos pode ser compreendida somente em consideração a uma futura sobrevivência dos corpos. J. Duchesne-Guillemin traduz: "E veio até este (o justo) a Devoção, e ao mesmo tempo o Império, o Bom Pensamento e a Justiça. Esta proporcionou a duração dos corpos e dos sopros de vida". König nos apresenta a seguinte tradução: "Com o Império,

---

13. Sobre as *fravashi,* cf. GNOLI, G. "Le fravashi e l'immortalità". In: GNOLI, G. & VERNANT, J.-P. (orgs.). *La mort et les morts.* Op. cit., p. 339-347. • KELLENS, J. "Les fravayi". In: RIES, J. (org.). *Anges et démons* – Actes du colloque de Liège et de louvain-la-Neuve, 25-26 novembre 1987. Liège/Louvain-la-Neuve: Centre d'Histoire des Religions, p. 99-114 [Homo religiosus, 14].

o Bom Pensamento e a Justiça veio (à luz) a Devoção, que criou a duração e a solidez dos corpos"[14]. Mas, o que significa "duração e solidez dos corpos"? Seria possível ver neste pequeno texto a doutrina da ressurreição dos corpos?

Após a morte do Profeta, não obstante tudo, em sua comunidade formou-se a doutrina da ressurreição dos corpos. Dois textos parecem testemunhar a doutrina relativa à ressurreição. Primeiramente *Yasht* 19,10-11, em seguida a tradução de Darmesteter:

> A terrível glória que pertence a Ahura Mazdā, através da qual Ahura Mazdā cria as criaturas numerosas e boas, numerosas e belas, numerosas e maravilhosas, numerosas e cheias de vida, numerosas e resplandecentes, que formarão um mundo novo, livre da velhice e da morte, da decomposição e da putrefação, glória eternamente viva, eternamente crescente, soberana à própria vontade, quando os mortos ressurgirão, a imortalidade virá aos viventes e o mundo se renovará ao bel-prazer.

A mesma ideia é expressa em *Yasht* 19,89. Os dois textos fornecem detalhes sobre uma ressurreição dos corpos, mas atribuem a Zaratustra a presença desta doutrina ao longo dos sucessivos séculos. König demonstrou que as fontes gregas relativas ao zoroastrismo testemunham uma crença na ressurreição dos corpos[15].

3.8 Um juízo final e uma renovação do mundo

Até agora falamos de salvação individual em base aos méritos dos fiéis. As *Gāthā* nos apresentam um mundo dividido, dualista: de um lado, existem os fiéis de Ahura Mazdā e, de outro, encontramos os partidários da *drug*. Zaratustra aguarda a vitória dos justos e a renovação da existência (Y. 42,2). Esta renovação, da qual frequentemente se fala, é a *frasha-kereti*, a transformação do mundo (Y. 44,14-15).

Segundo König, a grande diferença entre o juízo individual e o juízo final está no procedimento. O juízo particular é obra da onisciência de Ahura Mazdā, o Senhor e Sábio, que segura os livros contábeis e acena com a mão. O juízo escatológico chega com o fogo, *ātar*, que é o advogado da justiça de Ahura Mazdā. É com

---

14. LOMMEL, H. *Die Religion Zarathustras* – Nach dem Awesta dargestellt. Tübingen: Mohr/Sieberck, 1930, p. 232-236. • DUCHESNE-GUILLEMIN J., *Zoroastre*. Op. cit., p. 239. • KÖNIG, F. *Zarathustras Jenseitsvorstellungen und das Alte Testament*. Op. cit., p. 122-123.

15. Ibid., p. 128-137.

o fogo que é feita a divisão. Y. 31,9 afirma: "Através de seu fogo resplandecente as duas partes estão prontas para receber o que as espera". Em Y. 47,6 lemos: "Oh Senhor Sábio, como Espírito Santo realizarás com o fogo, com a ajuda da Devoção e da Justiça, a reparação dos bens entre as duas partes"[16].

Widengren, por sua vez, leva em consideração os últimos acontecimentos da história e do juízo grandioso que será realizado pelo fogo e pelo metal fundido (Y. 30,7; 32,1; 51,9). Este juízo constitui uma grande ordália (Y. 31,1; 34,4; 43,4; 46,7). Nyberg e Widengren dão grande importância à presença do fogo vermelho e do metal fundido, que sob a ordem de Ahura Mazdā presidem o juízo final: este fogo é o ponto de chegada de todo o desenvolvimento da história. König sustenta que na origem da descrição desta imensa ordália esteja a visão das lavas vulcânicas do maciço de Elburz. Em todo o léxico fala-se em fogo que brilha e metal vermelho fundido que filtra[17].

No fogo (*atāt*) se manifesta a Justiça (*Asha*). Trata-se justamente do contexto ariano da ordália, o que nos faz compreender melhor a razão pela qual o fogo está no centro do culto zoroastriano: o fogo é o símbolo do juízo escatológico. Existe uma aliança entre fogo e justiça.

O fogo provoca a intervenção da justiça divina, construindo desta maneira o reino da justiça (*Asha*) e substituindo o reino da mentira (*drug*). O fogo protege os fiéis das potências do mal. O fogo, poderoso protetor, rápido e agressivo, está a serviço de Ahura Mazdā na criação do reino, no fim dos tempos, e na destruição do reino da mentira (*drug*). Uma destruição que torna esta renovação do mundo algo maravilhoso. Y. 31,15 se dirige a Ahura Mazdā: "Oxalá tornes a existência verdadeiramente renovada segundo a tua vontade".

Segundo König, esta renovação *frasha* (maravilhosa) tem um sentido escatológico que a pesquisa recente tornou evidente[18]. *Frasha* é um termo técnico: Y. 30,8-9 fala dos fiéis que se tornam partícipes do império de Ahura Mazdā. Y. 34,15 nos faz imaginar que Zaratustra estivesse esperando uma iminente renovação do mundo.

---

16. Ibid., p. 141-159.

17. WIDENGREN, G. *Les religions de l'Iran*. Op. cit., p. 106-107.

18. KÖNIG, F. *Zarathustras Jenseitsvorstellungen und das Alte Testament*. Op. cit., p. 141-154.

Conclusões

Esta breve análise nos oferece algumas informações preciosas. A reforma religiosa de Zaratustra coloca no ápice do panteão indo-europeu o deus Ahura Mazdā, mas vê ao seu lado um Espírito do bem e um Espírito do mal que se repartem os homens. Para opor-se ao mal o homem deve fazer uma escolha radical nos pensamentos, nas palavras e nas ações. É a boa religião, que leva à salvação à medida que o homem conforma a própria vida à revelação feita por Zaratustra. Após a morte a alma empreende uma viagem até a ponte de Chinvat, a ponte da escolha, onde ocorre a separação dos fiéis e dos infiéis através do juízo de Ahura Mazdā. A recompensa dos justos é a casa divina, a morada do canto e da alegria, ao passo que a condenação faz precipitar os maus num lugar de trevas. Encontraremos o dualismo radical zoroastriano na religião de Mani. Não podemos deixar de perguntar se esta situação é definitiva; os textos são contraditórios, mas emerge uma certeza: Zaratustra pensava numa restauração futura do mundo.

Pequeno léxico

Avesta. Livro sagrado do zoroastrismo. O *Avesta* completo, assim como existiu no século IX, no original ou na tradução pahlavi, não o temos. Ele compreendia 21 livros ou *Nasks*. A única tradução francesa é a de J. Darmesteter, *Le Zend-Avesta* (Paris:Musée Guimet, 1892-1893), reimpresso em 3 volumes pela Maisonneuve (Paris, 1960). J. Duchesne-Guillemin sustenta que estamos em possessão somente de um terço do *Avesta*.

Dēnkart. Resumo do *Avesta* em pahlavi realizado no século IX.

Yasna (Y). O livro que os sacerdotes recitam durante a cerimônia do fogo (72 capítulos).

Fravarane. O décimo segundo capítulo do *Yasna*. É a profissão de fé do zoroastriano.

Gāthā. Caps. 28-54 do *Yasna*, menos os caps. 42 e 52. São os hinos de Zaratustra, as únicas fontes primárias de sua religião.

Yasht. São os hinos dirigidos às 21 divindades do mês zoroastriano.

Yasna haptanhāiti. O *Yasna* de sete capítulos (35-41).

Hadōxt Nask. Era o Nask 21 do antigo *Avesta*. Texto importante que diz respeito à escatologia individual, que se perdeu, mas que foi reconstituído por H. Jamaspji Asa, M. Haug e E.W. West (Mumbai/Londres, 1872).

Bibliografia

Fontes

BOYCE, M. (org.). *Textual Sources for the Study of Zoroastrianism*. Manchester: Manchester University Press, 1984.

CLEMEN, C. (org.). *Fontes historiae religionis persicae,* Bonn 1920.

DUCHESNE-GUILLEMIN, J. *Zoroastre* – Étude critique avec une traduction commentée des Gāthā. Paris: Maisonneuve, 1948.

INSLER, S. (org.). *The Gāthās of Zarathustra and the other old Avestan Texts*. Leiden: Brill, 1975 [Acta iranica, 8].

JAMSPJI, H.; HAUG, M. & WEST, E.W. (orgs.). *The Book of Ardâ Vîrâf.* Munbai, 1972.

NARTEN, J. Der *Yasna Haptatanhāiti*. Wiesbaden: Reichert, 1986.

Literatura

BOYCE, M. *Zoroastrians* – Their religious Beliefs and Practices. Londres/Boston/Henley: Routledge & Kegan, 1979.

DUCHESNE-GUILLEMIN, J. *La religion de l'Iran ancient*. Paris: PUF, 1962.

ELIADE, M. "Zarathustra et la religion iranienne". In: ELIADE, M. *Histoire des croyances et des idées religieuses*. Vol. I: De l'âge de la pierre aux mystères d'Eleusis. Paris: Payot, 1970, p. 317-347 [trad. it.: *Storia delle credenze e delle idee religiose*. Vol. I: Dall'età della pietra ai misteri eleusini. Florença: Sansoni, 1999].

GNOLI, G. "La religione zoroastriana". In: FILORAMO, G. (org.). *Storia delle religioni*. Vol. I: Religioni antiche. Roma/Bari:Laterza, 1994, p. 498-565.

_____. *De Zoroastre à Mani* – Quatre leçons au Collège de France. Paris: Institut d'Étude Iraniennes, 1985.

KELLENS, J. "Les fravaši". In: RIES, J. (org.). *Anges et démons* – Actes du colloque de Liège et de Louvain-la-Neuve, 25-26 novembre 1987. Liège/Louvain-la-Neuve: Centre d'Histoire des Religions, p. 99-114 [Homo religiosus, 14].

KÖNIG, F. *Zarathustras Jenseitsvorstellungen und das Alte Testament*. Friburgo/Basileia/Viena: Herder, 1964.

MOLE, M. "Le jugement des morts dans l'Iran préislamique". In: *Le jugement des morts* – Égypte ancienne, Assour, Babylone, Israël, Iran, Islam, Inde, Chine, Japon. Paris: Seuil, 1961, p. 145-175 [Sources Orientales, 4].

_____. Daena, le pont Cinvat et l'initiation dans le mazdéisme. *Revue de l'histoire des religions*, 157, 1960, p. 155-185.

NYBERG, H.S. *Die Religionen des alten Iran*. Leipzig: Hinrich, 1938 [reimp.: Osnabruque, 1966].

PANAINO, A. "Temps, historie et fin de l'histoire dans l'eschatologie zoroastrienne". In: RIES, J. & SPINETO N. (orgs.). *Le temps et la destinée humaine*. Brepols: Turnhout, 2007, p. 137-149 [Homo religiosus, 2/6].

SÖDERBLOM, N. La vie future d'après le mazdéisme à la lumière des croyances parallèles dans les autres religions – Étude d'eschatologie comparée. *Annales du Musée Guimet*, Paris, 1901.

WIDENGREN, G. *Die Religionen Irans*. Stuttgart: Kohlhammer, 1965 [trad. fr.: *Les religions de l'Iran*. Paris: Payot, 1968].

IV

AS GRANDES RELIGIÕES DA ÁSIA CENTRAL E ORIENTAL

1
A IMORTALIDADE SEGUNDO O VEDISMO, O BRAMANISMO E O HINDUÍSMO

Introdução

O vocabulário indiano tradicional não tem o termo "hinduísmo", mas usa a palavra *dharma* para designar a ordem global das coisas, ou *sanâtana dharma*, ordem permanente dos seres e das coisas. O termo "hinduísmo" data do início do século XIX. Entre o ano 2000 e o ano 600 a.C. alguns arianos chegam à bacia do Rio Indo. Um lento avanço os leva até o Ganges. Entre os arianos elabora-se uma literatura em sânscrito, os *Vedas*, que engloba do litúrgico ao teológico. No vedismo temos o politeísmo, o sacrifício e o surgimento de uma especulação religiosa ao redor das noções de *brahman, ātman, karma e saṃsāra*. A sociedade indiana é estruturada num sistema de castas semelhantes às indo-europeias. Os costumes dizem respeito aos funerais e aos ritos familiares, dentre os quais o casamento.

Entre os anos 600 e 300 a.C. ocorre uma reação contra o ritualismo dos brâmanes e seu intelectualismo místico da parte de dois homens: Buda, o fundador do budismo, e Mahavira, o fundador do jainismo.

Nos ambientes populares busca-se um deus pessoal: o deus védico Rudra, o deus Shiva, um deus tribal; o deus Vishnu que, por sua vez, é um deus védico; e Krishna, o deus adorado na *Bhagavad Gītā*. A religião popular exercerá profundas influências.

Entre o ano 300 e 1200 temos o período clássico do hinduísmo. As diversas orientações continuam a desenvolver-se e tendendo a uma harmonização dos sistemas, ao passo que a mitologia dos deuses se mistura às especulações de ordem cosmológica e teológica. Estes três períodos serão seguidos da fase da invasão muçulmana, de 1200 até 1757, e do período moderno dos reformadores, no século XIX e XX. Em 1947, no final da época colonial, a Índia se torna independente, após quatro séculos de múltiplas formas de experiências religiosas.

Neste estudo examinaremos as quatro formas principais da religião da Índia. O vedismo é a forma antiga, que podemos reconstituir a partir dos *Vedas*. O bramanismo é tratado pelos *Brāhmaṇa*, volumosos comentários que remontam, mais ou menos, ao século VIII a.C. Estes comentários são interessantes principalmente em razão de suas especulações sobre o sacrifício. Os *Upaniṣad* são textos didáticos nos quais são definidas e afirmadas as questões relativas à identidade entre o ātman e o *brahman*. A *bhakti* hindu é uma religião de devoção através da qual o fiel se dirige ao amor de uma divindade, em particular às divindades Vishnu, Shiva e Krishna[1].

1.1 A Índia védica e a imortalidade

1.1.1 Os arianos e os Vedas

a) Acontecimentos, documentos, pensamento religioso

Por volta de 1900 a.C. chegam os arianos da Ásia Central e do Cáucaso, estabelecendo-se na planície indo-gangética, substituindo uma brilhante civilização, que em parte destroem: a civilização do Vale do Indo ou civilização de Mohenjo-daro. São povos portadores de uma tradição oral, de um "saber", de uma "ciência", os *Vedas*, que consideram uma "revelação" divina, o *sanātana dharma*, lei eterna e imutável transmitida aos homens graças aos "videntes", conhecidos por *ṛṣi*.

Os *Vedas* contêm quatro coletâneas. O *Ṛgveda* é uma coletânea de 1.028 hinos (10.060 estrofes) recitados em honra aos deuses ao longo do sacrifício. Estes textos, criados em louvor aos deuses, invocam a felicidade. O *Sāmaveda* é uma coletânea de melodias, de cantos usados no culto. O *Yajurveda* é o ritual que mostra como se celebra o culto. O *Atharvaveda* é o livro da religião popular, com a presença de muitas fórmulas mágicas.

---

1. RENOUT, L. & FILLIOZAT, J. *L'Inde classique* – Manuel des Études indiennes. 2 vols. Paris: Maisonneuve, 1985. • FRÉDÉRIC, L. *Dictionnaire de la civilisation indienne*. Paris: Laffont, 1987.

b) Os deuses védicos e a religião védica

Os deuses védicos são deuses pessoais. O termo *deivos* significa "dia luminoso", "céu luminoso"; *deus* é um ser luminoso e transcendente. Graças a Georges Dumézil nos é possível compreender a tripartição teológica védica: o casal da soberania é Mitra-Varuna. Indra é o deus da segunda função, a força. É assistido pelos Marut e encarna o poder político e militar. Os *Nāsatya* são os deuses da fecundidade.

Dentre os grandes deuses está *Agni*, deus do fogo: fogo celeste, fogo terrestre, fogo doméstico. *Soma* é um licor divino, preparado ritualmente, bebida dos deuses e dos homens, rei e deus ao mesmo tempo. *Vishnu* é um deus sempre a caminho, o deus solar da manhã, do meio-dia e da noite: é a imanência do divino na natureza.

A religião védica é uma religião cósmica, religião de um povo ativo, alegre e belicoso. Os deuses são os custódios do cosmo. O culto funda-se na união entre o homem e o cosmo e sobre a dependência do homem dos deuses. O rito é de importância capital, já que leva à iniciação e ao conhecimento. No coração do culto está o sacrifício.

1.1.2 *A imortalidade segundo os Vedas*

a) O elixir da imortalidade

O termo *skr amṛta* (*amrita*), *amata* em língua pāli, é formado por *a* "posse exclusiva" e por *mṛta*, "morte". Significa "não morte". De *mṛta* derivam o grego *am(b)rotos, ambrosia,* licor da imortalidade, o avéstico *ameretāt*, uma entidade divina cujo significado é "imortalidade", em latim *immortalitas*. Desta forma, nosso vocábulo "imortalidade" é de origem ariana e seu significado procede da ideia de não morte. Como o mostrou Dumézil no início de suas magistrais pesquisas sobre a mitologia comparada indo-europeia[2], *amṛta* é um conceito realmente fundamental do pensamento indo-europeu. Nos textos védicos *amṛta* é intercambiável com *soma*, sobretudo nos contextos sacrificiais. De fato, *amṛta* é também o elixir celeste da imortalidade, ao passo que *soma* é uma libação sacrificial oferecida

---

2. DUMÉZIL, G. *Le festin d'immortalité*. Paris: Geuthner, 1924.

aos deuses dos sacerdotes. *Amṛta* é a poção de imortalidade dos deuses e dos homens; *soma* é o elixir de vida vindo do céu para propiciar a imortalidade (*amṛtam*). Nos dois termos existe a noção de conquista da imortalidade, concebida como uma renovação permanente da juventude e da vida.

b) Duração e cosmo

O *Ṛgveda* opera uma distinção entre o corpo e o princípio invisível do ser humano, designado com dois termos: *asu*, força vital ou sopro, e *manas*, espírito, sede do pensamento e dos sentidos internos, localizado no coração. A natureza da alma é visível em função do problema da morte: o morto não passa de uma sombra do vivo. O que sobrevive é a personalidade, essência do ser humano. A imortalidade aparece como um prolongamento indefinido da duração, prolongamento ligado a um cosmo perfeitamente estruturado, perpétua reconstrução condizente à lei cósmica. Trata-se de um permanente nascer. O hino Rg V,129,1-3 coloca o Uno antes do ser e do não ser, antes da morte e da imortalidade. A não morte se compreende em relação a dois polos: o nascimento do tempo organizado de um lado e a matriz sinônima de morte e renovação de outro.

Ayu, aion em grego, é a força que anima o ser e o faz viver. É uma força simultaneamente transitória e permanente, que se exaure, mas renasce incessantemente. Aqui se coloca o *Ṛta*, que é uma espécie de textura perpétua que fornece a trama cosmogônica. Assim, a força, *ayu*, é diariamente prolongada: é a noção de duração proveniente da força de vida incessantemente recriada. Dois símbolos assumem grande relevância: o símbolo das duas fiandeiras, uma fiando de dia e a outra de noite, e o símbolo da roda.

c) Importância da simbologia

A simbologia védica da imortalidade é centrada no sol, o *soma*, e no *Agni*, o fogo. Trata-se de uma simbologia sacrificial através da qual se afirma a crença na imortalidade. A Índia védica mostra-se atenta ao movimento solar, ao drama cósmico do sol que se desagrega para reconstituir-se[3]. O sol aparece como

---

3. SILBURN, L. *Instant et cause* – Le discontinu dans la pensée philosophique de l'Inde. Paris: Vrin, 1955, p. 42.

a substância da renovação e representa o protótipo do fogo sacrificial. O fogo é Agni, sempre jovem porque sempre em renovação (Rg III, 23,1), ponto de convergência da imortalidade. Sua eterna juventude reside em seu dom de renascer. A imortalidade simbolizada por Agni, fogo divino, por *soma*, poção de vida, é o renascimento perpétuo. Agni, embrião de ouro, sol, *soma*, árvore celeste (*ficus religiosa*), são símbolos eficazes de imortalidade. O mundo imortal é *sukrta*, criado com toda perfeição, e *samskrta*, totalmente concluído. O fundamento da imortalidade se encontra na trama dinâmica de sua estrutura. Para o *Rgveda* "nascer indefinidamente" significa imortalidade, e os que nascem, sol e fogo, são por sua vez imortais, os verdadeiros custódios da imortalidade que zelam pelos homens[4].

O termo *amrta*, "não morte", portanto, é um prolongamento indefinido da existência, da duração. Ele é inserido numa perpétua reconstrução. A imortalidade é um devir permanente, dia após dia. Ser imortal é nascer indefinidamente. Trata-se de uma continuidade incessantemente retomada, de um equilíbrio, de um ritmo permanente.

Desde a aurora do pensamento védico surge a noção de um prolongamento incessante da duração através de uma perpétua reconstrução. Para compreender esta noção de base da imortalidade urge entender a mediação, como acontece na Índia, da onipresente simbologia: o sol em seu percurso cósmico; o *soma*, poção de vida, sinal da água e da seiva, que dá a ideia de renascimento permanente da vida; as duas fiandeiras, dia e noite; o fogo, Agni, que prolonga a duração e confere imortalidade. Dois elementos se sobressaem: o fogo e o rito, elementos cruciais do culto, explorados ao máximo pelos brâmanes.

1.1.3 *As estruturas escatológicas dos hinos védicos*

Uma primeira estrutura dos hinos se representa a sobrevivência sob a forma de um defunto ou de sua cópia, na tumba ou num abismo subterrâneo. Ele tem o aspecto de um *preta*, um fantasma perigoso que convém alimentar para afastá-lo do mundo dos vivos. O acento é posto no aqui embaixo, de forma a viver uma vida longa e plena, preferivelmente cem anos, idade que parece significar a duração limite-ideal. O *Atharvaveda* contém hinos cheios de encantamentos mágicos

---

4. Ibid., p. 45.

a serem recitados no leito de pessoas feridas ou desmaiadas, a fim de recordar às potências daqui debaixo, isto é, a *Yama*, soberano dos mortos, e aos seus acólitos que o ferido ou o doente não celebrou ainda os cem anos de vida que lhe pertencem de direito[5].

Uma segunda estrutura escatológica, provavelmente mais recente, promete ao morto uma espécie de apoteose celeste. Agni, deus do fogo, com a fumaça de sua pira fúnebre recupera magicamente o corpo do defunto e o situa junto aos deuses, numa paisagem de luz, de águas vivas e de rios de mel onde ressoam as toadas das flautas. Deste ponto de vista se revestem de grande importância a execução correta dos ritos fúnebres e a abundância dos sacrifícios e dos dons oferecidos aos sacrificadores. Aqui se percebe a tendência de lançar no abismo a multidão dos que não fazem parte do sacrifício védico ou não saldam corretamente seus honorários.

Por um lado, esta dupla tendência parece definir a ideia de um paraíso (*svarga*) e, por outro, a de um inferno (*maraka*), como no *Atharvaveda* XII, 4. Aqui já se começava a opor a via dos deuses (*devoyama*) à dos pais (*pikryana*). A primeira religava o céu à terra e era adotada pelos deuses a fim de auxiliar no sacrifício; a segunda conectava a terra ao mundo subterrâneo e era assumida pelos antepassados, que subiam para consumir as oferendas e as libações[6].

Eis um exemplo de apoteose celeste à qual o homem védico aspira num hino dedicado ao *soma*:

> Lá onde há luz inextinguível,
> neste mundo em que o sol foi colocado,
> neste mundo imortal, ou *soma*,
> iluminado coloca-me.
>
> Lá onde os seres se movem à vontade,
> neste terceiro firmamento, neste terceiro céu do céu,
> lá onde os mundos são feitos de luz,
> neste lugar torna-me imortal.
> Faça escorrer licor, sobre Indra, e em todo o seu entorno.

---

5. VARENNE, J. *Le Veda, premier livre sacré de l'Inde*. 2 vols. Verniers: Marabout Université, 1967. Cf. *Atharvaveda*, vol. 30, p. 254; VIII, 1-10 e 17-21, p. 228s. • RENOU, L. *Hymnes spéculatifs du Veda*. Paris: Gallimard, 1956, p. 63.

6. MULIN, M. *La face cachée du temps* – L'imaginaire de l'au-delà. Paris: Fayard, 1985, p. 349-352.

Lá onde estão os desejos e as inclinações,
onde se encontra o apogeu do sol,
onde estão o rito fúnebre e o apagamento (dos mortos),
neste lugar torna-me imortal.
Escorra, ó licor, sobre Indra, e em todo o seu entorno (Rg IX, 113).

1.2 A Índia dos Brāhmaṇa

Aqui usamos o termo "bramânico" em sentido estrito, isto é, no sentido da doutrina que encontramos nos textos sacerdotais denominados *Brāhmaṇa*, textos redigidos entre o século IX e VI a.C.

1.2.1 Os Brāhmaṇa

a) Os textos

Os *Brāhmaṇa* são tratados teológicos que se referem aos *Vedas*: comentários que explicam os textos sacrificiais. São textos rituais e textos teológicos. Os sacerdotes ou brâmanes estão em busca de um deus supremo, de um deus criador, Prajapati, o primeiro sacrificador, senhor das criaturas. Ele se opõe aos trinta e três reis védicos. Prajapati é o espírito, a palavra, a voz. Sua palavra é criadora. O sacrifício assume o lugar central na vida cósmica. A ordem do mundo e a ordem do culto se identificam.

O *brahman*, em sentido neutro, é uma força. Ele é a própria essência do sacrifício, essência tanto espiritual quanto verbal, fonte de organização do mundo.

Prajapati é assemelhado à categoria "tempo". Ele deve intervir incessantemente para restabelecer a ordem cósmica que oscila entre o devir e o desaparecimento. É simbolizado pelo ano, que representa a plenitude e a totalidade.

b) O sacrifício

O sacrifício é concebido como um microcosmo, que graças aos gestos rituais e ao conjunto simbólico da celebração influi no macrocosmo e o recria, refazendo as forças do universo. Ele confere ao cosmo organização e continuidade.

No sacrifício há dois elementos: a construção do altar e o ato sacrificial. O altar é construído em patamares. O vedismo escavava um fosso com cinco camadas de tijolos, isto é, os cinco mundos, as cinco estações, os cinco pontos cardinais, (Norte, Sul, Leste, Oeste e Zênite). O ato sacrificial é constituído por uma série de atos e palavras. O rito é uma força que se desenvolve segundo leis próprias. Com o rito, forças ocultas se colocam em movimento.

O sacrifício é o princípio da vida dos deuses. Os próprios deuses o instituíram. Seu ponto de apoio é o mundo celeste. A ascensão simbólica do sacrifício é uma prefiguração da imortalidade. Em cada sacrifício estão presentes dois elementos: *shraddha*, a confiança, e *satya*, a exatidão, a verdade.

1.2.2 A imortalidade, fruto do sacrifício

Insistindo na renovação perpétua, os *Brāhmaṇa* aprofundam e sistematizam a ideia de duração na disposição do cosmo. Seu ponto de referência é tríplice: fogo, altar sacrificial e Prajapati. Já presente no *Ṛgveda* como protetor da reprodução, Prajapati se torna a figura central dos *Brāhmaṇa*. Trigésimo quarto deus ao lado das trinta e três divindades védicas, ele é força criadora, ato espiritual condensado antes da criação, atividade que se dispersa criando o mundo em sua multiplicidade, atividade que deve reconstruir-se e tender à unidade das origens. Prajapati é o sacrifício, a réplica terrena do grande drama cósmico. Ao ritmo cíclico do cosmo corresponderá o ciclo do rito sacrificial, imitação do ciclo solar e de sua alternância sem início nem fim. O rito deve restaurar a unidade perdida: unir, estruturar e dar continuidade. Assim ele se transforma em superação da morte. A simbologia da imortalidade nos *Brāhmaṇa* enriquece a simbologia védica. O rito confere vida longa e imortalidade, simbolizadas pelo ano cósmico. Os dias e as noites são símbolos da existência humana, do efêmero tempo profano. As estações constituem o ano propriamente dito, renascimento indefinido. O ano é símbolo de vida divina e de imortalidade. Prajapati é o ano. Ao longo de um ano constrói-se o altar do sacrifício, com 10.800 tijolos, cada um dos quais representando uma hora. O fogo *gārhapatya* é uma matriz na qual um *mantra* especial infunde o sopro vital. Com o fogo, *āhavanīya*, o sacrificador, se eleva ao céu, nasce uma segunda vez e adquire a imortalidade. O sacrifício constitui assim a superação da morte através do rito.

1.2.3 Os Brāhmaṇa e o além

Os *Brāhmaṇa* são caracterizados por uma predominância da estrutura que privilegia a apoteose celeste. Mas a estrada que leva ao além é cercada de perigos. Por isso o homem deve preparar-se para a vida futura. O além é como a outra margem de um oceano que somente a nave do sacrifício consente atravessá-lo, tanto que o tema do juízo só esporadicamente aparece: uma balança serve para pesar as boas e as más ações. Se o peso das boas ações predomina, o defunto assume a via dos deuses: a imortalidade dos deuses é evidente, mas a imortalidade humana implica o abandono do corpo. A grande inovação dos *Brāhmaṇa* é a possibilidade de o sacrificador tornar-se, de forma simbólica, homólogo à totalidade cósmica graças ao rito. No macrocosmo o sacrificador se torna um microcosmo. Deste modo, graças ao sacrifício, o sacrificador se constrói um corpo novo, invisível sob o invólucro de seu corpo, mas capaz de integrar-se no Grande Tempo do universo[7].

No universo dos *Brāhmaṇa* o rito assume um papel central. O primeiro rito é o sacrifício, que dá vida ao universo[8].

1.3 Os Upaniṣad – Interiorização do sacrifício

1.3.1 Os nossos documentos e o contexto social

a) Os *Upaniṣad*

Os *Āraṇyaka*, ou "textos da floresta", dão continuidade aos *Brāhmaṇa*. Estes textos foram redigidos por homens pertencentes ao círculo dos iniciados. Eles explicam os ritos do sacrifício, mas espiritualizando-os. Neles encontramos uma mística simbólica e filosófica. São textos que nascem das escolas. Nasce, desta forma, outro tipo de literatura: os *Upaniṣad*. *Sadupani* significa "sentar-se ao lado". Estamos, pois, diante de uma doutrina iniciática transmitida por um guru. Estes tratados místicos, radicados nos *Āraṇyaka*, falam da natureza do sacrifício, de Deus e do mundo, da alma. Os *Upaniṣad* mais antigos foram escritos entre 1800 e 600 a.C. Estamos ainda no segundo período do bramanismo compreendido em sentido amplo.

---

7. Ibid., p. 353-355.

8. TARDAN-MASQUELIER, Y. *L'hindouisme* – Des origines védiques aux courants contemporains. Paris: Bayard, 1999, p. 50-60.

b) A Índia das classes ou castas

Com o período do bramanismo, cujos documentos são os *Brāhmaṇa* propriamente ditos, depois com os *Āraṇyaka* e os *Upaniṣad*, mergulhamos num contexto social fortemente caracterizado pelas classes.

Existem acima de tudo quatro *varna,* ou classes. Três delas são arianas. Os brâmanes ensinam os *Vedas*; eles sacrificam, fornecem coisas espirituais e recebem oferendas materiais. Em retribuição ao alimento espiritual dado aos outros eles são alimentados. Os *kshatriya* protegem a sociedade ariana e se encarregam da matéria do sacrifício. Os *vaiśya*, agricultores-criadores de animais, se encarregam de criar os bens materiais necessários à sociedade ariana, mas também estudam os *Vedas*. Os *shudra* são os não arianos, submetidos a estes últimos.

Além disso, existem quatro estados de vida, ou *ashrama*. O *Brahmacari* é o jovem ariano que se inicia nos *Vedas*, com um guru, por uma dezena de anos. O *Grihastha* é o "mestre da casa", que funda a família: ele acende o fogo por ocasião do casamento. O *Vanaprastha* é o "habitante da floresta", o casal de avós que se afasta da sociedade. Entre eles forma-se um quarto grupo, os *sramana* ou *sannyasin*, os "renunciantes". Estes são os que extinguiram o seu fogo, deixaram sua esposa e renunciaram a tudo. São os brâmanes que abraçaram uma vida eremítica, meditando e pregando. Estamos às portas do nascimento do monaquismo. Os *Upaniṣad* são textos escritos por arianos que se afastaram da vida dos vilarejos para meditar. São textos oriundos de escolas.

1.3.2 As doutrinas

O objetivo dos *Upaniṣad* é transmitir conhecimentos secretos e obter a *mokṣa,* ou a libertação fora do *saṃsāra*, o movimento transmigratório.

a) Brahman-Ātman

O *Brahman* é o princípio criador, a realidade fenomênica do cosmo: ser puro, ter consciência pura, ilimitada e, portanto, abençoada.

O *ātman* é o princípio imortal do homem, chamado a libertar-se do corpo humano para alcançar a perfeita identidade com o *Brahman*.

A *mokṣa* é a libertação que chega com a identificação entre *Brahman* e *ātman*. Aqui abandonamos a religião sacrificial para entrar numa ótica de salvação obtida através da libertação.

b) *Karman-saṃsāra*

Com a doutrina do *karman* (*karma*) a Índia busca outra solução ao problema da sobrevivência: solução posta no contexto do problema do bem e do mal. O *karman* é concebido como uma potência de matéria tênue, que se fixa no *ātman* de uma pessoa e continua existindo quando os elementos de seu ser psíquico e corpóreo se diluem. A ação humana é valorizada ao máximo, o sacrifício, por sua vez, assume uma função secundária.

O *saṃsāra* é o eterno retorno para os que não sabem libertar-se do *karman*. Trata-se de uma doutrina nova, desconhecida dos *Vedas*, que, por sua vez, considera que a alma se eleva através do fogo da cremação graças a Agni.

1.3.3 *A imortalidade segundo os Upaniṣad*

A imortalidade se concretiza reunindo a identidade existente entre *Brahman* e *ātman*, uma intuição que é preparada com a renúncia, mas que se realiza com o êxtase, que é a experiência da identidade.

Com os *Upaniṣad* a Índia entra numa reflexão profunda sobre o conhecimento e a salvação. Na reflexão, o princípio *ātman*, a pessoa, assume o primeiro plano: *ātman* é concebido como princípio imortal do homem, chamado a libertar-se do corpo para alcançar a perfeita identidade com o *Brahman*. O ātman é imutável (*amṛta*), indestrutível, eterno, imperecível. O *Brahman* é princípio criador, realidade fenomênica e totalidade do cosmo, princípio sagrado. O pensamento contido nos *Upaniṣad* tira a Índia do ritualismo bramânico e confere ao ato humano um novo prestígio, uma nova força. Diferente do *karman* e de sua doutrina relativa à retribuição dos atos na transmigração, o *ātman* gozará de uma existência para além da morte. Entramos aqui numa profundidade maior no tocante à ideia de libertação. Os caminhos que se apresentam são dois. O primeiro é o regresso num corpo, a transmigração. O segundo é a via dos deuses, a estrada mestra: adquirir o conhecimento, tanto metafísico quanto místico, necessário para descobrir o *ātman*, o *Brahman* e a identidade entre *Brahman* e *ātman*. Esta busca do Absoluto nada mais é do que a descoberta da imortalidade. Ou, o *Tat tvam asi*: "és isto". A imortalidade é a absorção do indivíduo no *Brahman*.

Com a intuição das coisas na unidade inata que elas possuem chega-se à imortalidade. Ao ritualismo védico e bramânico os *Upaniṣad* opõem uma libertação dos renascimentos, unindo para sempre o homem ao *Brahman*. Os *Brāhmaṇa* consideram que, através do rito, todo indivíduo deve construir-se um *ātman*, um si que seja de alguma forma equivalente à alma do mundo. Os *Upaniṣad* fazem entrar este *ātman* construído pelo rito no *ātman* imanente ao indivíduo e ao mundo.

1.3.4 Transmigração e salvação

Texto extraído de *Bṛhadāraṇyaka Upaniṣad*

> Os que sabem e os que, na floresta,
> sabem que a fé é verdade, estes entram no
> fogo, do fogo no dia, do dia na
> décima quinta aurora, da décima quinta aurora nos seis meses –
> durante os quais o sol se desloca para o Norte –, destes meses
> entram no mundo dos deuses, do mundo dos deuses
> no sol, do sol na região dos clarões; chegados
> nesta região, aparece-lhes um ser espiritual
> que os transporta para os mundos do *brahman* – nos
> mundos do *brahman* há distâncias insondáveis.
> Para estes não há retorno ao mundo terrestre. Quanto aos que
> conquistam os mundos com sacrifícios, esmolas
> e austeridades, estes entram na fumaça, da fumaça
> na noite, da noite na décima quinta escuridão,
> da décima quinta escuridão nos seis meses – ao longo dos quais
> o sol se desloca para o Sul –, destes meses no mundo dos *mani*, do mundo
> dos *mani* na lua, e lá os deuses se nutrem deles seguindo o ritmo crescente
> e decrescente [da lua]. Terminada para eles esta etapa,
> estes voltam para o espaço, do espaço para o ar,
> do ar para a chuva, da chuva para a terra; trazidos de volta
> para a terra, se transformam em alimento; então, de novo,
> são oferecidos naquele fogo que é o homem e daqui
> renascem naquele fogo que é a mulher. Assim,
> subindo de novo para as diversas moradas, continuam o ciclo. Quanto

aos que não conhecem algumas destas vias,
estes se tornam vermes, insetos, todas as pessoas que morrem[9].

"Aquele que assim sabe", isto é, que se identificou plenamente com a presença luminosa do *ātman*, já não demonstra mais nenhuma sede de existência. Com a morte ele alcançou a libertação plena, a *mokṣa*. A antiga distinção entre uma via dos deuses e uma via dos pais opõe o destino daquele "que assim sabe" do destino de todos os outros. O itinerário da libertação só é percorrido em direção ao céu; o outro exige um retorno à terra, e, portanto, uma reencarnação.

Com a intuição da unidade intrínseca das coisas chega-se à imortalidade. Ao ritualismo védico e bramânico os *Upaniṣad* opõem uma libertação dos renascimentos através do conhecimento que une o homem para sempre ao *Brahman*.

1.4 Imortalidade e *bhakti*

Após o vedismo, o bramanismo e os *Upaniṣad* a Índia conhece a contestação de Buda. Uma grande reviravolta acontece, e a partir de então nasce uma nova forma de pensamento religioso, a *bhakti,* ou a "devoção". O sacrifício como conquista da imortalidade é abandonado; a ascese e a gnose como meios para se obter a identidade *Brahman-ātman* são deixadas de lado; mergulha-se então, nas relações com a divindade, na relação amorosa.

1.4.1 Os textos

A primeira série de textos, os que acabamos de ver, constitui a *śruti*, ou "revelação": os quatro *Vedas*, os *Brāhmaṇa,* os *Āraṇyaka* e os *Upaniṣad*. Em seguida tem início a segunda série de textos, a *smṛti*, ou a "tradição". Trata-se de reflexões sobre a *śruti*.

Trata-se de textos de grande relevância. Existem, primeiramente, as duas grandes epopeias: o *Rāmāyaṇa* e o *Mahābhārata*, cujo sexto canto é a *Bhagavad Gītā*, ou "canto do Senhor", "canto celeste", também denominado "evangelho de Krishna", visto que este novo deus se revela como Senhor supremo.

---

9. *Bṛhadāraṇyaka Upaniṣad* VI, 2,15-16.

Em seguida vêm os *Purāṇa*, "os antigos", textos que se caracterizam como pequenas enciclopédias sobre o pensamento hindu.

1.4.2 A bhakti

A *bhakti* é uma religião que implica uma relação de graça de Deus nos confrontos com sua criatura e, da parte da criatura, uma devoção para com Deus. Trata-se da expressão de um culto pessoal dirigido a um dos deuses do hinduísmo, sobretudo Vishnu, Shiva ou Krishna. Nela encontramos uma tendência monoteísta, o dogma da transmigração da alma e uma economia da salvação. Trata-se de uma religião popular destinada a todos os hindus.

A *bhakti* confere ao *bhakta*, ou fiel, um conhecimento bem maior de cada meditação ou reflexão. Trata-se de uma devoção amorosa, de um dom divino, reservado aos que se prepararam com uma atitude amorosa.

O *Bhagavan* é o Deus supremo, fonte da vida. É na devoção a *Bhagavan* que se encontra o segredo da libertação do *saṃsāra*. A *bhakti* se apresenta assim como uma síntese, acessível a cada hindu: nesta síntese encontra-se a doutrina da libertação ou busca da imortalidade.

1.4.3 A imortalidade segundo a bhakti

Três são as vias de salvação que se nos apresentam:

1) O *karma-mārga*, ou via da ação moral totalmente desinteressada. A *Bhagavad Gītā* ensina a ação feita como pura consideração do dever. Estamos diante de uma doutrina da ação humana: urge agir sob o olhar de Deus, de forma a realizar a libertação que confere a imortalidade.

2) O *jñāna-mārga,* ou via do conhecimento espiritual, que consente ao homem alcançar o *Brahman* imortal, que se identifica com a totalidade do universo. Assim, a via da salvação é um caminho de conhecimento espiritual. "Quanto ao objeto de conhecimento, revelo a ti este objeto cujo conhecimento confere a imortalidade: trata-se do *Brahman* supremo, que não tem início, do qual se diz não ser o ser nem o não ser". Este texto (*Bhagavad Gītā* XIII,12) mostra claramente a segunda via, a gnose.

3) *Bhakti-mārga*, ou via da devoção. É a via mais importante, como o mostra o texto da *Bhagavad Gītā*: "Aquele que na hora de seu próprio fim recusa seus restos mortais pensando unicamente em mim, este alcança o meu ser" (VIII,5). A *bhakti* assume o lugar da ambrosia: confere imortalidade junto a Krishna. Alguns textos insistem no destino da *bhakta*: é *siddha*, "perfeito", *amṛta*, "imortal", *tṛpta*, "bem-aventurado".

A salvação, *mokṣa*, é a libertação da condição humana enquanto tal. É a experiência da imortalidade.

1.5 A simbologia da imortalidade

No pensamento védico, nos *Brāhmaṇa*, nos *Upaniṣad* e na *bhakti* a crença na imortalidade do ser humano é clara e inquestionável. As formas desta crença são diversas, entretanto, relacionadas por uma simbologia muito rica, que permite conexões e intersecções. Nesta simbologia tocamos um ponto sobre o qual Mircea Eliade muito insistiu: as práticas na conquista da imortalidade[10]. Já aludimos aos símbolos: Agni e o fogo sacrificial; o fogo místico produzido por *tapas*; a ponte que leva ao *Brahman* supremo; a grande viagem, o que nos faz pensar no importante papel assumido pela transmigração; o hábil cocheiro, dono da carruagem; o sol e o caminho cósmico; a árvore celeste; o *soma*. Eliade sublinhou outros dois aspectos deste longo caminho do pensamento indiano: de um lado as práticas do ioga, já visíveis nos *Upaniṣad*; de outro a tendência à homologação dos diversos níveis da realidade, já presente nos *Vedas*, mas de uso permanente nos *Brāhmaṇa* e nos *Upaniṣad*[11]. No esforço de reintegração total, escopo supremo da existência, a transmigração, por sua vez, é descrita através de imagens muito vivas.

Na simbologia da *amṛta* o culto funerário assume um papel central. No ritual védico o defunto é colocado num lugar purificado, cabeça voltada para o Sul, direção do reino dos mortos. Depois da morte o cadáver é minuciosamente preparado para a cremação. Pedaços de ouro, símbolo da imortalidade, são depositados nas aberturas do rosto. O fogo é carregado à frente do cortejo fúnebre, sempre em recipientes novos. O lugar da cremação é submetido a uma escolha ponderada:

---

10. ELIADE, M. *Le yoga* – Immortalité et liberté. Paris: Payot, 1954, 1967 [trad. it.: *Lo yoga* – Immortalità e libertà. Florença: Sansoni, 1982].

11. Ibid., p. 124-130.

ao longo da água, com bela paisagem a Oeste. No lugar onde se construirá a fogueira primeiramente se deposita um pedaço de ouro. A fogueira é acesa com três fogos sacrificiais, simbolizados por três camadas de lenha, visto que a cremação se relaciona com o sacrifício. Após a destruição do cadáver com o fogo os ossos são purificados, reunidos e depositados numa urna ou numa tumba. Nos rituais domésticos encontramos oferendas de arroz, alimento dos mortos, ofertado aos antepassados. Ao longo dos milênios foram conservados diversos rituais védicos e bramânicos. Todos são uma representação simbólica desta doutrina fundamental da Índia, anunciada na *Bṛhadāraṇyaka Upaniṣd*: "Conduza-me da morte à imortalidade" (I,3,28).

1.6 O juízo dos mortos

A Índia crê na transmigração, o *saṃsāra*, concebida como uma cadeia sem fim de mortes e renascimentos produzidos pelo peso dos atos realizados, o *karman*. Deste ponto de vista os indianos são pessimistas, visto que o *saṃsāra*, ou transmigração, é um mecanismo do qual nenhuma intervenção externa saberia falsear o jogo. O hinduísmo também professa a possibilidade de uma libertação, *mokṣa*, mas será necessário esperar os *Upaniṣad* para que se afirme a doutrina da transmigração. Temos a fé num céu de luz, *svarga*, mas também num inferno no qual reina *Yama*, o soberano dos mortos[12].

Na Índia védica o *soma* é o licor da imortalidade, como o proclama o hino védico ao *soma* de *Ṛgveda* 9,113:

> Lá embaixo onde brilha a luz perpétua,
> naquele mundo onde o sol teve lugar,
> e o *soma* foi tornado mais claro, nesta inexaurível
> morada de imortalidade insira-me.
> Lá embaixo onde está Yama, filho de Vivasvat,
> lá embaixo onde se encontra o recinto do céu,
> lá embaixo onde existem águas eternamente jovens,
> faz de mim, nesse lugar, um imortal.

Não se sabe, porém, se se trata da inumação do defunto ou de urna cremação. O repouso no além é condicionado pelas oblações feitas um dia pelo morto, mas

---

12. VARENNE, J. "Le jugement des morts dans l'Inde". In: *Jugement des morts*. Paris: Seuil, 1961, p. 207-230 [Sources Orientales].

também pelas oferendas que os vivos devem oferecer aos *mani*. A Īṣa Upaniṣad fala de Yama, rei dos infernos. À sua morte, Yama, o primeiro homem, desceu aos infernos, estabelecendo lá a própria soberania e tornando-se rei dos mortos; nas lendas, no entanto, o soberano nunca decide sem apelar. No *Mahābhārata*, Yama reina nas regiões meridionais. Sua capital é uma cidade cujos muros são feitos de ouro, nos quais se abrem quatro portas de ferro voltadas para o espaço. Os *Upaniṣad* oferecem três vias de salvação: uma leva ao inferno e aos renascimentos feitos de castigos, outra leva ao paraíso e em seguida à renascimentos de perfeição, e uma terceira conduz diretamente à libertação. A primeira não tem nome, a segunda é a via lunar ou caminho dos *mani*, a terceira é a via solar. Em conclusão podemos dizer que no hinduísmo existe uma escassa simbologia do juízo, mas o destino do defunto é determinado pela existência precedente.

Bibliografia

Fontes

ESNOUL, A.M. *L'hindouisme. Textes et traditions sacrés*: Upanishad, Bhagavad Gîta, Vedanta. Paris: Fayard/Denoël, 1972.

LACOMBE, O. & SNOUL, A.M. *La Bhagavad Gîta*. Paris: Fayard, 1972.

SENART, E. *Bṛhadāraṇyaka Upanishad* –Traduite et annotée. Paris: Les Belles Lettres, 1967.

_____. *La Bhagavad Gîta* – Traduit du sanskrit avec une introduction. Paris: Les Belles Lettres, 1967.

VARENNE, J. *Dictionnaire de l'hindouisme*. Mônaco: du Rocher, 2002.

_____. *Upanishad du Yoga*. Paris: Gallimard, 1974.

_____. *Sept Upanishads* – Traduction commentée précédé d'une introduction générale. Paris: Seuil,1981.

_____. *Le Veda, premier livre sacré de l'Inde*. 2 vols. Verviers: Marabout Université, 1967.

Literatura

ANTOINE, R.; DE SMET, R. & NEUNER, J. (org.). *Religious Hinduism* – A presentation and appraisal. 3. ed. Allahabad: St. Paul, 1974.

BIARDEAU, M. *Clefs pour la pensée hindoue*. Paris: Seghers, 1972.

EAD. *L'hindouisme* – Anthropologie d'une civilisation. Paris: Flammarion, 1981 [trad. it. *L'induismo* – Antropologia di una civiltà. Milão: Mondadori, 1995].

POUPARD, P. (org.). *Dictionnaire des religions*. 3. ed. Paris: PUF, 1993 [trad. it.: *Grande dizionario delle religioni*. Casale Monferrato/Assis: Piemme/Cittadella, 1990].

RENOU, L. *L'hindouisme*. Paris: PUF, 1966 [trad. it.: *L'induismo*. Milão: Xenia, 1994].

_____. (org.). *Hymnes spéculatifs du Veda*. Paris: Gallimard, 1956.

RIES, J. *Les religions de l'Inde* – Védisme, hindouisme ancien, hindouisme récent. 3. ed. Louvain-la-Neuve: Centre d'Histoire des Religions, 1985 [Information et enseignement, 1].

TARDAN-MASQUELIER, Y. *L'hindouisme* – Des origines védiques aux courants contemporains. Paris: Bayard, 1999.

ZAEHNER, R.C. *Hindouisme*. Londres: Oxford University Press, 1966 [trad. it.: *L'induismo*. Bolonha: Il Mulino, 1972].

Sobre a imortalidade na Índia (artigos e livros sobre a questão da imortalidade)

DUMÉZIL, G. *Le festin d'immortalité*. Paris: Geuthner, 1924.

EDSMAN, M.C. *Ignis divinus* – Le feu comme moyen de rajeunissement et d'immortalité. Lund: Gleerup, 1924.

ELIADE, M. *Le Yoga* – Immortalité et liberté. Paris: Payot, 1954 [2. ed.: 1967] [trad. it.: *Lo yoga* – Immortalità e libertà. Florença: Sansoni, 1982].

ELIADE, M. *Patanjali et le yoga*. Paris: Seuil, 1962 [trad. it.: *Patanjali e lo yoga*. Milão: Celuc, 1984].

ERBMAN, E. Tod und Unsterblichkeit im vedischen Glauben. *Archiv für Religionswissenschaft*, 25, 1927, p. 331-387.

VON GLASENAPP, H. *Unsterblichkeit und Erlösung in den indischen Religionen*. Halle: Niemeyer, 1938.

GONDA, J. *Die Religionen Indiens*. 2. vols. Stuttgart: Kohlhammer, 1960-1963.

SILBURN, L. *Instant et cause* – Le discontinu dans la pensée philosophique de l'Inde. Paris: Vrin, 1955.

VARENNE, J. "Le jugement des morts dans l'Inde". In: *Le jugement des morts*. Paris: Seuil, 1961, p. 207-230 [Sources Orientales].

WASSON, G.R. *Soma* – The Divine Mushroom of Immortality. Nova York: Harcourt, 1969.

DUMONT, L. *Homo hierarchicus* – Le système des castes et ses implications. Paris: Gallimard, 1979 [trad. it.: *Il sistema delle case e le sue implicazioni*. Milão: Adelphi, 1991].

MALAMOUD, C. *Cuire le monde* – Rite et pensée dans l'Inde ancienne. Paris: La Découverte, 1989 [trad. it.: *Cuocere il mondo* – Rito e pensiero nell'India antica. Milão: Adelphi, 1994].

PIANO, S. *Sanatana-dharma* – Un incontro con l'induismo. Cinisello Balsamo: San Paolo, 1996.

PIANO, S. (org.). *Il mito del Gange*. Turim: Promolibri, 1990.

PIANO, S. (org.). *Bhagavad Gita* – Il canto del Glorioso Signore. Cinisello Balsamo: San Paolo, 1994.

PIANTELLI, M. "La religione vedica – Lo hinduismo". In: FILORAMO, G. (org.). *Storia delle religioni*. Vol. IV: Religioni dell'India. Roma/Bari: Laterza, 1994, p. 17-194.

2
A IMORTALIDADE SEGUNDO O BUDISMO

2.1 O budismo

O budismo nasceu na Índia. É uma oposição ao vedismo e ao bramanismo. Tem um fundador: Siddhārtha Gautama, nascido por volta de 560 a.C. numa nobre família da casta dos *kshatrya*, em Lumbini, região próxima a Capilavastu, no Sul do Nepal, 160 quilômetros distante de Benares. Casado, pai de família, ele deixou mulher, filho e palácio aos 29 anos de idade para errar na solidão por sete anos e refletir sobre o problema da dor humana. Em 528, provavelmente, numa noite de lua cheia do mês *vaisakh*, sentado aos pés de uma figueira, rosto voltado para o Leste, subitamente é invadido por uma iluminação. Descobre as quatro verdades. É o Despertado, o Iluminado, isto é, o *Buddha*. Descoberta que ele proclamará no conhecido Sermão de Benares.

2.1.1 O Sermão de Benares

a) O texto

A essência da doutrina budista está contida no Sermão de Benares, também denominado "sermão da movimentação da roda da Lei".

Após ter recomendado a seus ouvintes que evitassem dois extremos, o prazer e a vida ascética, Buda os incentiva a tomar o caminho do meio. Parte do texto:

> Eis, ó monges, a santa verdade sobre a dor: o nascimento é dor, a velhice é dor, a doença é dor, a morte é dor, a união com alguém que não se ama é dor, a separação de quem se ama é dor, não obter o que se deseja é dor, enfim, os cinco tipos de objetos de apego (*upadana-skandha*) são dores.
>
> Eis, ó monges, a santa verdade sobre a origem da dor: é a sede que se carrega de renascimento em renascimento, acompanhada do prazer e

da ganância, que encontra aqui e ali seu prazer: sede de prazer, sede de existência, sede de impermanência.

Eis, ó monges, a santa verdade sobre a supressão da dor: a extinção desta sede com a aniquilação completa do desejo, banindo o desejo, renunciando-o, libertando-se dele, não lhe concedendo espaço.

Eis, ó monges, a santa verdade sobre o caminho que leva à supressão da dor: é o caminho sagrado, feito de oito veredas, denominadas reta fé, reta vontade, reta palavra, reto agir, retos meios de subsistência, reta aplicação, reta memória, reta meditação[1].

Estas quatro verdades são consideradas fatos fundamentais da existência, sobre as quais todas as escolas concordam. A meditação sistemática das quatro verdades é uma das principais finalidades da existência budista.

As quatro nobres verdades (*rya satya*) descobertas por Buda formam o despertar (*bodhi*) propriamente dito.

Segundo A. Bareau, "as quatro verdades se apresentam num esquema visivelmente resumido da dialética de uma antiga escola de medicina indiana e vão da doença à sua origem, em seguida à sua cessação, que constitui o estado de saúde buscado pelo médico, e, enfim, aos meios terapêuticos a serem usados para alcançar o propósito"[2].

b) O alcance dessa doutrina

A primeira verdade diz respeito à dor. Ela é universal. A dor (*dukkha*) está presente em todos os aspectos e em todos os momentos da existência humana. É um estado de agitação, de angústia, de inquietação, de desarmonia, de conflito. É um estado intrínseco à existência humana. Trata-se de uma verdade que não é evidente, mas vai sendo descoberta com a meditação.

A segunda verdade diz respeito à origem da dor. Sua fonte está no desejo (*tah*), que aprisiona o ser humano ao ciclo sem fim da existência. O desejo leva ao renascimento.

A terceira verdade diz respeito à cessação da dor. É a verdade do *nirvāṇa*. O desapego abre as portas da vida à entrada do repouso, da harmonia, da felicidade.

---

1. LAMONTTE, E. *Histoire du boudisme indien des origines à l'ère saka*. Lovaina: Institut Orientaliste, 1958, p. 28 [2. ed.: 1976].

2. BEREAU, A. *Le bouddhisme*. Paris: Payot, 1966.

A libertação do desejo é de fundamental importância. A extinção de todo desejo é o *nirvāṇa*.

A quarta verdade diz respeito à verdade do caminho. É a via, *marga*, a vereda, *pratipad*. Um caminho que comporta três elementos:

- a moralidade: visão correta dos homens e das coisas; conduta moral perfeita; palavra correta; ação correta. Trata-se dos mandamentos de Buda.

- a correta concentração é disciplina mental indispensável: afastar-se dos objetos do desejo; eliminar os obstáculos à meditação; entrar no recolhimento.

- a sabedoria (*praj*): uma visão penetrante e clara de cada coisa. Trata-se de uma sabedoria que procede do ensinamento (o discípulo escuta), da reflexão que gera a convicção e da contemplação que consente colher a verdade budista.

A octúplice vereda é o conjunto das orientações dadas por Buda.

2.1.2 A antropologia budista

Chegamos ao ponto difícil da doutrina de Buda. Se quisermos compreender a eternidade, a imortalidade do ser, precisamos de uma doutrina sobre o ser, sobre o suporte do ser, sobre uma parte do ser capaz de passar da morte à sobrevivência. A doutrina do *sasra*, do renascimento incessante, não é uma doutrina da eternidade do ser. Esta não pode explicar a imortalidade, visto que a doutrina do renascimento não prevê uma condição final estável, definitiva, imutável. Devemos voltarmo-nos, pois, para a antropologia budista, que nos ajuda a ver a forma como Buda concebia a vida e o término da existência humana.

a) O homem e sua existência

Segundo a doutrina budista, o homem é um aglomerado de estruturas cambiantes, um cruzamento de elementos móveis, uma rede de estados compósitos, uma aparência de unidade funcional.

O homem é composto por cinco ajuntamentos: a corporeidade, a sensação, a percepção, as composições psíquicas da vontade, a consciência ou o conhecimento. Esses cinco ajuntamentos são inseparáveis, mas transitórios, privados de verdadeira essência. Não existe um "eu". A esses cinco ajuntamentos se sobrepõem doze campos sensoriais, dezoito aspectos do conhecimento e vinte e duas faculdades. Em tudo isto não há nada que nos remeta ao princípio pessoal, o ātman. Buda rejeita a essência da pessoa humana, mas admite a existência da pessoa. Trata-se do princípio da impermanência.

b) O ato, princípio criador e motor

O ato é a pedra angular da antropologia budista. Sobre o ato se fundam a existência, a responsabilidade, o renascimento. O ato só é autêntico se consciente, refletido, voluntário.

Todo ato carrega o fruto da sua retribuição. O homem é herdeiro de seus atos, do que pensou, do que quis e do que realizou. A retribuição é um fruto que esgota a energia de sua causa. A duração da existência humana e os diversos renascimentos são fruto de retribuições dos atos. Sobre a doutrina do ato funda-se toda a moral budista e a doutrina do destino dos maus e dos bons.

O *karman* é o ato. O *karman* só existe porque o ato é pensado, voluntário, consciente. O ato é como o soberano que cria e faz subsistir o universo. Assim, a responsabilidade do homem volta-se para a ordem cósmica.

Ao lado da responsabilidade coletiva existe a responsabilidade moral, já que o *karman* é pessoal e intransmissível. "Existem o *karman* e os frutos do *karman*, mas não existe o agente". Esta frase de Buda contextualiza o problema: a inexistência de um eu pessoal.

2.1.3 *O caminho para deter a dor*

A moral budista fundada na doutrina do *karman* constitui a via que leva a estancar a dor. É o caminho do Despertar. É a nobre octúplice vereda definida pelo Sermão de Benares, que em primeiro lugar pressupõe as condições morais fundamentais: proibido roubar, matar, mentir; abstenção do álcool, prática da castidade. A isso se juntam as condições psicofisiológicas e intelectuais, onde o ioga assume um papel central. Os elementos essenciais são a moralidade, a purificação do pensamento com a meditação e a sabedoria.

Inventor do caminho da libertação, Buda é também o que dá início ao método de libertação, fundando com este objetivo a comunidade, designada pela palavra *Sangha*. A comunidade é composta por um segmento de religiosos mendicantes e por uma confraternidade leiga. Cada budista se refugia em três "tesouros": em Buda, na Santa Lei ou *Dharma,* e na Comunidade ou *Sangha*.

2.2 O budismo como via da santidade

Siddhārta Gautama, que passou a denominar-se Buda, isto é, o Despertado, o Iluminado, dá uma nova resposta à questão da libertação colocada pela Índia. Sua via de libertação é totalmente centrada na santidade: santidade das visões e das intenções, santidade radicada na fé do budista nos três tesouros: Buda, a Lei, a Comunidade. A santidade deve residir na palavra e na ação, via que representa a moralidade e a pureza. A santidade também está na meditação, na concentração mental, na interioridade da vida espiritual.

2.2.1 A terminologia da santidade

1) *Arya*. A dupla noção, "nobre" e "santo", expressa pelo termo *arya* conota acima de tudo os pastores indo-europeus que invadiram a Índia por volta do ano 2000 a.C. No budismo, o epíteto *arya* em sânscrito, *ariya* em pāli, se aplica às quatro verdades: à via da libertação, às virtudes, às meditações, aos frutos do ato, ao *nirvāṇa*. *Arya* se aplica também aos homens que seguem esta via, particularmente os monges budistas. Um *arya* (*ariya*) é o indivíduo que faz a suprema experiência da libertação proposta por Buda.

2) *Lokottara* em sânscrito, *lokuttara* em pāli, significa "sobremundano". Diz-se que a via da libertação seja *lokottara* pelo fato dela consentir sair da morte e dos renascimentos sucessivos e levar o homem ao *nirvāṇa*, ao estado inefável que não tem mais nada em comum com a vida terrena.

2.2.2 Os meios da santidade

Buda (560-480) é um modelo de santidade: é aquele que faz a experiência do despertar e mostra compaixão por todas as criaturas. É quem conduz a caravana humana rumo à santidade, à libertação, ao *nirvāṇa*. É denominado *Jina*, "vencedor", ou *Tathgata*, "aquele que alcançou o objetivo". Ele conseguiu o *parinirva*, o repouso total, a "imortalidade", no final da vida. Já por volta da metade do século IV a.C., no espírito dos discípulos, Buda se transforma num ser divino.

Dharma (*Dhamma* e *pāli*) é a Lei eterna descoberta por Buda durante a iluminação. O termo significa ensinamento do Buda. A palavra do fundador é santa e é condensada nas quatro verdades. Na Índia a palavra "sagrada" é portadora de uma força sobrenatural. É transformadora. Buda pôs-se à parte em face da palavra com a qual proclamou a Lei eterna.

Sangha, ou comunidade: desde o Despertar Buda compreendeu que a via da libertação só podia ser percorrida por uma vida autêntica. Ele propôs a vida monástica. Com a fundação da comunidade dos monges, ele consagrou efetivamente uma forma de vida criada pelo hinduísmo. A comunidade budista é composta por religiosos (*bhiku*), monjas (*bhikuni*), irmãos leigos (*upsaka*), irmãs leigas (*upsik*). Toda a comunidade é santa, mas essa santidade se encontra mais especialmente no grupo dos monges e monjas.

2.2.3 Os tipos de santidade

a) Os śravāka

São os monges budistas residentes, integralmente fiéis aos ensinamentos de Buda e à via que este traçou. Trata-se do *Hnayana*, ou Pequeno Veículo, o monaquismo da forma como foi vivido durante os primeiros séculos do budismo.

Esta forma de budismo criou uma tipologia de santidade, a *arhat* (*arahant* em pāli), o monge que busca a libertação. Graças à ascese e à meditação ele se liberta de todas as paixões e vínculos. É a via que leva ao *nirvāṇa*. Uma via que é vivida na comunidade, na qual o monge se submete a um regulamento muito severo e vive num celibato total. A regra do celibato permaneceu até os nossos dias e gozou de um sucesso extraordinário no Japão, sobretudo entre os homens.

b) O Mahāyāna

O *Mahāyāna*, ou Grande Veículo, criou um personagem novo, o *bodhisattva*, que se dedica à salvação dos outros e os ajuda no caminho para a *moka*, ou libertação.

O *bodhisattva* conhece inúmeros renascimentos e adquire méritos para os irmãos e irmãs. É um estímulo para a santidade dos leigos. Assim, o budismo, que no momento da fundação era uma simples via de libertação, tende a tornar-se uma religião de salvação. O *bodhisattva* é um salvador de seus irmãos e irmãs. Ele também é um modelo (mítico) de vida que estimula os leigos a viver profundamente a Lei. Hoje, no Japão, os *omyohonin* são personagens que vivem de modo admirável a cotidianidade.

2.3 Nirvāṇa: imortalidade

2.3.1 A superação dos Upaniṣad

Os *Upaniṣad* ensinaram que no homem existe um *Ego*, *ātman*, entidade permanente, eterna, substância imortal por detrás do cambiante mundo fenomênico. O problema da imortalidade é, pois, fácil de resolver. O *ātman* não se torna imortal nem com o sacrifício, nem com o rito, nem com a ascese, mas tomando posse da imortalidade, o *Brahman*. Para os *Upaniṣad* a identificação *ātman-Brahman* confere a imortalidade. Buda nega a existência do *ātman*. Ele ensina o *annata*, o não si. Cada pessoa é uma soma de agregados, um todo funcional no qual o *tornar-se* é a substância autêntica. Buda substitui o princípio vital *ātman* com os "agregados", *skanda*, com uma "série", *samtana*, cujos termos estão em relação de causa e efeito. Ele afirma o ato e o resultado, mas não o agente. Não existe *sattva*, ser-em-si, capaz de transmigrar. Mas o todo é funcional, o "eu impermanente" é de instância em instância rico de atos precedentes e carrega a força de um renascimento incessante. A morte marca o momento no qual deve iniciar a retribuição de um novo lote de atos. É o renascimento, que não é, no entanto, uma transmigração. O indivíduo é uma corrente que se renova sem fim, visto que tem em si o princípio da duração em razão de seus atos e desejos.

A crença na sobrevivência, na imortalidade, não é suprimida por Buda. Como o brâmane, o yogin, o mendicante, ele busca "o que resta", a "libertação", a "imortalidade". "As primeiras palavras de Śākyamuni tornado Buda são para declarar que ele alcançou a imortalidade e abriu as portas da imortalidade"[3]. A

---

3. VALLEE-POUSSIN, L. *Nirvâna*. Paris: Beauchesne, 1925, p. 50.

imortalidade, declarada inefável, é o escopo do santo, visto que é a libertação do nascimento e da morte[4]. A imortalidade tem um nome: *nirvāṇa*.

2.3.2 O nirvāṇa como estancamento da dor

Buda nunca definiu o *nirvāṇa*. Conhecemos o *nirvāṇa* graças aos atributos fornecidos pela literatura budista.

Etimologicamente o termo significa "evasão", "saída"; o sentido primitivo faz referência à chama que se apaga, que se evade da lâmpada. Neste sentido moral, o *nirvāṇa* é a libertação das condições de um novo nascimento.

O *nirvāṇa* é objeto da terceira verdade. O desejo produz o ato. O ato gera a existência. Até o desejo ser eliminado, o ato neutralizado não levará a novas existências. Ele estanca. O budismo não se interessa pelo problema do início da dor. Bastante pessimista em relação à condição humana, Buda dedicou-se à onipresença da dor. Otimista sobre a cessação da dor, ele propôs a doutrina do *nirvāṇa*.

Sob o aspecto negativo, o *nirvāṇa* é a eliminação da sede de nascimento, o esgotamento das correntes impuras. Um texto do *Vinaya* afirma: "O aniquilamento do amor, o aniquilamento do ódio, o aniquilamento do erro, eis o que se denomina *nirvāṇa* e santidade".

2.3.3 O nirvāṇa como imortalidade

Existe outro aspecto. Nos *Upaniṣad*, contrariamente ao ritualismo do vedismo e dos *Brāhmaṇa*, o homem não se torna imortal com o rito, mas com o processo da "Imortalidade", uma realidade misteriosa. Para os *Upaniṣad* esta imortalidade é o *Brahman*, a alma do mundo.

Buda não segue a doutrina dos *Upaniṣad*, mas conservou sua noção de "Imortalidade". Nos textos encontramos uma série de expressões budistas que falam do *nirvāṇa*: "resfriamento, felicidade perfeita". O *nirvāṇa* é "alegria, luz, plenitude". Comporta um saber perfeito que não provém nem do mundo sensível nem da ordem das ideias. É um conhecimento intuitivo que emana de dentro e que não

---

4. Ibid., p. 53.

é mais submetido às condições do erro. É uma felicidade inalterável. Trata-se de um estado de felicidade perfeita.

Os teólogos budistas discutiram à saciedade sobre a questão do *nirvāṇa*. Muitos textos exprimem unicamente a doutrina do *nirvāṇa* concebido como cessação da dor. Outros textos insistem sobre a noção de "Imortalidade". Para exprimir esta noção são usados diversos símbolos, como o do fogo: quando o fogo se apaga não é aniquilado, mas tornado invisível. Analogamente, o santo que se centrou no *nirvāṇa* tornou-se invisível.

O *nirvāṇa* é a bem-aventurança por excelência. Sobre ele L. de la Vallée Poussin[5] nos forneceu uma série de sinônimos: o fim, o sem-rosto, o verdadeiro, o além, o tênue, o não envelhecedor, o imóvel, o simples, o calmo, o imortal, o perfeito, o extraordinário, a pureza, a libertação. Frequentemente o *nirvāṇa* é considerado um lugar, o *pada* imortal, uma cidade, um refúgio, um receptáculo. É o receptáculo no qual os santos se apagam.

Em suma, importa dizer que nas escolas budistas existem duas orientações: de um lado, o *nirvāṇa* como aniquilamento, extinção, destruição do desejo, supressão da dor; de outro, o *nirvāṇa* como existência incondicionada, salvação, imortalidade. E. Lamotte sublinha que segundo as últimas pesquisas de Eliade o *nirvāṇa* foi compreendido como uma morada duradoura, concebido à maneira dos mundos místicos do yogin[6].

2.4 A imortalidade segundo o lamaísmo

O budismo conheceu uma longa evolução. Ao longo de seus 2500 anos de história, inúmeras escolas se formaram, todas elas dando vida a uma vasta literatura. Um tema de discussão que caracterizou todas as escolas foi evidentemente a questão do *nirvāṇa*, já que se trata do problema central: a libertação da dor. Não nos é possível determo-nos nas particularidades de cada escola. Para tanto remetemos ao trabalho de E. Lamotte, uma obra fundamental que por muito tempo permanecerá um clássico por excelência: *Histoire du bouddhisme indien* [História do budismo indiano]. Igualmente, até hoje não superada, remetemos a

---

5. Ibid., p. 153.

6. LAMOTTE, E. *Histoire du bouddhisme indien*. Op. cit., p. 675-677.

outra obra da escola de Louvain-la-Neuve, escrita por L. de la Vallée Poussin, denominada *Nirvana*, publicada em 1925, em Paris. Aqui nos deteremos apenas numa escola, numa forma de budismo, o lamaísmo. A razão é simples: dispomos de um livro tibetano denominado *Livro dos mortos*, que fornece informações sobre a sobrevivência em base à concepção do budismo tibetano.

2.4.1 O budismo tibetano

Até a ocupação do Tibete pela China comunista, em 1959, a civilização tibetana representava uma criação única e extraordinária em âmbito religioso, literário e artístico. O comunismo chinês é a maior catástrofe que se abateu sobre o Tibete.

A introdução do budismo no Tibete é atribuída ao Rei Songtsen Gampo, construtor de Lhasa e unificador do Tibete no século VII de nossa era. O budismo se difunde por 150 anos. A criação, por parte do rei, de um alfabeto tibetano de trinta letras facilita as relações com a Índia. A antiga religião do Tibete, dita religião *bön*, resiste ao budismo, absorvendo, no entanto, progressivamente as doutrinas budistas. Por volta do ano 750, Padmasambhava, um missionário budista, constrói o mosteiro de Samye e transpõe em tibetano o pensamento budista. Em 842 o reino tibetano desmorona. Esta primeira fase de penetração foi obra do budismo tântrico.

Uma segunda fase começa com a chegada do monge Atiśa, que reorganiza a vida religiosa em bases mais sólidas. Nascem mosteiros de grande sucesso. Seus chefes se chamam *lama*, termo que significa "superior" e corresponde ao sânscrito *guru*. Os *lama* exercerão uma influência decisiva sobre o pensamento religioso tibetano. Trata-se do budismo Mahāyāna.

Terceira fase: a reforma de Tsongkhapa. Este personagem nasce em 1357 no Tibete Oriental. Ele se opõe à permissividade dos monges casados e cria comunidades de monges no espírito do fundador. Também obriga seus monges a usarem uma roupa amarela para diferenciá-los dos laxistas, que se vestiam de vermelho. No lamaísmo reformado o chefe da comunidade é considerado uma reencarnação do *bodhisattva* Avalokitesvara. A partir do ano 1200 todos os budistas da Índia começam a emigrar para o Tibete. Os séculos posteriores se transformaram numa verdadeira era do ouro: é a grande tradição do budismo tibetano que vai se confundir com a cultura tibetana.

O povo se considera um povo eleito, que recebeu a revelação do *Buddha* e do *bodhisattva*. O Tibete se transforma em ponto de encontro entre o mundo do Oriente Próximo, da Índia e da China.

2.4.2 A concepção tibetana da morte

a) A alma

Para os tibetanos o ser humano dispõe de um princípio vital: o *bla*. *Bla* significa "alma". O *bla* tem contornos determinados. É uma espécie de réplica viva da pessoa. Sob a influência das religiões da China e da Ásia Central e Setentrional foi-se admitindo o pluralismo das almas.

Ao lado do *bla* existe o *srog*, uma força vital idêntica à duração da vida. Esta força de difunde com a respiração e se situa no coração, impregnando o corpo. Seu desaparecimento leva à morte. Do *srog* dependem as diversas formas assumidas pelo corpo ao longo da vida.

O sopro respiratório tem a mesma duração da vida: é o *dbugs*. A cessação da respiração sinaliza o fim do *srog*.

O *bla* reside no corpo humano, mas também em outros objetos: madeira, pedra, coral. Embora tenha uma luz própria, está exposto ao perigo de dissolver-se. Estamos no contexto que faz referência ao xamanismo asiático.

b) A morte e os ritos funerários

Segundo os tibetanos, o princípio consciente que conserva os vestígios dos *karma* das existências precedentes tem condições de projetar-se, após a morte, num novo ser. Consequentemente, o momento da morte é particularmente importante.

É um momento do qual temos suficiente conhecimento graças a um livro, denominado *Bardo-Thodol* ou *Bardo Thos Toi*, título que significa "aquilo cuja audição liberta do *Bardo*". O termo *Bardo* significa "intervalo", "interlúdio", "período intermediário". Trata-se do intervalo que separa a morte do renascimento.

Para o tibetano a morte está na origem de um renascimento. É preciso, pois, preparar o moribundo para sua entrada numa vida nova. Os parentes são afastados para que não gemam ao lado do moribundo. É o *lama* (monge) ou um amigo conhecedor do ritual que deve estar ao seu lado a fim de recitar-lhe – sussurrando nos ouvidos – os textos sagrados. Tais textos são recitados por sete semanas, ou seja, por 49 dias, número simbólico, quadrado de 7.

O simbolismo assume um papel fundamental no desenvolvimento do ritual. Segundo o ensinamento do budismo tibetano existem sete mundos, e em cada mundo sete estações ou paradas de existência ativa. Existem, pois, 40 paradas de existência. O número 7 é um número sagrado, proveniente do esoterismo ariano.

A hora da morte é um momento privilegiado, visto que liberta o homem dos desejos. Assim, desde os primeiros sintomas do aproximar-se da morte é preciso dar início aos preparativos de iniciação a uma vida nova. Trata-se de provocar o despertar do princípio consciente e de purificar completamente a alma do defunto para o início de sua viagem para o além.

Após a morte o corpo é amarrado em posição sentada, similar à encontrada nas antigas tumbas no Tibete e alhures: é a posição que recorda o feto no seio materno. Trata-se de uma posição que simboliza o nascimento para uma vida nova. O corpo é colocado numa casa mortuária por três dias. Os visitadores podem intervir colocando comida diante do corpo: é a alimentação simbólica do espírito do morto. Depois de três dias o corpo é levado para as exéquias, mas é substituído por uma esfinge do defunto que deve ocupar o seu lugar durante as cerimônias.

A esfinge do defunto é feita vestindo-se um banquinho ou um feixe de lenha com as roupas do defunto. No lugar do rosto coloca-se um *spyang-pu* (pronuncia-se *chang-ku*), que representa o defunto, e se amarra as pernas em atitude de adoração. Ele é ladeado por cinco símbolos: um espelho, uma concha ou uma lira (*son*), um vaso de flores (*odorat*), doces (alimento), roupas de *tufu* (ornamento). Pensava-se que esta representação do defunto o tornasse presente, para quem se devia ler o *Bardo-Thodol*. Estamos diante de uma prática paralela à do antigo Egito, prática em que se representava o defunto "com uma estátua de Osíris". É certo que a prática desta esfinge do defunto é pré-budista.

As exéquias são celebradas segundo diversos rituais. A cremação é reservada aos que dispõem de meios suficientes para pagar a lenha necessária para o fogo. Existe também a inumação, mas ela só é utilizada em mortos vitimados por uma doença contagiosa. Para o Dalai Lama e os grandes personagens pratica-se o embalsamamento com sal, pó de madeira de sândalo e ervas aromáticas. Trata-se de uma verdadeira múmia, conservada num dos grandes templos, como o de Shigatse. Diante destas múmias conservadas em relicários, queima-se incenso, reza-se e realiza-se um culto aos antepassados. Sob a influência do Irã masdeísta pratica-se também a descarnação dos cadáveres no alto das montanhas: as aves de rapina consomem a carne cujos ossos posteriormente são destruídos. Também foram observadas diversas influências doutrinárias masdeístas nas doutrinas escatológicas tibetanas.

2.4.3 O Bardo-Thodol, *ritual para a sobrevivência*

a) O *Bardo-Thodol*

Os mais antigos manuscritos conservados deste ritual remontam ao século XIV, mas o livro veicula ideias e tradições mais antigas, algumas das quais anteriores à chegada do budismo ao Tibete. Segundo as tradições locais, o *Bardo--Thodol* é um texto *gterma*, um "texto-tesouro", descoberto no local onde estava sepultado o missionário budista Padmasambhava, considerado um grande mestre espiritual, iniciador do pensamento tibetano atual. As tradições que no Tibete envolvem a descoberta de nosso texto mostram que estamos diante de uma interpretação simbólica destinada a sublinhar a importância da doutrina proveniente dos grandes mestres espirituais.

No *Bardo-Thodol* encontramos diversas correntes de ideias advindas do budismo dos séculos IV e V, mas igualmente provenientes do veio budista da devoção ao bodhisattva Amitabha, devoção muito desenvolvida na China. Neste ritual também encontramos uma simbologia arcaica originária dos povos asiáticos, do xamanismo e do masdeísmo.

b) As edições e as traduções

Não existe ainda nenhuma edição crítica do texto. Em 1959 foi publicado na Índia o *Bar-do-thos-grol bzhuge-so –The Tibetan Book of the Dead*. O texto publicado foi atribuído ao grande mestre Srisimha. Diversos manuscritos podem ser encontrados em mosteiros e bibliotecas. Os tibetólogos devem confrontar-se com esta documentação.

Eis algumas traduções:

EVANS-WENTZ, W.Y. *The Tibetan Book of the Dead*. Londres, 1927 [2. ed.: 1972].

- O texto procede de um manuscrito da Sociedade Asiática de Kolkata (Calcutá).
- Uma tradução francesa deste texto inglês surgiu com o título *Le Bardho Thödol – Livre des morts tibétain* (Paris: Maisonneuve, 1981).
- Uma nova tradução francesa com comentário foi publicada por Francesca Fremantle e Chögyam Trungpa: *Le livre des morts tibétain – La grande libération par l'audition pensant le Bardo* (Paris: Courrier du Livre, 1975 [3. ed.: 1979]. A tradução foi feita a partir do texto tibetano.
- Uma ulterior tradução com comentário veio a público em 1981, apresentada por Lama Anagarika Govinda: *Bardo-Thödol, le livre tibétain des morts* (Paris: Albin Michel).

Para uma documentação mais ampla sobre o Tibete e as religiões tibetanas confira:

TUCCI, G. & HEISSIG, W. *Die Religionen Tibets und der Mongolei*. Stuttgart: Kohlhammer, 1970. Trata-se de uma excelente obra de especialistas.

Outra obra sobre o Tibete surgiu em 1985:

BLANC, P. *Tibet d'hier et d'aujourd'hui*. Paris: Guy Le Prat. Esta obra oferece uma documentação interessante reunida pelo autor ao longo de quatro viagens feitas no Tibete.

2.4.4 O caminho da imortalidade

a) O budismo da fé

Para compreender o significado profundo do ritual tibetano da morte faz-se necessário saber que o budismo sofreu as influências da *bhakti* indiana, que criou uma corrente doutrinal e religiosa centrada na salvação: méritos, transferências de méritos, *bodhisattva* transformado em salvador e luz para os outros, doutrina do budismo cósmico. O budismo da fé está impregnado de ensinamentos da *bhakti* com as ideias de devoção, de culto, de paraíso. A oração ocupa um lugar de destaque. Estamos, pois, diante de uma verdadeira religião.

O Tibete sofreu a influência do budismo da fé. Desde o século VIII as religiões tibetanas tiveram conhecimento de Amitabha, *Od-dpag-med* em tibetano, um dos grandes budas venerados no *Mahyna*. O mosteiro de Nalanda, na Índia, verdadeira universidade do budismo, tinha criado uma "teologia" na qual Amitabha ocupava um lugar especial e central. Nesta teologia se afirma a existência de um paraíso do Oeste no qual reina Amitabha, um ser divino com quem o discípulo deve se encontrar após a morte a fim de viver na felicidade junto dele. Trata-se de um budismo que se tornou uma religião de devoção e de amor, analogamente à *bhakti* hindu. Os préstimos do cristianismo são inegáveis. O paraíso de Amitabha é uma terra de felicidade, de sabedoria e de contemplação onde o discípulo gozará de uma bem-aventurança absoluta: luz da sabedoria, esplendor do saber, liberdade nos confrontos de cada criatura.

b) O ritual: guia do defunto

Por sete semanas se realizam os ritos e as orações do *Bardo-Thodol* para guiar a alma no estado intermediário. Trata-se de ajudá-la a encontrar uma via abençoada: ou a luz do *nirvāṇa* no paraíso de Amitabha, ou, ao menos, uma renascimento feliz. Às vezes se realiza uma cerimônia no templo que o defunto frequentava durante a vida, celebrada por todos os lamas do mosteiro. Seja como for, por sete semanas um lama lerá o *Bardo-Thodol* na casa mortuária na presença da esfinge do defunto. Isto é de importância capital.

Inspirado no budismo, o *Bardo-Thodol* repete incessantemente que os atos que o homem realiza enquanto vivo determinam seu destino após a morte. A morte revela a vida inteira: liberta o homem dos desejos que o aprisionam. No momento da morte a alma entra num estado de desfalecimento, do qual deve sair graças aos ritos realizados pelo lama. A alma penetra então no estado intermediário, que dura 49 dias, no final do qual ela se depara ou com um renascimento ou se vê diante de um clarão deslumbrante do *nirvāṇa*. O ritual e as palavras do *Bardo-Thodol* são destinados a guiar o defunto ao longo dos 49 dias de seu estado intermediário.

O período intermediário é o momento de transferência de consciência para renascer, se possível, no estado abençoado do reino da felicidade celeste. O lama é um verdadeiro psicopompo, isto é, um guia de almas. Ele conduz a alma do morto, lhe indica todos os perigos da estrada, lhe aponta todos os inimigos que o esperam ao longo do caminho.

c) As três etapas da libertação

O ritual do *Bardo-Thodol* é a grande libertação através da escuta. A recitação do texto, a pronunciação das palavras tem uma surpreendente eficácia. Assim, o lama ou o amigo do defunto pronunciarão as fórmulas a fim de que sua eficácia se realize no percurso do defunto ao longo da etapa intermediária. Dois sentimentos, essencialmente, são afastados: tristeza e angústia. Não se trata, portanto, de um luto, visto que os lamentos teriam um efeito nefasto sobre o destino do defunto.

Fazer reconhecer a luminosidade do espírito: eis a primeira parte do ritual, que tem início no momento da morte. Aquele que meditou sobre a luz está bem preparado para alcançar o estado de iluminação. Estamos diante de uma verdadeira ideologia da luz: esta constitui a essência do espírito, o centro íntimo do ser em si. O ideal seria que o próprio mestre espiritual do defunto lhe recorde aquele ensinamento que já em vida direcionou o discípulo para a iluminação. As orações recitadas tentam criar as disposições para este despertar.

Fazer reconhecer a verdade em si: eis a segunda parte do ritual, através da qual o lama busca fazer reconhecer o estado intermediário no qual a verdade em si aparece. As sabedorias de Buda devem aparecer numa auréola de luz. Estamos diante de doutrinas do budismo tântrico: visão de divindades plácidas, visões de Amitabha nos campos de felicidade, mas também visão de divindades ressentidas. O defunto não deve se sentir presa de alguma inquietação.

O estado intermediário do devir: eis a terceira etapa do ritual, na qual entra em jogo o futuro do defunto. Este último é tentado pelo desejo de possuir um novo corpo. Um longo texto descreve a existência do morto: sua natureza é como uma pena à mercê do vento. Outro texto recomenda dois métodos àqueles que não sabem meditar e aos quais as instruções precedentes não conseguiram ajudar: volver os próprios pensamentos para Avalokitesvara, um grande *bodhisattva* compassivo, que os tibetanos invocam incessantemente, e meditar sobre o amor. Trata-se de desapegar-se de todas as coisas, de projetar-se em estados de alegria e de sofrimento.

O ritual continua com uma série de orações para que a porta da origem se feche e o defunto não seja arrastado para um novo renascimento, visto que são duas as vias que se abrem diante da morte:

• a reentrada no ciclo impuro da existência;

• ou a transferência de consciência para os campos puros de Buda. A oração do lama ajuda o defunto a realizar esta transferência. O campo de Buda é descrito como segue: campos de felicidade, projeção de fontes luminosas, glória reveladora, palácio de luz aos pés de Padmasambhava, reino celeste flor de lótus. É o nascimento sobrenatural, com a transferência para um reino paradisíaco. É o ingresso na imortalidade.

Com a doutrina exposta no ritual do *Bardo-Thodol* permanecemos na linha do budismo e da meditação. Mas a presença de uma alma e a importância de uma oração eficaz modifica profundamente a concepção antiga do *nirvāṇa*.

Precisamos acrescentar que é o budismo tibetano que gozou de uma grande expansão na Europa e na América após o exílio de muitos budistas, dentre os quais seu chefe espiritual Dalai Lama, fugitivo diante da invasão chinesa, de seus algozes e das destruições de numerosos mosteiros.

2.4.5 *O* Bardo-Thodol *e os renascimentos*

No hinduísmo se fala de *sasra*, que é o ciclo das existências condicionadas. Na tradição tibetana *khor-ba*, sinônimo de *sasra*, designa uma série de renascimentos no âmbito das condições de existência e da retribuição dos atos. É difícil falar de transmigração no budismo, e menos ainda de reencarnação, visto que isto supõe a existência de um "si individual permanente" como o ātman do hinduísmo. No hinduísmo se trata de um *continuum*, constituído por uma série de impulsos psíquicos momentâneos nos quais o instante precedente de consciência é a causa principal do seguinte. As potencialidades do *karma* oriundas do passado geram as condições que orientam o devir e estimulam a renascer[7].

---

7. CORNU, P. *Dictionnaire encyclopédique du bouddhisme*. Paris: Seuil, 2001, cf. os verbetes: "Trasmigration", p. 622-623; *"Samsâra"*, p. 480-481; "Réincarnation", p. 460 [vers. it.: MUGGIA, D. (org.). *Dizionario del Buddhismo*. Milão: Mondadori, 2007]. Cf. tb. VARENNE, J. "Trasmigration". In: POUPARD, P. (org.). *Dictionnaire des religions*. 3. ed. Paris: PUF, 1993, p. 2.041-2.047. • DELAHOUTRE, M. "Réincarnation". In: Ibid., p. 1.601-1.602 [trad. it.: *Grande dizionario delle religioni*. Casale Monferrato/Assis: Piemme/Cittadella, 1990].

Em tibetano, *bar-do* tem o sentido de "estado intermediário", "entremeio". A ideia de estados sucessivo de existência, enquadrados por duas rupturas temporais, está presente nas diversas formas de budismo, mas a noção de estado intermediário não goza de unanimidade nas escolas budistas[8]. O budismo *Theravada* recusa a noção de intermediário, *antarabhava*, visto que a passagem de um tipo de existência para outro é considerado instantâneo. Esta noção aparece na escola antiga dos Sarvāstivādin. É sobretudo o *Vajrayana* que sustenta tal doutrina, que encontramos finamente detalhada no budismo tibetano do século VIII e IX. Neste se fala do *bardo* natural da vida, do *bardo* dos sonhos, ou também do *bardo* da meditação. Mas é o *bardo* doloroso do momento da morte que é tratado de um modo especial. Num primeiro momento o corpo humano, constituído por cinco elementos sustentados por sopros tênues, começa a dissolver-se progressivamente. Uma segunda série de dissoluções cede espaço ao retirar-se progressivo da luminosidade fundamental. Uma terceira fase faz desaparecer a obscuridade: desejo violento, esquecimento, erro, mutismo, tristeza, preguiça e dúvida. É a morte na experiência do transluzimento e da pureza primordial do espírito, com um radioso céu sem nuvens[9].

Bibliografia

ARVON, H. *Le bouddhisme, "Que sais-je?"*. 5. ed. Paris: PUF, 1966 [trad. it.: *Il budismo*. Milão: Garzanti, 1977].

BAPAT, P. *2500 Years of Buddhism*. Delhi, 1959.

BAREAU, A. *Le bouddhisme*. Paris: Payot, 1966.

CORNU, P. *Dictionnaire encyclopédique du bouddhisme*. Paris: Seuil, 2001 [trad. it.: *Dizionario del Buddhismo*. Milão: Mondadori, 2007].

DE BERVAL,R. (org.). *Présence du bouddhisme*. Saigon: France-Asie, 1959.

DE LUBAC, H. *La rencontre du bouddhisme et de l'Occident*. Paris: Aubier, 1952 [trad. it.: *Buddismo e Occidente*. Milão: Vita e Pensiero, 1958].

DUMOULIN, H. (org.). *Buddhismus der Gegenwart*. Friburgo/Basileia/Viena: Herder, 1970.

---

8. "Bardo". In: CORNU, P. *Dictionnaire encyclopédique du bouddhisme*. Op. cit., p. 66-72.

9. RINPOCHÉ, S. (org.). *Le livre tibétain de la vie et de la mort*. Paris: La Table Ronde, 1993. • FREMANTLE, F. (org.). *Le livre des morts tibétain*. Paris: Courrier du Livre, 1999.

EAD. *Instant et cause* – Le discontinu dans la pensée philosophique de l'Inde. Paris: Vrin, 1955.

GIRA, D. *Comprendre le bouddhisme*. Paris: Centurion, 1989.

GRIMM, G. *Die Lehre des Buddha*. Wiesbaden: Lowit, s.d.

Indianisme et bouddhisme – Mélanges offerts à mgr Étienne Lamotte. Lovaina: Institut Orientaliste, 1980.

KOLM, S.C. *Le Bonheur-Liberté* – Bouddhisme profond et modernité. Paris: PUF, 1982.

L'homme devant Dieu – Mélanges offerts au Père Henri de Lubac. 3 vols. Paris: Aubier, 1963-1964.

LAMOTTE, E. *Le traité de la Grande Vertu de Sagesse de Nagarjuna*. 3 vols. Lovaina: Institut Orientaliste, 1967 [2. ed.: 1970].

_____. *Histoire du bouddhisme indien des origins à l'ère saka*. Lovaina: Institut Orientaliste, 1958 (2. ed.: 1967].

MASSON, J. *Le bouddhisme* – Chemin de libération. Paris: Desclée de Brouwer, 1975.

POUPARD, P. (org.). *Dictionnaire des religions*. 3. ed. Paris: PUF, 1993 [trad. it.: *Grande dizionario delle religioni*. Casale Monferrato/Assis: Piemme/Cittadella, 1990].

PRAKASH, S. *Buddhism* – A selected Bibliography. Nova Délhi: Gurgaon, 1976. (2.565 artigos e livros publicados entre 1962 e 1976).

RIES, J. *Le bouddhisme* – Ses doctrines, son expansion, son évolution. 3. ed. Louvain--la-Neuve: Centre d'Histoire des Religions, 1985.

SILBURN, L. *Le bouddhisme* – Textes traduits et présentés. Paris: Fayard, 1977.

SNELLGROVE, D.L. *The image of the Buddha*. Paris/Tóquio: Unesco, 1978.

TUCCI, G. & HEISSIG, W. *Die Religionen Tibets und der Mongolei*. Stuttgart: Kohlhammer, 1970.

Artigos

BAREAU, A. "Le bouddhisme indien". In: PUECH,H.C. (org.). *Histoire des religions*. Vol. I. Paris: Gallimard, 1970, p. 1.145-1.215 [Encyclopédie de la Pléiade].

ELIADE, M. "Le Bouddha". In: ELIADE, M. *Histoire des croyances et des idées religieuses*. Vol. II: De Gautama Bouddha au triomphe du christianisme. Paris: Payot, 1978, p. 76-107; bibliografia crítica: p. 416-419 [trad. it.: *Storia delle credenze e delle idee religiose*. Vol. II: Da Gautama Buddha al trionfo del cristianesimo. Florença: Sansoni, 1999].

Bibliografia italiana

BAREAU, A. *En suivant Bouddha.* Paris: Lebaud, 1985 [trad. it.: *Vivere il buddhismo.* Milão: Mondadori, 1990].

CONZE, E. (org.). *Buddhist Wisdom Books.* Londres:Allen & Unwin, 1958 [trad. it.: *I libri buddhisti della Sapienza* – Il Sutra del Diamante e il Sutra del Cuore. Roma: Ubaldini, 1976].

D'ONZO CHIODO, M. (org.). *Jataka* – Vite anteriori del Buddha. Turim: UTET, 1992.

EAD. (org.). *Vasubandhu.* Bolonha: EMI, 1987.

FILIPPANI-RONCONI, P. (org.). *Aforismi e discorsi del Buddha.* Roma: Ten, 1994.

_____. (org.). *Canone buddhista.* Turim: UTET, 1968.

FROLA, E. (org.). *Canone buddhista* – Discorsi lunghi. 2 vols. Roma/Bari: Laterza, 1960-1961 [Turim: UTET, 1967, 1986].

GNOLI, G. (org.). *Nagarjuna.* Turim: Boringhieri, 1961 [reimp. 1979].

MURTI, T.R.V. *La filosofia central del buddhismo.* Roma: Ubaldini, 1983.

OLDENBERG, H. *Budda.* Milão: Dall'Oglio, 1952 [reimp.: 1993].

PASSI, A. (org.). *Le gesta del Buddha.* Milão: Adelphi, 2000.

PENSA, C. *La tranquilla passione* – Saggi sulla meditazione buddhista di consapevolezza. Roma: Ubaldini, 1994.

PEZZALI, A. (org.). *Shantideva.* Bolonha: EMI, 1982.

PIATTELLI, M. "Il buddhismo indiano". In: FILORAMO, G. (org.). *Storia delle religioni.* Vol. IV: Religioni dell'India. Roma/Bari: Laterza, 1994, p. 277-368.

3
AS RELIGIÕES DA CHINA
SOBREVIVÊNCIA E IMORTALIDADE

Introdução

A religião da China antiga é conhecida graças a duas tipologias de fontes. Primeiramente existem os vestígios provenientes da arqueologia, visto que ao longo do século XX as escavações se multiplicaram, intensificando-se nos últimos decênios, e aportando uma contribuição importante ao conhecimento da religião chinesa antiga. A segunda fonte de informações procede dos textos tradicionais, e particularmente os do período clássico, com as dinastias Han (206 a.C.-220 d.C.), Tang (618-907) e Song (960-1279).

Os documentos religiosos da cultura neolítica de Yang-Chao fornecem algumas informações interessantes. A crença em uma vida após a morte é ilustrada pelos utensílios e alimentos depositados nas sepulturas. A urna funerária era a casa do defunto. Vasos de argila pintados de vermelho são decorados com temas fúnebres. A cor vermelha, na China, permanece até hoje o símbolo da vida e da alegria. Sob a dinastia Shang (1751-1028 a.C.) têm início a metalurgia da Idade do Bronze e a instituição da realeza. Inscrições oraculares indicam a proeminência de um deus supremo celeste Di ("Senhor") ou Chang-di ("Senhor lá de Cima") que governa os ritmos cósmicos e a existência de um culto aos antepassados. Nos inícios da dinastia Zhou (1028-256 a.C.), o deus Tian ("Céu") ou Changdi ("Senhor lá de Cima") vê, observa e sente tudo. É o protetor da dinastia, e o culto dos antepassados reais se torna mais claro graças à tabuinha fúnebre. Surge então o deus Sol.

O culto dos antepassados marcou de modo decisivo o homem chinês. É preciso distinguir os antepassados míticos dos antepassados reais. No período antigo somente os reis e os nobres tinham o culto do antepassado fundador e dos parentes defuntos. Remontava-se até a quinta geração. Oferecia-se um sacrifício sob forma de uma refeição e faziam-se prostrações diante da tabuinha, imaginada conter a alma do defunto. As cerimônias eram acompanhadas de orações e hinos, incenso e libações. Invocam-se os mani, do alto do céu, para que se alimentassem de incensos e fumaça. A prática dos nobres estendeu-se aos camponeses, ao menos quando podiam dispor de um lugar de culto ou de um altar dos antepassados. Toda a liturgia do culto dos antepassados era celebrada durante o ano inteiro para caracterizar as diferentes manifestações religiosas chinesas: sacrifício oferecido sob forma de refeição, prostrações, oração, incenso, libações.

Em outros santuários celebravam-se ritos de diversas divindades, a mais importante das quais era o deus do céu, ao qual às vezes se associava o deus da montanha, do rio ou do sol. Pensava-se que o deus do céu presidisse os fenômenos naturais: ele dispensava chuva ou aridez, boas colheitas ou carestia. Protegia o rei, mas também podia enviar calamidades. Sob a dinastia Han (206 a.C.-220 d.C.) encontram-se inúmeras informações sobre o culto dos antepassados, ainda hoje celebrado. O xamanismo, por sua vez, exerceu um papel importante na China antiga. Este age através da comunicação com as divindades protetoras e os espíritos dos defuntos graças à mediação de um "médium". Os xamãs lançam o mau-olhado, expulsam os demônios, participam dos ritos fúnebres, invocam os deuses para obter a vitória, a chuva, o bom tempo. Eles servem os deuses com a dança e o tambor.

Sob a dinastia Zhou (1028-256 a.C.) os textos e os mitos permitem conhecer melhor o período antigo, ao longo do qual os chineses erguiam os olhos ao céu, admiravam seu ordenamento, especulavam sobre a natureza do cosmo e sobre o lugar do homem e inventavam uma simbologia e ritos que lhes permitissem encontrar um lugar na harmonia do universo. Os ritos subentendiam o funcionamento da tríade "céu, terá, homem", que representa uma espécie de marca indelével em todo o pensamento chinês. Esta concepção se baseia na alternância e na complementaridade dos pólos *Yin* e *Yang*, princípios contrários e correlativos de cujo vai e vem é entrançado o devir. A simbologia da polaridade e da dualidade, já ilustrada na iconografia dos Shang (1751-1028 a.C.), representa a totalidade da ordem cósmica e da ordem humana. *Yin* e *Yang* são inseparáveis, mas são apenas modalidades do *Tao*, que é o princípio de unidade, um mistério Absoluto.

A China conhecerá três grandes filosofias religiosas: o taoismo, o confucionismo e o budismo. "A China produziu o taoismo no espaço de uma longa maturação", escreveu Claude Larre. "O taoismo, assim, pode ser uma religião, uma ética, uma visão do mundo e uma inspiração que se insinua sem esforços em toda a atividade do chinês e de todo homem que aceita seu condicionamento". A denominação deriva do ideograma e do termo *tao*, que significa "a via". Considera-se Lao-Tsé, um pensador do século VI a.C., o autor do *Tao Te Ching, o livro da via e da virtude*, que coloca acima de tudo o *tao* (*dao*) absoluto, inefável, totalidade primordial viva e criadora, nascido antes do céu e da terra e princípio imanente da ordem universal. Produzido no curso de uma longa maturação, fundado sobre o princípio do *tao*, sobre *yin-yiang* e influenciado por uma sobreposição complexa dos antigos ritos chineses, o taoismo é uma via na qual se entrecruzam filosofia, ética e religiosidade. No início de nossa era surge uma forma nova, uma religião taoista de salvação que se propõe a conduzir seus fiéis à imortalidade. O adepto do taoismo, o *daosbi,* crê na presença no corpo humano de divindades e de espíritos portadores de vida. Nesta religião, que tem suas escolas, seus templos e seu clero, seus ritos e seus hábitos cultuais, o fiel busca comunicar-se com o céu e espiritualizar seu corpo para unir-se ao *Tao*, divindade suprema. Com a meditação tenta descobrir a sabedoria. A busca de uma vida longa e da imortalidade constitui o objetivo principal do taoismo religioso.

Confúcio – nome ocidental de Kong Fuzi (mestre Kong) – nasceu em 551 a.C. e morreu em 479. Aos vinte anos foi vigia de celeiros, depois encarregado de um redil. Seu conhecimento dos ritos, da música, do tiro com o arco, da guia carroça, da escrita, do cálculo (as seis artes) e dos textos antigos da poesia, da história e da filosofia lhe consentiu ocupar cargos importantes em sua província. Exilado, partiu e terminou a vida compilando numerosos textos antigos. Após a morte, os discípulos retomaram sua doutrina, que teve inúmeros desenvolvimentos. Inicialmente a doutrina confuciana propunha um modelo de homem, o *junzi*, um "homem belo e bom", um ideal, um exemplo de sabedoria individual fundado na benevolência e retidão moral. Mêncio (370-290 a.C.) desenvolveu os aspectos idealísticos do confucionismo e propôs uma ética fundada no acordo entre o homem e o céu. Sob a dinastia Song (960-1279), o aporte do budismo e do taoismo fez do confucionismo uma doutrina que afirmava a identidade entre a ordem humana e a ordem cósmica. Os estudos confucianos conheceram, pois, um grande sucesso, que deu vida ao neo-confucionismo, cujos mestres deram muita importância à personalidade interiorizada, a fim de dar um significado novo à vida. O confucionismo permanece ainda uma filosofia profundamente ancorada na mentalidade chinesa.

3.1 Pensamento antigo chinês e sobrevivência

3.1.1 O Neolítico

A primeira cultura neolítica é a de Yang-Chao, descoberta em 1921. Ela nos permite remontar ao ano 4115 a.C. Os documentos religiosos arqueológicos estão relacionados com o espaço sagrado, com a fertilidade, com a morte. A crença numa sobrevivência parece ilustrada por utensílios e alimentos colocados nas sepulturas. As tumbas das crianças estão próximas das casas: os corpos são depositados em urnas funerárias providas de uma abertura no topo. Vasos de argila carregam três símbolos: o triângulo, o tabuleiro de xadrez e *cauri* – moluscos e conchas típicas da Ásia e da África –, sinais de riqueza. Estes três símbolos são reservados aos vasos funerários e consentem presumir que se trata de símbolos da sobrevivência[1].

3.1.2 A Idade do Bronze e o início da Idade do Ferro

Esta Era tem início já na dinastia Shang. É a proto-história da China. Neste período multiplicam-se as inscrições oraculares em ossos e escamas: é a época do surgimento da dialética dos contrários, da renovação do Tempo, da regeneração espiritual. É também o período do surgimento do Deus supremo Changdi, ao qual estão submetidos os outros deuses. O rei é o "primeiro homem", cuja autoridade é reforçada graças aos seus antepassados. As tumbas são as casas dos mortos. Além do culto dos antepassados encontramos um sistema sacrificial muito complexo.

Em 1028 tem início o reinado da dinastia Zhou ou Tcheou, que governará o país até o ano 256 ou 221 a.C. Ao longo deste período forma-se o pensamento chinês. O deus Changdi é um deus cósmico e pessoal, clarividente e onisciente. É o deus Céu, protetor da dinastia. O culto dos antepassados continua. Após a morte a urna-casa do período neolítico cede lugar a uma tabuinha dos antepassados que o filho depõe no templo dos antepassados. Surgem dois sacrifícios: o sacrifício ao deus supremo e o dos antepassados. As tumbas reais revelaram sacrifícios de animais e homens, companheiros de eternidade do rei.

---

1. ELIADE, M. "Les religions de la Chine ancienne". In: ELIADE, M. *Histoire des croyances et des idées religieuses*. Vol. II: De Gautama Bouddha au triomphe du christianisme. Paris: Payot, 1978, p. 9-22 [trad. it.: *Storia delle credenze e delle idee religiose*. Vol. II: Da Gautama Buddha al trionfo del cristianesimo. Florença,1999]. Cf. "Chine". In: *Encyclopaedia Universalis*. Vol. IV. Paris, 1968, p. 268-306.

A família é a célula fundamental da sociedade, ligada pelo culto ao primeiro antepassado. A religião se baseia em dois cultos: no culto aos antepassados e no culto aos deuses do solo, isto é, dos deuses da casa familiar. É o deus do solo que se tornará o deus dos mortos.

Segundo Henri Maspero, existem diversas crenças relativas ao destino dos mortos:

• morada da alma nas Fontes Amarelas, lugar subterrâneo do deus Terra;

• morada da alma no mundo celeste do Senhor lá de Cima (Changdi);

• morada no templo ancestral construído para alojar as almas. O que parece realmente importante é realizar as cerimônias fúnebres após a morte.

As cerimônias fúnebres têm lugar em dois tempos. O primeiro é o momento que precede os funerais: constatação da morte com a chamada do defunto que não responde mais; limpeza do cadáver; vestes fúnebres, o todo acompanhado pelas lamentações da família, que se alterna noite e dia. Seguem a exposição das vestes, a colocação do corpo no caixão e a preparação da sepultura.

A inumação acontecia quando a tumba estava pronta. O cortejo era importante. A cabeça do defunto era direcionada para o Norte, a região dos mortos. Após a morte depositava-se uma tabuinha no templo dos antepassados[2].

Acreditava-se na reencarnação das almas. Os mortos residiam embaixo da terra, na região das Fontes Amarelas: a terra é amarela. As Fontes Amarelas eram o refúgio universal das águas que jorravam na primavera. Era o momento da reencarnação das almas que deixavam o país dos mortos. Não dispomos de informações mais específicas.

3.1.3 O yin-yang e a reencarnação

O *yin-yang* é etimologicamente o contraste entre sombra (*yin*) e luz (*yang*). É o lado na sombra o correspondente ao lado ensolarado, que dá o aspecto estático do *yin-yang*. Seu aspecto dinâmico vem do fato que o lado na sombra logo em seguida estará ao sol. Estamos diante do simbolismo da polaridade e da alternância, abundantemente ilustrado na iconografia dos bronzes da época Shang (1751-1028 a.C.). No *yin-yang* temos uma totalidade de ordem cíclica constituída pela

---

2. MASPERO, H. *Les religions chinoises*. Vol. I. Paris: PUF, 1967, p. 26-29.

conjugação da alternância e da complementaridade. O *yin* é o princípio feminino: lua, água, terra. O *yang* é o princípio masculino: sol, fogo, céu. A alternância dos dois princípios constitui a ordem cósmica e a ordem humana. Os dois princípios são a substância do Todo e a expressão da ordem. Os dois princípios regem também os vivos e os mortos. Os vivos se voltam para o Sul, os defuntos ao Norte, com a cabeça voltada para o Norte.

Os vivos residem na terra, os mortos debaixo da terra, na região das Fontes Amarelas, que simbolizam a água sacralizada no inverno. Estas Fontes, refúgio das águas no inverno, aspiram reviver na primavera. No inverno elas eram submetidas ao *yin*, na primavera o *yang* as fazia jorrar com águas fecundantes. Eram afastamento dos mortos e reservatório de vida. A terra era considerada terra-mãe. A terra doméstica era sagrada. O culto dos antepassados era ligado aos cultos agrários. Sobre o princípio *yin-yang*, sobre o culto agrário e sobre o culto dos antepassados formou-se a crença na reencarnação[3].

3.2 Taoismo e sobrevivência

3.2.1 O Tao

O Tao é o caminho, a via. Ele evoca a imagem de uma estrada a seguir, uma regra moral. Mas é também a arte de colocar em comunicação o céu e a terra. É um princípio de ordem imanente a todos os âmbitos do real. Assim, o taoismo é religião, ética, sistema cósmico.

Na base do taoismo existe um mito cosmogônico formulado no capítulo 42 do *Tao Te Ching*: "O Tao deu vida ao Um. O Um deu vida ao Dois. O Dois deu vida ao Três. Três deu vida aos doze mil seres. Os doze mil seres carregam o Yin nas costas e abraçam o Yang". O Um é o equivalente ao Total primordial. A vida é o dado mais imediato, mas ela é também um mistério. Para avançar no caminho da vida são necessárias força, doçura, paciência, inteligência, benevolência.

---

3. GRANET, M. *La religion des chinois*. Paris: Gauthier/Villars, 1922 [2. ed.: Paris: PUF, 1951; 3. ed.: Paris: Imago, 1980] [trad. it: *La religione dei Cinesi*. Milão: Adelphi, 1978]. • GRANET, M. *La civilisation chinoise* – La vie publique et la vie privée. Paris: La Renaissance du Livre, 1929 [2. ed.: Paris: Albin Michel, 1968] [trad. it.: *La civiltà cinese antica*. Turim: Einaudi, 1954]. •GRANET, M. *La pensée chinoise*. Paris: La Renaissance du Livre, 1934 [2. ed.: Paris: Albin Michel, 1968] [trad. it.: *Il pensiero cinese*. Milão: Adelphi, 1987].

O taoismo, fundado na cosmogonia arcaica e no princípio *yin-yang*, é provavelmente a sobreposição dos cultos dos Shang (1766-1122) e dos Zhou (1121-222). Lao-Tsé (ou Laozi, ou Laosi), que provavelmente viveu por volta do ano 500, na época de Confúcio, é o velho sábio que escreveu o *Tao Te Ching, o livro da via e da virtude,* livro fundamental do taoismo, que dá forma filosófica ao *tao*, ao *yin* e ao *Yan*. Ele escreve: "Existe uma coisa informe e, no entanto, completa que existia antes do céu e da terra, única e imortal, que pode ser considerada como a mãe do que está debaixo do céu; ignoro seu nome, mas a denomino Tao"[4].

Inicialmente filosofia, o taoismo se transforma numa religião. No início de nossa era aparece esta forma nova: uma religião que se propõe conduzir seus fiéis à vida eterna. O adepto, o *tao-che*, crê na presença no corpo de deuses e espíritos portadores de vida, cujos desaparecimentos levam à morte e que é, portanto, necessário nutri-los: nutri-los com procedimentos que os colocam em relação com a visão interior. São três os princípios que guiarão o taoismo religioso:

• uma visão interior fundada na meditação e a visualização dos deuses;

• uma vida pura e moral;

• uma ação social que consiste em obras de benevolência.

Nesta religião existe um vasto panteão de divindades. A religião tem suas escolas, seus templos, seu clero, seu culto, seus costumes rituais. No taoismo o fiel persegue três objetivos:

• comunicar-se com o céu: daqui o culto de adoração;

• espiritualizar o corpo com a finalidade de unir-se ao Tao, que se tornou a divindade suprema;

• descobrir a sabedoria com a meditação.

Segundo H. Maspero, o taoismo nasceu ao longo de desenvolvimentos profundos que remontam ao final da dinastia Zhou. Aqui o homem está em busca de um caminho de salvação. Ele se interessa por seu destino, sobretudo no tocante ao destino após a morte[5].

---

4. ELIADE, M. "Les religions de la Chine ancienne". In: ELIADE, M. *Histoire des croyances et des idées religieuses.* Vol. II. Op. cit., p. 35.

5. MASPERO, H. *Les religions de la Chine ancienne.* Vol. I. Op. cit., p. 49.

3.2.2 A busca da imortalidade

a) Crenças antigas

Existem várias crenças relativas à sobrevivência. Para alguns havia uma sobrevivência na tumba. Para outros a alma (as almas) morava na região subterrânea, próxima às Fontes Amarelas. Para outros ainda havia uma sobrevivência abençoada junto ao Senhor lá de Cima, do deus Changdi. Seria essa última morada a dos príncipes? A morada nas Fontes Amarelas representava o destino da maior parte dos mortais.

b) Lao-Tsé e a sobrevivência

Segundo Eliade, Lao-Tsé fez de um lado uma distinção clara entre o Tao inefável, Realidade última misteriosa e incapturável, "*fons et origo* de cada Criação"[6], fundamento de cada existência, e de outro lado o Tao "segundo", contingente. O *Tao Te Ching* afirma que "um Tao do qual podemos falar não é o Tao permanente". Eliade é da opinião que para o taoísta existia o desejo de reintegrar a situação primordial, a do início. "Para ele a plenitude vital, a espontaneidade e a beatitude são oferecidos unicamente ao início de uma 'criação' ou de uma nova epifania da vida"[7].

O Tao é o modelo da reintegração dos contrários, visto que a unidade se funda no *yin* e *yang*, dois princípios complementares. Com o Tao e os dois princípios *yin* e *yang* estamos diante de um circuito cósmico que explica a vida e a morte. O taoísta se esforça para sair deste circuito, para esquivar-se do ritmo universal vida-morte; ele tenta prolongar a vida. A busca de uma vida longa é uma das aspirações e das buscas do taoísta. Entretanto, alguns sinólogos pensam que o próprio Lao-Tsé não acreditava na imortalidade física ou na sobrevivência da personalidade humana. Sobre este ponto o *Tao The Ching* não é explícito.

c) Três categorias de imortais

Vimos que a religião taoísta deve ser diferenciada da filosofia de Lao-Tsé. Eliade insistiu na busca da imortalidade física por parte dos adeptos do taoísmo religioso.

---

6. ELIADE, M. "Les religions de la Chine ancienne". In: ELIADE, M. *Histoire des croyances et des idées religieuses*. Op. cit., p. 32.

7. Ibid., p. 34.

Uma primeira categoria de adeptos parece referir-se às experiências xamânicas. O ideograma "imortal" é representado por um homem e uma montanha ou por um homem bailarino que balança as mangas como um pássaro. É a imagem do voo xamânico: subir ao céu. O adepto que está para conquistar a imortalidade é recoberto com penas de pássaro.

Outros taoistas falam em vida num paraíso terrestre: em ilhas maravilhosas ou numa montanha santa denominada Kunlun. Trata-se da imagem de territórios paradisíacos subtraídos ao tempo e acessíveis somente aos iniciados. Graças às crônicas chinesas sabemos que alguns reis tinham enviado expedições em busca desse paraíso (séc. IV e III a.C.).

Uma terceira categoria é composta por aqueles que tinham acesso ao paraíso somente após a morte, que, aliás, era uma morte aparente, dado que seus corpos deixavam o caixão. Os taoistas buscavam, sobretudo, obter a imortalidade do corpo material, habitáculo das almas e dos espíritos.

Para realizar esta busca eram necessárias técnicas adequadas para conservar os espíritos, hóspedes dos homens, no interior do corpo, que, por sua vez, era transformado em corpo imortal. Assim, a busca da imortalidade no taoismo consiste em reintegrar uma condição paradisíaca, a condição humana primordial. Esta busca se funda em ideias arcaicas: o Tao como princípio de tudo; a alternância *yin-yang*; a analogia entre microcosmo e macrocosmo aplicada a todos os níveis da existência. A religião taoista não é uma libertação em sentido estrito, já que o corpo perdura num contexto de imortalidade. É uma religião de superação da vida.

3.2.3 As práticas da conquista da imortalidade

a) O princípio

O taoismo como religião nasceu sob o Império dos Han (206 a.C.-220 d.C.) e continuou se desenvolvendo até o século VII, data em que a dinastia Tang instaurou o confucionismo. O melhor período da expansão da religião taoista é o das seis dinastias, que vai do século IV ao século VI de nossa era. O taoismo é realmente uma religião de "salvação", que se propõe a conduzir os fiéis à vida eterna.

Esta vida eterna é a longa vida. Não se trata de uma imortalidade espiritual, mas de uma imortalidade material do corpo. Os chineses não separam alma e corpo. O mundo é um *continuum*. Para eles o homem tem dois grupos de almas:

três almas superiores e sete almas inferiores. Ao lado destas almas existem os espíritos que habitam o corpo. É no corpo que se pode obter a imortalidade, é nele que a personalidade do vivente subsiste. Urge transformar, pois, o corpo mortal em corpo imortal.

b) O *Livro da vida* e o *Livro da morte*

Nas crenças taoistas fala-se de dois livros. O *Livro dos mortos* é o registro no qual são inscritos os nomes da maior parte dos humanos e os nomes dos infiéis. É o livro do Destino no qual as divindades escrevem o nome, o sexo e o tempo de vida, destinados a cada criança desde o nascimento. É o livro mais volumoso. Mas existe também o *Livro da vida*, o dos futuros imortais. Alguns nomes são escritos já no momento do nascimento, mas a maior parte deles é registrada quando os homens passam a merecer a imortalidade. A compatibilidade entre os mortos e os vivos é avaliada pelos deuses.

c) As técnicas corpóreas: nutrir o corpo

O corpo é dividido em três partes: superior, mediana e inferior. São os três campos de cinábrio, o ingrediente principal da droga da imortalidade. Os três campos de cinábrio têm cada um os seus deuses, que ali residem e os defendem contra os espíritos malignos, contra os sopros do mal. Cada espírito maligno ou sopro do mal habita um dos campos de cinábrio e juntos causam diretamente a decrepitude e a morte. Eles tentam fazer diminuir o tempo de vida do homem que os hospeda, subindo ao céu para delatar seus pecados.

O homem deve abster-se de alguns alimentos: cereais, vinho, carne, tubérculos de sabor forte como cebola e alho. Todos os regimes só fazem efeito com o tempo. Este regime dietético só é preparatório à busca espiritual.

Ao lado do regime alimentar existem técnicas de alimentação, a partir dos sopros cósmicos. É necessário respirar o ar, as emanações solares, lunares e estelares. Muitas são as receitas. Estamos diante de um "ioga chinês". Um procedimento particular se chama "respiração embrionária": o sopro interior em circuito fechado. Trata-se da respiração do feto no seio materno. A respiração embrionária é preliminar à meditação.

Outra forma de técnica se inspira no ioga quântico da Índia, ou, pelo menos, é paralela a esta prática[8].

d) As técnicas espirituais: nutrir o espírito

Trata-se de entrar em relação com os deuses presentes no corpo humano. É necessário preparar este encontro com uma vida pura que atraia a benevolência dos deuses. Este encontro se prepara com a prática das boas obras: alimentar os órfãos, manter as estradas em bom estado, construir pontes, distribuir bens aos pobres[9]. Os atos bons e maus já estavam codificados e regulamentados. Os deuses do Tao com os quais os taoistas queriam entrar em contato eram muitos. Em primeiro lugar existiam os deuses da China antiga, divididos numa hierarquia bem estabelecida. No topo da hierarquia se encontra o Senhor lá de Cima (Changdi). Mas este Senhor dá lugar a um Absoluto impessoal, o Tao, um nome divino que aparece 76 vezes no *Tao Te Chang*. Trata-se do último, inominado e inominável, a Grande Unidade. O Um Supremo. Livros inteiros foram dedicados ao estudo da hierarquia divina. Se os que estão prestes a percorrer a via adquirem méritos, os deuses irão ao seu encontro.

Para conservar os deuses no próprio corpo, o adepto deve praticar a *concentração na meditação*. Esta técnica requer um aprendizado. O adepto deve observar os deuses; deve ter o pensamento concentrado neles. Esta meditação é o limiar da vida espiritual.

Para além desta etapa se encontra a *contemplação* do Tao. Esta nova etapa é a perfeição da meditação. O coração está calmo, a influência exterior limitada. O adepto vê a Realidade suprema, o Tao: ele adquire uma sabedoria extraordinária e acelera seu caminho rumo à imortalidade corpórea. O corpo realiza a identidade com o espírito. Nos aproximamos do topo da contemplação. Não se trata mais de simples conhecimento, mas de uma verdadeira união.

A última etapa da imortalidade é a União mística com o Tao. A via mística é o procedimento por excelência para realizar a união com o Tao. Ela começa já no início do percurso e continua até alcançar o objetivo. A via mística taoista não era uma prática corrente, mas reservada a uma *elite*.

---

8. Ibid., p. 39-40.

9. MASPERO, H. *Le Taoïsme*. Paris: PUF, 1967, p. 303-305.

3.3 Conclusões

O taoismo é um caminho rumo à imortalidade. Na via da imortalidade a vida moral e os atos de virtude constituem os primeiros passos. Graças às boas ações, o taoista é recompensado pela chegada de um "imortal" que o guia no caminho. O deus denominado Dono do Destino está de posse da contabilidade das ações do adepto.

As práticas fisiológicas tentam transformar o corpo mortal num corpo imortal. A partir do início da nossa era apareceram os livros que descrevem as diversas divindades e as práticas indispensáveis[10]. Às práticas fisiológicas somam-se as práticas alquímicas destinadas a acelerar o processo de imortalidade. A alquimia consiste em engolir o cinábrio *dan* (sulfureto de mercúrio). Ao lado da assunção das drogas existe a circulação do sopro, ou vento. As práticas dietéticas, alquímicas e fisiológicas compõem a etapa preparatória.

A vida religiosa interior se funda na visão dos deuses. O corpo está repleto de divindades[11]. Assim o taoista é coagido a realizar uma vasta administração, organizada sob o modelo do Império. A vida religiosa deve continuar na meditação e na contemplação para culminar na união mística com o Um, o Tao, que em última análise significa conquista da imortalidade.

Bibliografia

DE GROOT, J. *The Religious System of China, its ancient forms, Evolution, History and present Aspects, Manners, Customs and social Institutions connected herewith*. 6 vols. Leiden: Brill, 1892-1910 [2. ed.: Taipei, 1964].

EICHHORN, W. *Die Religionen Chinas*. Stuttgart, 1973 [trad. it: *La Cina* – Culto degli antenati, confucianesimo, taoismo, buddismo, cristianesimo dal 1700 a.C. ai nostri giorni. Milão: Jaca Book, 1983].

ELIADE, M. "Les religions de la Chine ancienne". In: *Histoire des croyances et des idées religieuses*. Vol. II: De Gautama Bouddha au triomphe du christianisme. Paris: Payot, 1987, p. 9-46; bibliografia crítica: p. 399-411 [trad. it: *Storia delle credenze e delle idee religiose*. Vol. II: Da Gautama Buddha al trionfo del cristianesimo. Florença: Sansoni, 1999].

---

10. Ibid., p. 355-364.

11. Ibid., p. 380-397.

GRANET, M. *La pensée chinoise*. Paris: La Renaissance, 1934 [2. ed.: Paris: Albin Michel, 1968] [trad. it: *Il pensiero cinese*. Milão: Adelphi, 1987].

_____. *La civilisation chinoise* – La vie publique et la vie privée. Paris: La Renaissance du Livre, 1929 [2. ed.: Paris: Albin Michel, 1968] [trad. it: *La civiltà cinese antica*. Turim: Einaudi, 1954].

_____. *La religion des chinois*. Paris: Gauthier/Villars, 1922 [2. ed.: Paris: PUF, 1951; 3. ed.: Paris: Imago, 1980] [trad. it: *La religione dei Cinesi*. Milão: Adelphi, 1978].

HENTZE, C. *Funde in Alt-China* – Das Welterleben im ältesten China. Göttingen/Zurique/Berlim: Musterschmidt, 1967 [trad. it: *Ritrovamenti in Cina*. Roma: Mediterranee, 1967].

KALTENMARK, M. *Lao-Tseu et le taoïsme*. Paris: Seuil,1965.

MASPERO, H. *Le Taoïsme et les religions chinoises*. Paris: Gallimard, 1971. Estes textos são publicações póstumas. Maspero morreu no campo de concentração de Buchenwald, onde fora deportado pelos nazistas.

_____. *Le Taoïsme*. Paris: PUF, 1967.

_____. *Les religions chinoises*. Paris: PUF, 1967.

SOOTHILL, W.E. *The three Religions of China* – Lectures delivered at Oxford. Oxford: Oxford University Press, 1929.

THOMPSON, L.G. *Chinese Religion* – An Introduction. 5. ed. Belmont: Wadsworth 1996.

WALEY, A. *Three Ways of Thought in Ancient China*. Londres: Allen & Unwin, 1939.

WIEGER, L. *Histoire des croyances religieuses et des opinions philosophiques en Chine depuis l'origine jusqu'à nos jours*. Hien-Hien, 1917.

WOLF, A.P. (org.). *Religion and Ritual in Chinese Society*. Stanford: Stanford University Press, 1974.

YANG, C.K. *Religion in Chinese Society* – A Study of contemporary social Functions of Religion and some of their historical Factors. Berkeley: University of California Press, 1967.

3.4 O confucionismo e a questão da sobrevivência

3.4.1 Notas de cronologia

A dinastia Shang (1751-1028) situa-se na Idade do Bronze. É contemporânea de *gveda* e de Moisés.

As dinastias dos Zhou vão do ano 1028 ao ano 249 (ou 221) a.C. É a época da grande organização feudal, que deságua nos Reinos beligerantes (403-249) com a organização de diversos Estados militares, terminando depois com o primeiro

Império unificado (221-207) ao longo do qual iniciou a construção da Grande Muralha: dinastia Qin (221-207).

A dinastia Han (de 206 a.C. a 220 d.C.): neste período o budismo entra na China, o taoismo evolui e o confucionismo goza de um grande sucesso.

- Fracionamento do Primeiro Império em três reinos: 221-264.
- Restauração do Império: dinastia Qin ocidental (265-316). Depois fracionamento.
- Segundo Império (581-907). Dinastia Sui (681-607), Tang (618-907). Novo fracionamento.

3.4.2 Confúcio (551-479 a.C.)

À época dos reinos combatentes, da dinastia Qin e da dinastia Han, a religião pessoal conhece um grande sucesso. Os reis e os príncipes buscam homens de letras para fazê-los conselheiros do governo do vasto império. O rei se denomina Wang: Filho do Céu, de origem divina. Sua função é caracterizada pela palavra *ming*, que significa: mandato de governar que vem do céu. Ele deve aplicar as regras advindas do céu para estabelecer a harmonia entre as pessoas, as famílias e os grupos sociais. Os homens de letras são necessários. Aqui se situa a origem de uma nova doutrina.

"Confucius" é a transcrição do chinês *k'ung-fu-tzu*, "Mestre Kung", o sobrenome do personagem. Este mestre surge na época feudal, ao longo da qual as dinastias oriundas dos Zhou não conseguem mais manter a ordem no país. Confúcio se coloca à disposição do país e recomenda a volta à virtude de outrora. Dirige prioritariamente seu olhar para a sociedade. Para ele a ordem cósmica deve influenciar a ordem moral. A ordem é a lei do céu e a lei da terra.

Confúcio se concentra na doutrina dos homens de letras. Por volta do ano 500 ele se torna conselheiro dos príncipes, encorajando-os, aconselhando-os e dando-lhes sugestões. Aos seus olhos a legitimidade do poder deve ser sancionada pelo céu: o respeito ao céu é o fundamento da ordem social. A lealdade da vocação pessoal em relação ao céu, ao poder legítimo, é a *conditio sine qua non* do êxito. Esta doutrina de Confúcio está presente numa série de livros canônicos[12].

---

12. CAVIN, A. *Le confucianisme*. Paris: Garnier, 1968, p. 91-114.

A ideia fundamental de Confúcio é a de uma ordem superior às vontades humanas. Para ele, do Filho do Céu (o rei) ao povo, todos, em igual modo, devem ter como primeiro princípio "regular a própria conduta". Neste sentido nosso pensador permanece fiel ao antigo pensamento religioso: a ordem natural e a ordem humana são solidárias; o poder é religioso e o príncipe tem uma missão que lhe advém do céu. Lealdade e tradição são fundamentais. O homem honesto é o homem capaz de agir com virtude.

A virtude é uma força inata. E deve ser despertada no homem. A virtude é o *ren*, a "força inata", o amor, o altruísmo, a bondade. De seus discípulos Confúcio quer fazer homens completos, úteis ao Estado e à sociedade. O confucionismo é acima de tudo uma ética centrada na noção de virtude. Mêncio (372-289) idealiza sempre mais o pensamento do mestre: para ele o homem é bom por natureza. E a ética se orienta para uma mística. Por volta do ano 300 outro discípulo, Sun Tzu, retorna a Confúcio, mas com uma insistência nova sobre a cultura, manifestando-se em última análise a favor de uma transformação da natureza.

3.4.3 Confúcio e a imortalidade

Vimos que os adeptos do taoismo buscaram reintegrar a condição paradisíaca: a busca de imortalidade por eles empreendida era uma exaltação da condição humana primordial. A religião de Confúcio se apresenta de uma forma diferente: é uma religião administrativa ligada aos homens de letras, aos membros da nobreza que codificaram as tradições e os princípios de governo. Mas tudo era religioso na vida pública. O imperador era o chefe religioso supremo: era ele que garantia o culto. Confúcio acreditava numa Potência que ordenava o mundo. A virtude do príncipe era seu reflexo. O culto dos antepassados foi assumindo no confucionismo um papel sempre maior.

Confúcio não refutou as antigas ideias do Tao, do *yin-yang*. Ele conservava a analogia macrocosmo-microcosmo. O princípio do culto aos antepassados, portanto, foi mantido. "Dar continuidade aos ancestrais, realizar os ritos que estes mesmos cumpriam, honrar o que eles honravam, amar o que amavam, servi-los após a morte da forma como eram servidos em vida, servi-los uma vez desaparecidos como durante a existência, assim deve agir o filho perfeitamente piedoso". O culto dos antepassados era uma obrigação de ordem pública. Este culto se manifestava de modo particular no momento dos funerais[13].

---

13. Apud: GRANET, M. *La religion des Chinois*. Op. cit., p. 114.

A preparação do caixão era importante: durante a vida se reservavam árvores para fazer as tábuas do caixão. Estas árvores geralmente eram de natureza rara, visto que a madeira devia resistir ao tempo. As tumbas eram amplas e suntuosas: decorações, pilares fúnebres. Estas práticas funerárias conservavam ideia de que os mortos continuavam a levar uma vida subterrânea, juntos às divindades da terra[14].

Inspirando-se nos princípios e nos modelos antigos, Confúcio tentou restaurar a religião chinesa que estava em fase de decadência. Ele acreditava nos deuses. Queria contribuir para manter na sociedade a ordem e a paz. Exigiu que se prestasse aos defuntos um culto como se estivessem presentes. Sua doutrina sobre a imortalidade não era explícita, mas o pensamento de uma sobrevivência, fundada nas tradições chinesas arcaicas e particularmente no culto dos antepassados é subjacente ao confucionismo.

Bibliografia

CAVIN, A. *Le confucianisme*. Paris: Garnier, 1968.

DO-DINH, P. *Confucius et l'humanisme chinois*. Paris: Seuil, 1958 [trad. it: *Confucio*. Milão: Mondadori, 1962].

ÉTIEMBLE, R. *Confucius*. Paris: Gallimard, 1966 [trad. it: *Confucio*. Milão: Dall'Oglio, 1962].

GRANET, M. *La pensée chinoise*. Paris: La Renaissance, 1934 [2. ed.: Paris: Albin Michel, 1968] [trad. it: *Il pensiero cinese*. Milão: Adelphi, 1987].

_____. *La civilisation chinoise* – La vie publique et la vie privée. Paris: La Renaissance, 1929 [2. ed.: Paris:Albin Michel, 1968] [trad. it: *La civiltà cinese antica*. Turim: Einaudi, 1954].

_____. *La religion des chinois*. Paris: Gauthier/Villars, 1922 [2. ed.: Paris: PUF, 1951; 3. ed.: Paris: Imago, 1980] [trad. it: *La religione dei Cinesi*. Milão: Adelphi, 1978].

GROUSSET, R. *La Chine et son art*. Paris: Plon, 1951 [trad. it: *Storia dell'arte e della civiltà cinese*. Milão: Feltrinelli, 1958].

_____. *Histoire de la Chine*. Paris: Fayard, 1942 [trad. it: *Storia della Cina*. Milão: Mondadori, 1946].

MASPERO, H. *Les religions chinoises*. Paris: PUF, 1967.

---

14. Ibid., p. 113-119.

SOOTHILL, W.E. *The three Religions of China* – Lectures delivered at Oxford. Oxford: Oxford University Press, 1929.

Podemos encontrar uma documentação de primeira ordem nos artigos "Chine", publicados na *Encyclopaedia Universalis* (vol. IV, 1970, p. 262-394); geografia, história, literatura, artes. Entretanto, esta documentação não trata, de fato, do pensamento religioso.

3.5 A imortalidade segundo o amidismo

Na China o budismo é uma religião vinda da Índia graças à ação dos missionários que se beneficiaram da paz restabelecida pela dinastia Han pouco antes do início da nossa era. A penetração do budismo aconteceu ao longo da Rota da Seda, que passava através do Lo-yang, junto ao Rio Amarelo. Os primeiros budistas pertenciam ao Pequeno Veículo e puderam assim ser confundidos com o taoismo religioso em formação. O colapso da dinastia Han, em 220 d.C., lançou a China no caos. Uma segunda geração de missionários budistas, adeptos do *Mahyna*, o Grande Veículo, se aproveitaram da situação. Com a tradução dos textos para o chinês, a penetração do budismo fez-se rapidamente. É um budismo com fortes tonalidades taoistas. Duas grandes escolas se formaram. O budismo Chan, fundado na meditação (*dhyna*), que se tornará o Zen no Japão, dá prosseguimento à via da meditação. Em seguida nasce a segunda escola: a da Terra Pura (*Jìngtuzong*), que desenvolve a devoção ao Buda Amitabha.

3.5.1 Amida e o amidismo

a) Amitabha-Amida

Amitabha, Amida no Japão, Od-dpag-med em tibetano, é um personagem desconhecido do *Hīnayāna,* mas é um grande Buda do *Mahāyāna*. Nāgārjuna, o primeiro filósofo do *Mahāyāna*, teria conhecido Amitabha no mosteiro de Nālandā, uma verdadeira universidade do budismo, e começou a venerá-lo e anunciá-lo. Não obstante isto, na Índia o culto a Amitabha foi meramente esporádico. No Tibete, ao contrário, desde o século VIII, e em seguida na China e no Japão, seu sucesso foi bem maior. Este culto torna-se uma religião quase nova, um verdadeiro teísmo, cujo dogma central é a adoração do Buda Amitabha.

Em Dunhuang, nos santuários budistas explorados por Sir Aurel Stein e Paul Pelliot, existiam inúmeros afrescos e pinturas sobre seda que se referiam ao amidismo. Dunhuang foi um dos primeiros centros artísticos do budismo chinês. O primeiro santuário foi fundado em 366.

Na China o budismo progride, longe de suas bases. Amitabha, o Buda mítico, correspondia ao Buda terreno Shakyamuni. Acreditava-se que este, deixando esta terra, se tivesse transformado em Amitabha, dito Amida. Desde a metade do século II de nossa era os sutras amidistas estavam presentes na China e foram traduzidos. Foi o momento da grande expansão deste budismo da fé, que assumiu também alguns traços do cristianismo.

b) Amidismo: um budismo místico

Para os seus adeptos o amidismo é uma religião. O centro da doutrina é colocado na pretensa existência de um paraíso, o paraíso do Oeste, no qual reina Amitabha. O contato entre a doutrina e o cristianismo consentirá utilizar alguns traços cristãos para descrever este paraíso. O reino puro de Amida, que nele reina como um ser divino, está situado no Oeste. Após a morte o discípulo dirigir-se-á para lá e viverá feliz para sempre.

Na terra a vida do discípulo se desenvolve na ação de graças permanente. Ele estuda os textos sagrados, pensa em Amida, adora suas imagens e suas estátuas. O culto de Amida propiciará práticas piedosas acompanhadas de uma elevada vida moral. Não se trata de obter a salvação por meio de técnicas espirituais, mas de viver uma religião do amor. O amidismo se situa na linha da *bhakti*. O devoto acolhe o próprio deus, banindo assim a ignorância. Esta imagem se faz presente nele e lhe consente de alcançar a "budeidade". O ideal do discípulo de Amida é um ideal de felicidade tranquila, de retidão e de suavidade. O paraíso de Amida é uma terra feliz onde não existem prazeres sensuais, mas um prazer no conhecimento e na contemplação de Amida. Eis um texto que nos faz compreender a beatitude do discípulo:

> Elevados acima dos três mundos, tendo submetido e aplacado seus pensamentos, estes [os discípulos] percebem as causas de todas as coisas... Sem consideração pelas histórias de nossa terra, estes obtêm toda a sua alegria das coisas que a transcendem... Quanto à altura de seu conhecimento são como o oceano. Quanto à luz da sua sabedoria, à brancura, à clareza e à pureza de seu saber são como o sol e a lua. Quanto ao seu esplendor são como o ouro fundido... Quanto à sua penetração em todas

as coisas e à sua liberdade em relação a cada coisa são como o éter. Quanto ao seu privilégio de não poderem ser manchados por nada no mundo são como o lódão[15].

c) O paraíso

O paraíso de Amitabha é um reino luminoso que não conhece sombra nem noite: o sol é de ouro, de prata, de lápis-lazúli. Atrás de Amitabha ergue-se uma árvore imensa, a árvore de Bodhi: flores, frutos, artigos de ourivesaria, pássaros mágicos, cisnes em lagos de margens de pérolas finas.

O reino de Amitabha é um universo transcendente, onde não há espaço para a dor e a morte. Dispomos de idênticas representações do Sukhavati do Turquestão ao Japão[16]. Trata-se de quadros que retratam maravilhosamente os textos que encontramos nos sutras. Segundo de Libac, este paraíso do Oeste, esta terra feliz faz pensar nas Ilhas Afortunadas do mundo grego, no Jardim das Hespérides da Europa Ocidental, no Var do mundo iraniano, no Campo de Rosas do Egito, no Paraíso de Osíris.

d) O budismo de Amitabha na China e no Japão

Até o século II este tipo de budismo penetra na China, com a tradução das sutras vindas da Índia. Mosteiros são construídos e desenvolve-se o ritual de adoração de Amitabha. O amidismo entra na Coreia, e depois, em 552, ele passa para o Japão, onde Amida – nome japonês de Amitabha – será frequentemente identificado com as divindades do Shinto (xintoísmo). Ali templos também são construídos. O amidismo praticará a adoração do Buddha Amitabha: é o *nembutsu*. Obtém-se a salvação ao se pronunciar com fé absoluta o nome de Amitabha ou Amida. Graças a esta fé e à devoção, com a recitação da fórmula de adoração,

---

15. DE LUBAC, H. *Amida*. Paris: Seuil, 1955. Este livro é uma verdadeira soma de conhecimentos sobre o amidismo chinês. Cf. MAGNIN, P. et al. (orgs.). *L'intelligence de la rencontre du bouddhisme* – Actes du Colloque du 11 octobre 2000 à la Fondation Singer-Polignac. Paris: Cerf, 2001, p. 41-50; 89-103 [Études lubaciennes, 2].

16. Cf. a descrição em: DE LUBAC, H. *Amida*. Op. cit., p. 60-62.

o adepto será salvo. Ele entrará no Paraíso de Amitabha, na Terra Feliz. Não se trata mais de meditação ou contemplação. A salvação é encontrada na repetição do nome sagrado do Buddha Amitabha, Amida em japonês.

3.5.2 Amidismo e imortalidade

Saído da Índia, o amidismo terá grande sucesso na China, no Tibete e no Japão. Ele representa uma religião de salvação que ensina a felicidade sem fim junto a Amitabha.

Estamos diante de uma verdadeira doutrina da imortalidade. O defunto chega ao paraíso sentado no cálice de uma flor que se fechou sobre ele. Por algum tempo ele deve aguardar nesta situação. Depois o cálice se abre, e para o fiel isso significa o renascimento no Paraíso da Terra Feliz. Seus olhos são banhados de luz. Esta luz paradisíaca é adaptada a cada pessoa. Louis de la Vallée Poussin chama estas flores de "matrizes de lódão e purgatórios perfumados". Enquanto progressivamente se desenvolve, o amidismo ensina que o fiel que sobre a terra dirigir seu pensamento para Amida fará nascer e desenvolver a flor de lódão na qual renascerá após a morte. Assim, o renascimento preconizado pelo budismo antigo se tornou renascimento na Terra Feliz, onde a dor e a morte não entrarão, já que se trata do "Paraíso dos Imortais". Este lugar de beatitude é o lugar da comunidade perfeita.

Para alcançar a felicidade sem fim no Paraíso da Terra Pura o fiel deve praticar a *nembutsu*, isto é, invocar o Buddha Amida dizendo "Namu Amida Butsu", forma de homenagem, com a recitação do nome do Buddha que preside o céu e a Terra Pura. Esta invocação deve ser recitada uma, sete ou dez vezes em perfeita concentração, de forma a garantir um renascimento no paraíso. O verdadeiro praticante a recita continuamente. Esta prática era muito simples e acessível aos fiéis incapazes de percorrer um caminho muito exigente. O *nembutsu* respondia às necessidades dos mais pobres espiritualmente, que encontravam uma via simples para seu renascimento definitivo no momento da morte e entrar no misericordioso paraíso de Amida. Eles verão Amida face a face e terão a indizível alegria de escutar o seu ensinamento. Trata-se do Despertar supremo[17].

---

17. CORNU, P. *Dictionnaire encyclopédique du bouddhisme*. Op. cit., p. 40-43.

3.6 O juízo dos mortos na China

No final desta pesquisa sobre a sobrevivência e a imortalidade no taoismo, no confucionismo e no amidismo gostaríamos de propor a questão da existência de um juízo e de um inferno no pensamento religioso chinês. O problema foi tratado por N. Vandier-Nicolas[18].

A antiguidade, aristocrática e feudal, viu em seus próprios antepassados veneráveis defuntos que viviam junto aos deuses. É somente numa época bem mais tardia, portanto, que aparece o medo de um juízo no além. O ideal confuciano do justo meio, a doutrina taoista e o amidismo não se furtaram à elaboração de uma reflexão sobre o pecado. Entretanto, ao lado do amidismo havia uma segunda forma de budismo, isto é, o Chan, no qual a mediação se torna um fim em si. No Japão este budismo se chama Zen. Na China dois mestres, Tao Cheng (360-434) e Sang Chao (384-414), fazem uma síntese entre taoismo e budismo. Este novo budismo exige de seus adeptos um total desinteresse, uma longa preparação do despertar interior e a descoberta do Buda presente no interior de cada ser. A iluminação é a apreensão, numa intuição imediata, da natureza do Buda. Para alcançar esta intuição é preciso estancar o trabalho do espírito, de modo que a iluminação emane por si. Na China, após a grande perseguição de 845, este budismo conhecerá uma grande difusão, por vários séculos.

No além-túmulo chinês encontramos o personagem indo-iraniano Yama. Já nos referimos à existência dos dez infernos, governados por dez juízes. Os mensageiros de Yama acompanham o doente até o momento de sua agoniza, e seu chamado obriga a alma a deixar o corpo. Lendas piedosas nos mostram as peripécias da viagem do além-túmulo. Somente os suicidas são trancafiados numa cidade subterrânea, da qual nunca mais saem. Na época da dinastia Han acreditava-se que os mortos se recolhessem aos pés do Monte Tai-Shan. Vários séculos mais tarde um taoista teria viajado até Fong-tou, lugar presumido dos dez infernos. Do momento em que a alma chamada pelos mensageiros de Yama atravessa as portas dos infernos, ela é levada para junto de Qin-Kuang, o primeiro dos deuses juízes encarregados de examinar suas culpas. Se o ativo e o passivo se compensam, o

---

18. VANDIER-NICOLAS, N. "Le jugement des morts en Chine". In: *Le jugement des morts* – Égypte ancienne, Assour, Babylone, Israël, Iran, Islam, Inde, Chine, Japon. Paris: Seuil, 1961, p. 231-254 [Sources Orientales, 4].

juiz manda a alma renascer. Se, no entanto, prevalecer o mal, a convida a continuar sua difícil e penosa estrada, passando por outros juízes, que a torturam. É no inferno do nono juiz que acabam os suplícios. O décimo estabelecerá seu renascimento. Desta forma, a alma purga sua culpa por meio das torturas[19].

A alma é retida por pelo menos vinte e oito meses. Não tendo nada a expiar, ela leva no além-túmulo uma existência análoga à vivida sobre a terra. Sua família deve fornecer-lhe então tudo o que ela necessita. Assim, para alimentar suas necessidades, os vivos realizam cerimônias denominadas *avalambana*, destinadas a nutrir as almas errantes: trata-se da intervenção dos vivos em favor dos mortos. Os chineses acreditam na eficácia de tais ritos e cerimônias, mas os ambientes oficiais confucianos desconfiam desses ritos populares, realizados pelos bonzos budistas. Na China o culto dos mortos assumiu um papel importante. Numerosos templos mostravam representações dos reis dos infernos e suplícios infernais e organizavam cerimônias fúnebres em benefício dos defuntos. Todo um cortejo acompanhava o defunto à tumba. Pinturas e imagens populares ajudavam os crentes a tomar consciência dos próprios pecados e a mudar os próprios comportamentos.

Bibliografia

No final de cada parágrafo dedicado ao taoismo, ao confucionismo e ao amidismo fornecemos as indicações bibliográficas relativas. Eis uma breve bibliografia mais geral.

BERTUCCIOLI, G. "Il taoismo". In: FILORAMO, G. (org.). *Storia delle religioni*. Vol. IV: Religioni dell'India. Roma/Bari: Laterza, 1994, p. 531-557.

BONNARD, A.M. & LE DEN, E. *Les rituels de mort dans la Chine ancienne* – Dynastie des Thcéou, 700-200 av. J.-C. Paris: Dervy Livres, 1986.

CAVIN, A. *Le confucianisme*. Paris: Garnier, 1968.

CHENG, A. *Histoire de la pensée chinoise*. Paris: Seuil, 1981 [trad. it: *Storia del pensiero cinese*. Milão: Mondadori, 2010].

D'ELIA, P.M. "Il buddhismo dei secoli I-VII in Cina e amidismo". In: CASTELLANI, G. (org.). *Storia delle religioni*. Vol. V. Turim: UTET, 1971, p. 597-620.

_____. "Taoismo dei secoli IV-III a.C.". In: CASTELLANI, G. (org.). *Storia delle religioni*. Vol. V. Turim: UTET, 1971, p. 579-597.

---

19. Ibid., p. 241-249.

DEMIÉVILLE, P. "Le bouddhisme chinois". In: PUECH, H.C. (org.). *Histoire des religions*. Vol. I. Paris: Gallimard, 1970, p. 1.249-1.319 [Encyclopédie de la Pléiade].

DUNSTHEIMER, G.H. "Religion officielle, religion populaire et sociétés secrètes en Chine depuis les Han". In: PUECH, H.C. (org.). *Histoire des religions*. Vol. I. Paris: Gallimard, 1970, p. 371-448. Bibliografia p. 444-448 [Encyclopédie de la Pléiade].

EAD. "L'homme et la société selon l'expérience confucéenne". In: RIES, J. (org.). *Crises, ruptures, mutations dans les Traditions religieuses*. Turnhout: Brepols, 2005 [Homo religiosus, 22/5] [trad. it.: "Uomo e società nell'esperienza confuciana". In: RIES, J. (org.). *Crisi, rotture e cambiamenti*. Milão: Jaca Book, 1995, p. 81-96].

_____. (org.). *Entretiens de Confucius*. Paris: Seuil, 1981 [trad. it: *Dialoghi di Confucio*. Milão: Mondadori, 1989].

ELIADE, M. "Les religions de la Chine ancienne". In: *Histoire des croyances et des idées religieuses*. Vol. II: De Gautama Bouddha au triomphe du christianisme. Paris: Payot, 1987, p. 9-46; bibliografia crítica: p. 399-411 [trad. it: *Storia delle credenze e delle idee religiose*. Vol. II: Da Gautama Buddha al trionfo del cristianesimo. Florença: Sansoni, 1999].

ERKES, E. *Credenze religiose della Cina antica*. Roma: ISMEO, 1958.

ÉTIEMBLE, R. *Confucius*. Paris: Gallimard, 1966 [trad. it: *Confucio*. Milão: Dall'Oglio, 1962].

GRANET, M. *La religion des chinois*. Paris: Gauthier/Villars, 1922 [2. ed.: Paris: PUF, 1951; 3. ed.: Paris: Imago, 1980] [trad. it: *La religione dei Cinesi*. Milão: Adelphi, 1978].

KALTENMARK, M. "Religion de la Chine antique". In: PUECH, H.C. (org.). *Histoire des religions*. Vol. I. Paris: Gallimard, 1970, p. 907-957 [Encyclopédie de la Pléiade].

LANCIOTTI, L. "Le religioni della Cina antica". In: FILORAMO, G. (org.). *Storia delle religioni*. Vol. IV. Roma/Bari: Laterza, 1995, p. 501-524.

LAOTZU. *Il libro della Virtù e della Via* – Il Te-tao-ching secondo il manoscritto di Mawang-tui. Milão: Mondadori, 1995.

MAGNIN, P. "Les grandes tendances du bouddhisme chinois". In: *Encyclopédie des religions*. Vol. II. Paris: Bayard, 1997, p. 1.109-1.120.

MASPERO, H. *Mélanges posthumes sur les religions et l'histoire de la Chine*. Vol. I: Les religions chinoises. Vol. II: Le taoïsme. Paris: PUF, 1967.

MASSON,M. (org.). *Grandi religioni e culture nell'Estremo Oriente: Cina*. Milão: Jaca Book, 2008.]

_____. (org.). *Le sacré en Chine*. Turnhout: Brepols, 2008 [Homo religiosus,2/7].

SCHIPPER, K. *Le corps taoïste* – Corps physique, corps social. 4. ed. Paris: Fayard, 1997 [trad. it: *Il corpo taoista* – Corpo fisico, corpo sociale. Roma: Ubaldini, 1983].

SHIH, J. "La religione della Cina all'introduzione del buddhismo". In: CASTELLANI, G. (org.). *Storia delle religioni*. Vol. V. Turim: UTET, 1971, p. 499-576.

VACCA, G. *Le religioni dei Cinesi*. Turim: UTET, 1934.

VANDIER-NICOLAS, N. "Le jugement des morts en Chine". In: *Le jugement des morts–* Égypte ancienne, Assour, Babylone, Israël, Iran, Islam, Inde, Chine, Japon. Paris: Seuil, 1961, p. 231-254 [Sources Orientales, 4].

VANNICELLI,L. *La religione e la morale dei Cinesi* – Contributo alla storia delle religioni dell'Asia Orientale. Nápoles: Istituto Superiore di Scienze e Lettere S. Chiara, 1955.

ZÜRCHER, E. *The Buddhist Conquest of China*. 2 vols. Leiden: Brill, 1958.

V

DUAS RELIGIÕES DUALISTAS E INICIÁTICAS
O ORFISMO E O MANIQUEÍSMO

O título desta parte exige uma explicação. Trata-se, acima de tudo, de situar estes dois pensamentos religiosos em seu desenvolvimento histórico. O orfismo emerge no século VI a.C. e tem sua origem nos ambientes gregos conquistados do misticismo. Dele falou-se em termos de uma religião dotada dos próprios dogmas, do próprio culto e dos próprios preceitos de vida. No século V Platão fala de uma "multidão de livros" definidos como órficos. O que é certo é que esta corrente de doutrinas soteriológicas exerceu uma grande influência por vários séculos: algumas lamelas de ouro encontradas em tumbas da Itália Meridional datam, de fato, do século II de nossa era. Mani, o fundador de uma nova religião nascido em 216 em Mardinu, na Babilônia Setentrional, era filho de Pattēg, originário de Hamadan, na região Média. Dos 4 aos 24 anos de idade ele viveu na comunidade elcasaita do Dastumisan, antes de pregar e enfrentar viagens missionárias até sua morte, em 277.

Uma primeira importante característica destas duas religiões é o dualismo, isto é, uma oposição entre o bem e o mal que leva à distinção entre dois mundos e à sua oposição radical na busca da salvação. Existe oposição entre espírito e matéria, entre alma e corpo. No orfismo o corpo é de origem titânica e a alma de origem celeste. No maniqueísmo o corpo saiu da matéria tenebrosa e a alma é uma centelha divina caída na matéria, da qual é prisioneira.

Este dualismo, tanto órfico quanto maniqueísta, necessita de uma libertação que consinta à alma sair de sua prisão. Daqui a necessidade de uma iniciação mistérica através de uma gnose surgida graças à intermediação de uma revelação e de um revelador. É a segunda característica do orfismo e do maniqueísmo. O dualismo e a iniciação mística e mistérica nos permitem, portanto, examinar conjuntamente a escatologia órfica e a maniqueísta[1].

---

1. BIANCHI, U. *Il dualismo religioso,* L'Erma" di Bretschneider-Ateneo, Roma 1958 [2. ed: 1982]. • BIANCHI, U. *Selected Essays on Gnosticism, Dualism and Mysteriosophy,* Brill, Leiden 1978. • BIANCHI, U. *Orfeo e l'orfismo,* "Studi e materiali di storia delle religioni" 28, p. 151-156. • BIANCHI, U. "Misteri di Eleusi, Dionisismo, Orfismo". In: RIES, J. (org.). *Le civiltà del Mediterraneo e il sacro.* Op. cit., p. 259-281. • PETREMENT, S. *Le dualisme dans l'histoire de la philosophie et des religions.* 3. ed. Paris: Gallimard, 1946. • MOTTE, A. "Orphisme". In: POUPARD, P. (org.). *Dictionnaire des religions.* 3. ed. Paris: PUF, 1993, p. 1.477-1.479 [trad. it.: *Grande dizionario delle religioni.* Casale Monferrato/Assis: Piemme/Cittadella, 1990].

1
A IMORTALIDADE NAS DOUTRINAS E NOS RITUAIS ÓRFICOS

1.1 Orfeu e seu mito

1.1.1 O mito de Orfeu

O mito de Orfeu é um dos mais obscuros do mundo grego. Sua polivalência e seu simbolismo são realmente extraordinários. Eis uma grande síntese deste mito, que conheceu um sucesso único e acabou se transformando numa teologia.

Filho de Eagro, um deus ou rei da Trácia, e de uma musa (Calíope ou Polímnia ou Menippe), Orfeu é cantor, músico, poeta, sacerdote. Para outras tradições é filho de Apolo. No decurso da expedição dos Argonautas, Orfeu acalma as ondas com seus cantos, afasta os companheiros da sedução das Ninfas e os faz iniciar-se nos mistérios de Samotrácia. Por amor à sua esposa Eurídice, morta picada por uma serpente, ele desce aos infernos e com suas melodias seduz os deuses infernais. Estes fingem libertar-lhe a esposa, que ao contrário morre uma segunda vez e é definitivamente mantida no inferno. Paralelamente a este obscuro mito da vida de Orfeu existem diversas tradições sobre sua morte. Para algumas, mais numerosas, ele foi morto pelas mulheres trácias. Os motivos alegados são diversos: ciúme em relação a Eurídice; furor devido à recusa de Orfeu de admitir as mulheres aos mistérios que havia instituído; maldição de Afrodite, submetida a Calíope por decisão de Zeus. Outra versão sustenta que Orfeu foi morto por um raio enviado por Zeus. Segundo uma tradição ulterior, Dioniso enviou contra ele as Bacantes [sacerdotisas do culto de Baco], que o fizeram em pedaços: assim Dioniso teria convertido a Trácia ao próprio culto. Sobre a tumba de Orfeu circularam inúmeras lendas. Entre os elementos de caráter fúnebre emerge um ponto: a lira de Orfeu é levada ao céu e sua alma, transportada aos campos celestes, continua a cantar para a felicidade dos bem-aventurados. Sobre este mito e sobre sua polivalência simbólica foi construída a teologia órfica.

1.1.2 Orfeu, fundador de uma religião mistérica

A documentação relativa a Orfeu é ampla nas fontes gregas, do VI século a.C. até Clemente de Alexandria. Dentre os testemunhos citamos Píndaro e Ésquilo no século VI, inúmeros documentos iconográficos do século V e, da época clássica, Aristóteles, Heródoto, Eurípedes e Platão[1]. Na época helenística podemos mencionar Pausânias, Diodoro Sículo, Estrabão. No Egito houve o encontro com o osirismo[2]. Virgílio imortaliza a viagem de Orfeu aos infernos[3], ao passo que Clemente de Alexandria o menciona nos *Stromates*, II, 81.

Da obscuridade da fusão das tradições, Mircea Eliade apresenta um dado importante para a história da espiritualidade grega: Orfeu é um fundador de iniciações e de mistérios, e isto é confirmado por suas relações com Dioniso e Apolo. Ele parece ser um personagem religioso de tipo arcaico, que algumas tradições projetam no extraordinário tempo das origens, antes de Homero. Orfeu não pertence nem à tradição homérica, nem à herança mediterrânea. Eliade o refere morfologicamente a Zalmoxis, herói civilizador dos dácios, trácios que se acreditavam imortais. Seu prestígio e os elementos mais importantes da vida lembram as práticas xamânicas: curas, música, adestramento de animais selvagens, descida aos infernos e uma cabeça cortada usada como oráculo. Apresentado como fundador de iniciações, iniciador de uma mensagem religiosa precedente a Homero, Orfeu se distingue da religião olímpica porque os preliminares da iniciação impõem o vegetarianismo, o ascetismo, a purificação e a instrução religiosa contida nos *hieroi logoi*. É possível que no século VI e V se visse na figura de Orfeu um fundador de mistérios cuja disciplina iniciática começava a conjugar-se com Apolo e Dioniso. O orfismo, suas iniciações e seus mistérios resultariam assim do encontro entre Orfeu, Apolo e Dioniso[4].

---

1. *Repubblica,* II, 364e.
2. Plutarco, *De Iside*, 35,364e.
3. *Georgiche,* IV,442.
4. ELIADE, M. "Orphée et l'orphisme". In: MADISON, G.B. (org.). *Sens et existence* – En homage à Paul Ricoeur. Paris: Seuil, 1975, p. 46-59.

1.1.3 A teogonia órfica

A teogonia grega clássica que narra a origem dos deuses é a *Teogonia* de Hesíodo, que apresenta tal origem partindo do caos primordial. A *Teogonia* de Hesíodo enumera três gerações de deuses: os deuses do céu, os deuses do Crono e os deuses olímpicos da família de Zeus. Em última análise é Zeus que se impõe.

A teogonia de Orfeu é diferente. Nós a conhecemos graças a diversos testemunhos. No século V a.C., Eudemo de Rodes fala de uma força misteriosa que põe em movimento os elementos da matéria a fim de criar os seres. Outro testemunho é a teogonia das *Rapsódias*, os vinte e quatro cantos do discurso sagrado da fé dos órficos, infelizmente perdidos, mas que conhecemos graças aos neoplatônicos. Nestes fala-se do princípio de cada coisa, um Eros que criou a Noite, Urano, Cronos, Zeus e depois Dioniso. Mas Zeus engoliu Fanes e tornou-se o princípio de tudo. Outro testemunho importante nos vem da descoberta, em 1962 em Derveni, perto de Salônica, de um papiro datado do século IV a.C. que contém o comentário a um texto órfico. O documento fala de um *ovo primordial*, origem e modelo da vida, plenitude do Ser. É, portanto, na origem que se encontra a perfeição ontológica, seguida pela degradação. Assim, o modelo da cosmogonia órfica originária é o oposto do modelo de Hesíodo. Diversos textos nos induzem a pensar que este modelo seja anterior à tradição hesiódica. Entretanto, no papiro de Derveni um verso atribuído a Orfeu proclama que "Zeus é o princípio, o meio e a concretização de cada coisa". Uma tal doutrina nos remete à tradição hesiódica, centrada em Zeus, o deus soberano dos gregos. Os vários testemunhos relativos à teogonia órfica mostram, de um lado, uma divergência muito relevante entre o orfismo arcaico e Hesíodo e, de outro, uma tentativa de reconciliação paradoxal: "Zeus engoliu Fanes. Foi o único modo de conciliar a própria doutrina com os órficos, que faziam de Fanes a mônada originária a qual era transbordada cada coisa, com a convicção de todos os gregos que honravam em Zeus o pai dos deuses, o grande 'Tudo'"[5]. Proclo sublinhava que tendo Fanes, Zeus tinha concentrado em si mesmo toda a entidade divina[6]. O papiro Derveni, descoberto em 1962, atesta seja a existência de "panelinhas" órfica no século IV a.C. seja a tendência monista arcaica da

---

5. LAGRANGE, M.J. *Les mystères, L'orphisme*. Paris: Gabalda, 1937, p. 129.
6. Cf. PLATÃO. *Timeu*, 29a.

teogonia órfica, com a tentativa de conciliação entre o orfismo e a teogonia de Hesíodo na época grega clássica[7].

1.2 Antropologia órfica: dualismo

1.2.1 As testemunhas desta antropologia dualista

Do ponto de vista da imortalidade da alma a antropologia órfica é o elemento principal que nos interessa. É uma antropologia presente em alguns autores. A versão mais completa é a de Clemente de Alexandria[8]. Trata-se do mito dos Titãs, segundo o qual o homem participa tanto da natureza titânica quanto da natureza divina. Estamos diante de uma doutrina dualista, presente também no dionisismo. Os neoplatônicos nos conservaram discursos secretos, os *hieroi logoi*, em vinte e quatro *Rapsódias*, a exemplo das de Homero.

A antropologia das *Rapsódias* conservadas pelos neoplatônicos fala do mito de Dioniso, mutilado pelos titânicos, que desmembram o seu corpo e o repartem entre si. Diodoro Sículo e Fírmico Materno são outras testemunhas deste mito. O neoplatônico Proclo fala de três raças de homem: a raça de ouro, que ele a faz remontar a Fanes, o deus órfico das origens; a raça de prata, cujo senhor é Cronos; e a raça titânica criada por Zeus com os membros dos titãs punidos por seus crimes contra Dioniso.

Sobre a raça titânica dispomos de preciosos documentos órficos: as lâminas de ouro encontradas em algumas tumbas da Itália Meridional e de Creta. Estas lâminas, datadas entre o século IV a.C. e o século II d.C., trazem inscrições relativas à viagem da alma do defunto órfico nos infernos. A alma se apresenta como filha da terra e do céu estrelado: "Titãs, filhos ilustres da terra e do céu"[9]. Platão alude a esta raça que nega obediência às leis e aos parentes e despreza os deuses e os juramentos iniciáticos dos titãs[10]. O papiro Derveni confirma esta antropologia dualista. Os

---

7. ELIADE, M. "Orphée, Pythagore et la nouvelle eschatologie. In: ELIADE, M. *Histoire des croyances et des idées religieuses*. Vol. II: De Gautama Bouddha au triomphe du christianisme. Paris: Payot, 1987, p. 182-183 [trad. it.: *Storia delle credenze e delle idee religiose*. Vol. II: Da Gautama Buddha al trionfo del cristianesimo. Florença: Sansoni, 1999].

8. *Protreptico*, II,17,2-18,2.

9. LAGRANGE, M.J. *Les mystères, L'orphisme*. Op. cit., p. 137-148.

10. *Leis*, II,701 b,c.

estudos recentes de M. Detienne sobre o sacrifício grego lançam luz sobre o mito de Dioniso assassinado pelos titãs, que o relâmpago de Zeus reduz a cinzas. Desta cinza surgirá a espécie humana. Detienne mostrou que essa antropologia ocupa uma posição central no pensamento órfico mais antigo, o do século VI a.C.[11]. O mito dos titãs é um mito hesiológico que presta contas da situação atual do homem.

As inscrições fúnebres nas lâminas de ouro abrem novas perspectivas sobre a antropologia dualista do orfismo. Uma lamela de Petilia Policastro [Calábria] (século IV-III a.C.) faz a alma falar, que por sua vez se declara filha da terra e do céu, mas de origem celeste: ressecada pela sede, a alma perece. Sobre uma folha de Thurium da mesma época a alma do defunto se apresenta: é pura, saída de uma raça pura, a raça bendita dos imortais. Mas esta foi lançada por terra como um astro que cai, unida a um corpo e subjugada pelo destino. Outra lamela de Thurium mostra a alma libertada do ciclo doloroso e penoso: "Afortunado (e abençoado)! Serás deus no lugar do mortal"[12]. Estes documentos ilustram as alusões de Platão à concepção órfica da alma encerrada no corpo como uma tumba[13]. Para o orfismo a raça humana atual carrega uma dupla herança: a de deus e a de titã.

1.2.2 A doutrina dualista do orfismo

Parece, pois, que o mito da morte e do desmembramento de Dioniso ocupe um lugar central na revelação dos escritos órficos. Estes escritos parecem ligar a concepção da raça humana à origem do mal. A raça humana carrega uma perversão originária, tendo sido plasmada das cinzas de uma raça precedente, a raça titânica, que devorou Dioniso. O homem foi plasmado desta raça maldita e criminosa[14].

Entretanto, o homem não é completamente malvado, visto que nele existe uma centelha divina, pelo fato de os titãs terem comido o deus Dioniso. Paul Ricoeur ocupou-se deste mito. Trata-se de um mito hesiológico. Para Ricoeur, no entanto, sua forma final é tardia: ela está presente nos neoplatônicos, em Damáscio e em Proclo. Trata-se de um mito do pecado original: "A mistura que constitui

---

11. DETIENNE, M. *Dionysos mis à mort*. Paris: Gallimard, 1977, p. 165-168 [trad. it.: *Dioniso e la pantera profumata*. Roma/Bari: Laterza, 2007].

12. LAGRANGE, M.J. *Les mystères, L'orphisme*. Op. cit., p. 139.

13. *Crátilo*, 400c. • *Fédon*, 62b.

14. JEANMAIRE, H. *Dionysos: Histoire du culte de Bacchhus* – L'orgianisme dans l'antiquité et le temps modernes, origine du theâtre en Grèce, orphisme et mystique dionisiaque, evolution du dionysisme après Alexandre. Paris: Payot, 1951.

a atual condição dos homens provém de um crime precedente, pré-humano, sobre--humano; desta forma, o mal é herdado: ele remete a um evento que inaugura a confusão entre as duas naturezas até então separadas; este evento é um homicídio que significa tanto a morte de deus quanto a participação no divino"[15].

A doutrina antropológica dualista nos foi dada a conhecer de modo mais preciso, portanto, graças aos documentos tardios. Seria possível projetar esta doutrina às origens? Aqui se impõe uma prudência. Segundo Jeanmarie poder-se-ia pensar em tradições mitológicas ou também "paleomitológicas". Não sabemos em que momento os órficos começaram a interessar-se pelo culto de Dioniso.

Ricoeur sustenta que ao lado do mito hesiológico tardio existe um mito situacional, que apresenta a natureza humana no contexto da situação presente do homem. Nesta ótica o mito tardio é uma explicitação do esquema arcaico alma-corpo.

Os documentos mais interessantes são as lâminas das tumbas órficas. Voltaremos à questão no final do capítulo, visto que possuímos preciosos documentos sobre a crença na imortalidade da alma[16].

1.3 Iniciação órfica e salvação

1.3.1 A vida é uma escolha permanente

O pensamento homérico se preocupa muito pouco com o além. Ele se interessa por este mundo. O orfismo, ao contrário, professa a crença numa sobrevivência bendita. O germe da salvação está no homem, visto que sua alma imortal é uma centelha divina. A alma está presa ao corpo como numa prisão, no qual expia a culpa das origens. A via órfica exige assim uma opção, destinada a libertar a alma de sua prisão na matéria. Período de punição e de resgate, a vida sobre a terra conhece provas e purificações. Em memória ao sacrifício cruento dos titãs que desmembraram e devoraram o jovem Dioniso, os discípulos de Orfeu se abstêm de alimentar-se de qualquer tipo de carne e se entregam a um regime vegetariano absoluto. Consequentemente, o orfismo opõe-se à religião da cidade grega, já que se recusa a participar dos sacrifícios celebrados em honra aos deuses. M.

---

15. RICOEUR, P. *La symbolique du mal*. Paris: Aubier, 1960, p. 263-264 [trad. it. em: *Finitudine e colpa*. Bolonha: Il Mulino, 1960].

16. Ibid.

Detienne sustenta que o movimento órfico do século VI e V é "caracterizado por uma recusa à ordem social solidária com o sistema político-religioso organizado ao redor dos olímpicos".

1.3.2 Uma contestação da religião oficial?

Segundo Detienne – um autor fortemente influenciado pelo estruturalismo de Lévi-Strauss – o orfismo é uma seita que questiona radicalmente a religião oficial da cidade tanto do ponto de vista teológico quanto comportamental. Toda a literatura órfica é construída em oposição à teologia oficial de Hesíodo e à sua teogonia. Esta oposição se manifesta no contraste entre o caos de Hesíodo e o Ovo Primordial dos órficos. Para os órficos existe, de fato, um Ovo Primordial, símbolo da vida, imagem perfeita do vivente.

A divergência parece ainda maior na antropogonia, dado que esta explica como nas origens os homens apareceram num mundo perfeito e foram condenados a uma existência trágica.

Segundo Detienne, a vida órfica é uma vida marginal, separada do mundo político da cidade pelo hábito monacal, pelo regime alimentar e pela recusa ao sacrifício. Trata-se de um ato altamente subversivo. É bom lembrar que nenhum autor segue uma posição tão radical quanto à de Detienne[17].

1.3.3 Doutrina de purificação da alma

Ao lado destes dados bem comprovados – vegetarianismo, oposição ao sacrifício cruento – pouco sabemos da vida órfica. Heródoto afirma que os órficos não se vestem com roupas de lã e não são inumados com tais roupas[18]. Um fragmento de Eurípedes alude às suas vestes brancas: trata-se do simbolismo da pureza e da purificação, um dos aspectos principais da prática órfica[19]. A doutrina da purificação órfica admitia a reencarnação das almas. Graças a Platão sabemos que os órficos faziam descrições muito tétricas dos tormentos da alma culpada e dos males reservados aos amaldiçoados caídos num lugar de

---

17. DETIENNE, M. *Dionysos mis à mort*. Op. cit., p. 167-169.

18. *Storie*, II,81.

19. GUTHRIE, W.K.C. *Orphée et la religion grecque*. Paris: Payot, 1956, p. 222.

perdição[20]. A descrição órfica do mundo infernal era ligada ao mito da descida aos infernos para libertar Eurídice.

1.3.4 A iniciação órfica

O órfico é um iniciado. Esta iniciação de se funda em textos sagrados: estamos, de fato, diante de uma religião do livro. Platão fala dos "Orfeotelestes" [mendicantes que interpretavam os mistérios introduzidos na Grécia por Orfeu], que andavam de cidade em cidade propondo sua receita de salvação[21]. Trata-se talvez de grupos populares que se satisfaziam com os feitiços e não deviam ser verdadeiramente representativos do movimento órfico em sentido estrito. A iniciação propriamente dita se dava através dos *hieroi logoi*, portadores da teogonia, da antropogonia e da mensagem de salvação. É com a transmissão das crenças que os fiéis entravam na via da purificação com o objetivo de obter uma sobrevivência feliz. Alguns fragmentos dos ritos de iniciação são conhecidos graças a documentos arqueológicos como os da Vila dos Mistérios em Pompeia e o mosaico de Djémila Cuicul na Argélia[22]. Os ritos de purificação com o ar, o fogo e a água parecem bem documentados. Clemente de Alexandria cita alguns objetos usados ao longo das cerimônias iniciáticas: "uma pinha, um pião, bonecas articuláveis, belas maçãs de ouro trazidas do jardim das Hespérides de clara voz"[23]. Estes objetos aludem às diversões do jovem Dioniso, quando os titãs o surpreenderam e o mataram. Ao longo da iniciação cantavam-se hinos, os *teletai*, revelados por Orfeu.

1.3.5 Uma religião de salvação

No orfismo muitas questões ainda permanecem em aberto. Basta uma pequena olhada nos trabalhos de Lagrange, Ricoeur e Detienne para fazer-nos uma ideia das divergências na interpretação dos documentos que chegaram até nós.

À luz das pesquisas recentes podemos colher alguns elementos essenciais desta religião de salvação, sobre a qual dispomos de testemunhos distribuídos ao longo de mais de um milênio, a partir do século VI a.C. O movimento órfico é um

---

20. *Repubblica,* II,363d.
21. Ibid., II,364a.
22. LAGRANGE, M.J. *Les mystères, L'orphisme.* Op. cit., p. 102-110.
23. *Protreptico*, II,17,2.

movimento arcaico que se distanciou da religião grega de Homero e de Hesíodo. Fundado no mito teogônico de Fanes e no mito antropogônico dos titãs, o orfismo apresenta uma estrutura dualista que sucede a um monismo arcaico. A doutrina da alma humana, de origem divina, mas exilada num corpo de origem titânica, tornou-se assim o centro da religião órfica. Para a alma imortal trata-se de libertar-se da prisão do corpo para, no final das transmigrações, entrar na morada dos bem-aventurados, reencontrando assim a própria condição divina.

Na vida órfica salvação e conhecimento estão ligados. Com a iniciação o discípulo conhece os mistérios escondidos aos outros: a origem dos deuses e dos homens, o mistério da alma imortal, a necessidade da purificação *em* e *através* do corpo. Os *hieroi logoi* assumem um papel fundamental na iniciação. O discípulo faz a escolha que deve fazer: é separado da cidade e da sociedade; seu hábito branco o torna único e lembra o imperativo da pureza permanente; seu regime vegetariano lhe impõe renúncias radicais no estilo de vida e na religião do sacrifício cruento. Se o orfismo popular se contenta com uma iniciação superficial realizada através dos encantamentos, o orfismo místico dá às *elites* o ideal de uma educação baseada nas revelações dos *hieroi logoi*. Prestando-se facilmente ao sincretismo, o movimento órfico exerceu e sofreu diversas influências, sobretudo a partir do período helenístico. Vemo-lo assim aliar-se ao osirismo na época de Plutarco e, antes de gozar de um grande sucesso entre os neoplatônicos dos séculos III e IV, fazer seu ingresso em mais de uma irmandade gnóstica.

1.4 A imortalidade da alma

Nas doutrinas órficas a imortalidade da alma é uma afirmação fundamental: a alma é de origem divina. O dualismo, a imortalidade da alma e a escatologia não têm cessado de preocupar a alma grega, sobretudo após a retomada, por parte de Platão, de algumas ideias órficas.

As fontes que nos permitem ter uma ideia bastante precisa da imortalidade da alma entre os órficos são de dois tipos:

- os textos antigos que aludem aos ritos e às práticas órficas;
- as folhas de ouro encontradas em algumas tumbas órficas da Itália Meridional e de Creta. Algumas destas lâminas são antiquíssimas e remontam ao século V a.C.

1.4.1 *As fontes literárias*

a) A origem da crença

Eliade interessou-se muito por aquilo que ele chama de "nova escatologia". A questão é importante. Trata-se de ver quem está na origem da crença grega na imortalidade da alma, crença, aliás, ligada a reencarnações sucessivas na terra em vista de alcançar uma total purificação. Trata-se evidentemente de um tema muito próximo aos *Upaniṣad*.

Segundo Eliade é Ferécides de Siro, no século IV, que por primeiro sustenta que a alma é imortal e retorna sucessivamente à terra. À época, somente na Índia esta crença é afirmada com clareza. É com os órficos e os pitagóricos que se difunde tal doutrina. Eliade sustenta que com as referências de Platão, de Empédocles e de Píndaro é possível fazer-nos uma ideia relativamente clara da escatologia órfica[24].

b) Platão

Fédon, 108a: Platão sustenta ter assumido sua doutrina relativa ao destino da alma dos "ritos e costumes que aqui se praticam".

Sua doutrina é que a estrada do Hades não é nem simples nem única, visto que guias são necessários. É uma estrada não isenta de um certo número de bifurcações e encruzilhadas. Platão fala então de diversas estradas da alma:

- a alma presa apaixonadamente ao próprio corpo sofre uma quantidade considerável de provas e não cessa de vagar;
- a alma cuja vida transcorreu de forma pura e ponderada vai de par com as divindades.

Em *Górgias* 524, Platão fala de uma encruzilhada da qual partem duas estradas, uma para a ilha dos Benditos e outra para o Tártaro. Platão afirma que isso é o que lhe foi narrado. Dessas tradições ele deduz:

- que a morte é a ruptura recíproca do vínculo que une duas coisas, o corpo e a alma;

---

24. ELIADE, M. *Orphée, Pythagore*. Op. cit., p. 195-191, 194.

- que o corpo manifesta o que era enquanto vivo, carregando os sinais de quanto lhe sucedeu ao longo da vida;

- que o mesmo pode ser dito da alma, ou seja, que ela é submetida ao juízo das próprias ações neste mundo.

República 614c-d: aqui temos a alusão a duas modalidades de recordação: a recordação do que a alma foi no céu e a recordação do que ela suportou na terra.

Guthrie sustenta que o orfismo exerceu uma grande influência sobre Platão[25].

1.4.2 *As folhas de ouro*

Graças a estas folhas podemos interrogar o orfismo[26]. Estas foram encontradas em algumas tumbas órficas da Itália Meridional e de Creta. Datam do século V-IV a.C. ao século II de nossa era. Os textos provêm de um texto mais longo: são extraídos de um "livro dos mortos", em uso entre os órficos. Os textos das lâminas de ouro e os textos dos fragmentos órficos conservados são concordes, o que indica uma identidade doutrinal. As inscrições fazem referência a uma viagem ao além-túmulo. Como no *Livro dos mortos* do Egito, a alma é guiada ao longo de sua viagem no outro mundo, sugerindo-lhe o que ela deve fazer.

O itinerário da alma após a morte:

• Petilia Policastro [Calábria], IV-III século a.C. (British Museum): "Acharás à esquerda das moradas do Hades uma fonte, e ao lado dela ergue-se um branco cipreste. Não te aproximes desta fonte. Depois encontrarás outra, que do Lago da Memória [Mnemósine, deusa titânide que personificava a memória] faz jorrar água fresca: nela encontrarás guardas. Dirás: Sou criatura da terra e do céu estrelado, e, portanto, pertenço a uma raça celeste. Estou morta de sede e pereço; concedam-me rapidamente água do Lago da Memória. E eles mesmos te darão de beber da fonte divina. E logo depois reinarás com os outros heróis".

• Eleútherna, Creta, três inscrições similares, século II a.C. (Museu de Atenas): "Consumo-me de sede e pereço. Mas dá-me de beber (4) da fonte sempre

---

25. GUTHRIE, W.K.C. *Orphée et la religion grecque*. Op. cit., p. 177.
26. LAGRANGE, M.J. *Les mystères, L'orphisme*. Op. cit., p. 137-148.

fluente da direita, onde está o cipreste". "Quem és tu? De onde és?". "Sou filho da terra e do céu estrelado"[27].

O tema da chegada junto aos deuses:

"Venho puro, surgido de uma sociedade de puros, ó rainha dos infernos, Eucle e Eubúleo e todos os outros deuses imortais, pois me orgulho de ser da vossa raça bendita, mas o destino me domou, bem como o fulgor projetado pelas estrelas".

• "Voei para longe do ciclo doloroso e penoso, e cheguei rapidamente à coroa desejada. Penetrei debaixo do seio da Senhora, deusa infernal". "Felizardo e beatíssimo, serás deus ao invés de mortal". "Cabrito, mergulhei no leite"[28].

• Turii (atual Cosenza, Itália), mesma época: "Venho, puro entre os puros, ó rainha dos infernos, Eucle e Eubúleo e outros deuses demônios, pois me orgulho de ser de vossa ilustre raça. Paguei o resgate de minhas ações injustas tanto por ter sido domado pelo destino quanto por ter sido alvejado por uma rajada cintilante de relâmpagos. Agora, suplicante, venho junto à santíssima Perséfone, a fim de que, benevolente, me envie às sedes dos glorificados".

Lagrange comenta como segue esta inscrição do Museu de Nápoles: "Comparada à precedente, esta redação se apresenta despojada de suas fórmulas misteriosas. Dir-se-ia que ela se destina a órficos de segunda ordem, ou seja, a não iniciados. Nela a alma fala das próprias culpas expiadas natural ou violentamente antes da morte, e após um raio fulminante: nenhuma alusão ao ciclo doloroso, tampouco às relações íntimas com Perséfone"[29].

Inscrição encontrada em Roma, talvez do século II d.C., acompanhada da tradução de Lagrange, e de seu comentário[30]: "Ela vem, pura entre os puros, rainha dos infernos, Eucle e Eubúleo, nobre descendente de Zeus, e tenho este dom da Memória, célebre entre os homens". "Cecília Secundina, venha alegre: uma lei fez-te divina". "Soa como um diálogo. A defunta, tendo recebido o dom da Memória, talvez na fonte, seguiu, pois, o rito órfico. Os deuses do orfismo aos quais se dirigiu a acolhem benevolentes".

---

27. Texto grego publicado em: KERN, O. (org.). *Orphicorum fragmenta*. Berlim: Weidmann, 1922, p. 104 [2. ed.: 1963].

28. Museu de Nápoles; KERN, O. (org.). *Orphicorum fragmenta*. Op. cit., p. 106.

29. Ibid., p. 140.

30. Ibid.

Segundo Guthrie[31] esta inscrição de Roma, atualmente no British Museum, seria mais tardia: III ou IV século d.C. Este seria um indício evidente da persistência das doutrinas órficas no início de nossa era.

Itinerário da alma e sua chegada junto aos deuses:

• Thurii, encontrada em 1879, do século IV ao século III a.C.: "Mas quando a alma tiver deixado a luz do sol, à direita... tendo prestado atenção a cada coisa: Saúde, (a ti) que tens sofrido como nunca. De homem te tornaste deus. Cabrito, mergulhaste no leite. Saúde! Tu que caminhaste à direita e em direção às pradarias e florestas sagradas de Perséfone".

A estas lâminas de ouro precisamos unir uma inscrição gravada na pedra, encontrada em Festo, Creta, do século II a.C. "A mãe de todas as coisas revela aos homens uma maravilha: estenda a mão aos santos e aos que dão razão à própria origem racial. Mas ela faz o contrário aos que se afastam da raça dos deuses. Vós todos que sois piedosos e que tendes a língua bem adestrada, entrai puros no templo da Grande Mãe: conheceis as obras divinas, dignas de imortalidade, como convém a este templo". "Dir-se-ia que se trata de um grupo órfico: são pessoas que têm o direito de orgulhar-se de sua origem, como os que se dizem filhos da terra e do céu estrelado: são santos, suas línguas sabem expressar as fórmulas necessárias, prestaram conta de suas boas obras, são convidados a entrar no templo divino". O importante é realçar aqui a personalidade da Grande Mãe, que pouco impressiona num texto de Creta, onde era associada à Rea, a deusa das serpentes. Ela representava Creta na obra os *Cretenses* e também nas *Baccantes* de Eurípedes. É uma prova ulterior que, se existe sincretismo, é sincretismo antigo e típico da grande ilha. O juízo e a língua bem adestrada lembram o juízo egípcio diante de Osíris e a via correta que profere as boas fórmulas. Se considerarmos as pequenas lâminas de ouro em seu conjunto, elas quase parecem ser uma pequena porção de um poema que compreende os dois episódios principais da vida no além-túmulo: a maneira de achegar-se a Perséfone no grupo dos deuses que lhe eram associados, e a assunção do defunto pelos deuses[32].

---

31. Ibid., p. 194.
32. LAGRANGE, M.J. *Les mystères, L'orphisme*. Op. cit., p. 141.

1.4.3 A imortalidade da alma

a) Um nascimento místico

Lagrange e outros autores insistem na parentela entre estes e os textos egípcios das *Pirâmides*, dos *Sarcófagos* e do *Livro dos mortos*. O itinerário faz pensar no *Livro das duas vias* encontrado num sarcófago em Berlim. Mas existe uma diferença. Os textos egípcios insistem muito mais no comportamento moral do defunto ao longo da vida, ao passo que as lâminas de ouro recorrem mais à origem divina da alma. Nos textos egípcios fala-se de Osíris, nas lâminas de ouro existe a deusa Perséfone, o que nos faz pensar nos mistérios de Elêusis. Perséfone é a deusa dos infernos. Um texto afirma: "Penetrei debaixo do seio da Senhora (*hupo kolpon*), rainha dos infernos". Tratar-se-ia de uma alusão a um novo nascimento? Festugière hesita, mas Lagrange pende para o sentido de uma "filiação divina". Trata-se de um nascimento místico. É a deusa que acorda ao defunto a sua recompensa. Eucle ("o ilustre") e Eubúleo ("o bom conselho") são epítetos de Hades, de Plutão, de Dioniso.

b) A natureza divina da alma

A alma é admitida pelos deuses infernais. Não se trata, portanto, dos deuses do Olimpo. A alma declara sua identidade: origem divina.

> Sou filho da terra e do céu estrelado,
> De fato confesso que também eu sou da vossa raça sagrada.

Origem divina e parentela com os deuses são dois elementos fundamentais. As lâminas de ouro insistem naquilo que é divino no homem, embora sabendo que está presente o elemento "terreno e titânico". Aqui sentimos a influência da escolha que o órfico devia fazer: com seu modo de viver reduzia o elemento titânico presente nele.

c) Ações injustas e reencarnação

Na inscrição de Thurii (2b do nosso texto) há uma frase que nos surpreende: "Voei para longe do ciclo doloroso e penoso". E na inscrição Thurii 2c se lê: "Paguei o resgate de minhas ações injustas".

As ações injustas são tanto os atos da alma quanto a herança titânica que nela pesa. O ciclo desgastante, doloroso e penoso parece ser uma alusão muito clara à reencarnação. Para os adeptos de Orfeu, a iniciação era a preparação para a saída deste ciclo. Eles se imaginavam estar na última reencarnação: sua vida e sua pureza lhes haviam preparado a saída do ciclo transmigratório.

Depois de outros autores, Eliade insiste na presença das doutrinas órficas da reencarnação "como penas pesadas" nos textos de Platão. No mito de Er, que Platão narra na *República*, todas as almas destinadas à reencarnação são obrigadas a beber na fonte do Rio Lete[33] para esquecer suas experiências do outro mundo. Mas pensava-se que as almas dos órficos não se reencarnassem mais. Além disso, elas deviam evitar a água do Lete e voltar-se para a fonte que lhes devolvia a memória de sua origem divina. Eliade descreve, seguindo Platão, o ciclo das duras penas[34]. Não nos ateremos a estas questões, já que elas serão analisadas quando abordarmos o pitagorismo e o platonismo. Recomendamos a leitura dos textos de Eliade sobre os paralelos órficos que encontramos em diversas mitologias e geografias fúnebres[35].

Conclusões

O orfismo é uma religião de salvação cuja existência na Grécia é atestada a partir do século VI a.C. Trata-se de um movimento antiquíssimo que se afasta da religião de Homero e de Hesíodo, da honra dos deuses. O orfismo ensina uma teogonia e uma cosmogonia nas quais temos no início um Ovo Primordial, origem e modelo da vida, plenitude do ser. A antropologia órfica é fundada no mito de Fanes e no mito antropogônico dos titãs: de origem divina, a alma humana se encontra exilada num corpo de origem titânica. Dele ela deve libertar-se e, no final de diversas transmigrações, reencontrar seu estado divino junto aos deuses. A alma é divina e imortal.

A iniciação órfica revela a origem dos deuses e dos homens, o mistério da alma imortal e a necessidade de uma purificação da alma no corpo e através do corpo. Desta forma impõe-se uma vida austera: vestes brancas, regime vegetariano,

---

33. *Repubblica*, X, 613-614; 619-620.
34. ELIADE, M. *Orphée, Pythagore*. Op. cit., p. 186.
35. Ibid., p. 186-187.

vida à margem do movimento social e religioso da cidade grega. No centro das doutrinas órficas se encontram a imortalidade da alma e sua origem divina. Duas fontes nos permitiram conhecer este ensinamento fundamental: de um lado as testemunhas gregas, sobretudo Platão, que fez suas as doutrinas da imortalidade da alma e da purificação com a vida e a transmigração; de outro as lâminas de ouro descobertas em algumas tumbas órficas. Graças a Platão o pensamento órfico entrou no patrimônio religioso grego. Os neoplatônicos retomaram, desenvolveram e difundiram as doutrinas órficas.

Bibliografia

Fontes

ARRIGHETTI, G. (org.). *Fragmenti orfici*. Turim: Boringhieri, 1959.

KERN, O. (org.). *Orphicorum fragmenta*. Berlim: Weidmann, 1922 [2. ed.: 1963].

MERKELBACH, R. Der orphische Papyrus von Derveni. *Zeitschrift für Papyrologie und Epigraphik*, I, 1967.

QUANDT, G. (org.). *Orphei Hymni*. Berlim: Weidmann, 1941.

Literatura

BÖHME, R. *Orpheus* – Der Sänger und seine Zeit. Berna/Munique: Francke, 1970.

BOULANGER, A. *Orphée* – Rapport de l'orphisme et du christianisme. Paris: Rieder, 1925.

DETIENNE, M. *Dionysos mis à mort*. Paris: Gallimard, 1977 [trad. it.: *Dioniso e la pantera profumata*. Roma/Bari: Laterza, 2007].

ELIADE, M. "Orphée, Pythagore et la nouvelle eschatologie". In: ELIADE, M. *Histoire des croyances et des idées religieuses*. Vol. II: De Gautama Bouddha au triomphe du christianisme. Paris: Payot, 1987, p. 176-203 [trad. it.: *Storia delle credenze e delle idee religiose*. Vol. II: Da Gautama Buddha al trionfo del cristianesimo. Florença: Sansoni, 1999].

_____. "Orphée et l'orphisme". In: MADISON, G.B. (org.). *Sens et existence* – En hommage à Paul Ricoeur. Paris: Seuil, 1975, p. 46-59.

GUTHRIE, W.K.C. *Orphée et la religion grecque* – Étude sur la pensée orphique. Paris: Payot, 1956.

KERÉNYI, K. Die orphische Kosmogonie und der Ursprung der Orphik – Ein Rekonstruktionsversuch. *Eranos-Jahrbuch*, XVII, 1949, p. 53-78.

LAGRANGE, M.J. *Les mystère* – L'orphisme. Paris: Gabalda, 1937.

MOULINIER, L. *Orphée et l'orphisme à l'époque classique*. Paris: Les Belles Lettres, 1955.

NILSSON, M.P. "Der Orphismus". In: *Geschichte der griechischen Religion*. 3. ed. Munique: Beck, 1967, p. 678-697.

PEPIN, J. *Idées grecques sur l'homme et sur Dieu*. Paris: Les Belles Lettres, 1971.

PRUHM, K. "Orphisme". In: BRIEND, J. & COTHENET, E. (orgs.). *Supplément au Dictionnaire de la Bible*. Vol. VI. Paris: Letouzey & Ané, 1960, cols. 55-88.

RICOEUR, P. *La symbolique du mal*. Paris: Aubier, 1960 [trad. it.: in: *Finitudine e colpa*. Bolonha: Il Mulino, 1960].

RIES, J. "Orphisme". In: *Catholicisme hier, aujourd'hui, demain*. Vol. X. Paris: Letouzey & Ané, 1984, cols. 274-280.

SABBATUCCI, D. *Essai sur le mysticisme grecque*. Paris: Flammarion, 1982.

VON SCHEFFER, T. *Hellenische Mysterien und Orakel*. Stuttgart: Spemann, 1948.

Bibliografia complementar

BIANCHI, U. "Misteri di Eleusi, Dionisismo, Orfismo". In: RIES, J. (org.). *La civiltà del Mediterraneo e il sacro*. Milão: Jaca Book, 1992, p. 259-281.

_____. "L'orphisme a existé". In: *Mélange d'histoire des religions offerts à H.-Ch. Puech*. Paris: PUF, 1974, p. 129-137.

BORGEAUD, P. (org.). *Orphisme et Orphée* – En l'honneur de Jean Rudhardt. Genebra: Droz, 1991 [Recherches et rencontres, 3].

BURKERT, W. "Craft versus Sect – The Problem of Orphics and Pythagoreans". In: MEYER, B. & SANDERS E.-P. (orgs.). *Jewish and Christian Self Definition*. Vol. III. Filadélfia: Fortress, 1982, p. 1-22.

COSI, D.M. "Orfeo e l'orfismo – Tra continuità e innovazione". In: RIES, J. (org.). *Crisi, rotture e cambiamenti*. Milão: Jaca Book, 1995, p. 99-116.

LAKS, A. & MOST, G.W. (orgs.). *Studies on the Derveni Papyrus*. Oxford: Clarendon, 1997.

MASARACCHIA, A. (org.). *Orfeo e l'orfismo* – Atti del Seminario nazionale. Roma-Perugia 1985-1991. Roma: GEI, 1993.

ROHDE, E. *Psyché* – Le culte de l'âme chez les Grecs et leur croyance à l'immortalité. Paris: Payot, 1928.

SANTA MARIA ALVAREZ, M.A. Orfeo e el Orfismo – Actualizatión bibliografica 1992-2003. *ILU – Revista de ciencias de las religiones*, 8, 2003, p. 225-264.

SOREL, R. *Orphée et l'orphisme*. Paris: PUF, 1995.

WEST, N.L. *The Orphic Poems*. Oxford: Clarendon, 1983 [trad. it: *I poemi orfici*. Nápoles: Loffredo, 1993].

2
A ESCATOLOGIA NA RELIGIÃO DE MANI

Originário de Himadan na Média, Mani nasceu em Mardinu, no distrito de Nahr Kutha, na Babilônia Setentrional, em 216 de nossa era[1]. No *Codex Mani*, o evangelho de sua infância, um documento grego do século V descoberto recentemente, Mani declara que aos quatro anos de idade entrou no grupo dos Elcasaitas de Dastumisan no qual cresceu ao lado de seu pai Pattēg e sob a proteção dos anjos de luz e das potências especiais preparadas por Jesus Esplendor. Dos quatro aos doze anos de idade, com visões adaptadas à sua idade, ele recebeu um primeiro ensinamento gnóstico a respeito da alma vivente, a alma do mundo. Com a idade de doze anos um visitador celeste lhe fez uma primeira revelação: este visitador era o anjo At-Taum, o "gêmeo", e a data da visita foi 7 de abril de 228. A segunda visita deste *suzugos* dataria de 24 de abril de 240. Mani é então confirmado em sua missão pelo Paráclito celeste, do qual é a cópia: é a fundação da sua Igreja gnóstica[2].

No volume X da "Opera omnia", publicado pela Jaca Book em 2011 e dedicado à Igreja gnóstica de Mani, dedicamos quatro capítulos à escatologia das doutrinas de Mani: a escatologia retomada do Novo Testamento; a morte e a sobrevivência; a escatologia nos textos maniqueístas orientais; a escatologia e os três tempos. Não retomaremos aqui toda a documentação. Parece-nos útil, porém, oferecer aos nossos leitores uma breve síntese e alguns acréscimos[3].

A religião dualista de Mani levou à maturidade diversas doutrinas gnósticas elaboradas ao longo dos primeiros séculos de nossa era. Herdeiro do mito fundador

---

1. RIES, J. "Mani". In: POUPARD, P. (org.). *Dictionnaire des religions*. 3. ed. Paris: PUF, 1993, p. 1.224-1.226 [trad. it.: *Grande dizionario delle religioni*. Casale Monferrato/Assis: Piemme/Cittadella, 1990].

2. KOENEN, L. & RÖMER, C. *Der Kölner Mani-Kodex* – Krische Edition. Opladen: Westdeutscher, 1988 (CMC).

3. RIES, J. *La chiesa gnostica di Mani*. Milão: Jaca Book, 2011 [Opera Omnia, 10].

das oposições radicais entre os dois reinos, o da luz e o das trevas, Mani o reveste com uma concepção mítica do Tempo: o Tempo de uma separação radical das origens, o Tempo mediano da mistura entre a luz e as Trevas, e, enfim, a separação definitiva dos dois, o terceiro Tempo, que sela o retorno à situação originária. Além disso, sobre o eixo dualista do mito luz-trevas, ele implanta uma doutrina de salvação tomada das religiões mediterrâneas da época helenística e do cristianismo.

O segundo Tempo, o Tempo Mediano, é o Tempo da mistura entre as trevas e a luz, atacada e derrotada pelas trevas, mas é também o tempo da salvação[4]. Mani inventou um verdadeiro maquinário celeste, destinado a liberar, de um lado, as partículas luminosas mantidas na prisão do cosmo e, de outro, a alma, *noûs e psyché*, prisioneira do corpo[5]. Obviamente precisamos considerar o fato que Mani dividiu sua Igreja em eleitos e ouvintes: os eleitos, também ditos perfeitos ou santos, eram os missionários da Igreja; os ouvintes, leigos ou catecúmenos, eram os encarregados da sua organização em todos os níveis. Trata-se de dois estados de vida diferentes, sob o modelo da *sangha* budista[6].

2.1 A escatologia individual

2.1.1 Morte e sobrevivência do eleito

Nossa documentação provém de duas tradições: de um lado, os textos coptas descobertos no Fayum, em Medinet Madi, em 1930 e, de outro, a tradição oriental, representada em particular por *Fihrist al-ulum*, uma enciclopédia árabe redigida pelo historiador Ibn al-Nadim e concluída em Bagdá no ano 987[7].

---

4. RIES, J. "La doctrine de l'âme du monde et les trois sceaux dans la controverse de Mani avec les elchasaïtes". In: CIRILLO, L. (org.). *Codex Manichaicus Coloniensis* – Atti del Simposio internazionale. Rendez-Amantea, 3-7 settembre 1984 sul Codex Manichaicus Coloniensis. Cosenza: Marra, 1986, p. 169-187.

5. RIES, J. "Manichéisme". In: POUPARD, P. (org.). *Dictionnaire des religions*. Op. cit., p. 1.231-1.237.

6. TARDIEU, M. *Le manichéisme*. Paris: PUF, 1981, p. 72-93 [trad. it.: *Il manicheismo*. Cosenza, 1988]. • PUECH, H.C. *Le manichéisme*. Paris: Musée Guimet, 1949, p. 86-91.

7. ALFARIC, P. *Les écritures manichéennes,* 2 vols. Paris, 1918. • DECRET, E. *Mani et la tradition manichéenne*. Paris: Seuil, 1974. • PUECH, H.C. *Sur le manichéisme et autres essais*. Paris: Flammarion, 1979 [trad. it.: *Sul manicheismo e altri saggi*. Turim: Einaudi, 1995]. • RIES, J. *Les études manichéennes*. Louvain-la-Neuve: Centre d'Histoire des Religions, 1988. • FLÜGEL, G. *Mani* – Seine Lehre und seine Schriften aus den Führst des an-Nadim.Leipzig, 1862 [reimp.: Osnabruque,1969].

O eleito maniqueísta espera a morte como recompensa e realização de uma vida dinamizada pela pregação e animação das diversas comunidades gnósticas. Ele cantou os hinos, liderou cotidianamente as cinco orações e levou uma vida austera para liberar muitas partículas luminosas que pela via láctea haviam voltado ao reino da luz. Diversos textos dos hinos narram a missão dos eleitos e sua recompensa no momento da morte (PsM 265,81,20-22)[8]. Os Hinos a Jesus cantam a ascensão triunfal da alma do eleito no momento de sair da prisão do corpo. Esta hora de triunfo definitivo é tornada solene pela imposição da coroa da vitória quando o eleito se encontra com os anjos na cidade luminosa (PsM 254,64,10-11,14-15). O próprio Jesus faz entrar a alma do eleito no quarto nupcial, onde ela se torna uma esposa de luz (PsM 265,81,13-14) e recebe a coroa colocada por três anjos ao som das trombetas. O *Fihrist al-ulum* de al-Nadim oferece também inúmeros detalhes sobre esta acolhida triunfal da alma por parte dos anjos, que carregam uma jarra d'água, um manto, um diadema, uma coroa e uma venda luminosa[9].

Ao lado do eleito assume seu lugar uma menina, réplica de sua alma. No masdeísmo trata-se da *daena*, a cópia da alma do defunto fiel. Os três anjos expulsam o demônio do prazer sensual que quer atacar a alma do eleito; os anjos o revestem com o manto, a coroa e o diadema, acompanhados da jarra d'água. Assim a alma pode elevar-se em direção ao Homem Primordial e em direção à Mãe dos Viventes, de forma a penetrar no paraíso luminoso. O corpo do defunto é abandonado a fim de que o sol, a lua e os anjos de luz lhe retirem as últimas forças. Existe aqui uma alusão às práticas masdeístas de descarnação do cadáver[10].

2.1.2 O destino do catecúmeno maniqueísta após a morte

O *Kephalaion* 91 descreve o destino do ouvinte maniqueísta autêntico que viveu ao lado de seu esposo ou esposa considerando-o (a) estrangeiro (a): afastou-se

---

8. ALLBERRY, C.R.C. *A Manichean Psalmbook*. 2ª parte. Stuttgart: Stuttgart, 1928 [sigla: PsM]. • RIES, J. "L'âme du monde et la redemption de la lumière dans le manichéisme". In: BILDE, P. et al. (orgs.). *Apocryphon Severini presented to Sören Giversen*. Ahrus: Ahrus University Press, 1993, 178-191.

9. FLÜGEL, G. *Mani*. Op. cit., p. 100-102.

10. WIDENGREN, G. *Mani und der Manichäismus*. Stuttgart: Stuttgart, 1961, p. 67-72 [trad. it.: *Il manicheismo*. Milão: Il Saggiatore, 1964].

de seus bens e pôs seu coração na Igreja[11]. Os assemelha aos eleitos. São pérolas preciosas que, na saída do corpo, entram no reino da luz. Os outros catecúmenos são convidados a pedir perdão de seus pecados (K 97,230,26-29). Alhures fala-se da queda destes catecúmenos no ciclo dos renascimentos. O *Fihrist* oferece a mesma perspectiva. Quanto aos pecadores, sua destruição é total.

2.2 A escatologia cósmica

Na doutrina de Mani é o Terceiro Tempo que eliminará a mistura entre luz e treva. Sobre esta temática dispomos de vários textos. O *Kephalaion* 187, dedicado às esmolas, fala da reunião dos catecúmenos e da santa Igreja no reino da luz, que será o lugar do repouso final (218,1-32). O *Tratado* ou *Sermão da grande guerra*, atribuído a Koustaios, discípulo e colaborador de Mani, anuncia em termos apocalípticos uma grande guerra terrível e uma perseguição cruel da comunidade, que, por outro lado, será acompanhada de uma renovação da Igreja e o triunfo da Gnose. A descrição dos horrores desta guerra tem alguns detalhes retomados da destruição de Jerusalém feitos por Jesus em Mt 13,14 e Lc 21,22[12].

Os dias sucessivos a esta guerra serão uma verdadeira primavera para a Igreja de Mani. Multidões de ascetas, numerosas virgens e catecúmenos com suas famílias cantarão os louvores do reino da luz. Todos estes lerão novamente os livros santos que foram salvos e que estarão nas mãos dos justos: o *Evangelho,* o *Tesouro de vida,* o *Tratado das Lendas,* o *Livro dos mistérios,* o *Livro dos Gigantes,* as *Epístolas,* os *Salmos,* as *Orações a Mani,* sua *Imagem,* suas *Revelações,* suas *Parábolas* e seus *Mistérios*[13].

2.2.1 O dia do juízo

No final desta grande guerra, com suas perseguições seguidas de um período de paz, chega o dia do juízo, que será presidido pelo Juiz da Verdade (MH, p. 35-39). Do lacunoso texto copta Polotsky conseguiu formar um conjunto coerente.

---

11. SCHMIDT, C. (org.). *Kephalaia*. Stuttgart: Stuttgart, 1940 (sigla: K), 91,221,22-31;229,1-10.

12. POLOTSKY, H.J. (org.). *Manichäische Homilien*. Stuttgart: Stuttgart, 1934, p. 9-21 (sigla MH).

13. KASSERL, R. "Le manichéisme triomphant, rêve enflammé d'une communauté écrasée et souffrante". In: BILDE, P. (org.). *Apocryphon Severini*. Op. cit., p. 83-94. Texto copta em: MH p. 22-25.

O Rei das Virgens se manifesta ao som das trombetas e ao ressoar dos tambores, que se fazem ouvir no mundo inteiro. Todos os povos proclamarão seus louvores. As virgens e os ascetas cantarão seu esplendor. Em meio a uma grande assembleia, o juiz instala seu *bena*, seu trono, sobre o qual reina o Grande Esplendor, em copta *penash mpeprie*. Trata-se de Jesus Esplendor, um personagem representando uma teocracia entre o Jesus histórico e um ator presente no mito maniqueísta[14]. O adorável Rei dos Reis proclama sua admirável palavra, que todos compreendem. Ele se dirige aos que estão à sua direita: os catecúmenos, os justos, as virgens, transformando-os em anjos, em justos, aos quais concede a vitória; depois se dirige aos cabritos que estão à sua esquerda: "Afastai-vos de mim, malditos, para o fogo eterno, ao diabo, às suas potências, pois tive fome e sede e ninguém de vós me ajudou" (MH, p. 38,10-23). Ele reina por algum tempo sobre os seus eleitos, depois os faz subir para as suas divindades e os seus anjos (MH, p. 39,14-19). A terceira parte da *Homilia* acaba com estas palavras: "Em seguida, depois de Jesus, vem a destruição do cosmo" (MH, p. 39,20). Assim, num contexto que se inspira no Novo Testamento, o redator perpassa a doutrina escatológica do mito maniqueísta[15].

2.2.2 A destruição do cosmo com o fogo

O final da *Homilia* sobre a grande destruição, não obstante as lacunas, oferece algumas indicações sobre a destruição do cosmo (MH, p. 39-41). Depois do juízo feito por Jesus chega a progressiva destruição do cosmo: após a destruição da carne (*sarx*) e seu desaparecimento já é o deserto. O Homem Primordial revela seu rosto e atrai para si seus filhos; o Espírito vivente se eleva para o Alto com seus irmãos e todos os homens livres deixam o cosmo, já que a destruição se aproxima e um grande fogo está prestes a dizimar os pecadores. O Pai da Grandeza revela sua imagem (*Eikôn*) a todos os que ele convidou para o combate contra as Trevas. Toda a luz é salva e o Homem Primordial torna-se Rei do Novo Éon.

Os *Kephalaia* coptas oferecem informações adicionais. K 39 reparte em Três Dias o Tempo mítico. O Primeiro Dia se desenvolve do Homem Primordial até

---

14. STROUMSA, G.G. Aspects de l'eschatologie manichéene. *Revue de l'histoire des religions*, 198, 1981, p. 161-181. • RIES, J. "Jésus Splendeur, Jesus Patibilis, Jésus historique dans les texts manichéens occidentaux". In: PREISSLER, H. et al. (orgs.). *Gnosisforschung und Religionsgeschichte*. Marburgo: Dialogal, 1994, p. 236-245.

15. VAN LINDT, P. *The Name of Mainichaean Mythological Figures*. Wiesbaden: Harrasowitz, 1992.

a destruição do cosmo por parte do Grande Fogo (102,23-36). O Segundo Dia comporta a Nova Era, que segue a destruição do cosmo, e a Nova Terra que surge triunfalmente com os pais da luz. O Terceiro Dia é o grande dia, o da Eternidade da Revelação que o Pai da Grandeza fará de sua imagem (*Eikôn*). A repartição do tempo mediano em três dias permite compreender melhor o Terceiro Tempo. No Primeiro Dia efetivamente ocorre a destruição do cosmo através de um Grande Fogo que libera toda a luz ainda prisioneira. K 24,75,20-23 calcula a duração do aniquilamento universal através do Grande Fogo em 1468 anos. K 16,53,18-33 e 54,1-15 apresenta Jesus Esplendor, vindo como quem tem a função de queimar um imenso campo por meio de um fogo muito ardente. K 24,75,24-26 afirma, além disso, que este fogo serve para plasmar uma última estátua (*andrias*), destinada a recolher as últimas partículas luminosas. O papel decisivo do fogo é uma herança zoroastriana. De fato, no masdeísmo o fogo ocupa um lugar capital na religião e no culto: templos do fogo, culto do fogo, liturgia ao redor do fogo. Tudo isto ainda hoje está em uso entre os parses da Índia. Em K 16 Jesus Esplendor intervém ao longo do Segundo Tempo na realização cotidiana e progressiva da salvação das partículas de luz prisioneiras da matéria. Reencontramos aqui um processo análogo no grande fogo escatológico que continua esta liberação da luz por 1468 anos[16]. A luz cósmica – isto é, a alma do mundo – se retirou. Separados desta alma vivente, que era como seu respiro, os pecadores morrem, e segundo K 39,104,6-19 seus cadáveres são amarrados e vestidos, depois jogados numa vala (*taphos*) que em seguida é fechada (K 24,75,27-29). Simultaneamente, ao longo dos 1.468 anos do fogo escatológico toda a luz é liberada e dará forma a outra estátua (*andrias*) que sobre para o reino da luz, enquanto a *massa damnata*, segundo a expressão de Agostinho de Hipona, os *Boios* dos textos maniqueístas, cai numa vala que é fechada para sempre. O grande fogo e todos estes eventos constituem, segundo K 39,102,33-36, o Primeiro Dia da escatologia cósmica.

2.2.3 Da Nova Era à Eternidade bendita

Segundo K 39, cujo título é *Os três dias e as duas mortes*, o Primeiro Dia começou quando o Homem Primordial e seus cinco filhos desceram ao abismo

---

16. SMAGINA, E. "Manichäische Eschatologie". In: PREISSLER, H. et al. (orgs.). *Gnosis-forschung und Religionsgeschichte*. Op. cit., p. 298-330. • ALLBERRY, C.R.C. Symbole von Tod und Wiedergeburt im Manichäismus. *Eranos-Jahrbuch*, 7, 1939, p. 113-149.

das Trevas e lá se afogaram, mas o Espírito Vivente os salvou. Em seguida, o Pai da Vida e o Grande Espírito colocaram ordem nos mundos superiores e inferiores. Foi neste momento que chegou o Enviado, colocou-se no barco do Dia, manifestou sua esplêndida imagem (*Eikôn*) e purificou toda a luz. Ele viajou acima dos céus até o momento da destruição do cosmo e do Grande Fogo e da saída da Última Estátua (PsM 39,103,23-36).

O Segundo Dia será o tempo da vitória dos pais da luz, vencedores no combate, que se sentarão em seus tronos no Novo Éon e reinarão até o momento em que o Pai revelará a própria imagem (*Eikôn*). Será um tempo de júbilo (PsM 39,103,2b-9).

Então virá o Terceiro Dia: o Pai fará entrar nos seus *tameia* os espíritos luminosos, esparramando sobre eles a sua ambrosia e seu doce perfume, destinado a aniquilar todas as aflições que seus olhos viram. Habitarão em seu Éon pela eternidade, entre suas riquezas. O Pai não se esconderá mais, mas se mostrará pela Eternidade afora (PsM 39,103,10-32).

Conclusões

As expressões "escatologia individual" e "escatologia cósmica" que empregamos não são totalmente adequadas. Urge então uma precisão maior, que, aliás, nos é oferecida pelo próprio redator de K 39,102,36-103,1-32, que à estrutura mítica dos Três Tempos acrescenta ou sobrepõe a estrutura gnóstica dos Três Dias. O Primeiro Dia se desenvolve da missão de salvação do Homem Primordial por parte do "maravilhoso" Convidado que purificou e libertou a luz até o momento da dissolução do tudo, da ação do Grande Fogo e da subida da última Estátua de luz. O texto alude à liberação de todas as partículas luminosas prisioneiras nos corpos, nas frutas e legumes, no cosmo inteiro. Em outras palavras, trata-se da liberação de toda a Luz: é a primeira fase da escatologia individual e cósmica, a salvação de toda a Luz (K 39,103,23-36). O Segundo Dia indica uma segunda fase escatológica, isto é, a vitória dos Pais da Luz e seu ingresso no Novo Éon, onde reinam na alegria (K 39,103,2a-9). Enfim, no Terceiro Dia, existe a manifestação do Pai da Grandeza, que faz entrar em seu domínio os Pais da Luz e lhes revela o seu *Eikôn*, a sua imagem. É a terceira e última fase escatológica: durante a Eternidade os Pais da Luz poderão contemplar a imagem do Pai da Grandeza (K 39,103,10-32).

Bibliografia

Três bibliografias

Manichaean Studies Newsletter (MSN), do n. 12, 1995. Turnhout: Brepols, 1995 [bibliografia seletiva anual].

MIKKELSEN, G.B. *Bibliographia manichaica* – A comprehensive Bibliography of Manichaeism through 1996. Turnhout: Brepols, 1996 (3606 títulos).

RIES, J. *Les études manichéennes* – Des controverses de la Réforme aux découvertes du XXe siècle. Louvain-la-Neuve: Centre d'histoire de Religions, 1988.

Fontes para o estudo da escatologia maniqueísta

FLÜGEL, G. *Mani* – Seine Lehre und seine Schriften aus den Fihrist des an-Nadim. Leipzig, 1862 [reimp.: Osnabruque, 1969].

POLOTSKY, H.J. (org.). *Manichäische Homilien*. Stuttgart: Kohlhammer, 1934; texto *Der Sermo vom Großen Krieg*: p. 7-42.

SCHMIDT, C. (org.). *Kephalaia*. Stuttgart: Kohlhammer, 1940.

Literatura

ALLBERRY, C.R.C. Symbole von Tod und Wiedergeburt im Manichäismus. *Eranos-Jahrbuch*, 7, 1939, 113-149.

JACKSON, A.V.W. The Doctrine of Metempsychosis in Manichaeism. *Journal of the American Oriental Society*, 45, 1925, p. 246-268.

KASSERL, R. "Le manichéisme triumphant, rêve enflammé d'une communauté écrasée et souffrante (MH 22,3-33)". In: BILDE, P. (org.). *Apocryphon Severini presented to Sören Giversen*. Aarhus: Aarhus University Press, 1993, p. 83-94.

PUECH, H.C. *Sur le manichéisme et autres essais*. Paris: Flammarion, 1979 [trad. it.: *Sul manicheismo e altri saggi*. Turim: Einaudi, 1995].

_____. *La Gnose et le Temps et autres essais*. Paris: Gallimard, 1978.

RIES, J. "Les trois Temps et la fin du Temps dans la gnose de Mani". In: RIES, J.(org.). *Le temps et la destinée humaine*. Turnhout: Brepols, 2007, p. 193-203.

_____. "L'eschatologie manichéenne selon les textes occidentaux et orientaux". In: FLUCK, C. et al. (org.). *Divitiae Aegypti*. Wiesbaden: Reichert, 1995, p. 264-270.

_____. "Mort et Survie dans les doctrines de Mani". In: RIES, J. (org.). *La mort selon la Bible, dans l'Antiquité classique et selon le Manichéisme*. Louvain-la-Neuve: Centre d'Histoire des Religions, 1983, p. 137-157 [Cerfaux-Lefort, 5].

RUDOLPH, K. *Die Gnosis* – Wesen und Geschichte einer spätantiken Religion. Göttingen: Vandenhoeck & Ruprecht, 1990, p. 184-189.

SMAGINA, E. "Manichäische Eschatologie". In: PREISSLER, H. et al. (org.). *Gnosisforchung und Religionsgeschichte*. Marburg: Diagonal, 1994, p. 297-305.

STROUMSA, G.G. Aspects de l'eschatologie manichéenne. *Revue de l'histoire des religions*, 198, 1981, p. 163-181.

WIDENGREN, G. *Mani und der Manichäismus*. Stuttgart: Kohlhammer, 1961, p. 67-72 [trad. it.: *Il manicheismo*. Milão: Il Saggiatore, 1964].

VI

A MORTE E O ALÉM NO MUNDO GRECO-ROMANO ANTIGO

1
AS CRENÇAS PITAGÓRICAS NA IMORTALIDADE CELESTE DA ALMA

No final da vida, o historiador das religiões Franz Cumont publicou um livro importante, intitulado *Lux perpetua*[1], dedicando um importante capítulo à imortalidade celeste, afirmada na Grécia a partir do século V a.C., e que transformou as ideias do mundo mediterrâneo sobre o destino dos mortos, e impondo-se por longos séculos. Segundo Cumont,

> à persistência de uma vida indecisa e precária na obscuridade das tumbas, ao prolongamento, num reino subterrâneo, dos gozos ou das penas da existência humana, esta substituiu a esperança de uma eternidade radiosa no esplendor dos céus, quer os bem-aventurados devam viver na sociedade dos astros divinos, aos quais são considerados equivalentes, quer se elevem para além das esferas estreladas, até a potência de um Deus puramente inteligível na luz supramundana do empíreo[2].

Para Cumont, foi o dualismo zoroastriano que deu "uma precisão rigorosa à concepção de uma felicidade celeste oposta à maldição infernal"[3]. Ao corpo, do qual se apossa o demônio da corrupção, se opõe a alma que o deixou. Da ponte de Shinvat, da qual os ímpios são lançados nas trevas, os justos sobem em direção à Garōtman, a morada luminosa do deus Ahura Mazdā. Desde a época

---

1. CUMONT, F. *Lux perpetua*. Paris: Geuthner, 1949. Falecido em 1947, o autor tinha revisado os esboços de sua obra, publicada pela editora Geuthner e organizada pela marquesa de Maillé e Louis Canet. Em 1976 é reeditada na mesma editora, com prefácio de Canet. Uma nova edição, organizada por Bruno Rochette e André Motte com a colaboração de Bastien Toune foi publicada pela editora Nino Aragno, de Turim, na "Bibliotheca Cumontiana" (Turnhout: Brepols, 2009). Esta edição é precedida de uma longa introdução histórica (p. XXIII-CXLVIII) e acompanhada de uma biografia de Cumont (p. 3-26). O texto de Cumont inicia na p. 31 e chega a 442 páginas. É seguido por notas complementares (p. 443-543). Conclui o volume um índice (p. 545-594). Em nosso estudo as referências ao texto de Cumont são feitas segundo a paginação dessa última edição.

2. Ibid., p. 181.

3. Ibid., p. 182. Cumont foi um grande especialista do masdeísmo.

dos aquemênidas o masdeísmo se difundiu na Mesopotâmia e na Ásia Menor graças aos magos, sacerdotes astrônomos que não confundiam mais os planetas com as outras estrelas. Ao invés das três chaves dos indo-iranianos eles tinham o conhecimento das sete esferas planetárias, um ordenamento chamado "caldaico": Saturno, Júpiter, Marte, Sol, Vênus, Mercúrio e Lua. Segundo Cumont,

> é provavelmente a estes mesmos caldeus que remonta a ideia primária de uma parentela entre a alma e os astros, visto que essa está implicada pelas relações que a astrologia estabelece entre as divindades siderais e o espírito que nos anima[4].

Pausânias é da opinião de que foram os caldeus e os magos que por primeiro afirmaram que alma humana é imortal, persuadindo os helênicos, e particularmente Platão[5]. Além de testemunhas datadas dispomos de um texto oral pitagórico: "Quais são as ilhas dos Benditos? O sol e a lua"[6]. Em última análise, Cumont acredita que os pitagóricos não criaram, mas herdaram a teoria sideral da morada das almas, que existia no antigo masdeísmo sob o tríplice aspecto estelar, lunar e solar. Ele encontra um argumento a seu favor no estudo das *Fravashis,* realizado por Nathan Söderblom, que mostra que nas origens se fala de divindades aéreas cujo âmbito próprio é o espaço intermediário entre o céu e a terra[7].

1.1 Vida e obra de Pitágoras

Ao longo do século XIX alguns historiadores colocaram em dúvida a existência de Pitágoras. No século XX a crítica mostrou-se positiva: Pitágoras é considerado um personagem histórico que teve grande influência no mundo grego. Irritado com sua reputação, Heráclito, seu contemporâneo nascido em 540, lança contra ele inúmeras invectivas. Chegado à Itália por volta de 550, seu discípulo Xenófanes desconta sua raiva no mestre, do qual fora ouvinte por algum tempo. Descobriu-se, no entanto, que as biografias de Pitágoras são tardias. Segundo a tradição mais segura, ele teria nascido em Samos entre 590 e 580 a.C. Um

---

4. Ibid., p. 183.

5. Cf. BIDEZ, J. & CUMONT, F. *Les Mages hellénisés* – Zoroastre, Ostanès et Hystaspe d'après la tradition grecque. 2. ed. Paris: Les Belles Lettres, 1973.

6. CUMONT, F. *Lux perpetua*. Op. cit., p. 185.

7. SÖDERBLOM, N. Les Fravashis. *Revue d'histoire des religions*, 31, 1899, p. 229-260; 317-418. Cf. tb. MOULTON. "Fravashi". In: *Encyclopédie Hastings*.

de seus mestres teria sido Ferécides de Siro, um filósofo iônio. Após inúmeras viagens, Pitágoras fixou-se em Crotona, às margens do Golfo de Taranto, Itália, para abrir uma escola que se tornou célebre pelo ensinamento da matemática, da astronomia, da música, da medicina e das ciências. Além disso, ele fundou uma comunidade denominada *etérea,* na qual os candidatos eram admitidos ao final de um noviciado com duração de cinco anos. Ao longo do noviciado o aspirante carregava o nome de *acústico*, ouvinte. No final da iniciação se tornava *esotérico* e era admitido a prosseguir seus estudos. Nesta comunidade os *esotéricos* eram ricos burgueses cuja missão consistia em promover o bom nome do pitagorismo.

A vida do *esotérico* era austera: acordava-se com o sol, em seguida se meditava, depois vinha o ensinamento religioso e a educação física. A tarde era dedicada ao estudo da política. À noite fazia-se um passeio, seguido de um banho, e, finalmente, rezava-se diante de um altar. Na comunidade reinava uma grande amizade. Depois de uma série de acontecimentos desconhecidos, Pitágoras deixou Crotona e se estabeleceu em Metaponto, onde morreu. Foi o fim da *etérea*, mas os discípulos continuaram vivendo segundo os princípios recebidos, doravante de posse de um extraordinário patrimônio intelectual. Acabaram dispersando-se pela Sicília, pelo Sul da Itália, pela Grécia.

1.2 A filosofia pitagórica

A filosofia de Pitágoras é acima de tudo uma sabedoria fundada na experiência do homem, na experiência do mundo, na experiência do bem e na experiência do divino. Estamos diante do mestre que inventou o termo *filósofo* para indicar que, com seus companheiros, estava em busca da sabedoria e a caminho do Absoluto. Segundo a expressão de Gobry, "o pitagorismo é a passagem da existência vivida à existência pensada, e da existência pensada à existência manifestada"[8].

A especulação pitagórica se desenvolveu em três direções. Colocando o homem no centro de suas especulações, ela é acima de tudo uma reflexão sobre a ação humana do ponto de vista da religião, da moral, da política e da ciência. Além disso, ela é uma explicação do real em sua totalidade: o sensível e o espiritual são associados segundo as leis da harmonia universal, considerada um

---

8. GOBRY, I. *Pythagore* – Fragments de philosophes grecs. Paris: Seghers, 1973, p. 39.

elemento fundamental. Enfim, ela é uma metafísica, orientada para a realidade eterna, numa busca do Absoluto.

O pensamento pitagórico é guiado por uma regra de perfeição da conduta subordinada à autoridade divina. É um pensamento que se inspira no orfismo. Contrariamente ao orfismo, no entanto, voltado para a iniciação em vista da salvação, o pitagorismo é uma "religião racionalizada", já que busca o fundamento do real. Este fundamento é o *número*, essência universal da realidade e princípio de inteligibilidade. Em Platão o número pitagórico é a *ideia*. Desta forma se chega ao Uno, ao Imóvel, ao Eterno, ao Realizado como oposto do Inacabado.

O número quatro, ou Tétrade, é o número perfeito. A alma é formada por ele: inteligência, ciência, opiniões, sensações. Estes quatro elementos são onipresentes: água, ar, terra, fogo; quatro idades da vida; quatro estações; quatro virtudes fundamentais. Além da especulação sobre o número dispomos de uma cosmologia. Para definir o mundo Pitágoras escolheu o termo *kósmos*, que significa "ordem". Ele considera o mundo como um ser vivo, dotado de organização e de respiração. Existe, pois, uma alma que será relevante para Platão, para os estoicos e particularmente para os maniqueus. O homem é um pequeno cosmo, submetido às leis da harmonia universal. Sua alma é um número, isto é, uma realidade que foge à decomposição.

1.3 A imortalidade da alma

É comumente admitido que a imortalidade da alma seja um ensinamento usual dos primeiros pitagóricos, mas são diversas as interpretações sobre a noção do fundamento desta doutrina. Alcmeão, um discípulos de Pitágoras, funda esta imortalidade na semelhança entre a alma humana e a dos imortais. Outros discípulos falam da alma como centelha do fogo divino, identificando o fogo com o princípio da vida universal. Uma coisa aparece clara: a afirmação da imortalidade da alma humana, que graças à harmonia universal é aparentada a todos os seres. Com sua alma vivente o homem participa da alma do cosmo. O homem é assim parente de todos os seres vivos e não tem o direito de matar os animais. Com sua alma espiritual ele passa a ser no final um imortal. A parentela da alma dá acesso ao conhecimento, visto que cada conhecimento supõe uma parentela. "O que caracteriza o pitagorismo antigo", escreve André Motte, "é uma estreita aliança, estranha aos nossos olhos, entre o misticismo e o racionalismo"[9]. O pitagorismo está próximo do orfismo. Professa uma antropologia dualista e adere à doutrina da reencarnação, afirmando a possibilidade para a alma de libertar-se definitivamente do corpo ao termo de vidas sucessivas e reunir-se com o divino originário. A presença de um princípio psíquico em todos os seres vivos está na base do vegetarianismo e da recusa do sacrifício cruento. Diversos autores insistem sobre a influência do orfismo: doutrina do corpo feito de cinza dos titãs fulminados por Zeus por causa do assassinato de Dioniso, culpabilidade do homem, que fez da ética uma correção indispensável, corpo perecível, doutrina da transmigração da alma. O pitagorismo antigo estende este dualismo a todo o cosmo. Entretanto, a cosmologia leva em consideração uma região celeste na qual reina a harmonia perfeita com uma música divina: são as ilhas dos Benditos, o Sol e a Lua.

1.4 Permanência do pitagorismo e neopitagorismo

Depois da morte do Mestre, os discípulos, iniciados aos quais foi confiado o precioso capital intelectual e espiritual, se dispersaram pela Magna Grécia e pela Itália, onde desde o tempo da República, Pitágoras gozava de excepcional consideração. Entre eles se agruparam eruditos e homens dedicados ao ascetismo. Assim, o pitagorismo continuou encontrando adeptos[10]. Na comunidade existia o segredo e o juramento sobre a necessidade de proteger as doutrinas dos olhares dos estranhos. A tradição se conserva, e desde o século III antes de nossa era nascem expoentes do neopitagorismo, o mais célebre dos quais será Numênio de Apameia, na Síria, no século II de nossa era, autor de uma série de obras das quais temos fragmentos relevantes. Trata-se do primeiro grande mestre do neopitagorismo.

A crítica literária muito discutiu sobre a questão dos escritos de Pitágoras. Morto no ano 120 de nossa era, Plutarco fala muito dele. Já no século VI a.C. Heráclito tinha atestado a atividade literária do fundador da escola, e no século II a.C. Heráclides Lembos compilou uma lista de obras atribuídas a Pitágoras, dentre as quais um *Tratado sobre a alma*. Outra dentre estas obras é o *Hieros logos*

---

9. MOTTE, A. "Pythagorisme". In: POUPARD, P. (org.). *Dictionnaire des religions*. 3. ed. Paris: PUF, 1993, p. 1.644 [trad. it.: *Grande dizionario delle religioni*. Casale Monferrato/Assis: Piemme/ Cittadella, 1990].

10. CUMONT, F. *Lux perpetua*. Op. cit., p. 191-195.

da qual falam muitos autores, citando alguns extratos. Uma parte dela consta entre os fragmentos de Pitágoras. Trata-se de um poema de 71 versos composto no século IV de nossa era por Hiérocles, um célebre neopitagórico de Alexandria. O título deste poema é *Chrusa Epē, Versos de ouro*. Armando Delatte conseguiu fixar o texto, identificando 49 versos cujo autor seria o próprio Pitágoras[11].

> *Versos de ouro sobre a imortalidade*[12]
>
> A sabedoria é enfatizada.
>
> Os versos 13, 14, 15 e 16 são uma breve exposição relativa à sabedoria e à justiça.
>
> v. 13: "A seguir, pratica a justiça com teus atos e com tuas palavras".
>
> v. 14: "E não te habitues em nenhuma circunstância a agir impensadamente".
>
> v. 15: "Mas lembra sempre um fato, o de que o destino estabelece que a morte virá para todos".
>
> v. 16: "Quanto à riquezas, exercita-te da mesma forma para adquiri-las e perdê-las".

A propósito do verso 13, Hiérocles faz um comentário sobre a justiça que é a teoria platônica das virtudes fundada na subdivisão da alma: prudência, coragem, temperança e justiça, que fazem irradiar na alma racional a luz que recebem da divina inteligência. Estas quatro virtudes são praticadas pelos que estão convencidos da existência da imortalidade da alma, visto que a alma imortal não pode receber outro ornamento senão o da virtude.

Hiérocles cita em seguida quatro versos de ouro que exprimem a ordem dos seres racionais e seu estatuto social: deuses glorificados, heróis gloriosos e homens mortais. Além disso, cita o v. 50: "Conhecerás a natureza dos deuses imortais e dos homens mortais" e o v. 51: "Verás até que ponto vai a diversidade entre os seres, e também aquilo que os reúne em si e os coloca em unidade uns com os outros".

Em seguida vem o v. 63: "Tenha coragem, pois os seres humanos são de estirpe divina".

---

11. DELATTE, A. Études sur la littérature pythagoricienne. Paris: Champion, 1915. Para a obra dos pitagóricos, cf. GOBRY, I. *Pythagore*. Op. cit., p 65-109. O autor nos oferece uma documentação sobre três gerações de pitagóricos do séc. VI ao séc. IV a.C., e sobre os neopitagóricos a partir do séc. III a.C.

12. Cf. GOBRY, I. *Pythagore*. Op. cit. • *Paroles d'or des pythagoriciens,* texto grego e trad. fr. àsp. 112-151, com muitas notas. • MEUNIER, M. *Pythagore* – Les vers d'or de Hiéraclès. Paris, 1985 [reimp. da ed. de 1930], p. 305-341.

Claramente este verso de ouro, que procede de Pitágoras e é escrito pela pena de Hiérocles no neopitagorismo do século IV de nossa era, mostra uma influência persistente do orfismo no interior do pitagorismo. Uma influência que é particularmente evidente nos últimos versos de ouro:

> v. 67: "Mas, abstenha-te dos alimentos dos quais falamos";
>
> v. 68: "Nas purificações e na libertação da alma medite sobre cada coisa usando um claro discernimento".
>
> v. 69: "E tomando como cocheiro a perfeita inteligência lá do alto";
>
> v. 70: "Assim, abandonando teu corpo te tornarás no mais puro éter";
>
> v. 71: "Serás divino, imortal, incorruptível e a morte não terá mais poder sobre ti".

A doutrina órfica da purificação da alma já parece estar presente no ensinamento de Pitágoras. De fato, Diógenes Laércio, no século III, afirma que Pitágoras usava uma veste branca e dormia sobre um cobertor branco, e que o branco representava a natureza do bem e a preta a natureza do mal. Além disso, a veste branca era o paramento das cerimônias litúrgicas pitagóricas. O verso 70 afirma que a alma se transforma em puro éter: trata-se da região sublunar, morada das almas purificadas. As doutrinas órficas insistiam no vegetarianismo e na purificação da vida cotidiana. O pitagorismo, ao contrário, narra a purificação através da filosofia, da iniciação e do sagrado: a filosofia purifica a inteligência, os ritos sagrados fornecem uma pureza mística. Quanto ao neopitagorismo, temos não somente a herança de Pitágoras e do orfismo, mas também a de Platão.

A descoberta da basílica pitagórica de Roma fez compreender que os discípulos de Pitágoras se reuniam em basílicas subterrâneas construídas à imitação da caverna de Platão. Carcopino descreveu longamente o paraíso celeste assim como ele aparece na decoração da basílica, descoberta em 1917 e construída no início de nossa era[13]. Segundo F. Cumont, os seguidores do pitagorismo são mais uma igreja do que uma escola: regime vegetariano, ascetismo rigoroso praticado no contexto de um pessimismo intrínseco, dualismo radical que opunha o corpo à alma divina, abluções rituais. Mas a fé na eficácia dos ritos arcaicos era mantida. Durante os funerais o corpo, coberto por um sudário branco, era estendido sobre

---

13. CARCOPINO, J. *De Pythagore aux Apôtres* – Études sur la conversion du monde romain. Paris: Flammarion, 1956. • CARCOPINO, J. *La basilique pythagoricienne de la Porte majeure.* Paris: Flammarion, 1927.

uma camada de folhas, como na Grécia antiga. No momento da morte, grande era a preocupação em consultar os presságios em silêncio, como se fazia na margem de um rio ou mar antes de levantar âncora. Urgia prestar atenção para não atrair com alguma palavra imprudente os demônios hostis, que poderiam obstaculizar a perigosa travessia da alma, sacudida pelos tumultuosos fluxos do mar aéreo em sua ascensão ao céu[14].

Bibliografia

Fontes

Não chegou até nós nenhuma obra de Pitágoras ou dos antigos pitagóricos. Precisamos nos referir às inúmeras publicações dos *Fragmenta* dos filósofos gregos publicados pelos especialistas. Cf. a lista em: GOBRY, I. (org.). *Pythagore ou la naissance de la philosophie*. Paris: Seghers, 1973, p. 186-189.

Literatura

BOUDOURIS, I. (org.). *Pythagorean Philosophy*. Atenas: International Center for Greek Philosophy and Culture, 1992.

BREMMER, J.N. *The Rise and Fall of the Afterlife* – The 1995 Read-Tuckwell Lectures at the University of Bristol. Londres: Routledge, 2002.

_____. *The Early Greek Conceptof the Soul*. Princeton: Princeton University Press, 1933.

BURKERT, W. *Weisheit und Wissenschaft* – Studien zu Pythagoras, Philolaos und Platon. Nuremberg/Erlangen, 1961.

CUMONT, F. *Lux perpetua*. Paris: Geuthner, 1949, 1978 [nova ed.: Roma/Brepols: Academia Belgica/Turnhout, 2009].

DE VOGEL, C.J. *Pythagoras and Early Pythagoreanism* – An Interpretation of neglected Evidence on the Philosopher Pythagoras. Assen: Van Gorcum, 1966.

DELATTE, A. Étude sur la littérature pythagoricienne. Paris: Champion, 1915. Uma obra preciosa para o estudo a imortalidade.

GOBRY I. (org.). *Pythagore ou la naissance de la philosophie*. Paris: Seghers, 1973; bibliografia: p. 189-190.

---

14. CUMONT, F. *Lux perpetua*. Op. cit., p. 154-156.

HIÉROCLES. *Commentaire sur Les Vers d'or des pythagoriciens*. Paris: L'Artisan du Livre, 1931 [reimp.: Paris: Maisnie, 1985].

KAHN, J.F. *Pythagoras and the Pythagoreans* – A brief History. Indianapólis: Hackett, 2001.

MATTEI, J.F. *Pythagore et les Pythagoriciens*. Paris: PUF, 1993.

PHILIP, J.A. *Pythagoras and Early Pythagoreanism*. Toronto: University of Toronto Press, 1966.

RIEDWEG, C. *Pythagoras: Leben, Lehre, Nachwirkung* – Eine Einführung. 2. ed. Munique: Beck, 2007.

ROHDE, E. *Psyché*-Seelenkult und Unsterblichkeitsglaube der Griechen. Tübingen: Mohr, 1925.

TIMPANARO CARDINI,M. (org.). *Pitagorici* – Testimonianze e frammenti. 3 vols. Florença: La Nuova Italia, 1925.

2
PLATÃO E A IMORTALIDADE DA ALMA

2.1 Platão e sua obra

2.1.1 A vida (428-347)

Arístocles, em razão de seus ombros largos alcunhado de Platão, nasceu por volta de 428 a.C. Sua morte teria ocorrido em 347. Filho de nobres atenienses, teve uma educação refinada. Durante a juventude conheceu uma Atenas em plena decadência. Em 399 viu seu mestre Sócrates condenado à cicuta. Depois de 394 Platão deixa Atenas e empreende uma longa viagem: Egito, Cirene, Itália Meridional e Sicília. Ao longo de sua viagem pela Itália Meridional e pela Sicília (a Magna Grécia) Platão busca entrar em contato com os discípulos de Pitágoras. De volta a Atenas, em 387, se oferece como guia da juventude a fim de prepará-la para a vida citadina com o estudo da ciência e da filosofia. Nos jardins de seu amigo Academus abre uma escola. E acaba comprando os jardins e o ginásio vizinho. A escola recebe um nome que se tornará célebre: Academia. Nos jardins Platão funda uma verdadeira irmandade, sob o modelo das comunidades pitagóricas que ele mesmo havia visitado na Sicília e na Itália. Na Academia existem pórticos cobertos, um altar dedicado a Apolo e às Musas, salas de reunião e uma biblioteca. A Academia é a primeira escola de filosofia fundada na Grécia. É o protótipo da universidade. Ela gozou de um grande sucesso. No plano dos estudos havia uma preocupação particular em formar os jovens para uma ativa participação na vida política: "Governar a cidade segundo as regras da justiça". Para Platão a palavra viva é superior ao texto escrito. É a razão pela qual escolheu o diálogo como forma literária. O diálogo se presta à discussão dos problemas filosóficos e à exposição de questões científicas. A obra de Platão chegou até nós em sua totalidade: 42 diálogos e 13 cartas.

2.1.2 Os diálogos

Os dois diálogos mais importantes são a *República* e as *Leis*. Nestes diálogos Platão enfrenta um de seus grandes pontos de referência: a organização da cidade. Platão se havia negado a entrar na vida política em razão da corrupção. Buscou olhar as coisas à distância para melhor refletir sobre o governo dos homens. Em uma série de diálogos Platão permanece próximo de Sócrates, seu mestre, de quem foi discípulo por oito anos. Frequentemente é Sócrates que expõe o pensamento de Platão. Cada diálogo forma um todo, mas Platão mantém uma grandíssima liberdade na organização da matéria.

Um primeiro grupo de diálogos mostra Sócrates diante dos sofistas (Hípias, Protágoras, Górgias), ou de seus juízes (*Apologia de Sócrates*). Em *Críton* mostra o amigo em conversação com Sócrates. Os sofistas Protágoras e Górgias fizeram *tabula rasa* das crenças e da moral: declaravam inútil qualquer esforço para alcançar a verdade. Górgias buscou provar que nada existe, e que, se uma coisa existe, não é dada a conhecer ao homem. Protágoras, nascido por volta de 485, começa uma de suas obras com estas palavras: "Sobre os deuses não posso dizer nada, nem se existem ou se não existem". Ao ceticismo de Górgias responde o agnosticismo de Protágoras.

No segundo grupo, onde encontramos a *República*, o *Simpósio* (o *Banquete*), *Fedro* e *Fédon*, Sócrates é o personagem principal. Platão o faz expor suas próprias ideias e intuições fundamentais. São os grandes diálogos da maturidade, nos quais a poderosa originalidade de Platão transpõe e transmuta todos os préstitos que assume de seus predecessores Heráclito, Parmênides, Pitágoras e Sócrates.

2.1.3 O mundo das ideias

Platão se esforça para situar a existência no mundo. Seu princípio fundamental pode ser formulado deste modo: "O objeto próprio de nossa ciência é o mundo real das ideias, do qual o mundo sensível é somente a sombra, a cópia".

Para estabelecer a existência neste mundo, Platão busca várias provas:

- a prova *lógica*: a primeira condição requerida para o conhecimento é um objeto fixo ou permanente. Do contrário este objeto não se encontra no mundo sensível, submetido à mobilidade incessante;

- a prova *ontológica*: esta vem da existência do mundo sensível, que é a sombra do mundo ideal. Nas realidades terrenas percebe-se a mistura entre a Beleza, a Bondade, a Grandeza e seus contrários. As coisas terrenas são apenas participações nas fontes que possuem as perfeições em estado puro e pleno. Deve existir, portanto, um mundo no qual se situam a Beleza e a Bondade soberanas.

A totalidade das ideias é eterna. Não se mistura ao que passa a ser e perece. A realidade das ideias não é colhida no fluxo dos fenômenos. Só pode ser alcançada com o conhecimento racional. Platão era fascinado pela concepção pitagórica da unidade universal, pela ordem imutável do cosmo, pela harmonia que regula cada coisa. Para responder aos sofistas, para os quais o conhecimento não é possível, Platão elaborou sua teoria das ideias, concebidas como arquétipos ultraterrestres e imutáveis das realidades terrestres. Assim, nossos conhecimentos se apoiam em modelos preexistentes e eternos. Platão tem dois modos de falar do mundo das ideias:

- às vezes apresenta este mundo das ideias como o *modelo* do nosso: os objetos deste mundo imitam as ideias;
- às vezes afirma que o mundo sensível *participa* do mundo das ideias.

Ele, portanto, postula a existência de um universo de modelos eternos.

O mundo do Ser imutável não teve origem e não tem fim. Todos os fenômenos do mundo inferior obtêm sua realidade do mundo do Ser imutável. A totalidade das ideias não se mistura nunca com o que passa a ser e perece. Ao mundo das ideias tende tudo aquilo que aspira à plenitude. Isto existe fora do homem, mas o homem pode descobri-lo na atividade de seu pensamento. A alma do homem se eleva a este mundo graças à sua faculdade de contemplação.

2.2 A alma é imortal

2.2.1 O cosmo e a sua alma

Com a física, Platão se esforça para explicar a natureza dos corpos. A matéria é um princípio: é o receptáculo universal das formas, o lugar no qual se refletem as ideias. É a mãe e a ama do que nasce e morre. É a fonte da mutação. É viva e animada.

O Demiurgo é o autor do cosmo. O termo *demiourgos* indica alguém que trabalha em conformidade com a harmonia do mundo das ideias. Platão postula a existência de um Demiurgo supremo em base ao fato de que a ordem e a harmonia reinam no cosmo. O mundo é uma obra; far-se-ia necessário, portanto, um artesão. Cada artesão realiza sua obra à imagem de um modelo que está debaixo de seus olhos e em seu espírito. A existência do mundo e de sua harmonia postula a existência de um Deus artista, o Demiurgo, o Grande Artesão.

O modelo que serviu para a criação do cosmo é denominado por Platão de Vivente consumado. O Demiurgo começou fabricando uma *Alma do mundo*. Esta é composta de uma mescla entre essência indivisível e essência divisível. O mundo é um ser vivente: cada ser vivente tem sua alma.

2.2.2 Caos e cosmo

A criação do cosmo é um ordenamento. Platão postula a existência dos elementos antes da organização por parte do Demiurgo, o Deus criador. Eis um texto de *Timeu*:

> Assim, uns e outros ocuparam cada qual uma posição, antes mesmo que o universo nascesse e fosse organizado. Antes deste momento, todos estes elementos estavam privados de proporção e de medida; na medida em que foi empreendida a organização do universo, primeiro o fogo, depois a água, a terra e o ar, ainda que contivessem certos indícios de como são, estavam exatamente num estado em que se espera que esteja cada coisa quando Deus está ausente. A partir deste modo e desta condição, começaram a ser configurados através de formas e de números. Declaramos, pois, que na medida do possível, no estado mais belo e mais perfeito no qual se encontravam, foi Deus que os constituiu, e que em todas as circunstâncias este deve ser o princípio definitivamente estabelecido (*Timeu*, 53b).

Depois de ter apresentado a criação como uma passagem do caos ao cosmo, Platão explica a organização do mundo, desenvolvida ao longo de sua concepção cosmológica.

2.2.3 O cosmo tem uma alma

Segundo Platão, o cosmo é vivo e bom, já que o Criador quis que cada coisa fosse boa: "Da desordem o conduziu à ordem, considerando que a ordem fosse infinitamente melhor do que a desordem" (*Timeu*, 301). Este mundo tem uma alma: "Por meio deste raciocínio, fabricou o mundo, estabelecendo o intelecto na alma e a alma no corpo, realizando deste modo a mais bela e excelente obra por natureza. Assim, de acordo com um discurso verossímil, é necessário dizer que este mundo, que é, na verdade, um ser dotado de alma e de intelecto, foi gerado pela providência de Deus" (*Timeu*, 30b).

Para Platão este mundo tem uma alma. Foi o Demiurgo criador que constituiu a alma do mundo, criando em seguida a alma dos astros:

> Voltando à tigela em que anteriormente havia composto a alma do universo por meio de uma mistura, ele derramou os restos dos primeiros ingredientes e os misturou de forma quase igual; mas estes não tinham mais a mesma pureza de antes... Depois de ter constituído o todo, dividiu-o em número de almas igual ao de astros e atribuiu uma alma para cada astro e, fazendo-as embarcar numa espécie de carruagem, mostrou-lhes a natureza do universo (*Timeu*, 41e).

2.2.4 Os viventes mortais e a alma imortal

Deus criou seres mortais:

> Deuses gerados de deuses, de quem e de cujas obras eu sou pai e demiurgo, por terem sido gerados por mim, não podeis ser dissolvidos, enquanto eu não o quiser. Na verdade, embora o que foi unido seja dissolúvel, é uma maldade querer dissolver aquilo que pelo bem foi composto em perfeitíssima harmonia. De fato, nem mesmo vós, tendo sido gerados, sois imortais, nem sois inteiramente indissolúveis. Mas não sereis dissolvidos, tampouco destinados a morrer, já que na minha vontade encontrastes um elo ainda mais forte, mais indispensável daqueles dos quais fostes objeto quando nascestes" (*Timeu*, 41a,b).

A alma é imortal. É de essência puramente espiritual. Nela nada há de material. É incorpórea. Pertence ao reino do invisível. Não é uma ideia, mas participa de uma ideia, a da vida. No diálogo chamado *Fédon*, Platão se dedica de modo inteiramente particular ao tema da sobrevivência da alma. A imortalidade da alma é uma questão que preocupa os humanos, e isso é dito com muita clareza.

> Tudo o que diz respeito à alma é para os homens uma fonte abundante de inquietação. Talvez, dizem eles, uma vez separada do corpo, a

alma não exista mais em nenhuma parte e talvez, com maior razão, seja destruída e pereça no mesmo dia em que o homem morre. Talvez, desde o momento dessa separação, ela se retire do corpo para dissipar-se como um sopro ou uma fumaça, e que assim separada e dispersa ela nada mais seja em parte alguma. Consequentemente, se fosse verdade que em qualquer parte ela se houvesse concentrado em si mesma e sobre si mesma, depois de se ter desembaraçado dos males que há pouco passaste em revista, que grande e bela esperança, ó Sócrates, nasceria da verdade de teu discurso. Isto, no entanto, requer uma confirmação... para fazer crer que depois da morte do homem a alma subsiste com uma atividade real e com capacidade de pensar (*Fédon*, 70).

Aos olhos de Platão, a alma é puramente espiritual. É incorpórea. Não é uma ideia, mas se aproxima das ideias eternas. De todas as coisas do mundo essa é a que se assemelha mais à ideia. A alma é assemelhada às ideias, às naturezas simples absolutas, ao passo que as outras realidades concretas não existem senão por participação destas naturezas absolutas. É uma doutrina que resulta claramente de *Fédon*. Quando a morte se aproxima do homem, o que existe nele de imortal toma o seu rumo e se distancia. "Portanto, meu caro Cebes, a alma é antes de tudo uma coisa imortal e indestrutível" (*Fédon*, 107a).

Em *Fedro* (345 c,d,e), Platão fala com muita clareza da imortalidade da alma. Eis uma parte do texto:

> Dito isto, precisamos construir-nos uma concepção verdadeira da natureza da alma, divina e humana, considerando suas condições e suas obras. Mas eis o ponto de partida de sua prova: toda alma é imortal. Tudo o que se move por si é de fato imortal, ao passo que o que é movido por outra coisa é por sua vez movido por algo, deixando assim de existir quando seu movimento cessa. Portanto, somente o que se move por si jamais cessa de ser movido, visto que sua natureza não falha em si mesma; mas aqui está também, ao contrário, a fonte e o princípio do movimento para todas as outras coisas que são movidas.

Assim, a alma é a fonte, o início, a causa e o princípio de qualquer tipo de vida. Isto se deve ao fato de que ela mesma se move, e esse movimento não depende de um motor externo. No *Fédon* (80a) Platão afirma claramente: "A alma se assemelha ao que é divino, o corpo ao que é mortal". Divino significa imorredouro, inteligível, único na forma, indissolúvel.

2.2.5 As funções da alma

A alma é faculdade de pensar, de conhecer, faculdade à qual é associada a vontade. Ela é orientada ao conhecimento e à reflexão em sua consciência das essências incorpóreas. Aqui embaixo ela é exílio na incessante mutação do devir, exposta às influências impuras da vida corpórea.

A alma atravessa uma série de vidas terrestres. Deve lutar contra as paixões, contra os desejos do corpo. Deve libertar-se do corpo para encontrar o caminho do alto. Disso nos ocuparemos logo mais.

Platão vinculou a perenidade das almas individuais e a imortalidade da alma à sua doutrina das ideias. Ele avança uma série de provas filosóficas, que lhes são fornecidas pelos cultos mistéricos celebrados pelos sacerdotes, de forma que a verdade que embasa em provas metafísicas lhe advém principalmente das práticas cultuais e sacerdotais. Ele desenvolve uma teologia simbólica fundada no culto órfico-pitagórico.

Colocada entre o Ser único e imutável e a multiplicidade do corpóreo no qual é exilada, a alma tem a faculdade de refletir e conceber as ideias em toda a sua limpidez. O corpo é um obstáculo contra o qual ela deve lutar. Precisamos, portanto, zelar pela alma.

> Se é verdade que a alma é imortal, cumpre então zelar por ela: não somente durante o tempo que ocupa o que denominamos viver, mas para a totalidade do tempo... O fato é que com a evidência da imortalidade, a alma não tem outra escapatória para os seus males, não tem mais nenhuma outra salvaguarda a não ser tornar-se a melhor e a mais sábia possível; a alma, de fato, vai para o Hades com a única bagagem de sua educação e o modo com que viveu (*Fédon,* 107d).

2.2.6 Essência e imortalidade da alma

Platão recebeu e acolheu a herança do orfismo e do pitagorismo. Serve-se deles para explicar como os homens chegam a conhecer as ideias e para explicar a origem celeste do homem e o retorno da alma a este mundo celeste. No décimo livro da *República* Platão insiste longamente sobre a imortalidade da alma: "Esta é alguma coisa que existe sempre, e se é alguma coisa que existe sempre, só pode ser imortal" (X, 611a). E continua com uma longa reflexão sobre o número das almas:

São sempre as mesmas almas que devem existir: dado que nenhuma delas perece, o número não pode nem diminuir nem aumentar. De fato, se se produz um acréscimo numérico no que foi da ordem das coisas imortais, bem o sabes que isto provaria do mortal, e todas as coisas acabariam sendo imortais (*República*, XI, 611a).

2.2.7 Tentativa de síntese da doutrina platônica

Platão não chegou de repente à concepção da alma imortal, à sua essência, à sua dignidade, à sua origem e ao seu destino eterno. Portanto, para compreender sua dinâmica precisamos partir de sua concepção das ideias, que são existência pura, única realidade perfeita. Cada ideia é uma mônada. A ideia que se situa no topo é a Ideia do Bem.

No *Fedro* (245d), o mito da biga alada nos apresenta a imortalidade como o estado originário da alma assim como ela se encontrava nas origens: esta contemplava as formas. A imortalidade é concebida como dignidade inicial da alma que contempla os modelos imutáveis, fundamentos do mundo sensível. Trata-se do mundo das almas divinas.

As almas individuais não têm este grau de perfeição. Estas são absorvidas por seu apetite de geração. No *Timeu* Platão fala somente da parte racional da alma, destinada a uma imortalidade definitiva. Ele foi conquistado pela doutrina de uma preexistência da alma. Encontramos sua doutrina nas discussões dos diálogos. Segundo Franz Cumont, no mito de Er, desenvolvido na *República*, Platão dá amplo espaço às ideias caldeu-iranianas[1].

2.3 A reencarnação

2.3.1 A herança órfico-pitagórica

Platão bebeu da herança órfico-pitagórica. Aos seus olhos a alma é divina e imortal. Nesta herança havia um lugar para a reencarnação: trata-se da purificação

---

1. Cumont sustenta que Platão tenha imposto às gerações gregas posteriores o desenvolvimento da imortalidade celeste, adquirida ao longo de suas viagens na Sicília e no Oriente Próximo e em seus encontros com os pitagóricos e os protagonistas de concepções caldeu-iranianas. Cf. *Lux perpetua*. Op. cit., p. 187-188. Cumont é da opinião que a herança de Platão tenha sido compilada pelos neo-pitagóricos, que o fizerem discípulo de Pitágoras.

da alma. Platão liga assim a sobrevivência e a imortalidade da alma a um ciclo de mortes e renascimentos. A reencarnação não afeta em nada o caráter indestrutível da vida da alma: faz parte da doutrina da imortalidade. É também o indício de uma moral muito elevada, exposta em *Mênon,* que traz como subtítulo *Da virtude.* Não falaremos dele aqui.

O exame das doutrinas de poetas como Píndaro (c. 520-456 a.C.), das lâminas de ouro órficas e das doutrinas pitagóricas nos mostra uma tradição doutrinal alargada em Sócrates e em Platão. A doutrina da reencarnação é o fundamento de uma ética preocupada com a perfeição moral.

2.3.2 O mito do destino das almas

Este mito é desenvolvido no *Fédon* (107c-115a). O mito retoma alguns elementos fornecidos pelas tabuinhas órficas e diversos temas e imagens da cosmologia e da geografia. Não é possível reproduzir aqui este longo texto do *Fédon,* que desenvolve o mito escatológico e mostra o caminho da alma através do Hades para chegar à contemplação das ideias, das formas.

2.3.3 A alma e a reencarnação

As ideias ou formas constituem um universo de modelos eternos. A teoria das Ideias ou formas é um postulado platônico: trata-se de modelos exemplares. Aos olhos de Eliade esta teoria utiliza um símbolo imortal proveniente da ontologia arcaica. L. Robin define esta teoria como segue: "As coisas de que trata são, com efeito, a representação que o pensamento se faz de outras realidades que reduziu aos seus traços essenciais e à unidade de um esquema totalmente inteligível"[2].

No *Fédon* (253 d,e; 248 c,d), Platão apresenta a tripartição da alma grega recorrendo a três símbolos: uma carruagem puxada por dois cavalos e guiada por um cocheiro. O cocheiro é o *nous* ou parte racional da alma. Um dos cavalos é o *epithumetikos*, ou a parte concupiscente da alma, tendente ao corpo. O *thymos* serve como intermediário entre as duas partes, a parte racional e a parte concupiscente, cujas naturezas são incomparáveis e opostas. O *thymos* nem sempre é aliado da razão.

---

2. ROBIN, L. *Platon.* Paris: Alcan, 1938, p. 100-101.

Eis que a alma é tomada de um desejo de encarnar-se num corpo. É a queda, o fim da imortalidade cósmica das origens. Tem início assim o ciclo das encarnações. O *nous* é inserido entre a razão e as paixões[3].

Em *Fedro* 248-249 Platão fala da procissão das almas e das suas encanações. Assistimos ao desfile de uma série de encarnações, as mais nobres das quais são a do filósofo, a do guerreiro e a do comerciante. Estamos diante da tripartição indo-europeia. Seguem-se outras seis encarnações, a última das quais é a do tirano, contraposta à do filósofo. A verdadeira imortalidade é a da alma incorpórea, um corpo celeste que está fora do mundo. A imortalidade por reencarnação é bastante diferente, visto que de reencarnação em reencarnação a alma perde sua pureza. O desejo de encarnação é uma culpa. Em *Fedro* 246c a recaída num novo nascimento é representada como consequência de uma culpa cometida pela alma em sua existência de espírito celeste. *Timeu* 41b, ao contrário, apresenta a alma como plasmada para animar e governar um corpo: é a fonte do movimento.

O décimo livro da *República* descreve o destino das almas no além-túmulo entre duas reencarnações. Estamos diante do mito de Er, com a descida aos infernos e o juízo dos mortos (X,614c). Nele se fala das sanções do além-túmulo. O mito de Er (620-621) fala da reencarnação mostrando como as almas escolhem seu novo corpo. A reencarnação é ligada aos movimentos cósmicos dos astros. Entretanto, Platão não prega uma forma de determinismo, já que aceita a livre escolha das almas na reencarnação.

2.3.4 A reencarnação como imortalidade

A reencarnação, segundo as doutrinas de Platão, representa um progresso em relação ao além-túmulo do pensamento grego do século V a.C. A reencarnação é uma forma de imortalidade. As reencarnações representam um esforço da alma para aproximar-se das formas através da escolha repetida e sucessiva de diversas vidas: neste caso a atenção se concentra na parte puramente racional da alma.

Outros textos de Platão assumem a via de uma degeneração da alma, que se afunda no mundo sensível. Segundo Platão, a alma se realiza em dois planos. O

---

3. BUFFIÈRE, F. *Les mythes d'Homère et la pensée grecque*. Paris: Les Belles Lettres, p. 265-278.

plano terreno é a morada da alma no corpo, a realização individual e particular. A alma do mundo, ao contrário, se realiza no plano celeste.

Conclusões

Édouard des Places sustenta que é possível considerar a religião de Platão estudando nele três elementos: a fé tradicional do cidadão de Atenas, leal ao seu país; sucessivamente, a religião do filósofo, fundada na parentela da alma com as ideias, que culmina num conhecimento religioso; e, enfim, a astrologia, que reanima sua velhice e responde na contemplação ao desejo de conhecimento. Em geral nos damos por satisfeitos em simplesmente lançar um breve olhar sobre sua filosofia religiosa, na qual a teoria das ideias nos leva a compreender a parentela da alma com o divino, o que implica a imortalidade, derivando disto uma vida precedente na qual a alma contemplou as ideias. Sobre a terra, unida ao corpo, entendido como uma espécie de prisão, a alma conserva a nostalgia do outro mundo. As ideias são uma dimensão divina a quem a alma é aparentada e cujo contado lhe garante a feliz imortalidade. Esta parentela confere à alma a intuição das ideias[4].

No início de seu artigo sobre o platonismo, André Motte escreve que no célebre quadro de Rafael, que representa a Escola de Atenas, no centro figura Platão, que com uma mão segura *Timeu* e com a outra aponta para o céu: tudo isto ilustra o modo com que o Ocidente compreendeu a Academia. O dedo apontado para o céu evoca o mundo separado de essências inteligíveis. Para Platão, o homem é uma planta celeste, e o céu divino das ideias é tanto a origem quanto o ocaso ao qual tende. A filosofia platônica é um exercício espiritual de busca do Bem, do Verdadeiro e do Belo, e isto explica a atenção que os Padres da Igreja lhe dedicaram, apreciando nele a concepção teocêntrica da vida humana. A reflexão religiosa de Platão é associada à especulação sobre a alma humana, sua natureza, seu destino e seu parentesco com o divino[5].

---

4. DES PLACES, É. *La religion grecque* – Dieux, cultes, rites et sentiment religieux dans la Grèce antique. Paris: Picard, 1964, p. 245-259. • MOTTE, A. "La prière du philosophe chez Platon". In: LIMET, H. & RIES J. (orgs.). *L'expression de la prière dans les grandes religions.* Louvain-la-Neuve: Centre d'Histoire des Religions, 1980, p. 173-180 [Homo religiosus, 5].

5. MOTTE, A. "Platonisme et néo-platonisme", In: POUPARD, P. (org.). *Dictionnaire des religions.* Op. cit., p. 1.576-1.578.

Bibliografia

Fontes

PLATÃO. *Oeuvres complètes*. Paris: Les Belles Lettres [texto grego e tradução francesa].

Literatura

ARNOU, R. "Le platonisme des Pères". In: *Dictionnaire de théologie catholique*. Vol. XII. Paris, 1933, cols. 2.258-2.392.

BRUN, J. *Platon et l'Académie*. Paris: PUF, 1984 [trad. it.: *Platone*. Milão: Xenia, 1996].

CHAIX-RUY, J. *La pensée de Platon*. Paris: Bordas, 1966.

CHATELET, F. *Platon*. 2. ed. Paris: Gallimard, 1990 [trad. it.: *Platone*. Bolonha: Cappelli, 1982].

DIES, A. *Autour de Platon* – Essai de critique et d'histoire. 2 vols. Paris: Beauchesne, 1927.

DIXSAUT, M. *Le naturel philosophe* – Essai sur les dialogues de Platon. Paris: Les Belles Lettres, 1985 [trad. it.: *La natura filosofica* – Saggio sui Dialoghi di Platone. Nápoles: Loffredo, 2003].

FESTUGIÈRE, A.J. *Contemplation et vie contemplative selon Platon*. Paris: Vrin, 1936.

GOLDSCHMIDT, V. *Les dialogues de Platon*. 2. ed. Paris: PUF, 1967.

KUCHARSKI, P. *Aspects de la spéculation platonicienne*. Paris: Nauwelaerts, 1931.

PERLS, H. *Lexikon der platonischen Begriffe*. Berna: Franke, 1973.

ROBIN, L. *Platon*. Paris: Alcan, 1938.

_____. *La théorie platonicienne des Idées et des Nombres d'après Aristote*. Paris: Alcan, 1930 [trad. it.: *La teoria platonica dell'amore*. Milão: Celuc, 1973].

ROHDE, E. *Psyché* – Seelenkult und Unsterblichkeitsglaube der Griechen. Tübingen: Mohr, 1925].

SCHUHL, P.M. Études platoniciennes. Paris: PUF, 1960.

Bibliografia italiana

DISERTORI, B. *Il messaggio del Timeo*. Pádua: Cedam, 1965.

MANNO, A. *Il teismo di Platone*. Nápoles: Istituto S. Chiara, 1955.

PLATÃO. *Opere complete*. 8 vols. Roma/Bari: Laterza.

ROMANO, F. *Logos e mythos nella psicologia di Platone*. Pádua: Cedam, 1964.

3
A MORTE E O ALÉM NA RELIGIÃO GREGA

A religião grega aparece como uma religião sem dogmas, sem credo, quase sem sacerdotes, um conjunto de cultos fundados nos mitos. Mesmo assim ela ocupa um lugar considerável na vida pública e privada. O calendário religioso se baseia num panteão de deuses e deusas e comporta muitas festas. A natureza é amplamente associada à religião. Além das festas citadinas existe uma multidão de santuários campestres. A imaginação se representa a primeira era do mundo como uma época de inocência. A *Odisseia* de Homero faz pensar numa era dourada, ao passo que Hesíodo nos oferece como testemunhas raças de ouro e de prata de uma humanidade mítica ainda próxima aos deuses[1]. A partir do século III a população se forma por aportes sucessivos de migrações e invasões, cujos elementos helênicos precederam Homero de séculos. A família é um santuário de tradições religiosas da mesma forma que a vida camponesa, mas o regime patriarcal de origem indo-europeia prevaleceu sobre os antigos sistemas matrilineares.

3.1 Hades, o lugar e o deus dos mortos

3.1.1 A tradição de Homero e Hesíodo

Tivemos que esperar Homero, no século VIII, para encontrar as primeiras informações sobre o além-túmulo. Homero e Hesíodo, considerados mestres infalíveis de toda ciência, concebem o Tártaro como um abismo tenebroso que contém o Hades, que por sua vez é banhado por quatro rios: o Flegetonte, o Aqueronte, o Cocito e o Estige. O Lete é o rio do esquecimento, que impede o homem de lembrar-se da vida precedente. Os quatro rios separam os mortos

---

1. DES PLACES, É. *La religion grecque.* Op. cit.

da dimensão dos vivos. O barqueiro Caronte transporta as almas para a outra margem. Cérbero, um cão monstruoso, guarda as portas do Hades, onde estão as "sombras" dos defuntos, sem distinção entre culpados e não culpados, isentos de recompensa ou punição. De preferência este tipo de existência era destinada aos que não tinham recebido os funerais. Na *Ilíada* XXIII, 71 a sombra de Pátroclo diz a Aquiles: "Sepultem-me o mais rápido possível, a fim de que eu passe pelas portas do Hades. Lá existem almas que me excluem, me afastam, as sombras dos defuntos. Elas me impedem de cruzar o rio e alcançá-las". Homero é o primeiro a falar da alma, *psychē*, distinta, por um lado, do corpo e, por outro, da sombra, ou da imagem, *eidalon*.

No canto XI da *Odisseia* encontramos os castigos infligidos aos mortos responsáveis por graves ofensas aos deuses. Ulisses avista Tício no chão e dois abutres rasgando-lhe o coração; Tântalo, em pé, num lago tão límpido quanto o cristal, é consumado pelo enxofre ardente, mas a água lhe foge; Sísifo usa os pés e as mãos para erguer uma pedra enorme, retida, porém, por uma força invisível[2]. Os mortos não podem acordar de seu sono e reaver a memória, a não ser bebendo o sangue das vítimas oferecidas em sacrifício em seu favor. Homero fala do Hades como um deus cruel e odioso. Segundo Hesíodo, Hades conta com um auxiliar, Tânatos, que personifica a morte e mora em frente à porta do Hades. Eurípedes afirma que ele veste uma roupa preta e está armado de uma espada, e que caminha sobre a terra para recolher os mortos e levá-los ao Hades. À época de Homero, também se falava de Tártaro, sobre o qual os deuses lançam seus inimigos[3].

Na sociedade micênica anterior à de Homero só conhecemos o culto aos mortos graças às tumbas e aos objetos e utensílios sepultados com eles. Vale lembrar que os micênicos homenageavam os mortos – tumbas com uma cúpula, ricamente ornadas –, mas não temos nenhuma indicação de suas concepções sobre o além-túmulo. A partir de Homero, graças à descrição dos funerais de Pátroclo, dispomos dos primeiros indícios de ritos fúnebres: a cremação do cadáver numa fogueira, o sacrifício de prisioneiros troianos e animais particulares, a oferta de mel e azeite, o oferecimento do cabelo dos sobreviventes em sinal de luto, o banquete fúnebre, a ereção de uma tumba, os jogos atléticos (*Ilíada*, canto XXIII).

---

2. ELIADE, M. "Enfers et paradis". In: *Encyclopaedia Universalis*. Vol. VI. Paris, 1985, p. 1.100.

3. CERRI, G. Cronologia dell'Ade in Omero, Esiodo e Parmenide. *La parola del passato*, 50, 1995, p. 437-457.

Diferentemente do corpo, a alma vai para o Hades. Ela é a imagem (*eidolon*) daquilo que o vivente foi, mas no fim ela se separa. No canto XI da *Odisseia*, porém, ela se submete à invocação, a *Nekyia*. Dois séculos mais tarde, em época clássica, percebemos o arrependimento pela separação e o desejo de afirmar os vínculos com os vivos. Esta mutação se deve ao orfismo, conhecido no século VI graças à descoberta das lâminas de ouro presentes em algumas tumbas da Grécia e da Itália Meridional[4].

3.1.2 As metamorfoses do Hades

Na tradição homérica, o Hades é um lugar situado no centro da terra, envolto numa escuridão perpétua e nebulosa. É a morada das sombras. Ao longo da época clássica, a partir do século VI, diversas metamorfoses se estruturam em favor de novas doutrinas relativas à imortalidade celeste da alma. Já falamos do orfismo, do pitagorismo e do platonismo[5]. Franz Cumont buscou seguir os traços destas transformações[6].

Cumont primeiramente se pergunta onde colocar o Hades, e sublinha que os pitagóricos admitiram a imortalidade celeste, uma doutrina em contradição com as antigas crenças helênicas relativas à descida para as sombras num Hades subterrâneo. Os pitagóricos detectaram no homem a presença de três elementos: o corpo, *soma,* a alma, *psychē*, e a sombra, *eidolon*; o terceiro elemento é o simulacro de uma estranha palidez. Esta subdivisão tripartite pode ser seguida até o final da Antiguidade, entre os escritores e nas inscrições fúnebres: o corpo é destruído na terra, a alma é uma partícula de éter que sobe ao céu, a sombra é o simulacro que desce ao Hades, que é o reino de Plutão. Surge aqui uma doutrina que não situa mais o Hades na cavidade da terra, mas no hemisfério inferior do universo. O céu das estrelas é visto como uma esfera sólida que circunda a terra. A linha do horizonte subdivide o céu em dois hemisférios, um supraterrâneo, que é o hemisfério da vida, e outro subterrâneo, o da morte. Foi a astrologia caldeu-egípcia que propagou esta doutrina no mundo helênico. No ponto mais baixo, o *hypogeion*, estão os rios Estige e Aqueronte, bem como a barca de Caronte. Este

---

4. CHAMOUX, F. *La civilisation grecque, à l'époque archaïque et classique.* Paris: Arthaud, 1963 [trad. it.: *La civiltà della Grecia arcaica e classica.* Florença: Sansoni, 1968].

5. Cf. os capítulos desta sexta parte do livro.

6. CUMONT, F. *Lux perpetua.* Op. cit., p. 229-277.

Hades mitológico gozou de grande sucesso. A terra imóvel, no centro do cosmo, é considerada a dimensão das sombras e dos deuses infernais, e o lugar dos ímpios, ao passo que o céu esférico no alto é o âmbito dos Campos Elíseos. No Hades as almas dos réprobos serão vítimas de castigos eternos. Sobre isto Cumont cita *Assíoco*, um diálogo atribuído a Platão, mas que data do século II da era antiga.

Ao lado desta doutrina se desenvolveu a ideia da transmigração, que permitiu prestar contas da expiação dos pecados. Segundo Cumont, esta teoria teria vindo da Índia, do *saṃsāra*, que atravessou o império persa, conquistando primeiramente os órficos e em seguida os pitagóricos. A partir de então passou-se a considerar a descida da alma do céu à terra como uma decadência. O corpo é um tumba, uma prisão do qual a alma é prisioneira. No orfismo esta decadência é vista como uma consequência do crime cometido pelos titãs. Cumont ressalta, no entanto, que para os órficos e para os antigos pitagóricos a metempsicose não excluía a descida às sombras do Hades[7].

Nosso autor coloca uma segunda questão, ou seja, de onde vêm os suplícios do inferno? Em sua opinião precisamos olhar para a escatologia masdeísta, que deve sua difusão no Oriente Médio aos magos helenizados, os *maguseos*. Ao lado das obras literárias formou-se uma literatura que se destinava às massas populares supersticiosas e que insistia na crueldade dos suplícios no Hades. É provavelmente da Ásia Menor que os etruscos levaram para a Itália a crença num *Orcus* povoado de demônios horrendos, no qual Caronte e as Erínias assumem um aspecto feroz[8]. Além disso, impossível não pensar na literatura apocalíptica. No âmbito da punição dos pecadores, o fogo assumia um papel central: torna-se instrumento de um castigo eterno. Os pitagóricos viam no subsolo do mundo subterrâneo um grande braseiro no qual eram atirados os condenados ao inferno. Além disso, a influência masdeísta parece estar na origem da difusão das crenças em demônios encarregados de executar as sentenças proferidas contra as almas culpáveis. Assim, Xenócrates, discípulo de Platão, admite a existência de demônios malvados. A teologia masdeísta influenciou claramente a demonologia helênica: os demônios malvados são os *devas* submetidos a Ahriman. Os persas imaginavam que durante a noite hordas de demônios saíam dos infernos até o canto do galo anunciar sua volta ao

---

7. Ibid., p. 231-236.
8. Ibid., p. 237-243.

Hades. Cumont sustenta que os pitagóricos assumiram esta crença, confirmando a influência masdeísta sobre as concepções do Hades[9].

3.2 O paraíso dos Campos Elíseos

Na *Odisseia* (IV,563), Menelau, genro de Zeus, é levado pelos deuses aos Campos Elíseos, onde vive uma vida invejável. Hesíodo, no poema *As obras e os dias*, fala da "raça divina dos heróis, ditos semideuses, cuja geração nos precedeu na terra... Zeus, filho de Cronos e pai dos deuses, deu-lhes uma existência e uma morada longe dos homens, estabelecendo-os nos confins da terra. É lá que eles habitam com o coração livre das preocupações, nas Ilhas dos Bem-Aventurados, heróis afortunados a quem um fruto doce como o mel, que floresce três vezes ao ano, a terra fecunda oferece". (170-174). Entretanto, nestas ilhas só habitam os heróis mortos em Tebas e Troia. Na tradição homérica, portanto, só se fala de dois lugares habitados pelos defuntos: o Hades e os Campos Elíseos. Opostos ao Hades, lugar obscuro e triste, estão estes lugares paradisíacos, perpetuamente refrescados por uma brisa vinda do Poente, paraíso ocidental e pradaria fértil. Píndaro menciona as flores douradas com as quais os bem-aventurados destas ilhas se fazem guirlandas e coroas, fala também de frutas douradas, de rosas púrpuras e árvores de incenso. Cumont observa que muito frequentemente os sarcófagos representam os folguedos desses bem-aventurados que, à luz de tochas, dançam e tocam címbalos neste paraíso dionisíaco. E também lembra que os órficos e os pitagóricos imaginavam a felicidade do além-túmulo em termos de um banquete perpétuo, e que a multiplicação infinita destes baixo-relevos fúnebres representa o morto tornado herói, sentando-o e fazendo-o participar de um banquete.

Do século VI em diante o orfismo influenciará uma corrente de pensamento propensa a uma escatologia abençoada. A descoberta, em 1962, em Darveni, de um fragmento de papiro que reproduz um poema teogônico atribuído a Orfeu e as pesquisas recentes confirmam as intuições de Lagrange: "O orfismo é uma religião de salvação". As lâminas de ouro encontradas em algumas tumbas e datadas do século IV a.C. ao século II de nossa Era mostram o iniciado órfico defunto chegado ao término de suas existências. Ao defunto se lhe oferecem indicações concernentes ao caminho a seguir, ou se lhe narra a própria chegada junto à rainha

---

9. Ibid., p. 269-277.

do mundo dos mortos. Numa lâmina de ouro de Petilia, datada do século IV ao século II, aconselha-se que o defunto evite o Hades, beba do Lago da Memória e declare: "Sou filho da terra e do céu estrelado... Pertenço a uma estirpe celeste".

Um texto análogo está em três lâminas de ouro encontradas na ilha de Creta. Em duas lâminas de Thurri, a alma, nas palavras de acolhida, ouve a Senhora dizer-lhe: "Felizardo e abençoado: serás deus antes que mortal". Em outra lâmina de Thurri a alma declara: "Venho suplicante junto à Santa Perséfone, a fim de que benevolente me envie à sede dos glorificados". O que é característico destas fórmulas é a importância de uma salvação abençoada e a memória do defunto em sua tumba. É a deusa que concede ao defunto o direito de entrar num lugar divino[10].

Nos dois capítulos precedentes vimos como Franz Cumont interpretou a imortalidade celeste na doutrina dos pitagóricos, fazendo-a derivar do dualismo zoroastriano, influenciado pela astrologia caldeia, mas insistindo numa imortalidade estelar. Não precisamos retornar a estas questões.

3.3 A escatologia helênica e os mistérios

Os mistérios representam um conjunto de crenças ou cerimônias religiosas de natureza iniciática e esotérica destinados a promover a fecundidade, a garantir a sobrevivência abençoada ou a contemplar a divindade. Eles se fundamentam na iniciação ou na representação de ações divinas. Na Grécia tais mistérios tinham a pretensão de garantir a salvação de seus iniciados graças à participação em cerimônias secretas e através do conhecimento de verdades esotéricas. Estes cultos secretos ofereciam uma certeza falsamente fundada numa revelação secreta, proveniente de uma divindade. Prometiam a seus adeptos a certeza de poder viver uma vida abençoada no outro mundo. O iniciado deveria empenhar-se jurando manter em segredo tanto os ritos quanto as doutrinas, ou seja, todo o *hieros logos*. Os adeptos, e somente eles, tinham o direito de participar das cerimônias solenes, de cumprir seus atos rituais, de passar por algumas provas e de beneficiar-se da iniciação que propiciava alegria e, às vezes, arrebatamentos. Tais mistérios foram implantados em muitos templos gregos. Franz Cumont tentou explorar este domínio da escatologia[11].

Os mais célebres eram os mistérios de Elêusis celebrados no santuário de Deméter, não longe de Atenas. Todo o cerimonial tinha como transfundo o mito do

---

10. LAGRANGE, M.J. *Les mystères, L'orphisme*. Paris: Gabalda, 1937, p. 137-148.
11. CUMONT, F. *Lux perpetua*. Op. cit., p. 279-320.

rapto de Core, filha de Deméter, por parte do deus dos mortos, e a descida de Deméter ao mundo dos mortos para libertá-la. Antes de voltar ao Olimpo ela havia pedido a construção de um santuário e revelou os mistérios. Ao longo da celebração dos mistérios os iniciados recebiam a garantia de uma vida abençoada após a morte. A tradição representava os iniciados defuntos reunidos, que continuavam celebrando os mistérios de suas deusas Deméter e Core num cenário paradisíaco de esplêndidas pradarias. Era a imagem de uma vida que renasce incessantemente e a promessa de uma felicidade presente e futura condicionada por uma fervorosa contemplação. André Motte fala de "mistérios de natureza divina e eterna"[12].

Além disso, Cumont insiste nos mistérios de Dioniso sobre a crença na imortalidade. Ele menciona as esculturas feitas nos sarcófagos, as pinturas das tumbas e o grande número de estelas funerárias que reproduzem cenas tomadas da lenda do culto do deus originário da Trácia ou da Frígia, que se difundiu na Grécia ao longo dos séculos VIII e VII. Ele valorizou uma inscrição encontrada em Cuma, na Magna Grécia, que mostra que no início do século V os iniciados ao culto dionisíaco tinham cemitérios particulares: o deus do vinho era também o deus dos mortos. Às vezes os iniciados eram representados enquanto celebravam os bacanais nos Campos Elíseos. Alguns sarcófagos representam os brinquedos dos bem-aventurados, que saltam ao som dos címbalos e à luz das tochas no paraíso dionisíaco. Posteriormente, no culto romano, o ato fundamental será a participação num banquete, antecipação da bem-aventurança do além-túmulo, do qual os iniciados participarão perpetuamente. Mais tarde ainda, acrescentar-se-á a estas tradições os cultos das regiões orientais: o culto de Cibele e de Átis, depois o culto de Serápis e de Ísis proveniente do Egito helenizado[13].

3.4 Os ritos funerários

3.4.1 A época de Homero

A *Ilíada* descreve os funerais de Pátroclo no capítulo XVIII e os de Sarpédon e de Heitor no capítulo XVI[14]. O corpo de Sarpédon é transferido para a Lícia. É

---

12. MOTTE, A. "Mystères d'Eleusis". In: POUPARD, P. (org.). *Dictionnaire des religions*. Op. cit., p. 1.386-1.387.

13. CUMONT, F. *Lux perpetua*. Op. cit., p. 315-322.

14. SCHNAPP-GOURBEILLON, A. "Les funérailles de Patrocle". In: GNOLI, G. & VERNANT, J.P. (org.). *La mort, les morts dans les sociétés ancienne*. Paris: Maison des Sciences de l'Homme, 1982, p. 77-88.

lavado na água corrente do rio, uma água viva de virtudes purificadoras. Em seguida é ungido com ambrosia e vestido com roupas divinas de Apolo e de outras duas divindades, Hipno e Tânatos, que se encarregam de inumá-lo numa tumba, debaixo de uma estela, sendo esta a homenagem devida aos mortos. Assim percebemos o cuidado para com o cadáver, a riqueza das vestes, a presença da família para chorar o morto e a tumba para a memória. Os funerais de Heitor têm início com a coleta da lenha para a fogueira que queimará a noite inteira, e será extinta ao raiar do dia, com a libação de vinho. As cinzas são recolhidas e postas numa caixa de ouro, recoberta com um tecido de púrpura, e depois depositadas numa cova recoberta com pedras e terra. O banquete fúnebre conclui a cerimônia.

Os funerais de Pátroclo transcorrem sob o signo do exagero: o fogo é duplo, fúnebre e sacrificial. Preparam-se os animais como se a divisão fosse feita entre os deuses e os homens ao longo de uma refeição sagrada. As carnes consumíveis vão para a fumaça, e a gordura serve para envolver o cadáver. Aparentemente Pátroclo se transforma em objeto do ritual fúnebre e objeto do sacrifício. Queimam-se também mel e azeite. A cerimônia destinada a homenagear Pátroclo exalta tanto a figura heroica de Pátroclo morto quanto vivo. Ele acede a uma condição de morte divina a quem é oferecido um culto sacrificial durante os funerais. Estamos nas origens do culto aos heróis, que assumirá uma importância capital no pensamento grego[15].

3.4.2 Rituais funerários da época clássica

É no quadro da religião grega da família que Francis Vian situa sua análise da morte e dos rituais fúnebres[16]. É sob o regime patriarcal de origem indo-europeia que vive a família, colocada sob a proteção de Zeus, pai dos deuses e dos homens. A lareira, *hestia*, é objeto de um culto de fogo sagrado. Em cada refeição as primícias alimentares são oferecidas às chamas da deusa Héstia, cujo fogo não devia apagar-se, já que consagrada a uma eterna virgindade. No macrocosmo, a deusa é a grande garante da estabilidade das residências humanas: o chefe da família lhe apresenta a esposa e todo filho recém-nascido. O casamento,

---

15. CHAMOUX, F. *La civilisation grecque*. Op. cit., p. 229-231 (sobre o fenômeno da heroização).

16. VIAN, F. "La religion grecque à l'époque archaïque et classique". In: PUECH, H.C. (org.). *Histoire des religions*. Vol. I. Paris: Gallimard, 1970, p. 489-579 [Encyclopédie de la Pléiade].

o nascimento e a morte são eventos que mexem com a estabilidade da família e correm o risco de expor os membros a dificuldades. A morte é o período de transição temível para o defunto e para os seus. A morte tem direitos, cuja realização compete à família. A família deve realizar os ritos fúnebres, se não quiser cometer um sacrilégio de efeitos funestos. O defunto é visto como uma vítima consagrada aos deuses infernais[17].

Tudo começa com os ritos de purificação: lavar o cadáver, fazer as unções, vesti-lo de branco e envolvê-lo num sudário, com a cabeça descoberta, mas cingida por uma venda. Na entrada da câmara coloca-se um vaso cheio de água pura: deixando a câmara, o visitador se asperge a fim de evitar a própria contaminação ou contaminar outros. Em seguida, ao longo de uma jornada, o corpo é exposto no vestíbulo, sobre um catafalco. Os parentes próximos se cobrem de cinza ou de poeira, enquanto as carpideiras fazem seus lamentos, tidos como agradáveis ao defunto[18]. No dia seguinte, antes da aurora, para evitar manchar a luz do dia, o cortejo fúnebre, acompanhado pelas carpideiras (*voceratrices*), conduz o defunto à sua última morada. Com exceção de Esparta, as necrópoles se situavam fora dos muros da cidade: era para evitar a proximidade com os vivos. Como no Egito, os cemitérios se encontram no lado ocidental, na direção das Ilhas dos Bem-Aventurados e dos Campos Elíseos. O corpo é queimado ou inumado num caixão, ou às vezes simplesmente depositado sobre uma camada de folhas. A modalidade de sepultura seguia costumes locais.

Também foi levantada a questão de um juízo dos mortos. Em Homero e Hesíodo não encontramos nenhum vestígio, a não ser a condenação de grandes malfeitores como os titãs, Tântalo, Sísifo (*Odisseia,* XI, 576; *Teogonia,* 713). Nos órficos e em Pitágoras encontramos os primeiros vestígios de um juízo dos mortos, que se tornarão mais evidentes nas religiões mistéricas, onde aparece a doutrina das duas vias[19]. O defunto é sepultado com os objetos dos quais se imaginava necessitar na tumba: utensílios, vasos, roupas, armas. Além disso, ele recebe oferendas alimentares que serão renovadas no terceiro, no nono e no trigésimo dia, sucessivos aos funerais e, anualmente, em setembro, por ocasião da festa

---

17. Ibid., p. 516-524.

18. SPINETO, N. L'escatologia nel mondo classico. *Annali di storia dell'esegesi*, XVI, 1999, p. 7-20.

19. DI NOLA, A.M. "La condizione dei morti". In: DI NOLA, A.M. (org.). *Enciclopedia delle religioni*. Vol. III. Florença: Vallecchi, cols. 647-650.

dos antepassados. Estas oferendas consistem, sobretudo, em libações de água, leite, vinho, azeite e mel, que são despejados em recipientes sem fundo. Existem alguns casos de sacrifício cruentos[20]. Após a cerimônia dos funerais, os membros da família do defunto são objeto de purificação. Em seguida, há a refeição fúnebre, da qual, pensava-se, o defunto participava. Depois disso, a tumba do defunto passa a ser a sua habitação, e a família continua cuidando dele[21].

Segundo a crença comum, as almas dos mortos descem ao Hades sem esperança de retorno. Elas cruzam o Estige sobre o barco de Caronte, atravessam as portas guarnecidas pelo destemido cão Cérbero e permanecem sob o domínio do deus Hades e de sua esposa Perséfone. Elas levam uma vida que é um pálido reflexo da vida eterna. Era costume o defunto receber um óbolo para pagar o barqueiro Caronte e um doce de mel para Cérbero. Nestes ritos não faltam contradições. Assim, a tradição das refeições fúnebres contradiz a concepção da alma no Hades como uma sombra que não passa de um reflexo da vida sobre a terra. As estátuas e as pinturas sobre vasos ou sobre estelas, por sua vez, contradizem a doutrina antiga do Hades. Em Ática, no século VI, as tumbas mais luxuosas eram ornadas com a imagem do defunto idealizado, representado na plenitude de sua forma e de sua beleza, como se a morte lhe tivesse conferido uma nova juventude[22].

Bibliografia

BIANCHI, U. "Mystères d'Eleusis, dionysisme, orphisme". In: RIES, J.; MOTTE, A. & SPINETO, N. (org.). *Les civilisations méditerranéennes et le sacré*. Turnhout: Brepols, 2004, p. 255-281 [Homo religiosus, II/4].

BOULOGNE, J. "L'enfer ouranien de Plutarque". In: THOMAS, J. (org.). *L'imaginaire religieux gréco-romain*. Perpignan: Presses Universitaires, 1994, p. 217-234.

BOYANCÉ, P. Sur les mystères d'Eleusis. *Revue des Études Grecques,* 75, 1962, p. 460-482.

_____. *Le culte des Muses chez les philosophes grecs* – Études d'histoire et de psychologie religieuses. Paris: De Boccard, 1937.

---

20. VIAN, F. *La religion grecque*. Op. cit., p. 522.

21. NILSSON, M.P. "Toten und Seelenglaube". In: NILSSON, M.P. *Geschichte der griechischen Religion*. Vol. II/1. 2. ed. Munique: Beck, 1967, p. 174-199.

22. CHAMOUX, F. *La civilisation grecque*. Op. cit., p. 228-229.

CHAMOUX, F. *La civilisation grecque, à l'époque archaïque et classique*. Paris: Arthaud, 1963 [trad. it.: *La civiltà della Grecia arcaica e classica*. Florença: Sansoni, 1968].

CUMONT, F. *Lux perpetua*. Paris: Geuthner, 1949, 1978 [nova. ed.:Roma/Turnhout: Academia Belgica/Brepols, 2009].

DE SCHEFFER, T. *Hellenische Mysterien und Orakel*. Stuttgart: Spemann, 1940.

DELUMEAU, J. *Une histoire du paradis*. Paris: Fayard, 1992, p. 15-20 [trad. it.: *Storia del paradise* – Il giardino delle delizie. Bolonha: Il Mulino, 1994].

DES PLACES, É. *La religion grecque* – Dieux, cultes, rites et sentiment religieux dans la Grèce antique. Paris: Picard, 1964.

ELIADE, M. "Orphée, Pythagore et la nouvelle eschatologie". In: *Histoire des croyances et des idées religieuses*. Vol. II: De Gautama Bouddha au triomphe du christianisme. Paris: Payot, 1987, p. 176-203 [trad. it. *Storia delle credenze e delle idee religiose*. Vol. II: De Gautama Buddha al trionfo del cristanesimo. Florença: Sansoni, 1999].

FESTUGIÈRE, A.J. & NILSSON, M. "La Grèce – Religion et mythologie". In: *Histoire générale des religions*. Vol. II. Paris: Quillet, 1960, p. 25-89.

GNOLI, G. & VERNANT, J.P. (org.). *La mort, les morts dans les sociétés anciennes*. Paris/Cambridge: Maison des Sciences de l'Homme/Cambridge University Press, 1977.

GUTHRIE, W.K.C. *Orphée et la religion grecque* – Étude sur la pensée orphique. Paris: Payot, 1956.

KERN, O. *Orphicorum fragmenta*. Berlim: Widmann, 1922.

MOTTE, A. "Mystères d'Eleusis", In: POUPARD, P. (org.). *Dictionnaire des religions*. 3. ed. Paris: PUF, 1993, p. 1.386-1.387 [trad. it.: *Grande dizionario delle religioni*. Casale Monferrato/Assis: Piemme/Cittadella, 1990].

_____. *Prairies et jardins dans la Grèce antique* – De la religion à la philosophie. Bruxelas: Académie Royale de Belgique, 1973, p. 233-279.

MOULINIER, J. *Le Pur et l'Impur dans la pensée grecque d'Homère à Aristote*. Paris: Klincksieck, 1952.

NILSSON, L. *Geschichte der griechischen Religion*. Vol. I. Munique: Beck, 1941.

PRÜMM, K. "Les mystères d'Eleusis". In: *Supplément au Dictionnaire de la Bible*. Vol. VI. Paris: Letouzey & Ané, 1960, cols. 10-24.

ROHDE, E. *Psyché* – Seelenkult und Unsterblichkeitsglaube der Griechen. Tübigen: Mohr, 1925.

SABBATUCCI, D. *Saggi sul misticismo Greco*. Roma: Ateneo & Bizzarri, 1982.

SERGENT, B. "Enfers mode grec". In: NATHAN, T. (org.). *Rituels de deuil, travail du deuil*. Grenoble: La Pensée Sauvage, 1988, p. 45-83.

THOMAS, L.V. *Rites de mort* – Pour la paix des vivants. Paris: Fayard, 1985.

VIAN, F. "La religion grecque à l'époque archaïque et classique". In: PUECH, H.C. (org.). *Histoire des religions*. Vol. I. Paris: Gallimard, 1970, p. 489-577 [Encyclopédie de la Pléiade].

Bibliografia italiana

BIANCHI, U. "La religione greca". In: CASTELLANI, G. (org.). *Storia delle religioni*. Vol. III. Turim: UTET, 1971, p. 88-394; bibliografia p. 378-394.

BRELICH, A. *Gli eroi greci* – Un problema storico-religioso. Roma: Edizioni dell'Ateneo, 1958.

CERRI, G. Cronologia dell'Ade in Omero, Esiodo e Parmenide. *La parola del passato*, 50, 1995, 437-463.

COSI, D.M. "Orfeo e l'orfismo – Tra continuità e innovazione". In: RIES, J. (org.). *Crisi, rotture e cambiamenti*. Milão: Jaca Book, 1995, p. 99-116.

DE MARTINO, E. *Morte e pianto rituale nel mondo antico*. Turim: Einaudi, 1958.

DI NOLA, A.M. "L'uomo, l'anima e l'escatologia". In: DI NOLA, A.M. (org.). *Enciclopedia delle religioni*. Vol. III. Florença: Vallecchi, 1970, cols. 645-654.

MINOIS, J. *Histoire de l'enfer*. Paris: PUF, 1994 [trad. it.: *Piccola storia dell'inferno*. Bolonha: Il Mulino, 1995].

SABBATUCCI, D. *Saggio sul misticismo greco*. Roma: Ateneo & Bizzarri, 1979.

SPINETO, N. L'escatologia nel mondo classico. *Annali di storia dell'esegesi*, XVI, 1999, p. 7-20.

TURCHI, N. *Fontes historiae mysteriorum aevi hellenistici*. Roma: Libreria di Cultura, 1923.

4
MORTE, SOBREVIVÊNCIA E ALÉM-TÚMULO NA ANTIGUIDADE ROMANA

A história romana tem início no ano 753 a.C. Uma população de origem latina se instala nas colinas do Palatino, do Esquilino e do Célio. Os etruscos, vindos da Toscana, progressivamente também foram ocupando estes espaços, introduzindo assim o uso das duas línguas. Em 616 a.C. Lúcio Tarquínio é eleito rei: é o início do reino etrusco dos Tarquínios, que eclipsará em 509, com a proclamação da República. Em 29 a.C., Otaviano impõe seu Principado, e por vários séculos o Império Romano garantirá a paz e a unidade no mundo mediterrâneo, plasmando em suas províncias grande parte da Europa. Uma vez estabelecida, esta dominação se conserva graças à difusão de uma civilização em parte herdada dos gregos. Entretanto, a partir do século III, bárbaros provenientes da Europa do Norte e da Ásia invadem o mundo romano. Assim, em 224 de nossa Era, sob o domínio de Constantino, o império se torna cristão. A conversão de Constantino ao cristianismo modifica o sentido do culto imperial e anula a divinização buscada por seus antecessores. Em 408 o Império é dividido entre Roma e Bizâncio, a nova capital do Oriente[1].

4.1 O além-túmulo na concepção romana

4.1.1 As pesquisas de Dumézil

Em *La religion romaine archaïque* [A religião romana arcaica], Georges Dumézil inovou inúmeros pontos de vista que eram tidos como definitivos. Sua

---

1. Cf. BLOCH, R.; PETIT, P. & GRIMAL, P. "Rome et empire romain". In: *Encyclopedia Universalis*. Paris, 1985, p. 104-137. Nossa documentação se enriqueceu graças à publicação da grande enciclopédia *Aufstieg und Niedergang der römischen Welt* (ARRW), sob a direção de W. Haase e H. Temporini (Berlim: de Gruyter). Existem historiadores que preferem afirmar que, com o Edito de Milão, em 313, Constantino proclamou a liberdade religiosa no Império, mas que, embora privilegiando os cristãos, não transformou esta religião na religião oficial do Império. Isto só teria ocorrido em 381, com Teodósio [N.T.].

extraordinária competência no âmbito indo-europeu e seu conhecimento do mundo etrusco nos ajudam a não cometer erros, o que se verifica, em particular, quando se enfrentam as questões relativas à morte e o além-túmulo na antiguidade romana. Ele recomenda, sobretudo, que se observe as relações entre os vivos e os mortos antes das influências etruscas e gregas: trata-se de desgastadas e confusas crenças antigas[2]. Assim, a *família funesta* não está somente em luto e infeliz, mas é manchada, contaminada e contagiosa até o momento em que volta a ser pura. O *mos maiorum* romano diz respeito somente à recordação das ações dos vivos: não se reza nem pelos *divi parentes* nem pelos *mani* [almas dos mortos]. Não há representação nem de um reino dos mortos nem de um além-túmulo no qual estes residem, tampouco de um chefe deste reino[3]. Tudo isto só se desenvolverá a partir da influência dos gregos e dos etruscos. A impressionante cerimônia da *pompa funebris* na qual figuram os mortos da *gens* com as insígnias de suas funções não provém, portanto, do culto aos mortos, mas da glória da família.

Os únicos períodos em que os vivos se ocupavam com particular cuidado dos defuntos eram nos *parentalia* de fevereiro e nos *lemuria* de maio. Os *dies parentales* duravam de 13 a 21 de fevereiro. Nestes dias os magistrados deixavam de usar suas insígnias, os templos eram fechados, o fogo não queimava mais sobre os altares e ninguém contraía matrimônio. Cada família se ocupava então de seus próprios mortos: depositavam-se coroas sobre as tumbas e fazia-se um banquete simples. No dia seguinte, o 22 de fevereiro, os membros de cada família se reuniam para um grande banquete. Os *lemuria* eram celebrados nos dias 9, 11 e 13 de maio. Tratava-se dos *lemures*, ou seja, da volta das almas do outro mundo ao longo da noite. A família espalhava sementes de favas, pois acreditava-se que elas acalmassem os vivos[4].

Dumézil conclui seu capítulo afirmando que "o vínculo entre os *mani* dos mortos e o Gênio dos vivos se realizou tardiamente... Esvaziado de sua substância, evanescente, ainda é um ser completo como o morto, mas um ser anônimo,

---

2. DUMÉZIL, G. *La religion romaina arcaïque*. Paris: Payot, 1966 [2. ed.: 1974; 3. Ed.: 1987] [trad. it.: *La religione romana arcaica*. Milão: Rizzoli, 1977]. Cf. COUTAU-BÉGARIE, H. *L'oeuvre de Georges Dumézil*. Paris: Economica, p. 52-54. O texto de Dumézil que estudamos se encontra nas páginas 350-368.

3. Ibid., p. 357-358.

4. Ibid., p. 359-360.

perdido numa imensa multidão". Segundo ele, não se pode mais pedir orientações a Orco, deus e lugar dos mortos. Plauto o assemelha a Plutão, que reina sobre o "Aqueronte", do qual deriva o reino dos mortos. Mas o culto privado e público o ignora totalmente.

4.1.2 Testemunhos romanos sobre o além

Em *Tusculanes*, 1,9,18 Cícero (104-43 a.C.) nos oferece um testemunho relativo aos defuntos.

> Existem alguns que consideram que a morte seja a separação da alma do corpo; outros pensam que não há efetivamente uma separação, mas que a alma e o corpo morrem juntos, e que a alma se extingue no corpo. Entre os que sustentam a separação da alma, alguns querem que ela se dissolva imediatamente, outros que subsista por longo tempo, outros ainda que subsista para sempre.

Em 29 a.C., Virgílio (*Eneida* VI,748-751), no diálogo entre Anquises e seu filho Eneias, em sua visita aos infernos, diz:

> Todas as almas que estamos vendo, uma vez transcorridos mil anos, serão chamadas por uma divindade às águas do Lete, a fim de que, esquecida toda lembrança do passado, desejem rever a terra e entrar nos corpos.

Lete é o rio do Hades dos gregos, cuja água faz esquecer o passado[5]. A estes dois textos, que datam do fim da República, podemos acrescentar a posição do estoico Catão de Útica (93-46 a.C), para quem a alma é uma substância material emanada do cosmo e que a ele retorna. Após terem deixado o corpo, as almas subsistem na atmosfera, depois se dissolvem no ar e no fogo cósmico, a exemplo da carne e dos ossos do cadáver. Na *Eneida*, v. 80-81, Eneias distingue as cinzas (*cineres*), a alma (*anima*) e a sombra (*umbra*), que entre os gregos corresponde aos termos *soma, psychē* e *eidolon*. O epicurismo (Epicuro, 341-270 a.C.) considerava a alma uma mistura de átomos, formada de ar e fogo, que nasce com o cor-

---

5. Apud: PRIEUR, J. *La mort dans l'antiquité romaine*. Rennes: Ouest-France, 1986, bibliografia p. 197-201 [trad. it.: *La morte nell'antica Roma*. Gênova: ECIG, 1991]. • CÍCERO. *Tusculanes*. Paris: Les Belles Lettres, 1931. • VIRGÍLIO. *Enéide*. Paris: Les Belles Lettres, 1925. • PLÍNIO O VELHO. *Histoire naturelle*. Paris: Les Belles Lettres, 1977.

po e se separa dele. A morte, portanto, é um aniquilamento definitivo do homem. No livro VII de sua obra *De natura*, Plínio, o Velho (23-79) refuta a doutrina da imortalidade e insiste nos benefícios da morte enquanto aniquilamento definitivo, visto que o além-túmulo seria uma duplicação do sofrimento. No século II esta não crença num além-túmulo é testemunhada por poetas e filósofos: Juvenal, Epíteto, Marco Aurélio.

4.1.3 Os testemunhos da arte funerária

Na arte funerária romana a morte é frequentemente evocada como interrupção brutal da vida, sem alusão à sobrevivência após a morte. Algumas esculturas funerárias representam apenas a ideia da morte. O tema do leão infernal ilhado, ou que devora uma vítima animal, está presente em todo o mundo romano. Trata-se de um emblema fúnebre que simboliza o poder da morte[6].

No *Corpus delle iscrizioni latine* [Corpus das inscrições latinas], a grande maioria dos casos de sobrevivência após a morte não é nem afirmada nem negada, embora às vezes se insista na dúvida ao usar a expressão *si sunt manes*, isto é, se os manes (*mani*) existem[7]. Desta forma, a incerteza sobre a existência de uma sobrevivência consciente valorizava mais a "imortalidade terrena", geralmente manifestada pela expressão *memorie aeternae* ("à memória eterna de..."). Assim, a glória póstuma era garantida. Sobre este tema dispomos de uma carta de Ovídio, que assim escreve: "Os meus livros são para mim um momento maior e duradouro... que me darão fama e imortalidade"[8].

No simbolismo das cenas dos monumentos funerários chegamos a descobrir algumas crenças, como bem o demonstrou Dumézil. Na realidade, o pensamento religioso do cliente que encomenda a obra interfere em sua escolha. Aliás, Cumont lembra que estamos diante de um "livro de imagens cujo texto se perdeu". As cenas dos sarcófagos às vezes são muito ricas, como é o caso do sarcófago de Velletri, ao Sul de Roma, descoberto em 1955[9]. As estelas e as urnas etrus-

---

6. PRIEUR, J. *La mort dans l'antiquité romaine*. Op. cit., p. 106-111.

7. *Corpus inscriptionum latinarum* (CIL). 16 vols. Berlim: Berlin Akademie, 1862.

8. J PRIEUR, J. *La mort dans l'antiquité romaine*. Op. cit., p. 111. • OVÍDIO. *Tristes*. Paris: Les Belles Lettres, 1968.

9. Cf. a reprodução e o comentário: ibid., p. 152.

cas representam muito frequentemente a grande viagem e a condição social do defunto: viagem a pé, a cavalo ou em carruagem, representações que encontramos na Itália na época romana. No livro VI da *Eneida*, Virgílio especifica que Eneias pode ver no inferno as carruagens fantasmas dos heróis. O cavalo muitas vezes é representado sem a carruagem, fato que também simboliza a viagem do além-túmulo. Segundo Plínio, por ocasião da morte de Aristeu, a alma lhe fugiu pela boca em forma de corvo[10]. As guirlandas esculpidas nas tumbas romanas representam uma influência grega. Como na Grécia, em época romana existem plantas que são postas em relação com divindades: o mirto é posto em relação com Afrodite, a oliveira com Atena, o loureiro com Apolo, a parreira com Dioniso.

Em inúmeros epitáfios o defunto alude à refeição que encontrou na tumba. No Hades de Homero os defuntos "dormem um sono eterno"; em Virgílio a tumba é "a morada do sono, das sobras e das noites". Na arte funerária o sono é representado por uma cabeça com os olhos fechados[11]. Também são citados a caça e o banquete fúnebre. Existe outro símbolo evocativo: a participação na vida dos deuses em inúmeras cenas, estas geralmente representando um rapto feito pelos deuses. Perséfone, filha de Deméter, é raptada, mas Zeus impõe a Hades que a devolva a cada seis meses a Deméter sua mãe, simbolismo dos grãos de trigo plantados no outono e que se desenvolvem na primavera. A vida feliz no além-túmulo sob o Império Romano é simbolizada pela *virtus*, pela *pietas*, pela *concordia* e pela presença das musas, que decoram muitos sarcófagos[12]. Uma das particularidades da arte funerária dos romanos, em conformidade com seu espírito concreto, é o uso de representações tomadas da realidade para exprimir ideias alegóricas[13].

4.2 Os ritos funerários romanos

4.2.1 Os funerais

Lucrécio, Sêneca, Plínio (o Velho) e Virgílio escreveram sobre a morte, vista em Roma como uma questão importante, dado que o romano deve morrer na

---

10. PLÍNIO. *Storia naturale*, VII, 52.

11. PRIEUR, J. *La mort dans l'antiquité romaine*. Op. cit., p. 166-171 [com inúmeras ilustrações].

12. WEGNER, M. *Die Musensarkophage*. Berlim: Mann, 1966.

13. CUMONT, F. *Lux perpetua*. Op. cit., p. 232-233.

tranquilidade e na dignidade. O suicídio é reprovado: o homem faz parte da sociedade, que foi constituída pelos deuses. Sob o Império, no entanto, Epiteto, Marco
Aurélio e outros filósofos elaboram uma teoria do suicídio; Sêneca, por exemplo,
considera o suicídio uma expressão da liberdade humana. Entre os suicidas somente os enforcados não recebiam funerais, o que indica sua infâmia, visto que
a sepultura ritual assume um papel capital. Se o defunto não foi inumado ou cremado, os *mani* rejeitam sua companhia, de forma que ele seria condenado a vagar
sobre a terra como um perigoso fantasma[14]. Anteriormente vimos que no calendário romano havia duas cerimônias do culto aos mortos: os *parentalia*, de 13 a 21
de fevereiro, e os *lemuria*, nos dias 9, 11 e 13 de maio. Era dever de cada família
romana garantir uma sepultura digna a seus membros. Em caso de necessidade,
porém, circunscrições fúnebres se encarregavam da questão.

Na antiga Roma, quando o moribundo espirrava, logo tinha início a cerimônia
das lamentações. Os familiares presentes o chamavam três vezes pelo nome, em
alta voz, chamada que podia ser repetida. Depois da tríplice chamada, reverbera-
vam gritos e clamores. Após o primeiro lamento, tinha início a higiene fúnebre: o
corpo era lavado e perfumado, depois incensado. Em seguida era revestido com
a toga romana ou enrolado num pano e coberto por flores e exposto num leito até
ser transferido para a tumba ou caixão[15]. Originalmente o cortejo fúnebre devia
circular à noite, à luz das tochas, de forma a evitar que os magistrados e sacerdotes
vissem o cadáver. No final da República e sob o Império os cortejos dos grandes
chefes militares e, consequentemente, os dos imperadores evocavam pompas e
triunfos. Para os funerais de Augusto, o Senado decretou que o cortejo devia passar pela Porta Triunfal, com a estátua da Vitória na cabeça[16]. Nesta época o cortejo
circulava de dia e, no caso de funerais solenes, ao som da música. O discurso
fúnebre era pronunciado por um membro da família ou por um orador escolhido.

Em época arcaica Roma se voltada quase que exclusivamente para a inumação, segundo Plínio e Cícero. Sob a influência da Grécia, o uso da cremação

---

14. Com o termo geral "mani" os romanos designavam os espíritos dos mortos que viviam no mundo subterrâneo. Cf. JACOBSEN, J.P. *Mânes*. Paris, 1924. • NESLIN, M. "Mânes". In: POUPARD,
P. (org.). *Dictionnaire des religions*. Op. cit., p. 1.224.

15. Cf. PRIEUR, J. *La mort dans l'antiquité romaine*. Op. cit., p. 18-27. • SPINETO, N. "Morire e
sopravvivere alla morte nelle religioni greca e romana". In: FERRETTI, G. (org.). *La resurrezione
mistero del desiderio*. Macerata: EUM, 2006, p. 93-110.

16. PRIEUR, J. *La mort dans l'antiquité romaine*. Op. cit., p. 24.

progrediu no período da República, a tal ponto que sob o Império este se transformou no único rito. O rito da cremação consistia em cavar uma vala, que por sua vez era coberta por madeira, sobre a qual o cadáver era depositado e cremado. Às vezes o corpo era queimado num forno, depois as cinzas e restos de ossos eram guardados numa urna. A inumação vinculava-se à ideia de que o defunto devia voltar para a terra, ao passo que a cremação estava ligada à crença no papel purificador do fogo. A partir do século II de nossa Era, a inumação tende a impor-se novamente. Nos dois ritos consta o costume de colocar junto aos defuntos objetos e utensílios a fim de proporcionar-lhes os meios necessários às suas novas existências. No material fúnebre é realçada a importância dos vasos e lamparinas. O depósito de moedas é uma tradição que remonta à antiguidade grega[17].

4.2.2 O culto aos mortos

A mais velha crença admite que a alma resida na tumba com o cadáver: daí a veneração e a proteção da tumba a fim de que o defunto goze da maior tranquilidade. Sobre os monumentos funerários encontramos símbolos protetores: a Medusa com cabelos formados de serpentes; o leão fúnebre, que se acreditava dormisse de olhos abertos; o grifo, animal fúnebre na Grécia desde o século IV, que será herdado pelo mundo romano e será representado com frequência nos sarcófagos. Inúmeros epitáfios insistem no repouso que finalmente o defunto encontrou na tumba. O sossego feliz das almas no além está presente nas tumbas e é representado em forma de banquetes, oferendas e libações. As oferendas alimentares são características de todas as épocas: peixe colocado num prato, azeitonas, romãs tostadas, pinhas, tâmaras... A alimentação devia ser renovada com libações: água fresca, azeite, mel, leite. A comunicação da tumba com o exterior dava-se através de um tubo de argila ou de chumbo. Refeições fúnebres eram celebradas pela família junto à tumba: os parentes do defunto comiam e bebiam sobre a tumba, convencidos de que o próprio defunto estava presente.

Os banquetes aconteciam durante o *novendiale*, isto é, nove dias após os funerais, e os *parentalia*, entre 13 e 21 de fevereiro. Os arqueólogos encontraram

---

17. Ibid., p. 27-30. Cf. tb. ALLARA, A. "Corpus et cadaver – La gestion d'un nouveau corps". In: HINARD, F. & LAMBERT, M.F. (orgs.). *La mort au quotidien dans le monde romain*. Paris: De Boccard, 1995, p. 69-79.

importantes vestígios de leitos murados em frente aos mausoléus, e leitos e mesas de pedras em frente às tumbas. Em consonância com a tradição etrusca, no período da República desenvolve-se o costume dos jogos fúnebres oferecidos ao público pela família do defunto[18]. A estes ritos e crenças romanas a influência da religião e da filosofia grega foi sendo incorporada. Desta forma, o orfismo popularizou o tema relativo ao juízo dos mortos, à recompensa aos justos e o castigo aos maus, e ideias complexas relativas à morte foram sendo difundidas no período imperial. Elementos dos ritos gregos que se difundiram no mundo mediterrâneo foram usados com objetivos ilustrativos pelos estoicos e pelos neo-pitagóricos. Do Oriente passa ao mundo romano a ideia de que as almas são de natureza celeste. A filosofia pitagórica difunde toda uma corrente de simbolismo astral orientado para a imortalidade feliz[19].

4.3 A divinização do defunto e a apoteose dos imperadores

Os espíritos dos mortos eram acima de tudo honrados com o termo *di parentes*, dos parentes. No final da República, esta expressão transpõe o círculo familiar e é substituída por *di manes*, dos manes. Os vivos passam a invocar assim os manes como protetores. Desde o início do Império, nos epitáfios podemos ler *dis manibus*, "aos deuses manes", acompanhado do nome do defunto (CIL, VI, 30157). O termo *deus* é às vezes entendido em sentido amplo[20]. Assim, o defunto pode ser representado com atributos divinos, sobretudo quando se destacou por suas proezas. Os cristãos rejeitavam tais costumes. Tertuliano nos dá um exemplo: "Vós construís templos aos deuses, templos também aos mortos; altares também aos deuses, altares também aos mortos; inscreveis as mesmas fórmulas dedicatórias... dais a mesma forma às suas estátuas"[21].

César morre em 15 de março de 44 a.C., e seus funerais públicos – corpo queimado em praça pública – acontecem no dia 20 de março. Diz-se que em julho

---

18. PRIEUR, J. *La mort dans l'antiquité romaine*. Op. cit., p. 31-35. • CUMONT, F. *Lux perpetua*. Op. cit., p. 185-231.

19. BLOCH, R. "La religion romaine". In: PUECH, H.C. (org.). *Histoire des religions*. Vol. I. Paris: Gallimard, 1970, p. 904-908 [Encyclopédie de la Pléiade].

20. CÍCERO. *La repubblica,* VI,24.

21. TERTULIANO. *Apologetica*, XIII,7.

de 44 César apareceu sob a forma de um astro[22]. O Imperador Augusto morre no ano 14 de nossa Era, e o Senado romano lhe confere a cerimônia de apoteose: divinizado, ele passa a dispor de templos e sacerdotes. Cláudio, Vespasiano e Tito obterão o mesmo favor. Posteriormente, no século II, será a vez de todos os Antoninos. Assim, após a morte, através de um *senatus-consulto*, todos os bons imperadores juntar-se-ão ao número dos deuses. A lista dos novos deuses aumenta: no ano 224 existem em Roma 22 novos deuses. A apoteose cerimonial do fundador do Império serviu de modelo para seus sucessores[23]. Jean Prieur reconstruiu esta cerimônia apoteótica de Augusto:

> Um caixão contendo o corpo do imperador é fixado debaixo do baldaquino sobre o qual é colocada a imagem de cera do defunto, vestido com roupas triunfais; após as orações fúnebres, o imperador é levado por alguns senadores até o Campo de Marte, onde é depositado sobre uma fogueira cuja labareda o consome inteiramente; "um velho pretor viu seu fantasma subir ao céu após a cremação", diz o narrador Svetonio. Cinco dias depois, Lívio recolhe as cinzas e as coloca no mausoléu de Augusto[24].

A partir de Antônio Pio, morto em 161, que não foi cremado mas inumado, a consagração do novo "deus" devia acontecer somente com a cremação do retrato de cera do imperador, sem que o cadáver fosse queimado na fogueira. Muito rapidamente a cerimônia de apoteose imperial se torna um tema de propaganda política. A moeda que comemora a morte e a cerimônia de apoteose do imperador, cunhada com a legenda *consacratio*, mostra à direita do corpo do defunto seu retrato, com a inscrição *divus* (divino), tendo no verso um altar, uma fogueira, uma águia ou um pavão. O altar evoca o culto devido ao novo deus. A águia, representada sozinha ou carregando o imperador, evoca a essência da cerimônia, isto é, a águia solta durante o rito, imaginada conduzir ao céu a alma do defunto. Às vezes ela era substituída por um pavão, símbolo da imortalidade[25]. No último

---

22. SUETONIO. *Vita di Cesare*, 88.

23. PRIEUR, J. *La mort dans l'antiquité romaine*. Op. cit., p. 138-148. • TURCAN, R. "Culte impérial et sacralisation du pouvoir dans l'empire romain". In: RIES, J.; MOTTE, A. & SPINETO, N. (org.). *Les civilisations méditerranéennes et le sacré*. Turnhout: Brepols, 2004, p. 311-342 [Homo religiosus, II/4].

24. PRIEUR, J. *La mort dans l'antiquité romaine*. Op. cit., p. 144. O autor reproduz a narrativa de Dião Cássio sobre a cerimônia de apoteose de Pertinace, um bitínio que se tornou senador sob o comando do Imperador Cômodo.

25. Ibid., p. 145-147.

terço do século III surge a imagem do imperador que recebe do sol, *Sol invictus*, o globo terrestre. É a era da teologia solar.

Bibliografia

BLOCH, R. "La religion romaine". In: PUECH, H.C. (org.). *Histoire des religions.* Vol. I. Paris: Gallimard, 1970, p. 874-926 [Encyclopédie de la Pléiade].

BOYANCÉ, P. *La religion de Virgile,* col. "Mythes et religion". Paris: PUF, 1963.

_____. Le sommeil et l'immortalité. *Mélanges archéologie et histoire*, 45, 1928, p. 97-105.

BRELICH, A. Aspetti della morte nelle iscrizioni sepolcrali dell'Impero Romano. *Dissertationes Pannonicae*, série I, fasc. I, Budapeste, 1937.

CUMONT, F. *Lux perpetua.* Paris: Geuthner, 1949 [2. ed. 1978] [nova. ed.: Roma/Turnhout: Academia Belgica/Brepols, 2009].

_____. *Recherches sur le symbolisme funéraire des Romains.* Paris: Geuthner, 1942.

DUCOS, A. "Le tombeau. Locus religiosus". In: HINARD, F. & LAMBERT, M.F. (orgs.). *La mort au quotidien dans le monde romain* – Actes du Colloque organisé par l'Université de Paris 4. (Paris-Sorbonne 7-9 octobre 1993). Paris: De Boccard, 1995, p. 135-144.

DUMÉZIL, G. *La religion romaine archaïque.* Paris: Payot, 1966 [trad. it.: *La religione romana arcaica.* Milão: Mondadori, 1977].

ELIADE, M. "La religion romaine: des origines au procès des Bacchanales (-186)". In: ELIADE, M. *Histoire des croyances et des idées religieuses.* Vol. II: De Gautama Bouddha au triomphe du christianisme. Paris: Payot, 1987, bibliografia p. 422-424 [trad. it.: *Storia delle credenze e delle idee religiose.* Vol. II: Da Gautama Buddha al trionfo del cristianesimo. Florença: Sansoni, 1999].

GALLETIER, E. Étude sur la poésie funéraire romaine d'après les *inscriptions.* Paris: Hachette, 1922.

GRENIER, A. *Les religions étrusque et romaine.* Paris: PUF, 1948, p. 1.233 [Mana, 3].

HERZ, P. Bibliographie zum römanischen Kaiserkult (1955-1975). *ANRW*, 16,2, bibliografia seletiva p. 933-910.

HINARD, F. (org.). *La mort, les morts et l'au-delà dans le monde romain* – Actes du Colloque de Caen, 20-22 novembre 1985. Caen: Université de Caen, 1987.

JACOBSEN, J.P. *Les mânes* – Le morts et la vie humaine. 3 vols. Paris: Champion, 1924.

JOBBE-DUVAL, E. *Les Morts malfaisants:* Larvae, Lemures, d'après le droit et les croyances populaires des Romains. Paris: Recueil Sirey, 1924.

LATTE, K. *Römische Religionsgeschichte.* Munique: Beck, 1960.

MATT, J.J. *Les croyances funéraires des Gallo-Romains d'après la décoration des tombes,* "Revues archéologique de l'Est" 21, 1970, p 7-79.

NARROU, H.I. Le symbolisme funéraire des Romains. *Journal des savants,* 1944, p. 23-37; 77-86.

PADUANO FAEDO, L. I sarcofagi romani con Muse. *ANRW,* II, 1981, p. 65-155.

PRIEUR, J. *La mort dans l'antiquité romaine.* Rennes: Ouest-France, 1986 [trad. it.: *La morte nell'antica Roma.* Gênova: ECIG, 1991].

RICHARD, J.C. Recherches sur certains aspects du culte impérial: les funérailles des empereurs romains aux deux premiers siècles de notre ère. *ANRW,* II, 16.2, p. 1.121-1.134.

RIES, J. "Sacré, culte impérial, fêtes et christianisme aux trois premiers siècles de l'Empire romain". In: MOTTE, A. & TERNES, C.M. (org.). *Dieux, fêtes, sacré dans la Grèce et la Rome ancienne.* Turnhout: Brepols, 2003, p. 255-277 [Homo religiosus, II/2].

SABBATUCCI, D. "La religione romana". In: CASTELLANI, G. (org.). *Storia delle religioni.* Vol. II. Turim: UTET, 1971, p. 3-76, bibliografia p. 76-80.

SCHWERTFEGER, S. & ILCHMANN, U. (orgs.), *Aufstieg und Niedergang der römischen Welt (ANRW)* – Inhaltsverzeichnis mit Autorenregister (Stand Ende 1996). Berlim/ Nova York: de Gruyter, 1997, 151 p.

SPINETO, N. "Morire e sopravvivere alla morte nelle religioni greca e romana". In: FERRETTI, G. (org.). *La resurrezione, mistero del desiderio: Un dialogo interdisciplinare* – Atti del 10. Colloquio su filosofia e religione, Macerata, 27-29 maggio 2004. Macerata: EUM, 2006, p. 93-110.

TOYNBEE, J.M.C. *Death and Burial in the Roman World.* Londres: Thamer & Hudson, 1971 [trad. it.: *Morte e sepoltura nel mondo romano.* Roma: l'"Erma" di Bretschneider, 1993].

TURCAN, R. "Culte impérial et sacralisation du pouvoir dans l'Empire romain". In: RIES, J.; MOTTE, A. & SPINETO, N. (org.). *Les civilisations méditerranéennes et le sacré.* Turnhout: Brepols, 2004, p. 311-342 [Homo religiosus, II/4] [trad. it.: *Le civiltà del mediterraneo e il sacro.* Milão: Jaca Book, 1991].

_____. Le culte impérial au IIIe siècle. *ANRW,* II, 16.2, p. 996-1.084.

_____. Origines et sens de l'inhumation à l'époque impériale. *Revue des études anciennes,* 60, 1958, p 323-347.

WLOSOK, A. & WEINREICH, O. (org.). *Römischer Kaiserkult.* Darmstadt: Wissenschaftliche Buchgesellschaft, 1978.

WOLSKI, W. & BERGUI, I. *Contribution au problème des tombes romaines à dispositif pour les libations funéraires.* Bruxelas, 1973, p. 371-379 [Latomus, 32].

VII

MORTE, SOBREVIVÊNCIA, IMORTALIDADE, RESSURREIÇÃO NOS TRÊS MONOTEÍSMOS ABRAÂMICOS

INTRODUÇÃO

O termo *escatologia* data do início do século XIX e deriva do grego *ta eschata*, "as coisas últimas". Utilizado por primeiro pela teologia para referir-se à doutrina relativa à morte do ser humano, ao juízo, ao céu, ao purgatório e ao inferno, o termo também encontrou espaço e aplicação na história das religiões, nas pesquisas sobre a morte e o além-túmulo no interior das diversas religiões da humanidade, onde encontramos uma vasta documentação sobre: a morte, os rituais fúnebres, o destino dos defuntos, a concepção do além-túmulo e os ritos ligados ao luto dos vivos. O historiador das religiões se ocupa dos textos, das orações feitas para o defunto, dos livros dos mortos, do tratamento do cadáver e das diversas concepções do além-túmulo. Com este objetivo ele faz uso do próprio método de pesquisa histórico, fenomenológico e hermenêutico; um método válido para todas as religiões, inclusive para as que comumente denominamos "monoteísmos abraâmicos", isto é, a religião do antigo Israel, a religião cristã e o islã. Entretanto, estas três religiões encerram uma grande novidade: a fé dos crentes em um único Deus, autor de uma revelação que governa a vida e o comportamento dos fiéis e que se encontra guardada nos documentos dos dois livros sagrados, a Bíblia e o Alcorão. A interpretação destes livros não se conecta somente com a história das religiões, mas, de forma muito particular, à exegese e à teologia. O estudo desta escatologia é feito, portanto, através de dois caminhos de pesquisa: de um lado a história das religiões e, de outro, a exegese e a teologia hebraico-cristã e muçulmana. É uma teologia da escatologia.

As doutrinas bíblicas e corânicas sobre o futuro da pessoa e sobre o destino do cosmo são organizadas em tratados dogmáticos relativos à escatologia. Estes tratados que comportam uma antropologia, o destino dos defuntos, a história da salvação e o futuro do cosmo. No Antigo Testamento existe uma expectativa escatológica cujo auge é a esperança na vinda do Messias. A escatologia neotestamentária deu lugar a teses contraditórias. Assim, C.H. Dodd interpretou as jesuânicas como parábolas que olham para a presença atual do Reino de Deus na missão de Jesus. O. Culmann, em *Cristo e o tempo*, concentra toda a história da salvação na pessoa de Jesus. A originalidade da escatologia cristã de fato está centrada na pessoa e na mensagem de Jesus. Ao longo dos séculos, no entanto, a discussão dos teólogos se deslocou para o destino dos defuntos, o juízo e a questão da purificação para além da morte.

A teologia da escatologia conheceu mutações ligadas à influência das correntes de pensamento que dizem respeito à visão de Deus, à retribuição, à concepção do pecado, à felicidade eterna, à imortalidade da alma. Houve também uma oscilação entre teocentrismo e cristocentrismo. É visível o papel assumido pelos progressos advindos no âmbito da exegese bíblica e da renovação teológica nas sendas do Concílio Vaticano II. As correntes marxistas utópicas favoreceram, por outro lado, o nascimento das teologias cristãs da esperança e da libertação. Hoje, com um olhar renovado sobre a questão ambiental, surgem novas tentativas de teologias da criação. No Alcorão e na tradição muçulmana a escatologia é denominada "o Último Dia". Trata-se de uma doutrina fundamental da fé muçulmana, proclamada desde os inícios pelo Profeta Muhammad para admoestar os infiéis, os egoístas e os opressores dos pobres sobre a existência dos castigos que os esperam no além-túmulo.

Após estas poucas noções sobre a problemática da escatologia, parece útil definir para o leitor as temáticas que serão tratadas nesta pesquisa. O primeiro capítulo trata da visão cristã do além-túmulo na ótica da história das religiões. O segundo capítulo aborda a teologia da escatologia cristã moderna e se organiza em duas partes. A primeira é uma síntese do livro do teólogo, cardeal e hoje Papa emérito Joseph Ratzinger, intitulado *Escatologia, morte e vita eterna* [Escatologia, morte e vida eterna]. Fruto dos cursos de teologia dogmática oferecidos pelo então cardeal na Universidade de Ratisbona, esta teologia e esta cristologia eram destinadas à faculdade de teologia e aos seminários. A segunda parte apresenta o volume de outro teólogo, o arcebispo André M. Leonard, *La mort et son au-delà – Perspectives chrétiennes* [A morte e seu além-túmulo. Perspectivas cristãs], redigido para o ensino, a catequese e a pastoral. O terceiro, o quarto e o quinto capítulos apresentam um olhar de conjunto sobre a grande controvérsia da reencarnação, iniciada com os bogomilos, os albigenses e outros cátaros, e retomada enfim com os teóricos do New Age. O sexto capítulo trata da escatologia muçulmana.

Bibliografia

BOURGEOIS, H. *Je crois en la résurrection du corps*. Paris: Desclée de Brouwer, 1981.

GRELOT, P. *L'expérience juive à l'heure de Jésus*. Paris: Desclée de Brouwer, 1978 [trad. it.: *La speranza ebraica al tempo di Gesù*. Roma: Borla, 1981].

KÜMMEL, W.G. Ein Jahrhundert Erforschung der Eschatologie des Neuen Testaments. *Theologische Literaturzeitung*, 107, 1982, p. 81-96.

LE GOFF, J. *Naissance du purgatoire*. Paris: Gallimard, 1981 [trad. it.: *La nascita del purgatorio*. 7. ed. Turim: Einaudi, 2010] [trad. bras.: *O nascimento do purgatório*. Petrópolis: Vozes, 2017].

MARTELET, G. *L'au-delà retrouvé* – Christologie des fins dernières. Paris: Desclée de Brouwer, 1974 [trad. it.: *L'aldilà ritrovato* – Una cristologia dei novissimi. Bréscia: Queriniana, 1977].

RAHNER, K. "Theologische Prinzipien der Hermeneutik eschatologischer Aussagen". In: *Sämtliche Werke* – Menschsein und Menschwerdung Gottes.Vol. XII. Soleura: Herder, 2005 [trad. fr.: "Principes théologiques d'une herméneutique des propositions eschatologiques". In: Écrits théologiques. Vol. XII. Paris: Desclée de Brouwer, 1967].

VON BALTHASAR, H.U. *Was dürfen wir hoffen?* Einsiedeln: Johannes, 1986 [trad. it.: *Sperare per tutti* – Con l'aggiunta di 'Breve discorso sull'inferno'. Milão: Jaca Book, 1997].

VORGRIMLER, H. "Eschatologie/Jugement". In: EICHER, P. (org.). *Dictionnaire de théologie*. Paris: Cerf, 1988, p. 171-177 [orig.: *Neues Handbuch theologischer Grundbegriffe*. Munique: Kösel, 1984-1985] [trad. it.: *Enciclopedia teologica*. 2. ed. Bréscia: Queriniana, 1990].

_____. *Hoffnung auf Vollendung* – Aufriss der Eschatologie. Friburgo/Basileia/Viena: Herder, 1980 [com bibliografia].

1
A VISÃO HEBRAICA DO ALÉM-TÚMULO NAS TRADIÇÕES BÍBLICAS VETEROTESTAMENTÁRIAS

A visão hebraica e cristã do além-túmulo se insere na perspectiva das crenças do homem numa sobrevivência após a morte. As primeiras testemunhas destas crenças são os vivos, que na época arcaica dos homens de Qafzeh (Nazaré, na Galileia), há cem milênios, e dos homens de Neandertal, há oitenta milênios, se ocuparam dos próprios defuntos, circundando-os de uma série de ritos fúnebres dos quais as tumbas nos conservam os vestígios. A partir desta distante época se multiplicaram as testemunhas: as sepulturas, a posição de repouso e a posição fetal do defunto, a proteção simbólica, os objetos de ornamento, o ocre vermelho como substituto simbólico do sangue, a maquiagem fúnebre e os ornamentos dos crânios, os crânios remodelados da Síria-Palestina do Paleolítico Superior... Desde o IX milênio, nas regiões do Oriente Médio, as religiões neolíticas nos revelam uma vasta documentação fúnebre: estatuetas, cerâmicas, santuários, móveis de culto nas tumbas. A partir do IV milênio, graças à invenção da escrita, os fragmentos de textos e de mitos conservaram as crenças na sobrevivência entre os homens da Mesopotâmia e do Egito. Na Suméria e na Babilônia os defuntos eram enterrados, e através de um tubo os vivos continuavam alimentando as tumbas com água e comida. No Egito, o mito de Osíris e o embalsamamento em uso a partir do III milênio testemunham a difusão geral da ideia de uma vida no além-túmulo. Estamos diante de uma firme crença na sobrevivência e diante de um lugar de morada dos mortos. É no húmus do Oriente Médio que encontramos as raízes das concepções hebraico-cristã do além-túmulo[1].

---

1. CAMPS, G. *La préhistoire* – À la recherche du paradis perdu. Paris: Perrin, 1982 [trad. it.: *La preistoria*. Milão: Bompiani, 1985]. Cf. cap. 7: *Homo religiosus*, p. 371-445.

1.1 A morada dos mortos

Uma série de indícios mostra que os hebreus acreditavam originariamente que o defunto residisse na tumba, chamada "casa de eternidade", como no Egito. Desde a época mais remota, de fato, o morto dispunha de objetos diversos, joias, vasos e armas. Existiam leis para garantir a segurança do sepulcro familiar. O fato de ser privado de uma sepultura era visto numa perspectiva realmente pavorosa.

À crença na sobrevivência na tumba sobrepôs-se a ideia da morada no *sheol*, um lugar situado debaixo da terra dos vivos, região de trevas e de sombra. A casa de eternidade é a tumba de um só defunto, ao passo que o *sheol* representa "o lugar de encontro de todos os viventes" (Jó 30,23). Os habitantes do *sheol* são denominados *rephaim*, como entre os Fenícios. A existência, no *sheol*, é sombra; é uma vida limitada, embora os mortos saibam o que acontece na terra dos vivos e conservem também a capacidade de se mover. Se Jó (3,11-19) nos faz crer que todos os habitantes do *sheol* tenham um destino idêntico, Ezequiel (32,17-32) conserva a distinção entre as raças e as hierarquias, visto que os mortos são acomodados ao lado das tumbas de seu rei. Assim, os inimigos de Israel não jazem entre os valentes soldados de Javé descidos ao *sheol* com suas armas de guerra, suas espadas e seus escudos[2].

Sob a influência da ideia de retribuição do bem e do mal e de uma visão mais espiritual do Deus de Israel, as concepções relativas à vida do além-túmulo pouco a pouco evoluem. Jó polemiza com quem afirma que os infortúnios sejam o castigo do pecado, ao passo que o justo seria recompensado com a felicidade neste mundo. A confiança em Deus chega a transformar-se na ideia de uma vida futura junto a Javé. É o caso de inúmeros salmistas.

1.2 A ressurreição dos mortos

A doutrina da ressurreição dos mortos aparece relativamente tarde no Antigo Testamento. O precedente bíblico das almas imortais é representado pelos *rephaim* do *sheol*. Diversas passagens de Jó e dos Salmos evocam a união com

---

2. VAN IMSCHOOT, P. *Théologie de l'Ancien Testament*. Vol. II: L'Homme. Paris/Tournai: Desclée de Brouwer, 1956, p. 39-82. • GRELOT, P. *De la mort à la vie éternelle*. Paris: Cerf, 1971 [trad. it: *Dalla morte alla vita* – Studi di teologia biblica. Turim: Marietti, 1975].

Deus, que a morte não destruiu. É a visão dos ossos em Ezequiel (37,1-14), que servirá de fundamento para refletir sobre a ressurreição: o poder de Javé é capaz de arrancar seus fiéis do *sheol*. Ezequiel ouviu um rumor e um estrondo; viu ossos se ligarem e se unirem às articulações, cobrindo-se de carne e de pele, e eis que diante dele se ergue uma multidão de viventes. Estes ossos, disse o profeta, "são toda a casa de Israel" (37,11). Estamos diante de um sentido histórico, a restauração de Israel, e de um sentido simbólico, o retorno à vida. É um contexto que supõe uma crença contemporânea na ressurreição (estamos no século VI a.C.), ou ao menos diante de uma concepção que admite a ressurreição dos corpos[3].

Esta doutrina fará seu caminho. O livro de Daniel (+ 165 a.C.) proclama: "Muitos dos que dormem na terra poeirenta despertarão; uns para a vida eterna, outros para a vergonha, para a ignomínia eterna" (12,2). Trata-se da ressurreição corpórea e individual de todos os homens. O segundo livro dos Macabeus, escrito em grego por volta de 124 a.C., narra os acontecimentos da guerra de libertação conduzida por Judas Macabeu contra os Selêucidas. Aqui temos uma doutrina bastante clara sobre a ressurreição, as sanções do além-túmulo, a oração pelos defuntos, o mérito dos mártires e a intercessão dos santos. É incontestavelmente a ideia de uma exigência de justiça subjacente à fé de Israel na ressurreição individual. A esperança antiga se apresenta agora como uma verdadeira necessidade (2Mc 7,9-11).

1.3 A imortalidade do ser humano

Progressivamente elaborada ao longo dos dois milênios nos quais se forma a vida do povo de Israel, vai se afirmando uma rigorosa doutrina sobre o além-túmulo, sobre a ressurreição e sobre a imortalidade, às vésperas do Novo Testamento e do surgimento do cristianismo. A doutrina sobre a imortalidade do ser humano não nasce da análise do composto humano ou da natureza da alma como em Platão, mas da vontade de viver de Israel, de uma necessidade de justiça e, sobretudo, da fé em Javé, o Deus vivo e presente na história de seu povo e na vida de seus fiéis. É no livro da Sabedoria, escrito em grego por volta do ano 50 a.C.,

---

3. KOENIG, J. "La vision des ossements chez Ezéchiel et l'origine de la croyance à la résurrection dans le judaïsme". In: THEODIRUDES, A.; NASTER, P. & RIES, J. *Vie et survie dans les civilisations orientales*. Lovaina: Peeters, 1983, p. 159-219 [Acta Orientalia Belgica, 3].

que encontramos o termo grego *aphatarsis*, "imortalidade" (1,11-15 3 2,23-25). Trata-se da imortalidade bendita do Justo, acordada ao homem inteiro, salvo por Deus da morte: "As almas dos justos estão nas mãos de Deus e nenhum tormento os atingirá. [...] Eles estão em paz" (3,1.3)[4].

Uma doutrina similar, um pouco modificada em sentido dualista, é afirmada pelos essênios de José. Como nos explica este último, estes creem na imortalidade da alma e em sua vida futura separada dos vínculos do corpo: daqui a renúncia aos prazeres do mundo, inclusive aos mais legítimos[5]. Os textos de Qumran, descobertos em meados do século XX, usam a mesma linguagem. No manual disciplinar está escrito que os que se deixam guiar e inspirar pelos espíritos de verdade e de luz serão benditos neste mundo e gozarão de uma alegria eterna, e de uma vida sem fim. Os maus serão punidos nas trevas de um fogo eterno. A ideia de imortalidade dos membros está ligada àquela da eternidade da comunidade de Qumran: a morada num mundo luminoso situado "lá no alto", o mundo de Deus e de seus anjos[6].

---

4. GOOSSENS, W. "Immortalité corporelle". In: BRIEND, J. & COTHENET, E. (org.). *Supplément au Dictionnaire de la Bible*. Vol. IV. Paris: Letouzey et Ané: 1949, cols. 298-351. • GRELOT, P. *Le monde à venir*. Paris: Le Centurion, 1974 [trad. it.: *La speranza cristiana*. Bolonha: Dehoniane, 1976].

5. FÍLON. *De vita contemplativa*. Paris: Cerf, 1963.

6. VAN PLOEG, J. L'immortalité de l'homme d'après les textes de la mer morte. *Vetus Testamentum*, 2, 1952, p. 171-175.

2
A VISÃO CRISTÃ DO ALÉM-TÚMULO

2.1 A imortalidade e a ressurreição nos textos fundadores do cristianismo

2.1.1 A sobrevivência do ser humano

Nos textos do Novo Testamento temos uma doutrina muito clara da sobrevivência do ser humano, doutrina que já faz parte do anúncio do Reino realizado por Jesus. Do Reino decorre a vida eterna, e isto implica a expectativa de uma vida espiritual, como o sugere Mt 10,28. A resposta às perguntas dos discípulos se encontra em Paulo (2Cor 4,7-5,10). O Apóstolo considera que a sobrevivência após a morte seja independente do corpo. Em Fl 1,19-26 ele afirma sua certeza de nunca estar separado de Cristo. Estamos diante da retomada e da cristianização do judaísmo helenístico e da sabedoria grega: a presença no ser humano de um princípio espiritual incorruptível. Na parábola do rico opulento e do pobre Lázaro (Lc 16,19-31) esta doutrina é desenvolvida em categorias acessíveis a todos. Em Lc 23,43 a resposta de Jesus na cruz ao ladrão coloca em evidência a certeza de uma sobrevivência imediata e de caráter espiritual.

2.1.2 A esperança da ressurreição

Em Mc 1,15 Jesus afirma que caberá como destino aos que entram no Reino uma existência de paz e de felicidade sem fim. A perspectiva deste discurso é de ordem tanto comunitária quanto pessoal. O dom divino da vida eterna tem uma essência espiritual. Quem entrar no Reino será transformado. Esta doutrina é incorporada ao anúncio da passagem do Messias pela morte, passagem acompanhada pela realização do Reino. Jesus associa seus discípulos à própria vitória sobre a morte (1Cor 15,20).

Após ter vivido a esperança do retorno de Jesus, o *maranatha* (1Cor 16,22), a Igreja apostólica passa a dar sempre mais importância à ressurreição geral. A fé na ressurreição se torna a resposta principal dos cristãos à questão do além-túmulo. Trata-se de uma ressurreição esperada em virtude da ressurreição de Cristo e concebida à imagem desta (1Ts 4,14; Rm 6,5; 1Cor 15,20). A esperança bíblica hebraica de uma ressurreição final é assim completada e substituída pela inclusão dos cristãos no Cristo ressuscitado. Para estes, os não cristãos e os pecadores estão excluídos da glória pascal.

Para o cristão, portanto, a morte não é nem a experiência última da vida nem o fim do corpo humano. É uma certeza que se funda numa dupla mensagem neotestamentária: a experiência bíblica das duas Alianças e o mistério da ressurreição de Cristo. A antropologia bíblica ensina que o homem é um todo, uma totalidade vivente colocada em relação com um Deus pessoal e vivente. O corpo humano que Deus destina à ressurreição é um corpo individualizado, que tem uma história e um nome, que tem seu lugar no mundo. A ressurreição realiza e aperfeiçoa a identidade pessoal do ser humano. É um dom feito gratuitamente à humanidade, resgatada e transformada pelo Cristo glorioso.

A ressurreição é participação no mistério pascal. É no Cristo ressuscitado que se manifesta, de modo único mas comunicável, aquilo que é o corpo humano, chamado à ressurreição. O Cristo ressuscitado se manifesta aos seus discípulos: fala, come, carrega os sinais de sua história precedente. Os apóstolos o reconhecem, mas seu corpo é um corpo pascal, transformado, e de ordem espiritual. Em 1Cor 15,21-28 a promessa da ressurreição é uma promessa feita a toda a humanidade, mas dirigida aos cristãos, que dão continuidade ao povo da Aliança[1].

2.1.3 O além-túmulo

a) O juízo

Na pregação de João Batista encontramos uma impressionante série de imagens, similares à literatura profética, que anuncia o juízo de Deus: a cólera, o machado, a árvore cortada, a passagem pelo crivo, a limpeza da área, a colheita dos frutos, a queima da palha, o fogo[2].

---

1. Cf. "Vie, mort et résurrection". In: KITTEL, G. (org.). *Dictionnaire biblique*. Vol. I. Genebra: Labor et Fides, 1972 [orig.: *Theologisches Wörterbuch zum Neuen Testament*. Stuttgart, 1957-1979] [trad. it.: *Grande lessico del Nuovo Testamento*. Bréscia: Paideia, 1965-1992]. • BOURGEOIS, H. *Je crois à la resurrection du corps*. Paris: Desclée de Brouwer, 1981.

2. VV.AA. *Le jugement des morts*. Paris: Seuil,1961.

A mensagem de Jesus é o anúncio do Reino, uma Boa Nova (Mt 4,23; Lc 4,18), mas ligada à perspectiva de um juízo, já que a iniciativa da misericórdia divina não cancela as exigências da justiça. Em Mt 7,14 se fala da porta estreita e do caminho apertado (Lc 13,34). A parábola do banquete de Mt 22,1-14 e a da cizânia em Mt 13,24-30 exprimem a ideia de um juízo que prepara a retribuição dada a cada indivíduo segundo seus méritos. A cena se reveste de um caráter de comparecimento diante de um tribunal ou de um servo prestando contas a seu patrão. Encontramos a prestação de contas na parábola do rei que acerta seus negócios com os servos (Mt 18,23-35) e na parábola dos talentos (Mt 25,14-30). Cada indivíduo é julgado de acordo com sua conduta e suas ações (Mt 16,27), com os frutos produzidos (Mt 7,19), com a multiplicação dos talentos confiados (Mt 25,14), com o uso feito dos bens terrenos (Lc 12,13), com o cumprimento da vontade do Pai (Mt 7,19), com a dedicação efetiva a seus irmãos (Mt 25,31), com o perdão e a misericórdia praticados (Mt 5,6), com sua atitude para com os pobres (Lc 14,12). Mas Deus julga, sobretudo, as intenções do coração (Mt 15,3). O que é decisivo no juízo é a atitude do homem para com o Reino. Trata-se de um juízo individual, dado que "o Filho do Homem retribuirá a cada um segundo suas ações" (Mt 16,27). O veredicto é sempre no singular, e o indivíduo é posto diante de seu Deus. O juízo é obra de purificação, mas também vitória de Deus.

O Novo Testamento também oferece indicações relativas a um juízo final, que é apresentado no quadro da apocalíptica hebraica: desaparecimento do mundo presente e advento de um mundo novo (Mt 5,18; Mc 13,31). Serão julgados todos os filhos dos homens (Mt 12,31.36; Mc 3,28), todas as tribos da terra (Mt 24,30), todas as nações reunidas (Mt 25,31). Mt 25,31-46 nos apresenta uma cena do juízo final com os anjos que acompanham o Filho do Homem sentado no trono de sua glória. Os Atos dos Apóstolos colocam sob o signo do juízo o nascimento da Igreja e a pregação dos Apóstolos. São Paulo espera o dia do Senhor, vitória de Deus e de Cristo (1 Ts 1,10; 5,9). Em 1Ts 2,3 a parusia é precedida pela manifestação do anticristo. O quarto evangelho apresenta o juízo como uma obra de luz, e trata-se do livro do juízo por excelência.

b) O paraíso

As antigas religiões cósmicas da Índia, da Mesopotâmia, do Egito e da Grécia divinizaram o céu. A Bíblia desconfia de tal concepção. Em Isaías, o banquete apocalíptico dos eleitos acontece na montanha santa. O termo *paradeisos* só aparece três vezes no Novo Testamento. O paraíso é mencionado explicitamente na resposta de Jesus ao bom ladrão: "Eu te asseguro: ainda hoje estarás comigo no paraíso" (Lc 23,43). A expressão "estarás comigo" assume todo o seu significado quando a recolocamos no contexto do evangelho de Lucas, que mostra "a irrupção da era da salvação" (J. Jeremias)[3].

A teologia do Novo Testamento se aproxima deste "estarás comigo": os eleitos gozarão de uma estreita associação a Cristo. Para Paulo a felicidade consiste no fato de estar sempre com ele (1Ts 4,17; 2Cor 5,8). Para São João, o que conta é estar com Cristo (12,26; 13,8; 14,3; Ap 7,9-17). Central não é o lugar paradisíaco, mas a ideia de paraíso subjacente a estes textos: a de família de Deus. Em Paulo, além disso, é importantíssima a tipologia Adão-Cristo (Rm 5,12-21; 1Cor 15,22.45-49). Sublinhe-se igualmente a genealogia de Jesus presente no terceiro evangelho. Remontando até Adão, Lucas apresenta Jesus como o novo Adão, destinado a salvar toda a humanidade.

Em 2Cor 12,2-4, Paulo acena para as visões de que foi protagonista e narra como "foi arrebatado ao paraíso e lá ouviu palavras inefáveis, que ao ser humano não é lícito proferir". Devemos colocar em relação esta passagem com 1Cor 2,9, que trata dos laços que Deus preparou para os que o amam. Parece evidente a alusão à experiência dos bens celestes e à morada dos eleitos, morada que, no entanto, Paulo não descreve.

No Apocalipse o autor escreve: "Ao vencedor darei de comer da árvore da vida que está no paraíso de Deus" (2,7). Trata-se de um dos aspectos da beatitude a ser posto em paralelo com outros, como a coroa da vida (2,10), o maná escondido (2,17), o recebimento do nome de Deus (3,12) e a associação a Cristo (3,21). Além disso, o tema do paraíso está presente na longa descrição da nova Jerusalém: o rio da água viva, límpida e cristalina, as árvores da vida que frutificam todo mês (22,1-3). As lágrimas são enxugadas para sempre (21,11) e a intimidade com Deus será estabelecida, já que "os servos de Deus verão sua face [...], o Senhor Deus os iluminará e eles reinarão pelos séculos dos séculos" (22,3-5).

---

3. Cf. COTHENET, E. "Paradis". In: BRIEND, J. & COTHENET, E. (org.). *Supplémet au Dictionnaire de la Bible*. Vol. VI. Paris: Letouzey et Ané, 1960, col. 1.177-1.220. Boa bibliografia.

c) A *geena*, o inferno

Estamos diante de uma linguagem simbólica e popular. Ghe-Hinom [Vale do Enom] é uma região perto de Jerusalém, que na história religiosa de Israel teve uma fama bastante negativa em razão do culto imoral que alguns israelitas prestavam ao deus Baal, divindade infernal à qual se sacrificavam crianças. Em razão destas abominações o vale se torna o símbolo do inferno. O horror religioso do lugar acabou se transformando em expressão do castigo escatológico. Diversos apócrifos consideram a *geena* um lugar de suplício para os pecadores.

Jesus fala de *geena* do fogo (Mt 5,22), de fornalha ardente (Mt 13,42.50), de fogo eterno (Mt 18,8; 25,41). Mc 9,43 fala dela como fogo que não se extingue e, em 9,48, o sinal característico da *geena* é apresentado em termos de verme. Na parábola de Lázaro e o rico opulento (Lc 16,19-31), o inferno é colocado nas proximidades do paraíso. Em Mt 8,12 e 22,13 as trevas são apresentadas como lugar do castigo. Acrescente-se que a *geena* aparece sete vezes em Mateus, três vezes em Marcos, uma vez em Lucas, uma vez na Epístola de Tiago, mas nunca no evangelista João[4]. No Apocalipse fala-se de um estanho de fogo e de enxofre (19,20; 20,9.14-15).

No Novo Testamento muitas vezes aparece o tema do fogo como castigo e como retribuição. João Batista o utiliza regularmente (Lc 3,9; Mt 3,10). Na parábola da rede (Mt 13,47-50) o evangelista Mateus alude diretamente à consumação do século: fogo, separação entre bons e maus, trevas exteriores. Temos também o quadro apocalíptico do juízo final: os malvados são destinados ao fogo eterno, preparado pelo diabo e seus anjos (Mt 24,41-44). No quarto evangelho a retribuição nos é apresentada em formulações diferentes das que aparecem nos sinóticos: antítese entre vida-morte, luz-treva. A vida é a incorporação ao Reino, a morte a exclusão dele. No Apocalipse, porém, existem elementos muito imaginosos: o estanho de fogo (19,20), os tormentos que noite e dia se sucedem (20,9.10).

O Novo Testamento aceita como certa a doutrina da retribuição. Os sinóticos insistem na exclusão aos benefícios do Reino, nas penas eternas, ao passo que João fala em exclusão da luz, da vida, em indivíduo lançado nas trevas. O tema do Reino é central na pregação de Jesus. Paulo fala de uma corrupção e de uma perdição

---

4. CHAINS, J. "Gehennes". In: BRIEND, J. & COTHENET, E. (orgs.). *Supplément au Dictionnaire de la Bible*. Vol. III. Paris: Letouzey et Ané, 1938, cols. 564-579.

proporcionais ao demérito. Vale lembrar que a redação dos textos do Novo Testamento é influenciada pela doutrina veterotestamentária. A maior influência parece vir de Isaías: "Ao sair, poderão contemplar os corpos daqueles que se revoltaram contra mim; pois seu verme não morre, e seu fogo não se apaga; eles serão objeto de horror para todos" (Is 66,24).

2.2 Desenvolvimentos da doutrina e da simbologia dos textos fundadores

Ao longo dos dois mil anos da Igreja, a visão cristã do além-túmulo presente nos textos fundadores, ou seja, nos textos do Novo Testamento, teve grandes desenvolvimentos, dos quais oferecemos agora uma breve síntese.

2.2.1 A ressurreição

Dispomos de uma série de textos redigidos no final do século I e no início do século II, cujos autores são os Padres Apostólicos. Nestes preciosos textos vemos como a doutrina dos Apóstolos foi ouvida e vivida na Igreja primitiva. Com a demora da parusia, a ideia da ressurreição final se afirmou com rapidez: o evento pascal repercutiu na vida dos cristãos na ótica da ressurreição de Jesus; a Igreja vive com serenidade esta doutrina, que somente por volta da metade do século II os gnósticos combateram. Os cristãos tomam distância da filosofia grega, que ensina a imortalidade das almas situando-as no contexto da reencarnação. A estas orientações os cristãos opõem "imortalidade da alma e ressurreição dos corpos". Os debates tiveram lugar em cada época, mas a Igreja sempre permaneceu rigorosamente fiel a esta doutrina, que permaneceu intacta no catolicismo, nas Igrejas do Oriente e no protestantismo[5].

2.2.2 O juízo

Os Padres da Igreja, em referência ao juízo de cada ser humano após a morte, se serviram incessantemente da parábola de Lázaro e do rico opulento. No século V Santo Agostinho se surpreende que ainda existam pessoas que ignoram tal

---

5. VAN EIJK, T.H.C. *La résurrection des morts chez les Pères Apostoliques*. Paris: Beauchesne, 1974.
• BOURGEOIS, H. *Je crois à la resurrection du corps*. Paris/Tournai: Desclée de Brouwer, 1981.

doutrina; de fato, é Tertuliano que a esclareceu (*De anima*, 58,2). Posteriormente São Jerônimo estabelece a relação entre o juízo particular da alma após a morte e o juízo geral. Para ele, o que acontecerá a todos os homens no dia do juízo, se realiza em cada um no dia da morte.

Todos os credos (ou símbolos) da fé da Igreja se reportam a uma confissão que relaciona a volta de Cristo e o juízo final: o símbolo dos apóstolos, o símbolo niceno-constantinopolitano, o símbolo de santo Epifânio. A iconografia cristã ilustrou sistematicamente o tema do juízo universal. A própria documentação fúnebre das catacumbas nos oferece uma simbologia de grande expressividade: o orante, entre duas ovelhas diante do Cristo-Juiz, que parece fazer um gesto de absolvição; o Cristo sentado no trono, com a mão direita colocada sobre a cabeça de um defunto. Na basílica de Sant'Apollinare Nuovo, em Ravena, no século VI, encontramos uma síntese da arte cristã: o Juiz-Pastor sentado no meio de dois grupos de ovelhas e de cabritos, ladeado por dois anjos.

A doutrina do juízo universal se afirmou na iconografia desde Santo Efrém em luta contra os maniqueus, fixando definitivamente as imagens a partir do século VIII. Nos cinco séculos seguintes foram elaborados os temas da preparação do Trono e da intercessão de Maria. No século XI a síntese já está praticamente concluída: o céu com o discernimento de Abraão, a Virgem orante, a porta do paraíso, São Miguel e a pesagem das almas, os eleitos por grupos e o rio de fogo que arrebata os condenados. Por intermédio de Montecassino, a partir do século XI uma parte desta herança chega a Roma, depois a Veneza, e finalmente à França. Desde 1130 e 1140 o juízo universal está presente nos portais da Catedral de Autun, de Conques e de Beaulieu. Giotto enfatiza os horrores dos suplícios, ao passo que Fra Angélico evidencia as delícias do paraíso. É a imagem do Cristo glorioso, que se estabeleceu desde o século IV, que está nas origens desta riquíssima iconografia.

2.2.3 O céu

Desde os primeiros séculos os Padres da Igreja indicaram o céu como morada dos eleitos. Na *Epístola a Diogneto* (VI,8), o céu é o lugar da recompensa incorruptível. Estrangeiros neste mundo, os cristãos são cidadãos do céu. Em sua *Apologética* II, destinada ao Senado romano, Justino, mártir, explica que Deus reside no céu, acima dos mundos, onde os cristãos se reunirão ao lado Dele. No final do século II, Santo Irineu distingue o céu do paraíso, e é neste último que os eleitos se assentarão definitivamente. Após o Concílio de Niceia os Padres começam a apresentar descrições do céu. Agostinho tenta sistematizar as diversas opiniões: o céu distingue diversas moradas, representando a alegria dos benditos como um cântico que faz ressoar sem fim os améns e os aleluias.

Santo Ambrósio insiste na alegria dos eleitos que vivem com Cristo num lugar de repouso, numa luz eterna e numa glória imorredoura, falando do cortejo das almas santas que vão ao encontro dos eleitos por ocasião de seu ingresso no céu. Nos Atos dos Mártires encontramos descrições particularmente brilhantes: o céu como morada da luz, da vida, da graça, uma eterna primavera com flores e frutos[6].

2.2.4 O inferno

Desde os primórdios da teologia cristã interveio a simbologia do fogo. Clemente de Alexandria e Orígenes afirmam que o fogo significa o remorso das almas pecaminosas: não devora, mas passa através da alma. Orígenes (*De principiis* II, 10,4-5) dá um passo adiante, insistindo naquilo que poderíamos chamar de ruptura psicológica: quem permanece envolvido no mal até o final da própria vida será atormentado pela cólera, pelo furor, pela loucura, pela tristeza que dilacera a alma, como um corpo desmembrado. São João Crisóstomo insiste no sofrimento que a perda da glória causa, mais amargo do que os tormentos da *geena*. Aos seus olhos, a dor mais terrível é ter que ouvir Cristo dizer: "Já não vos conheço". Santo Agostinho evidencia uma dúplice pena: de um lado a que provém do fogo do inferno, que é diferente do fogo terreno; de outro lado o sofrimento intolerável de saber ter falhado no próprio propósito e de estar sempre separados de Deus.

A tradição cristã conhecerá uma enorme quantidade de especulações a respeito da natureza dos castigos, do momento em que se entra no inferno, dos habitantes deste lugar, que é morada do diabo, dos anjos maus e dos condenados, bem como a respeito da duração das penas. No tocante às deliberações conciliares e o consenso dos Padres da igreja primitiva, três elementos são "verdade de fé cristã": a existência de uma condição que pune o homem radicado no mal; a duração

---

6. BARDY, G. "Ciel". In: BRIEND, J. & COTHENET, E. (orgs.). *Supplément au Dictionnaire de la Bible*. Vol. II. Paris: Letouzey et Ané, 1949, cols. 1.119-1.122.

desta pena, que consiste essencialmente na privação da visão beatífica; a ruptura definitiva com Deus[7].

Vejamos brevemente a iconografia cristã sobre o tema. No Ocidente, no final do século XI, sobre os capitéis e baixo-relevos surgiram alguns motivos do suplício dos amaldiçoados. O castigo dos vícios é representado. Em Vézelay, em Moissac, em São Saturnino (Tolosa), uma serpente devora a luxúria. Em Charlieu algumas serpentes devoram os seios de uma mulher. No século XII a iconografia do inferno é fixada nas representações do juízo universal. O século XIII enfatiza menos do que no século XII a torpeza dos demônios e o desespero dos condenados. Dante amplificará os temas de origem popular, fazendo convergir os infernos do paganismo e as tradições medievais. É o início do domínio da imaginação, com a complacente pintura dos suplícios[8].

2.2.5 O purgatório

"Purgatório" não é um termo bíblico. Ele indica a condição transitória de purificação que precede o ingresso definitivo no Reino anunciado por Jesus. O Concílio de Ferrara-Florença (1439) e o Concílio de Trento (1563) falaram da consistência da doutrina do purgatório. O século XIX foi o grande século da crença no purgatório; uma crença firme de que Deus não se esquece dos defuntos, que coloca em relação os vivos e os mortos e afirma também a necessidade de uma total purificação antes de aceder à beatitude perfeita junto de Deus. O século XX viu uma desvalorização desta crença, mas ultimamente percebe-se uma mudança extraordinária: a morte tornou-se uma das grandes temáticas de nossa época, capaz de atrair a atenção de nossos contemporâneos.

A Bíblia não menciona o purgatório. Mesmo assim, a prática de rezar pelos mortos existe desde o século II. Prática que de Tertuliano a Agostinho conheceu uma ascensão incessante, sobretudo através das homilias dos Padres apostólicos. A Igreja reza por aqueles defuntos que não são nem mártires nem condenados,

---

7. *L'Enfer*, "Foi vivante". Paris: Cerf, 1950. • REAU, L. *Iconographie de l'art chrétien*. Vol. II. Paris: PUF, 1957. • COCAGNAC, A.M. *Le jugement dernier dans l'art chrétien*. Paris: Les Belles Lettres, 1938.

8. VAN DER MEER, F. *Majestas Domini* – Théophanies de l'Apocalypse dans l'art chrétien. Paris: Les Belles Lettres, 1938.

visto que, para ela, a oração dos vivos pode mudar seu destino. É desta forma que vão se constituindo antologias bíblicas de textos que subjazem à prática da oração cristã.

No Ocidente, do século XI ao século XII buscou-se especificar as características do estado de purificação dos defuntos com a criação do termo "purgatório", que oficialmente entrou na Igreja latina no século XIII. O Segundo Concílio de Lyon o utilizou em 1274. Os cristãos orientais, por sua vez, sempre se mostraram mais cautelosos, principalmente pela maior discrição dos Padres gregos em relação aos Padres latinos. Quanto à Reforma Protestante, sobretudo em razão de sua procedência não bíblica e de seu desgaste por práticas suspeitas, ela sempre se opôs à doutrina do purgatório.

As discussões mais recentes sobre o purgatório evidenciam três elementos diretamente relacionados com a tradição patrística. Em primeiro lugar, os defuntos estão em vias de ressurgir e preparam um novo corpo espiritual em vista da ressurreição final. Em segundo lugar, a Igreja antiga manifestou uma clara consciência da comunhão que existe entre os vivos e os mortos. Enfim, em terceiro lugar, a necessidade de purificação expressa pelas doutrinas da reencarnação pertencentes às religiões antigas e pela crença de muitos de nossos contemporâneos encontra no purgatório uma expressão conforme ao amor de Deus para com o homem e para como o mistério da Redenção operada por Cristo[9].

Conclusões

O percurso que acabamos de fazer nos mostrou que a visão cristã do além-túmulo está centrada nos textos fundadores sobre os quais se erigem desde as origens a teologia, a piedade e o culto cristão. De um lado existe a crença na imortalidade do ser humano, que não é caracterizado por um desaparecimento no final da vida; de outro lado existe a ressurreição de Jesus, que se apresenta como arquétipo da ressurreição do cristão.

---

9. DANTE. *La divina commedia*. Florença: La Nuova Italia, 1976. • MARTELET, G. *L'au-delà retrouvé*. Paris: Desclée de Brouwer, 1975 [trad. it.: *L'aldilà ritrovato* – Una cristologia dei novissimi. Bréscia: Queriniana, 1977]. • LE GOFF, J. *Naissance du purgatoire*. Paris: Gallimard, 1981 [trad. it.: *La nascita del purgatorio*. 7. ed. Turim: Einaudi, 2010] [trad. bras.: *O nascimento do purgatório*. Petrópolis: Vozes, 2017]. • BOURGEOIS, H. *L'espérance, maintenant et toujours*. Paris: Desclée de Brouwer, 1985.

A estas crenças, historicamente documentadas, juntar-se-ão outros elementos: a certeza para cada indivíduo, de um juízo estritamente referido ao seu comportamento ao longo da vida; o estado de beatitude daquele que se encontrará definitivamente com Cristo em sua glória; a infeliz situação daquele que deliberadamente decidiu separar-se para sempre de Cristo. A expressão destas ideias religiosas e destas crenças foi, ao longo dos séculos, influenciada e moldada pelas diversas culturas nas quais viveram os cristãos.

3
ESCATOLOGIA E TEOLOGIA CRISTÃ

Já apresentamos os textos fundadores da escatologia cristã do Novo Testamento. Vale lembrar ainda que, entre os anos 90 e 160 de nossa Era, os Padres que conheceram os apóstolos de Jesus nos deixaram alguns indícios deste ensinamento. Trata-se de sete documentos: a *Didaqué*, redigida antes de 150; a *Lettera della Chiesa di Roma alla Chiesa di Corinto* [Epístola da Igreja de Roma à Igreja de Corinto], do final do século I, atribuída ao Papa Clemente, um helenista convertido a Cristo; as *Lettere* [Epístolas] de Inácio de Antioquia, escritas no tempo de Trajano (antes de 177); a *Lettera a Policarpo* [Epístola a Policarpo], discípulo do Apóstolo João, posteriormente bispo de Esmirna; um pequeno escrito da metade do século II chamado *Lettera dello Pseudo-Barnaba* [Carta do Pseudo-Barnabé]; um documento de Papia, bispo de Hierápolis, na Ásia Menor, e, enfim, o *Pastor de Erma* [Pastor de Hermas], verdadeiro monumento literário da época. Nestes textos encontramos a afirmação da ressurreição final dos cristãos em função e à imagem da ressurreição de Jesus, mas sem nenhum acento polêmico. A existência desta doutrina é óbvia, mas ainda não podemos falar de uma teologia da ressurreição[1].

Por volta do final do século II a situação muda, em razão, principalmente, da difusão das seitas gnósticas que se opõem à doutrina da Igreja. O dualismo gnóstico, de fato, não aceita a doutrina da ressurreição dos corpos, visto que para o gnosticismo o corpo é algo mau. Para os gnósticos, somente a alma pode ser admitida no mundo celeste, visto que se trata de uma centelha divina caída na matéria. Os mestres da gnose estão presentes em Roma, no Egito e no Oriente Médio. Irineu de Lyon é o primeiro a perceber o perigo e a refutar as doutrinas em seu célebre livro: *Contro le eresie – Smascheramento e confutazione della falsa*

---

1. LOUVEL, F.; BOUYER, L. & MONDESERT, C. *Les Écrits des Pères apostoliques*. Paris: Cerf, 1962. • VAN EIJK, T.H.C. *La résurrection des morts chez les Pères Apostoliques*. Op. cit.

gnosi [Contra as heresias. Desmascaramento e refutação da falsa gnose][2]. Para os cristãos, a crença na imortalidade da alma não representa em si um problema, visto que é a filosofia grega que veicula esta crença, mormente o pitagorismo, o orfismo, o platonismo. Os Padres da Igreja, no entanto, afastar-se-ão da imortalidade grega, que, além disso, propaga doutrinas reencarnacionistas. Cada época terá seus debates e suas contraposições. Assim, por volta do ano 1000 assistir-se-á a uma verdadeira histeria voltada para o fim dos tempos, ao passo que na Idade Média os bogomilos, os albigenses e outros cátaros suscitarão verdadeiras guerras de religião em torno do problema da escatologia.

Se, ao longo dos últimos séculos, a doutrina da escatologia foi posta à margem nos cursos de teologia, isso não é mais verdade hoje, nesta época de crise das ideologias salvíficas que pretendem substituir o cristianismo. Uma mudança de perspectiva é inevitável após o nazismo, o marxismo e a secularização galopante do final do século XX. Nas sendas do Concílio Vaticano II e da renovação das disciplinas eclesiásticas nasceram tentativas de escatologia cristã iluminadas pelas doutrinas patrísticas e por uma acurada exegese das fontes, isto é, dos textos fundadores do Novo Testamento. Ao longo deste capítulo apresentaremos brevemente duas teologias sobre a escatologia cristã, elaboradas por dois teólogos de grande expressão: o então professor e Cardeal Joseph Ratzinger, e o Arcebispo belga André-Mutien Léonard.

3.1 Escatologia – Morte e vida eterna[3]

O livro de Joseph Ratzinger é concebido como um manual que oferece uma exposição sistemática baseada na tradição escriturística e patrística e como um tratado teológico que recoloca cada questão na globalidade da doutrina cristã.

---

2. IRINEU. "Contre les Hérésies: Dénonciation et réfutation de la gnose au nom menteur". In: ROUSSEAU, A. *Sources chrétiennes*. Paris: Cerf, 1965-1982. Cf. RIES, J. *Cristianesimo, religioni e culture* – I cristiani e le religioni. Dagli Atti degli Apostoli al Vaticano II. Milão: Jaca Book, 2006, p. 93-115 [Opera omnia, 1/1].

3. RATZINGER, J. *Eschatologie,Tod und ewiges Leben*. Regensburg: Pustet, 1977 [2. ed.: 1978] [trad. fr.: *La mort et l'au-delà* – Court traité d'espérance chrétienne. Paris: Communio/Fayard, 1979] [trad. it: *Escatologia* – Morte e vita eterna. Assis: Cittadella, 2008]. O autor ensinou teologia na universidade de Bonn, de Münster, de Tubinga e de Ratisbona antes de tornar-se cardeal e arcebispo de Munique, depois prefeito da Congregação para a Doutrina da Fé, e, enfim, de ser eleito para em 2005 com o nome de Bento XVI. Aqui seguimos a edição francesa do tratado.

A nova exegese dos textos neotestamentários vê a mensagem de Jesus, em sua globalidade, numa perspectiva escatológica; uma mensagem que extraiu toda a sua força de propagação cristã do fato que Jesus autorizadamente anunciou o fim do mundo e a irrupção do Reino de Deus. Esta nova consciência escatológica desloca a afirmação da fé na direção do tema da esperança: "Mas, se é pelo dedo de Deus que eu expulso os demônios, então o reino de Deus chegou até vós" (Lc 11,20). Jesus é *autobasileia*, o Reino em pessoa. Com seu agir ele assume a soberania do mundo. Ele é o Reino de Deus porque através dele o Espírito de Deus age no mundo. Assim, a mensagem anterior e posterior à Páscoa encontra sua unidade interna. O tema do Reino se transforma em cristologia.

A primeira parte do tratado é intitulada *O problema escatológico, ou a essência do cristianismo*. Para a primeira geração cristã, a elaboração da cristologia foi a expressão de sua fidelidade à palavra e à obra de Jesus. Já na *Didaqué* aparece com muita força a alegre esperança do retorno iminente de Cristo (XVI,3).

Na segunda parte do tratado, J. Ratzinger considera *A morte e a imortalidade do ponto de vista da dimensão atual da escatologia*, realçando, sobretudo, que a nossa época quer esconder a morte, mas assim fazendo a desumaniza. Nesta lógica, a eutanásia se funda na necessidade de evitar a morte enquanto evento pessoal, desejando substituí-la, portanto, pela morte técnica, e indiretamente afirmando que o homem não tem mais a necessidade de viver autonomamente. Existe uma teologia da morte que tem início no Antigo Testamento. Da concepção arcaica do *sheol*, com suas monótonas existências de sombra, chegamos aos tempos pós-exílicos, onde vemos a doença e a morte tornar-se via e destino do justo, para desembocar enfim na literatura sobre os mártires, com uma clara formulação da crença na ressurreição. No Novo Testamento a morte é abolida enquanto inimigo último (1Cor 15,26). Em Cristo, é Deus mesmo a penetrar no reino da morte e a fazer deste lugar carente de comunicação o lugar de sua presença. É a mensagem cristã da Cruz e sua interpretação da morte e da vida. O encontro com a morte física leva o homem às raízes profundas de seu ser. A morte enquanto tal é vencida por Cristo graças a um amor sem limites; é vencida quando se entra na morte *com* e *em* Cristo. A escatologia cristã não é, portanto, fuga diante dos deveres comuns da vida, mas assentimento à vida num sentido mais elevado.

Ratzinger aborda em seguida duas grandes questões: a *ressurreição* e a *imortalidade*. Ele examina em primeiro lugar os elementos bíblicos. A ressurreição de

Jesus, fato constatado e pregado pelas testemunhas, permitiu que a ressurreição dos mortos se transformasse em afirmação basilar da confissão de fé cristã. Os desenvolvimentos da pregação pascal são, sem dúvida, inconcebíveis sem a existência de uma mensagem desta, radicada em Jesus mesmo, cujo exemplo pode ser encontrado em sua discussão com os saduceus (Mc 12,18-25). Ele sustenta sua argumentação partindo dos livros de Moisés e mostrando que a fé na ressurreição está implicada na fé em Deus: aderir a Deus e ser chamado por ele significa viver uma vida que não pode ser destruída. Significativos também são outros textos: Rm 6,14 e 1Cor 15, aos quais devemos acrescentar Jo 11,25: "Eu sou a ressurreição e a vida; quem crê em mim, ainda que esteja morto, viverá". Na perspectiva do Novo Testamento, a ressurreição é uma palavra de esperança.

Quanto ao tema da imortalidade, a teologia católica o sistematizou na Alta Idade Média. Após uma longa discussão relativa a esta sistematização, Ratzinger coloca a imortalidade da alma no estágio intermediário entre a morte e a ressurreição como um elemento cristão do mistério da encarnação, no qual se confundem o "já" e o "ainda não". É aqui que encontramos o sentido da imortalidade[4]. Deus é o Deus dos vivos, que chama o homem, sua criatura, pelo nome: "Ao vencedor darei do maná escondido e lhe darei uma pedrinha branca na qual está escrito um nome novo que ninguém conhece a não ser aquele que o recebe" (Ap 2,17b). Estamos diante de uma imortalidade dialógica entre Deus e o homem. Trata-se de uma imortalidade global, que faz com que o homem inteiro caminhe rumo à eternidade para contemplar Deus face a face. É uma imortalidade solidária, no sentido que é na comunhão dos santos que se abre para cada um a eternidade como vida futura. Assim, a solução às perguntas postas está em Cristo e na Igreja. A admissão do homem no seio da vida divina tomou corpo em Jesus Cristo, que é a árvore da vida da qual o homem recebe o pão da imortalidade. Não é a partir de uma existência isolada ou do próprio poder que se explica a vida eterna, mas em base ao estado relacional constituído pelo homem. Deus é imortalidade enquanto comunicação de amor trinitário. É relação porque é amor e vida. Um reflexo do mistério eterno ilumina, portanto, o amor humano.

---

4. Na discussão sobre o sentido dos textos neotestamentários relativos ao estágio intermediário, Ratzinger se fundamenta no livro de P. Hoffmann, *Die Toten in Christus – Eine religionsgeschichtliche und exegetische Untersuchung zur paulinischen Eschatologie* (Münster: Aschendorff, 1966). Cf. a discussão de Ratzinger nas p. 117-125 do tratado.

Da fé na criação emerge o caráter *global* da esperança cristã. O homem é salvo na unidade da sua "criaturalidade": a pessoa em sua totalidade e em sua unidade, a pessoa que pouco a pouco chegou à maturidade em sua vida corpórea segundo as palavras de Jesus: "Até os cabelos de vossas cabeças são contados" (Mt 10,30). A distinção entre alma e corpo é inadmissível, e a dualidade, para a tradição cristã, não implica nenhum dualismo, mas realça a dignidade e a unidade do homem. É exatamente o ser humano inteiro, enquanto criatura de Deus, que caminha rumo à eternidade para contemplar a face de Deus face a face.

Além disso, na imortalidade cristã está presente um fator de solidariedade humana, já que o diálogo cristão entre o homem e Deus se realiza no "corpo de Cristo", na comunhão com o Filho, que aos homens dá a possibilidade de chamar o Deus cristão de "Pai nosso". Na cristologia se fundam juntas a voz teológica e a voz antropológica do diálogo. A comunhão dos santos é o lugar em que se abre ao homem a vida eterna, que do isolamento o leva à autêntica união com seus irmãos e com toda a criação. À base de tudo está a ideia de que no Cristo ressuscitado está a verdadeira vida. Os diversos dados colhidos sobre a ressurreição e a morte permitem enfrentar a questão da vida futura.

A terceira parte do tratado de Ratzinger é dedicada à *Vida que virá*. Ele estabelece que o ponto de partida dos desenvolvimentos teológicos recentes não deve ser buscado na noção de imortalidade, mas numa opção que recai sobre os dados da ressurreição. Enfim, é evidente que o homem não ressuscita corporalmente no momento de sua morte. O que afirma nosso autor provoca duas questões: existiria um fim dos tempos? A ressurreição teria algo a ver com a matéria? Existem, portanto, observações sobre a tradição, e, em primeiro lugar, sobre o Novo Testamento. Em 1Cor 15,35-53 Paulo se confronta com a opinião dos que consideram a ressurreição como um absurdo. Em resposta Paulo aplica à ressurreição dos mortos a experiência do corpo de Cristo, transformado pela ressurreição[5]. Percebe-se que Paulo se opõe à concepção hebraica dominante, segundo a qual o corpo ressuscitado é idêntico ao corpo terreno e o mundo da ressurreição se configura como a mera continuidade do mundo terreno: "Mas isto vos digo, irmãos: a carne e o sangue não podem possuir o reino de Deus, nem o que é corruptível herdará

---

5. Cf. MUSSNER, F. "Die Auferstehung Jesu". In: MUSSNER, F. (org.). *Prasentia salutis* – Gesammelte Studien zu Fragen und Themen des Neuen Testamentes. Düsseldorf: Patmos, 1967, p. 101-120.

a incorruptibilidade" (1Cor 15,50). Isto exclui desde o início qualquer concepção naturalista e fisicista da ressurreição. No entanto, Paulo fala da ressurreição do *corpo*, que é diferente do retorno dos corpos. Ele olha a modalidade cristológica prefigurada pela ressurreição de Jesus Cristo. Ao realismo fisicista opõe o realismo espiritualista de uma corporeidade gerada pelo Espírito Santo. É uma referência aos escritos dos evangelistas, mas também à passagem específica de João 6,55: "A minha carne é verdadeira comida e o meu sangue uma verdadeira bebida", e João 6,63: "O espírito é que dá a vida, a carne de nada serve". 2Cor 5,1, Ef 2,6 e Cl 3,1-3 sublinham a modalidade nova da existência ressuscitada e o caráter cristológico de nossa vida de ressuscitados. Depois desta exegese, nosso autor oferece um ensaio sobre a expressão "ressurreição da carne" nos primeiros séculos e sobre a questão da ressurreição na história da teologia, concluindo que a identidade do corpo não pode ser concebida a partir da matéria. O físico se torna, de fato, corpo humano graças à pessoa: a corporeidade é algo diferente da soma dos elementos físicos[6].

Em seguida nosso autor considera o retorno de Cristo e o juízo final, com os sinais do fim do mundo, questão sempre retomada desde a discussão entre Jesus e seus discípulos, que o Mestre conclui com as seguintes palavras: "O que eu vos digo, digo a todos: vigiai" (Mc 13,37). No discurso escatológico do décimo terceiro capítulo Marcos elenca uma série de sinais precursores do fim dos tempos: "Ruídos de guerra, terremotos, carestias, perseguições dos cristãos, desolação nos lugares santos e o anúncio preliminar do evangelho a todos os povos". Alhures, no Novo Testamento, fala-se do anticristo, em particular no Apocalipse. Trata-se do retorno de Cristo, mas Ratzinger sustenta que toda esta simbologia é formulada numa linguagem litúrgica que descreve a parusia. Além do mais, o juízo, como o retorno de Cristo, foge aos nossos esforços imaginativos, e afirma que o mundo enquanto tal não pode encontrar sua plenitude dentro da história, mas é a verdade e o amor que triunfarão, e que o Cristo ressuscitado é a certeza vivente de que a história foi superada[7].

Este tratado de esperança cristã termina com o exame de três elementos escatológicos: o inferno, o purgatório e o céu. Primeiramente nosso autor considera

---

6. RATZINGER, J. *La mort et l'au-delà*. Op. cit., p. 186-197. Cf. tb. BOURGEOIS, H. *Je crois en la résurrection du corps*. Op. cit., obra que leva em consideração outros universos culturais e religiosos e termina com uma série de proposições que ilustram a soma dos resultados.

7. RATZINGER, J. *La mort et l'au-delà*. Op. cit., p. 228-232.

o inferno, um castigo eterno concebido nos últimos séculos que precedem a era cristã, encontrado no ensinamento de Jesus e nos Atos dos Apóstolos. É Orígenes que faz uma primeira síntese do tema, seguido por Gregório de Nissa, Dídimo, Diodoro de Tarso, Teodoro de Mopsuéstia, Evágrio Pôntico e Jerônimo. Um eco sempre mais fraco do pensamento de Orígenes é a teoria da misericórdia, que gostaria de eximir completamente os cristãos da eventualidade da danação ou, em razão da misericórdia de Deus, beneficiar todos os condenados por uma espécie de conforto. Segundo Ratzinger, é na cruz de Cristo que se esclarece este tema. Jesus triunfou sobre o mal na Sexta-Feira Santa, superando a liberdade dos pecadores com seu amor e comunicando depois, na descida ao *sheol*, uma resposta divina. Assim, para São João da Cruz e Santa Teresa de Lisieux o inferno é um apelo a sofrer na noite escura da fé, sendo a comunhão com Cristo comunhão nas trevas de sua descida na noite. É um serviço à salvação dos outros.

A doutrina católica do purgatório foi definida em dois concílios da Idade Média, no de Lyon, em 1274, e no de Ferrara-Florença, em 1439, e em seguida ratificada no Concílio de Trento. Os Gregos não admitem a doutrina do castigo e a de uma reconciliação no além-túmulo, mas aceitam, com os Latinos, a intervenção em favor dos defuntos com a oração, a esmola e a celebração da eucaristia. O termo "purgatório" é estranho aos textos doutrinários oficiais, que por sua vez falam de penas purificadoras, *poenae purgatoriae*. Cada um dos três concílios fez uma releitura do precedente. Trento tem uma formulação precisa: "Instruída pelo Espírito Santo e fundando-se na Sagrada Escritura e na antiga Tradição dos Padres, a Igreja Católica ensinou nos santos concílios que existe um lugar de purificação e que as almas ali prisioneiras são auxiliadas pelos sufrágios dos fiéis, mas, sobretudo, pelo sacrifício do altar, agradável a Deus". A raiz desta doutrina está no Antigo Testamento (1Mc 12,32-46). A tradição cristã se forma a partir de Clemente de Alexandria (+ 215) no Oriente, e a partir de Tertuliano (+ 220) no Ocidente. Cipriano (+ 258) defende a salvação imediata dos que morrem na fé, a existência de um inferno final, mas, baseado em Mt 5,26, afirma uma possível continuação da penitência para os tépidos. A interpretação da purificação no outro mundo servirá de fundamento para a doutrina ocidental do purgatório.

A interpretação cristã do purgatório foi sendo esclarecida ao longo dos séculos. Trata-se de um processo humano interno e necessário, graças ao qual o homem se torna capaz de Cristo, capaz de Deus e capaz de unir-se à comunhão dos santos. É o defunto que se beneficia da misericórdia, mas ele necessita de uma transformação da parte do Senhor. O sentido desta transformação se baseia na cristologia e na graça cristológica da penitência. No entanto, é preciso lembrar o amor de substituição, que é um elemento cristão essencial, e compreender bem que a oração pelos defuntos, sob suas múltiplas formas, remonta aos primeiros tempos da tradição hebraico-cristã. Trata-se de uma verdade primária, incontestada tanto no Ocidente quanto no Oriente.

Falta falar do céu, que representa a realização definitiva da existência humana e que, para os cristãos, se realiza no encontro com Cristo. O céu se define acima de tudo a partir de um ponto de vista cristológico. O homem está no céu quando e na medida em que ele está com Cristo. O céu é acima de tudo uma realidade pessoal, para sempre marcada por sua origem histórica no mistério pascal da morte e da ressurreição. É deste centro cristológico que se podem deduzir todas as outras componentes mencionadas pela tradição: o Cristo glorificado que se encontra permanentemente num estado de oferecimento de si ao Pai; que é dom de si e vítima pascal; o céu e o caráter de adoração; Cristo como Templo do fim dos tempos (Jo 2,19): o céu como nova Jerusalém, cidade do culto de Deus e lugar da visão de Deus. Em seguida, o céu é associado a todos os que juntos constituem o único corpo de Cristo, a comunhão dos santos. Ao lado destas duas componentes, a cristológica e a eclesiológica, existe uma componente antropológica, isto é, a inclusão do eu no corpo de Cristo. Cada pessoa vê Deus a seu modo (Ap 2,17). Na comunhão com o corpo de Cristo não existe verdadeira riqueza senão na partilha. Existe também uma dimensão cósmica, a participação de Cristo no senhorio real de Deus sobre a história. O céu é este senhorio sobre o mundo, que pertence ao novo espaço constituído pela comunhão dos santos, corpo de Cristo. Assim, o céu é a grande realidade escatológica. Será definitivamente realizada quando aí estiverem reunidos todos os membros do corpo de Cristo. O céu conhece, portanto, duas fases históricas: a ascensão do Senhor, que funda a união de Deus e do homem, e o cumprimento do corpo do Senhor no pleroma do Cristo total, que lhe confere a sua real dimensão cósmica. Anunciando o novo céu e a nova terra, o Apocalipse de São João mostra que toda a criação é feita para tornar-se o vaso da glória de Deus. Toda a realidade criada se dirige à beatitude. Enquanto realidade escatológica, o céu é a aparição do definitivo e do totalmente outro.

Ao seu tratado sobre a teologia da escatologia cristã Ratzinger acrescenta um documento, a *Nota da Congregação para a Doutrina da Fé sobre a vida eterna e o além-túmulo* de 17 de maio de 1979, aprovada pelo Papa João Paulo.

3.2 A morte e o além-túmulo – Perspectivas cristãs

Vejamos agora uma segunda teologia da escatologia cristã. Impressionado com a incoerência diante do sentido da vida e das coisas últimas de nossos contemporâneos, o arcebispo A.M. Léonard, deseja oferecer-lhes amplas informações sobre a escatologia, para que, em última análise, possam refletir sobre o que está em jogo na vida[8]. Seu tratado é subdividido em duas partes: a relativa à escatologia pessoal, que diz respeito ao destino último de cada um, e a relativa à escatologia geral, que mostra as perspectivas últimas de toda a humanidade e do universo em seu conjunto. Estes dois temas principais são entrelaçados, mas ganha-se em clareza ao diferenciá-los; considerando a complexidade de cada um deles, seus desenvolvimentos são desiguais.

3.2.1 O destino último de cada pessoa

Mesmo em caso de morte coletiva o evento da morte permanece para cada pessoa um fato único. A morte é natural e simultaneamente antinatural. Na narrativa da ressurreição de Lázaro, no versículo 11,35 de João, "Jesus começou a chorar", inicialmente Jesus se limita a chorar, depois exprime profeticamente a vitória sobre a morte realizada por sua ressurreição: "Porque Deus não criou a morte...", afirma o livro da Sabedoria (1,13-24), que acrescenta: "Deus criou o homem para a imortalidade" (2,23-24). No mundo presente salientamos, no entanto, o caráter natural da morte, embora esta seja "antinatural no plano teológico", como explica Paulo (Rm 8,18-21), que se religa assim aos capítulos 2 e 3 do Gênesis, onde encontramos a separação primordial entre o homem e Deus. É aqui que se coloca a gravidade do pecado original, sendo esta uma doutrina da queda original e do pecado original[9].

Diversos textos do Novo Testamento traduzem claramente os *novíssimos* no plano individual. O primeiro é a parábola de Lázaro e do rico opulento (Lc 16,19-31).

---

8. LEONARD, A.M. *La mort et son au-delà* – Perspectives chrétiennes. Paris: de la Renaisance, 2004. Bispo de Namur desde 1991, André-Mutien Léonard tornou-se arcebispo de Malines-Bruxelles em 2010. Com uma licenciatura e um doutorado em filosofia, ensinou por mais de vinte anos na Universidade Católica de Louvain-la-Neuve. Membro da Comissão Teológica Internacional de Roma, dirigiu também o Seminário Universitário de Lovaina, do qual é fundador.

9. Léonard remete o leitor à sua obra *Les raisons de croire* (Paris: Fayard, 1996, p. 179-231) [trad. it.: *Le ragioni del credere*. Milão: Jaca Book, 1994].

Além da lição moral que comporta, a parábola nos informa sobre o modo com que, segundo Lucas, Jesus imaginava a escatologia individual. De Lázaro diz que "morreu e foi levado pelos anjos para o seio de Abraão" (16,22). A referência ao seio de Abraão evoca a intimidade do banquete messiânico. Esta recompensa é dada a Lázaro logo após a morte. O mesmo acontece com o rico opulento, lançado, porém, no Hades, lugar de tormentos eternos. Esta parábola esclarece uma frase de Jesus em Lc 23,42-43, dirigida ao bom ladrão: "Em verdade te digo, ainda hoje estarás comigo no paraíso". Um segundo texto se encontra em Fl 1,19-21: "Cristo será glorificado em meu corpo". Paulo sofre na prisão, mas sabe que o mistério pascal de Jesus se realizará nele. Na Segunda Carta aos Coríntios, Paulo exprime convicções análogas em matéria de escatologia individual (2Cor 5,11-6,10). Assim, segundo o ensinamento de Lucas e de Paulo, para cada pessoa existe uma escatologia individual, um destino único e eterno estabelecido imediatamente após a morte, logo após um juízo particular.

Depois das considerações sobre a escatologia individual, Léonard examina os *novíssimos*: o céu, o purgatório e o inferno. O céu é o amor de Deus, vivido numa comunhão face a face (1Cor 2,9). É um estado, a condição de encontrar-se com os que deram um sim total a Deus (1Jo 3,13). Cada eleito está numa situação de plenitude, à medida de suas capacidades. A este respeito, o texto mais claro do magistério da Igreja é a constituição do Papa Bento XII de 1336[10]. O papa pensa nas almas dos santos defuntos antes de pensar na Paixão de Jesus, nos justos do Antigo Testamento, em todos os homens que antes de Cristo morreram na amizade com Deus, nos fiéis que receberam o Batismo e morreram em plena comunhão com Deus, enfim, nos que no momento da morte necessitavam ainda de uma purificação. Isto nos leva à questão do purgatório. O termo "purgatório" não está presente na Bíblia. É a prática da oração aos defuntos, a *lex orandi*, que se tornou *lex credendi*, cujos primeiros traços surgiram no Segundo Livro dos Macabeus (2Mc 12,40-46). Vêm em seguida o Concílio de Lyon de 1274 e o Concílio de Ferrara-Florença (1439). A melhor forma de definir o purgatório é a partir do amor de Deus. É um estado transitório cheio de esperança, no qual o homem é purificado e salvo (1Pd 1,7). É a última purificação após a morte. Quanto ao inferno, analogamente, é à luz divina que melhor podemos defini-lo: trata-se

---

10. Cf. *Catecismo da Igreja Católica*, 1023. • LÉONARD, A.M. *La mort et l'au-delà*. Op. cit., p. 53-55.

de uma livre obstinação de fazer o mal. O magistério da Igreja não é pródigo em palavras. Mas a constituição de Bento XII, o Segundo Concílio de Lyon e o Concílio de Ferrara-Florença conseguem lançar luz sobre o inferno.

3.2.2 A ressurreição da carne

A carne é o elemento central da salvação, afirma Tertuliano. Trata-se da ressurreição de todo o ser. O antigo Israel concebia o *sheol* como um lugar subterrâneo escuro, onde os mortos levavam uma existência limitada. Na história houve três progressões principais. A primeira a encontramos no livro de Jó, que remonta provavelmente ao século V. Jó 19,26-27 é um texto impressionante: "Eu sei que meu Defensor vive e aparecerá, finalmente, sobre o pó; e depois que minha pele for assim lacerada, já sem a minha carne, verei a Deus". O segundo texto é do livro de Daniel (165 a.C., aproximadamente). Dn 12,1-4 evoca o retorno à vida para além do pó da morte. O terceiro texto data de 124 a.C. e nos vem do Livro dos Mártires de Israel, do tempo de Antíoco Epifânio da Síria. Todo o capítulo sétimo fala da ressurreição dos mártires, mortos por este cruel rei. Os fariseus aderiram a esta fé, ao passo que os saduceus a recusaram, como o sabemos graças à Transfiguração de Jesus narrada em Mc 9,2-10. O evangelista Mateus (27,50-54) mostra a antecipação da ressurreição geral na pessoa de Jesus. Enfim, João 11,17-27 oferece um texto de fundamental importância com a narração da ressurreição de Lázaro: "Eu sou a ressurreição e a vida; quem crê em mim, ainda que esteja morto, viverá".

A ressurreição de Jesus é um fato misterioso, mas inexorável, um evento que se inscreve no interior da história, mas que ao mesmo tempo vai além dela, visto que inaugura um mundo novo. Podemos datá-la, com probabilidade, em 09 de abril do ano 30[11]. É um evento que resiste a todas as críticas, e do qual Mt 28,11 já fala em referência aos guardas do sepulcro. Sem o encontro com Jesus vivo os apóstolos jamais teriam ousado falar de sua ressurreição. De resto, o primeiro anúncio público de Jesus e de sua ressurreição, no dia de Pentecostes do ano 30, reporta-se a tal evento. Após essa proclamação da parte de Pedro, que funda a

---

11. Ibid., p. 85.

Igreja, o anúncio continua[12]. Léonard fala das observações pertinentes sobre as narrativas das aparições de Jesus ressuscitado e das narrativas evangélicas: os discípulos de Emaús (Lc 24,13-35), a aparição aos onze e a seus companheiros (Lc 24,36-49); Pedro e João junto ao sepulcro (Jo 20,1-10); a aparição a Maria Madalena (Jo 20,11-18); a aparição aos discípulos e a Tomé (Jo 20,19-29); e a aparição às margens do lago de Tiberíades (Jo 21,1-23). São todas narrativas que manifestam a enorme ressonância de sentido que a ressurreição de Jesus teve sobre a vida dos discípulos e da Igreja[13].

Léonard dedicou muitas páginas de seu tratado à ressurreição de Jesus, que representa um evento central da história, bem como ao seu significado e ao seu decisivo impacto sobre a fundação da Igreja. Trata-se igualmente do evento fundador de nossa ressurreição, como o demonstra Paulo em toda a sua pregação. Os textos das cartas paulinas representam um grande auxílio para a compreensão do sentido dessa escatologia cristã e mostram o ardor com que o apóstolo lutou contra os missionários provenientes do judaísmo, que queriam impor aos convertidos que vinham do mundo pagão os costumes da Lei mosaica. Paulo é o exemplo da nova liberdade em Cristo, como nos mostra a Carta aos Filipenses. Para Paulo, o essencial é conhecer Cristo, ou seja, "estar em comunhão com seus sofrimentos e fazer a experiência de sua ressurreição". Após os vários confrontos com os judaizantes, o Apóstolo Paulo proclama o poder de Cristo ressuscitado, que está agindo na vida dos cristãos desde o batismo e que brilhará no dia em que ressuscitarão (Fl 3,20-21). O testemunho da Carta aos Filipenses é claro: nosso corpo de ressuscitados será um corpo glorioso. A Primeira Carta aos Coríntios é em grande parte dedicada ao tema do corpo, e em particular o corpo ressuscitado. Sabemos que vida da Igreja de Corinto era generosa e dinâmica, mas também turbulenta. Paulo fala do corpo da Igreja, do corpo de carne, do corpo eucarístico de Cristo (capítulos 12 e 13). O corpo eucarístico de Cristo constitui a unidade da Igreja e é o germe da ressurreição do cristão. Todo o capítulo 15 é dedicado à ressurreição. 1Cor 15,1-34 insiste na ressurreição de Cristo e na dos cristãos, desenvolvendo amplas perspectivas sobre a ressurreição fundadora de Cristo, mas sublinha que nossa ressurreição será uma ressurreição autêntica, capaz de alcançar toda a nossa humanidade. Após termos lido este texto compreendemos que nossa condição gloriosa

---

12. LÉONARD, A.M. *La coeur de la foi chrétienne*. Paris: l'Emmanuel, 2003, p. 24-43.

13. LÉONARD, A.M. *La mort et l'au-delà*. Op. cit., p. 96-122.

de ressuscitados será uma condição realmente humana, profundamente renovada. É uma doutrina de capital importância para avaliar o sentido exato da "ressurreição da carne". Sobre isto a questão que surge é se a ressurreição já está presente na vida corrente do cristão, como alguns sustentam poder deduzir de Cl 3,1-4 e 2.12.

É uma pergunta cuja resposta é negativa. São Paulo especifica, de fato, o sentido do Batismo cristão, que é o germe da realidade do mundo novo no qual entrou o batizado, que com sua vida se prepara para a morte que fatalmente virá. Desde os tempos apostólicos a Igreja compreendeu perfeitamente bem que é na celebração eucarística que realizamos nossa participação, presente e futura, no mistério pascal de Jesus (2Tm 2,8-13). Trata-se então de compreender adequadamente o estatuto dos defuntos entre a morte e a ressurreição à luz da ressurreição de Jesus, seguida da ascensão e da morte da Virgem Maria, com sua sucessiva assunção. O Novo Adão e a Nova Eva são as primícias da humanidade em sua glória. Os defuntos constituem um vínculo com o universo material graças à lembrança e aos vestígios de sua existência encarnada, mas já estão em comunhão com o mundo da ressurreição graças a Cristo e a Virgem Maria. Trata-se de uma consequência da doutrina do corpo místico, e é com a participação na eucaristia que os cristãos vivos se unem aos defuntos. Desde a mais remota antiguidade os cristãos viveram na eucaristia a comunhão com os próprios defuntos. A Igreja sempre condenou veementemente o espiritismo, a necromancia, a evocação dos espíritos e as especulações sobre uma pretensa reencarnação.

3.3 O destino último do universo e da história

A.M. Léonard se ocupa depois da segunda parte de sua teologia dos *novíssimos*: a escatologia geral, que se refere à última prova da Igreja na história, com o retorno glorioso de Cristo e a renovação de todas as coisas.

3.3.1 *A última prova da Igreja*

Provavelmente no ano 50 de nossa Era, Paulo escreve aos cristãos de Tessalônica para responder às suas angústias. Em 2Ts 2,1-12 pede que não se alarmem com os discursos, de alguns, relativos à proximidade da vinda do Senhor. Antes disso, escreve ele, deve vir a apostasia e relevar-se o homem ímpio, o filho da perdição, o adversário enviado por satanás. Paulo é levado a desenvolver sua visão da escatologia geral e a precisar suas etapas. Haverá, em primeiro lugar, a apostasia, fomentada por um enviado de satanás, o filho da perdição, aquele que João denomina anticristo (1Jo 2,18; 4,3; 2Jo 7). Para João (Ap 13,1-10), trata-se da Besta, que se coloca ao serviço do Dragão. Paulo descreve o agir do anticristo inspirando-se no profeta Daniel (Dn 11,36-37), que por sua vez tinha em mente o Rei Antíoco IV, que reinou entre 175 e 165 a.C., e que se fez representar nas moedas com as feições de Zeus. Para Paulo, é o anticristo que fomentará a apostasia das massas. O texto é sombrio e o Apocalipse (20,7-15) fala de uma invasão de satanás e do mal antes do fim e do juízo deste mundo. Sabemos que é necessária uma grande prudência no acolhimento das revelações privadas que dizem respeito aos últimos tempos. A este respeito, temos um texto profético de Vladimir Solo'vëv, citado por Léonard[14].

3.3.2 A volta gloriosa de Cristo e a renovação de todas as coisas

Depois desta última provação da Igreja acontecerá o retorno glorioso de Cristo, sua parusia e a palingenesia (*palingenesia*) da qual fala o evangelista Mateus (19,18). No Novo Testamento temos vários discursos escatológicos relativos à volta de Jesus: Mt 24-25; Mc 13; Lc 21. Assim, Mc 13,1-37 insere seu discurso no anúncio de Jesus sobre a destruição do Templo de Jerusalém: "O sol escurecerá e a lua não dará sua claridade, as estrelas cairão do firmamento e os poderes do céu serão abalados. Então verão o Filho do Homem vir sobre as nuvens com grande poder e glória. Ele enviará os anjos e reunirão os eleitos dos quatro ventos, desde o extremo da terra até o extremo do céu" (v. 24-27).

Este sobressalto escatológico no final da história é pensado olhando para um sobressalto de caráter histórico, a ruína de Jerusalém e do Templo, ocorridos no ano 70 de nossa Era. As duas perspectivas, a histórica e a escatológica, se entrelaçam no texto neotestamentário. O evento escatológico é descrito fazendo uso do esquema tradicional do Apocalipse do Antigo Testamento. Analogamente ao mistério pascal, o evento tem uma dupla face: de um lado temível e espantoso, de outro cheio de esperança e de libertação. São discursos escatológicos que convidam os discípulos de Jesus à vigilância, mas desestimulam o pânico e os cálculos.

---

14. Cf. SOLOV'ËV, V. *Trois entretiens sur la guerre, la morale et la religion.* Paris: OEIL, 1984, p. 185-224. Apud: LEONARD, A.M. *La mort et l'au-delà.* Op. cit., p. 176-184.

A ressurreição dos mortos é acompanhada pela transformação do cosmo em sua totalidade. Segundo Paulo (Rm 8,18-25), a glória do Reino realizado diz respeito à humanidade, mas também recai sobre toda a criação. Na carta atribuída a Pedro (2Pd 3,10-13) se lê: "O dia do Senhor virá como um ladrão. Os céus acabarão com grande estrondo, os elementos em chamas se dissolverão, e a terra com tudo o que ela contém será destruída". O Apocalipse evoca o esplendor do mundo novo: "Vi então um novo céu e uma nova terra [...]. Vi também a cidade santa, a nova Jerusalém, que descia do céu, de junto de Deus, formosa como a esposa que se enfeitou para o esposo. Ouvi uma voz forte que saía do trono e dizia: 'Esta é a tenda de Deus entre os homens' [...]. E o que estava sentado no trono disse: 'eis que faço novas todas as coisas'". O próprio Jesus, Paulo, mas também Pedro e João evocam em termos apocalípticos uma realidade autêntica, ou seja, a aparição de um mundo novo no fim dos tempos, mundo inaugurado na Páscoa e chegado agora ao seu pleno desenvolvimento[15]. O capítulo 21 do Apocalipse descreve esta morada eterna de Deus com os homens fazendo uso de uma linguagem simbólica. Após a evocação da beatitude eterna dos eleitos aparece a morte espiritual dos que se obstinaram a fazer o mal: é sua segunda morte. O Apocalipse, último livro da revelação, termina com as palavras: "Amém. Vem, Senhor Jesus".

Conclusões

O livro de Ratzinger se caracteriza por uma exposição sistemática e exaustiva de cada ponto da escatologia na tradição escriturística e patrística, mas ao mesmo tempo como um ensaio teológico, um tratado de esperança cristã, uma cristologia centrada em Cristo e em sua ressurreição. Nesta ótica realmente nova, as coisas últimas do homem e da humanidade encontram uma explicação no mistério pascal de Cristo, que se prolonga até a parusia. No prefácio da edição francesa, J.-R. Armogathe fala de uma "exposição teológica consistente e nova". Ratzinger busca o ponto de partida das próprias considerações no mistério da ressurreição de Jesus, certeza viva da superação da história e centro da vida e da sobrevivência do cristão. Para ele, o mundo como tal não pode encontrar a plenitude da história.

A argumentação teológica desenvolvida página por página, num diálogo construtivo com os grandes exegetas e teólogos de nossa época, se baseia em

---

15. FRANK-DUQUESNE, A. *Cosmos et gloire* – Dans quelle mesure l'univers physique a-t-il part à la Chute, à la Redemption et à la Gloire finale? Paris: Vrin, 1947.

textos fundadores da revelação hebraico-cristã, particularmente nos evangelhos e nas cartas de Paulo. Partindo do Cristo ressuscitado e glorioso, o autor demonstra que a morte do cristão é vencida graças a um amor sem limites; que a ressurreição de Jesus é a afirmação fundamental da confissão de fé cristã; que Jesus se apresentou como a ressurreição e a vida; que a condição intermediária entre a morte e a ressurreição é uma componente do mistério da encarnação; que a admissão da pessoa humana à vida divina tomou corpo em Jesus Cristo – que é a pessoa que caminha rumo à eternidade no corpo místico e no corpo eucarístico de Cristo –; e que na comunhão dos santos abre-se para o cristão a vida eterna. De forma esclarecedora ele situa a ressurreição dos mortos no contexto do mundo futuro e do mundo novo, concluindo o tratado com a explicação de três elementos que se conservaram por dois mil anos na vida da Igreja: o inferno, o purgatório e o céu.

A obra do arcebispo A.M. Léonard faz uso de outro método e empreende um percurso diferente: apresenta um tratado teológico de caráter informativo, destinado aos jovens e adultos da Igreja na ótica da nova evangelização e como resposta às perguntas oriundas de um ambiente no qual a formação religiosa sofre inúmeras lacunas, sobretudo nas questões relativas ao sentido da vida e aos *novíssimos* individuais. O autor sustenta ser necessário em primeiro lugar falar do sentido cristão da morte e de três elementos: o céu, o purgatório e o inferno. Seu método consiste em apresentar e explicar aos seus leitores os textos fundadores da escatologia cristã: as parábolas de Jesus; as grandes narrativas dos evangelhos, como a transfiguração de Jesus e a paixão do Salvador, sua ressurreição e aparição aos apóstolos e discípulos; o discurso fundador de Pedro por ocasião de Pentecostes e algumas cenas dos Atos dos Apóstolos. A leitura dos textos e sua explicação é um ponto importante para a formação religiosa dos leitores, que não são teólogos.

O percurso é diferente em relação ao tratado de Ratzinger, que é destinado aos exegetas, aos teólogos, aos estudantes universitários e aos seminaristas. Léonard não estabelece – como o faz Ratzinger – um diálogo científico com os exegetas ou outros pensadores. Ele se contenta em fornecer as referências às suas obras. O que converge entre nossos dois autores é o conteúdo da teologia que se ocupa da escatologia e a importância da cristologia que estamos considerando: a ressurreição de Jesus, seu corpo glorioso, seu corpo eucarístico, seu corpo místico, bem como a Igreja e a comunhão dos santos.

Bibliografia

Cf. a bibliografia publicada em: RATZINGER, J. *Eschatologie, Tod und ewiges Leben*. 2. ed. Regensburg: Pustet, 1978 [na ed. fr.: *La mort et l'au-delà*. Paris: Communio/ Fayard, 1979, p. 265-273] [trad. it.: *Escatologia, Morte e vita eterna*. Assis: Cittadella, 2008 [cf. novo prefácio (p. 7-12); apêndice: Tra morte e risurrezione: Riflessioni aggiunte sulla questione dello "stato intermédio (p. 261-279); bibliografia (p. 281-296)].

BOROS, L. *Mysterium mortis* – Der Mensch in der letzten Entscheidung. Olten: Walter, 1962 [trad. it.: *Mysterium mortis* – L'uomo nella decisione ultima. 3. ed. Bréscia: Queriniana, 1979].

BOURGEOIS, H. *Je crois à la résurrection du corps*. Paris: Desclée de Brouwer, 1981.

CULLMANN, O. *Unsterblichkeit der Seele oder Auferstehung der Toten?* Antwort des Neuen Testaments. Stuttgart: Kreuz, 1964 [trad. it.: *Immortalità dell'anima o risurrezione dei morti?* La testimonianza del Nuovo Testamento. Bréscia: Paideia, 1968].

LEONARD, A.M. *La mort et son au-delà* – Perspectives chrétiennes. Paris: la Renaissance, 2004.

_____. *Envoyés pour annoncer* – Le coeur de la foi chrétienne. Paris: L'Emmanuel, 2003.

_____. *Les raisons de croire*. Paris: Fayard, 1996 [trad. it.: *Le ragioni del credere*. Milão: Jaca Book, 1994 [Già e non ancora, 277]].

MARTELET, G. *L'au-delà retrouvé* – Christologie des fins dernières. Paris: Desclée de Brouwer, 1975 [trad. it.: *L'aldilà ritrovato* – Una cristologia dei novíissimi. Bréscia: Queriniana, 1977].

PIOLANTI A. (org.). *L'al di là*. Turim: Marietti, 1957 [2. ed.: 1960].

POZO, C. *Teología del más allá*. Madrid: La Editorial Católica, 1968 [trad. it.: *Teologia dell'aldilà*. 6. ed. Cinisello Balsamo: San Paolo, 1995].

RAHNER, K. "La resurrezione della carne". In: RAHNER, K. *Saggi di antropologia soprannaturale*. Roma: Paoline, 1969, p. 443-465 [orig.: *Schriften zur Theologie*. Einsiedeln: Benzinger].

VAN EIJK, H.C. *La résurrection des morts chez les Pères apostoliques*. Paris: Beauchesne, 1974.

VON BALTHASAR, H.U. *Eschatologie in unserer Zeit*. 2. ed. Friburgo: Johannes Einsiedeln, 2010 [trad. it.: *I novissimi nella teologia contemporanea*. Bréscia: Queriniana, 1967].

_____. *Zuerst Gottes Reich* – Zwei Skizzen zur christlichen Naherwartung. 2. ed. Friburgo: Johannes Einsiedeln, 2002 [trad. it.: *Anzitutto il Regno di Dio* – Due saggi sulla parusia biblica. Bréscia: Queriniana, 1968].

_____. *Was dürfen wir hoffent?* Friburgo: Johannes Einsiedeln, 1986 [trad. it.: *Sperare per tutti* – Con l'aggiunta di 'Breve discorso sull'inferno'. Milão: Jaca Book, 1997].

4
IMORTALIDADE E RESSURREIÇÃO NAS CRENÇAS ISLÂMICAS

4.1 Alá dispensador de vida e de morte

4.1.1 Os novíssimos

A doutrina dos *novíssimos* é ensinada pelo Profeta Muhammad desde os primeiros tempos da formação de seu pensamento. Durante sua viagem de caravaneiro ele muitas vezes se encontrou com monges cristãos e eremitas do deserto. A doutrina cristã do juízo e da ressurreição certamente influenciou sua concepção.

O Alcorão (80,16-23) descreve a criação do homem por parte de Alá, o qual determina seu destino, sua vida e sua morte. Vida e morte dependem da onipotência divina (53,42-43). Desde o tempo da Meca Muhammad opõe o anúncio do juízo de Deus à negação de seus inimigos. Ele é *nadîr*, o admoestador enviado por Alá.

4.1.2 A antropologia muçulmana

Esta antropologia carece de precisão. O termo *ruh* tem o sentido de "pneuma", "sopro". É o sopro sutil que vem do cérebro, o espírito. Segundo algumas tradições ele morre com o corpo para ressuscitar com ele. Trata-se, pois, da parte espiritual do ser humano. Existe também a *nafs* (em hebraico *nefesh*), termo habitualmente traduzido por "alma". É o sopro que vem das "vísceras". É carnal. Na discussão filosófica dos doutores muçulmanos percebeu-se a influência do Irã e da Grécia. O *ruh*, o *pneuma*, é a parte verdadeiramente espiritual do ser humano, o elemento imortal destinado à sobrevivência. Diversas tradições sufistas distinguem e opõem *nafs*, a sede da concupiscência, a *ruh*, o sopro espiritual que pode entrar em comunicação com Deus. A doutrina espiritualista dos xiitas considera *ruh* como um espírito puro presente em toda matéria, uma substância espiritual imortal por natureza. Nesta ótica o homem não é corpo e alma, mas um espírito que temporariamente habita um corpo, este visto como instrumento do espírito. É na saída do corpo que o espírito encontra sua verdadeira natureza. É feito para viver separado. A pátria da alma é o mundo espiritual. A tradição xiita considera o espírito uma substância celeste e luminosa, imperecível, imortal. Ao lado da corrente espiritualista dos xiitas, os teólogos tradicionais sunitas fazem do homem um composto substancial de corpo e alma, mais propriamente material. A questão é: o que acontece no momento da morte? Para os que sustentam que o homem é corpo e alma, composto substancial, na morte a alma "desaparece", para ressuscitar no último dia. Os que veem no corpo apenas um instrumento provisório da alma pensam, ao contrário, que a alma humana é feita para viver da vida espiritual, mesmo depois da separação do corpo. No primeiro caso a ressurreição dos corpos é indispensável para a sobrevivência. No segundo a sobrevivência pode prescindir da ressurreição dos corpos. Como se vê, trata-se de tendências bastante divergentes.

4.1.3 A noção de morte no islã[1]

A antiga tradição da fé sunita sustenta que tanto o corpo quanto o espírito morrem, mas Deus os faz reviver no sepulcro, para uma breve sobrevivência e um juízo que é seguido por uma segunda morte. Esta tradição se fundamenta no Alcorão (40,45-46; 40,11). A segunda morte é evitada por aqueles que foram mortos no caminho que leva a Deus (3,169-270). A breve sobrevivência no sepulcro ocorre em vista de um juízo particular, de uma prestação de contas individual: existe um interrogatório, dois anjos assessores, o Juiz divino. Existe toda uma imaginação popular que embelezou este revivescência da tumba. Os doutores muçulmanos situaram a questão da morte do corpo e da alma no momento da segunda morte. Sobre isto reinou incertezas. Alguns, no entanto, afirmaram a sobrevivência da alma, sendo esta, em si, imortal.

---

1. Cf. GARDET, L. "Mort et résurrection". In: GARDET, L. *Les grands problèmes de la théologie musulmane* – Essai de théologie comparée. Vol. I: Dieu et la destinée de l'homme. Paris: Vrin, 1967, p. 237-246 [Études musulmanes, 9]. Gardet faz uma excelente pesquisa, que oferece uma síntese da doutrina alcorânica e da teologia muçulmana. "Islã" se escreve com a inicial maiúscula quando está indicando o conjunto do mundo muçulmano enquanto entidade cultural, geográfica, religiosa e como entidade histórica. Quando se limita à religião muçulmana se adota preferentemente a inicial minúscula.

É preciso acrescentar que a teologia muçulmana especulou sobre a existência de uma morte nas origens: no grande dia do pacto (*mithâq*), quando foi chamada à vida para dar testemunho de Deus, toda a estirpe adâmica foi rechaçada das entranhas de seu pai Adão; os espíritos foram separados, postos no "tesouro divino", para serem infundidos nos corpos por ocasião do nascimento[2]. Trata-se da reminiscência de uma revolta ocorrida na época de Adão e, portanto, de uma primeira etapa da humanidade adâmica.

A morte humana acontece, portanto, em duas etapas: existe a morte efetiva do homem sobre a terra e em seguida uma segunda morte, que acompanha o juízo particular. As correntes espiritualistas descartaram esse juízo, dado que o espírito humano é imortal. Por isso, após a morte, o espírito pode viver de vida própria. As almas dos crentes amigos de Deus, portanto, o alcançam após a morte, num mundo espiritual e luminoso, onde vivem até o dia da ressurreição. No momento em que seus corpos ressuscitados lhes serão restituídos pelo juízo, estes entram definitivamente no paraíso. Os perversos e os infiéis permanecerão num estado de infelicidade e de tristeza até o dia da ressurreição, quando reencontrarão seus próprios corpos para um castigo eterno.

4.2 A morte humana

4.2.1 A morte

Trata-se da primeira morte, aquela com a qual o defunto deixa este mundo. No momento em que o crente está em perigo de morte, seus parentes e amigos o circundam para recitar versículos corânicos. Já que no islã não existem nem sacerdotes nem sacramentos, o conforto do moribundo é devido às boas rezas realizadas pelas pessoas que lhe são próximas. O cadáver é lavado e vestido: a pureza dos espólios é obrigatória, e para tanto existem prescrições exatas relativas à água a ser usada. Em algumas regiões acontece uma cerimônia de fechamento dos orifícios corporais. O corpo é enrolado em sudários, à exceção dos mártires muçulmanos, que, ao contrário, são inumados em suas roupas. O cadáver é transportado sobre uma maca. O enterro deve ser feito o quanto antes possível: o cadáver é deitado na terra sobre o lado direito, em direção da *qibla*. Na noite dos funerais faz-se uma refeição. Ao longo do ano seus próximos se reúnem no cemitério: ali

---

2. Cf. GARDET, L. *Mort et résurrection*. Op. cit., p. 239.

se encontram para comer e queima-se incenso sobre as tumbas, molhando-as com água pura, garantia da ressurreição.

4.2.2 A tumba e o primeiro juízo

Para o primeiro juízo faz-se necessária uma breve invocação em vida. Para tanto dois anjos intervém: Munkar e Nakir. A angeologia é muito importante no islã. Os anjos são os adoradores de Deus, os executores de suas ordens (*malak*, "mensageiro"). Eles também são os guardiões dos homens. Dentre eles existem os escribas, que guardam o registro das ações dos homens.

Na tumba os dois anjos são os encarregados de interrogar o defunto. Trata-se de um exame, fácil para o crente, que reconhece uma última vez a grandeza de Alá e a missão de Muhammad. Após o interrogatório o defunto volta a uma morte provisória, que durará até o fim dos tempos.

4.3 A ressurreição final

4.3.1 O anúncio do último dia

O anúncio do dia do juízo, *yawm al-dīn*, situa-se no início da pregação alcorânica e na própria perspectiva da ressurreição, *qiyāma*. É o dia em que se reunirá toda a estirpe adâmica. Cada indivíduo, segundo suas obras, será submetido ao juízo e retribuído para toda a eternidade. O temor do último dia e do castigo do inferno é um ponto fundamental da pregação do Profeta. Os eleitos, colocados à direita, serão chamados às glórias do paraíso. Os ímpios serão condenados aos tormentos eternos. A pregação de Muhammad deixou traços em cada sura do Alcorão, dando origem a uma quantidade enorme de sistematizações no interior das correntes de pensamento do Islã. A tradição não cessou de embelezar e enriquecer este tema central. Trata-se, portanto, de reunir os elementos dos quais é constituída a crença comum na imortalidade.

4.3.2 Os sinais precursores

A ressurreição final faz parte da criação. Dentre os sinais que anunciam a ressurreição existe o estremecimento cósmico do sol e da lua (Alcorão 30,24-25). A teologia muçulmana ampliou estes sinais. Para os xiitas trata-se da aparição do Mâhdi (Messias), que implantará o Islã em sua perfeição. Para alguns muçulmanos este Mâhdi é Jesus, filho de Maria, que não morreu numa cruz, mas foi elevado ao céu para voltar no fim do mundo.

O Alcorão (101) fornece alguns sinais do fim do mundo: os polos da terra se inverterão, o céu se abrirá, os planetas despencarão, as montanhas se despedaçarão como flocos de lá. A sura 99 oferece outros detalhes, sublinhando o poder de Alá.

4.3.3 A doutrina da ressurreição

A ressurreição dos corpos é um item fundamental da fé muçulmana. O termo habitual para referir-se à ressurreição é *ba'th*, "despertar". Enquanto o Alcorão fala de *qiyāma*, os teólogos geralmente fazem referência ao *ma'ad*, "retorno". Trata-se do retorno do ser que havia deixado de existir. O termo "dia", *yawm*, aparece no Alcorão 385 vezes para indicar o fim do mundo presente, a ressurreição dos mortos, o juízo geral seguido do início das penas do inferno para os ímpios e de uma vida nova no paraíso para os fiéis. Trata-se de um dia prometido, inevitável e temível. Os mortos colocar-se-ão de pé, já que Deus lhes devolveu a vida. O Alcorão acena para uma segunda criação (22,5). Os detalhes sobre o cerimonial não faltam. O ser humano será colocado diante de dois livros: o dos ímpios e o dos puros. E diante de testemunhas. Todos serão introduzidos numa nova vida, que durará para sempre, ou no inferno ou no paraíso. O paraíso é destinado aos fiéis, que viverão no regozijo divino (*ridwân*). O inferno é reservado aos infiéis, aos politeístas, aos detratores do Profeta. Houve, ao longo da história, tentativas de representar esta sobrevivência, usando-se inclusive uma simbologia pouco comum. L. Massignon mostrou que a sura 18 do Alcorão fala de uma vida futura em função da vida presente, que deve ser conduzida segundo a vontade de Deus. Esta sura evidencia a submissão do homem a Deus, ao seu vivo desejo de justiça, que surgirá no momento da ressurreição final. Ela é recitada na mesquita às sextas-feiras e parece fornecer o tema central da imortalidade alcorânica: a consumação da humanidade, o dia da ressurreição, que fará irromper a verdadeira vida.

4.3.4 As provas da ressurreição

A grande prova da ressurreição é o poder de Alá, que o Alcorão apresenta em 2,260-258 e 261-259. Abraão alega razões a favor da ressurreição. Alá faz morrer alguém por cem anos e depois lhe devolve a vida.

Outra prova provém da natureza (41,39). A terra está "prostrada", mas em seguida se reanima graças à chuva. Se Alá é capaz de tornar novamente verde a terra, também está em condições de devolver a vida aos mortos. A ressurreição é uma segunda criação. Já que Alá criou o homem uma primeira vez, está em condições de criá-lo uma segunda. Trata-se de uma argumentação que consta no Alcorão (22,5-6).

É em razão da descrença dos habitantes de Meca que o Profeta tratou destas questões. O Alcorão volta constantemente a esta descrença: 56,44-56; 21,39-41; 41,49-51. Como se pode ver, o centro da argumentação de Muhammad se funda nos milagres de Alá.

4.4 Ressurreição e juízo

4.4.1 Pesagem das almas e passagem da ponte de sirât

O Alcorão insiste nas ações que serão objeto de juízo (86,9). É a realização dos segredos de cada coração. Segundo 57,12-14, os descrentes implorarão aos crentes para que os façam participar de sua felicidade (37,21-23).

A cada um os anjos entregarão um livrinho (*kitâb*) (17,71; 69,19). O justo o receberá na mão direita, o malvado na esquerda. Seguir-se-á a pesagem das ações e das almas, analogamente à antiga religião faraônica no Egito. Ou seja, a pesagem do homem por meio da balança de Alá. Segundo 42,16-17, Alá faz descer a Escritura e a Balança. Na teologia islâmica existem comentários sobre a pesagem das ações e sobre as tentativas de especulação referidas à contabilidade escatológica.

Em seguida, como no masdeísmo, existe a passagem de uma ponte, a ponte de *sirât* (36,66; 37,23-24). Esta conduz do lugar do juízo ao paraíso, passando, porém, sobre o inferno. A ponte é uma estreita passagem, que todos devem transpor, sendo o Profeta o primeiro a fazê-lo. Os infiéis não a transporão, precipitando-se assim no inferno. Segundo H. Corbin, aqui se encontram influências iranianas, capazes de recriar uma geografia imaginária, com traços herdados do masdeísmo[3].

---

3. CORBIN, H. *Corps spirituel et terre céleste* – De l'Iran mazdéen à l'Iran Shiite. Paris: Buchet-Castel, 1979, p. 51-52 [trad. it.: *Corpo spirituale e terra celeste* – Dall'Iran mazdeo all'Iran sciita. 2. ed. Milão: Adelphi, 2002].

4.4.2 O inferno muçulmano

O Alcorão dá diversos nomes ao inferno: *nâr*, fogo, *gahannam*, transcrição da *geena* bíblica. O Alcorão não se limita aos diversos suplícios, mas fala frequentemente do fogo (101-7-8; 92,14-16; 92,5; 87,11-13).

O Islã subdivide o inferno em sete moradas, cada uma reservada a uma categoria de amaldiçoados.

> a *geena,* reservada ao *fasiq*, crente pecador;
> *al-laza*, o fogo flamejante, para os judeus;
> *al-as'ir*, chama destinada aos sabeanos;
> *al-hutama*, o fogo devorador reservado aos cristãos;
> *al-saqar*, o fogo infernal preparado para os zoroastrianos;
> *al-jahim*, o fogo imenso, para os adoradores dos ídolos;
> *al-hawiya*, o grande abismo destinado aos hipócritas.

4.4.3 A recompensa: o gozo

É com a simbologia do jardim, que nos países de clima quente representa um lugar de frescor, cheio de vegetação e no qual é agradável morar, que o Islã representa o paraíso. A influência bíblica é evidente. O Alcorão (55,46-78) fornece uma descrição detalhada e fantástica do paraíso, onde podemos encontrar o desfrute material e também sexual.

A mística muçulmana do sufismo tomou outra direção: a possessão espiritual de Alá. Sobre a questão da visão de Deus, as escolas teológicas são muito divididas: tratar-se-ia de uma visão feita com os olhos? De uma visão à distância? De uma visão deslumbrante? Trata-se uma visão intermitente, com aparições de Deus, e não uma visão beatífica contínua, visto que mesmo no paraíso Alá continua inacessível.

4.4.4 Um corpo de ressurreição?

Já observamos a doutrina paulina do corpo de ressurreição e também buscamos ver como a antropologia moderna considera o corpo em sua relação com o eu. No xiismo iraniano encontramos informações sobre o corpo de ressurreição no Islã[4]. Corbin ocupou-se da gnose xiita e do esoterismo iraniano. Esta gnose fala de um corpo de ressurreição. Estamos nos extremos entre mística, filosofia e esoterismo.

Em seu artigo *Vie et survie dans le Coran* [Vida e sobrevivência no Alcorão], G. Harpigny busca encontrar a intuição de Louis Massignon relativa à sura 18 do Alcorão, recitada na mesquita às sextas-feiras. Massignon via nela uma transposição de uma lenda dos *Sete adormecidos* de Éfeso, lenda cristã siríaca que fala de sete jovens murados vivos durante as perseguições. Refletindo sobre esta lenda, o Alcorão (18) traz um sentido espiritual novo: "É o abandonar-se em Deus, animado por uma grande expectativa, e pelo desejo de justiça que se fará sentir na ressurreição final"[5].

No final de sua pesquisa, G. Harpigny conclui que o Alcorão e o Islã falam de uma vida futura em função de uma vida presente, a ser conduzida retamente segundo a vontade de Deus.

Bibliografia

O islã

ARKOUN, M. & GARDET, L. *L'islam – Hier – Demain*. Paris: Buchet-Chastel, 1978.

ARKOUN, M. *Essais sur la pensée islamique*. Paris: Maisonneuve, 1973.

BAUSANI, A. *L'Islam*. Milão: Garzanti, 1992.

CORBIN, H. *Histoire de la philosophie islamique*. Paris: Gallimard, 1968 [trad. it.: *Storia della filosofia islamica* – Dalle origini ai giorni nostri. 3. ed. Milão: Adelphi, 2007].

FAHD, T. & BAUSANI, A. *Storia dell'islamismo*. Milão: Mondadori, 1997.

GABRIELI, F. *L'Islam nella storia* – Saggi di storia e storiografia musulmana. Bari: Dedalo, 1966 [3. ed.: 1989].

GARDET, L. *L'Islam* – Religion et Communauté. 3. ed. Paris: Desclée de Brouwer, 1967. Uma das melhores obras em francês. Vasta bibliografia nas páginas 431-444.

GUIDI, M. "La religione dell'Islam". In: TACCHI VENTURI, P. (org.). *Storia delle religioni*. Vol. V. Turim: UTET, 1971, p. 1-177.

---

4. Cf. ibid., p. 115-134; 225-279.

5. THEODIRUDES, A.; NASTER, P. & RIES, J. *Vie et survie dans les civilisations orientales*. Lovaina: Peeters, 1983, p. 239 [Acta Orientalia Belgica, 3].

Il Corano. 5. ed. Milão: Rizzoli, 1996.
Tradução italiana do Alcorão com introdução, comentário e organização de A. Bausani

JOMIER, J. *Introduction à l'Islam actuel*. Paris: Cerf, 1964.

KALISKY, R. *L'Islam*. Tournai: Marabout, 1980.

MOUBARAC, Y. *L'Islam*. Tournai: Casterman, 1962.

NOJA, S. *L'Islam e il suo Corano*. Milão: Mondadori, 1988.

PALLANFAT, P. *Le petit Retz de l'Islam*. Paris: Retz, 1988.

RIES, J. *L'Islam, sa formation, son expansion, ses doctrines, sa communauté*. 4. ed. Louvain-la-Neuve: Centre d'Histoire des Religions, 1985 [Information et enseignement, 3]

VENTURA, A. "Confessioni scismatiche, eterodossie e nuove religioni sorte nell'Islam". In: FILORAMO, G. (org.). *Storia delle religioni*. Vol. III. Roma/Bari: Laterza, 1995, p. 340-417.

_____. "L'Islam sunnita nel periodo classico (VII-XVI secolo)". In: FILORAMO, G. (org.). *Storia delle religioni*. Vol. III. Roma/Bari:Laterza, 1995, p. 155-257.

WATT, W.M. *Muhammad at Medina*. Oxford: Clarendon, 1956 [trad. fr.: *Mahomet à Medine*. Paris: Payot, 1959].

_____. *Muhammad at Mecca*. Oxford: Clarendon, 1953 [trad. fr.: *Mahomet à La Mecque*. Paris: Payot, 1958].

Imortalidade e ressurreição no islã

BIANU, Z. "Le jugement et la voie de l'âme". In: BIANU, Z. (org.). *Les religions et la mort*. Paris: Ramsay, 1981, p. 189-206.

CORBIN, H. *Corps spirituel et terre céleste:* de l'Iran mazdéen à l'Iran shî-ite. 2. ed. Paris: Buchet/Chastel, 1979 [trad. it.: *Corpo spirituale e terra celeste*: Dall'Iran mazdeo all'Iran sciita. 2. ed. Milão: Adelphi, 2002].

EL-SALEH, S. *La vie future selon le Coran*. Paris: Vrin, 1971.

GARDET, L. "Résurrection et vie future". In: GARDET, L. *Dieu et la destinée de l'homme*. Paris: Desclée de Brouwer, 1967, p. 231-346.

HARPIGNY, G. "Vie et survie dans le Coran". In: THEODORIDES, A. & NASTER, P. & RIES, J. (orgs.). *Vie et survie dans les civilisations orientales*. Lovaina: Peeters, 1983, p. 235-239 [Acta Orientalia Belgica, 3].

_____. *Islam et christianisme selon Louis Massignon*. Centre-la-Neuve, 1981 [Homo religiosus, 6].

HUSSEIN, S.K. "La survie selon les soufis". In: CHOISY, M. *La survie après la mort*. Paris: La-bergerie, 1967, p. 171-179.

328

MASSON, D. *Le Coran et la révélation judéo-chrétienne*. 2 vols. Paris: Maisonneuve, 1958 [reed.: *Monothéisme coranique et monothéisme biblique*. Paris: Maisonneuve, 1976.

NAGEL, T. "Das leben nach dem Tod in islamischer Sicht". In: KLIMKEIT, H.-J. (org.). *Tod und Jenseits im Glauben der Völker*. Wiesbaden: Harrassowitz, 1978, p. 130-144.

SOURDEL, D. "Le jugement des morts dans l'Islam". In: VV.AA. *Le jugement des morts*. Paris: Seuil, 1961, p. 177-204.

WOLFSON, H.A. *The Philosophy of the Kalam*. Cambridge/Londres: Harvard University Press, 1976.

VIII

ESCATOLOGIA CRISTÃ E MIGRAÇÃO DAS ALMAS

1
OS CRISTÃOS DIANTE DA HERANÇA DAS RELIGIÕES ANTIGAS

1.1 Às origens do pensamento cristão

A fé na ressurreição individual é claramente atestada pelo Livro de Daniel e pelo Segundo Livro dos Macabeus no século II a.C. Em sua pregação Jesus afirma que os que entrarão no Reino terão uma existência de paz e felicidade sem fim (Mc 1,15). O dom divino da vida eterna é um dom de caráter espiritual, pois quem entrar sem dificuldade no Reino será transformado (1Cor 15,51). Esta doutrina é acompanhada pelo anúncio da superação da morte da parte do Messias e, após esta morte, de um novo início do Reino. É a ideia da peregrinação terrena da Igreja, na qual Jesus associa seus discípulos à sua vitória sobre a morte (1Cor 15,20). Após terem vivido na esperança de um iminente retorno de Jesus (1Cor 16,22), os apóstolos esclarecem a doutrina da ressurreição: Jesus ressuscitou como primícias dos crentes que morreram antes de sua parusia. Sustentada pela esperança hebraica na ressurreição dos corpos e, em medida ainda maior, pelo evento pascal em sua exemplaridade, a fé na ressurreição se torna a resposta dada pelos cristãos à questão do além-túmulo. Esta resposta é a ressurreição, esperada em virtude da ressurreição de Cristo e concebida à sua imagem (1Ts 4,14; Rm 6,5; 1Cor 15,20; Cl 1,18). A ideia de ressurreição está presente em todos os escritos atribuídos aos padres apostólicos, onde a esperança cristã se volta em primeiro lugar para o juízo, para a ressurreição e para a volta de Jesus: a ressurreição é o único objeto da esperança.

1.2 O léxico antigo da migração das almas

Nos próximos três capítulos entendemos oferecer uma síntese de algumas doutrinas escatológica que, ao longo dos séculos do cristianismo, se opuseram à escatologia cristã e particularmente à ressurreição individual. Diferentes nos relatos, mas correlatas às religiões das quais provém, estas podem ser reunidas sob o título de "migração das almas", em alemão *Seelenwanderung*. Vale primeiramente lembrar que o vocábulo "reencarnação" data do final do século XIX, aparecendo pela primeira vez no *Grand dictionnaire Larousse* de 1875 para indicar a passagem da alma em corpos sucessivos no quadro de uma evolução ascendente. O termo tem origem no movimento espírita do século XIX. Eis alguns conceitos:

Renascimento: se aplica à concepção budista, fundada numa antropologia essencialmente centrada na impermanência do ser humano, por sua vez constituído de um conjunto de forças que se reagrupam e de agregações que se recompõem ao redor de um centro psíquico.

Transmigração: em sentido estrito, é a passagem do ātman ou princípio espiritual de um corpo ao outro no momento da morte. Trata-se de uma doutrina específica do bramanismo e do hinduísmo.

Saṃsāra: nas doutrinas bramânicas, hindus e budistas, é o ciclo infinito dos nascimentos e renascimentos que condiciona a vida dos seres vivos segundo seu *karma* ou lei da retribuição dos atos.

Metempsicose: em grego "deslocamento da alma". Serve para significar a crença na animação sucessiva de diversos corpos da parte da própria alma: é a doutrina que encontramos nos orfismo, no pitagorismo e no platonismo, que falam da migração da *psychē*.

Metensomatose: em grego "deslocamento do corpo". O termo aparece em alguns textos gregos para referir-se à passagem da alma de um corpo a outro, da queda da *psychē* no corpo.

Metangismo: termo grego que significa "transvasamento", utilizado em textos da época paleocristã, especialmente maniqueus, para indicar o "descarrego" da alma num outro corpo após a morte.

Palingênese: derivado de duas palavras gregas, o termo tem o sentido de "novo nascimento". Trata-se do renascimento de um mesmo ser, eventualmente sob uma nova forma. A doutrina é apresentada em Platão (*Crátilo,* 400 b-c), no último livro das *Metamorfoses* de Ovídio, em Fílon de Alexandria e no *Corpus hermeticum* proveniente do Egito helenístico na viragem da era cristã. Esta é uma doutrina de fundamental importância para os estoicos.

1.3 As formas históricas da transmigração[1]

1.3.1 A transmigração no bramanismo e no hinduísmo

Este articulado modelo se apresenta nos grandes textos filosóficos da Índia, os *Upaniṣad*, os mais antigos dos quais remontam talvez ao século VII a.C. A ideia central expressa nestes documentos é a libertação da condição humana, isto é, a salvação (*moksha*), considerada uma saída do ciclo das existências (*saṃsāra*). Ao longo de todo o tempo em que o ser humano ainda não realizou uma total purificação de seu Si (ātman), princípio de identidade pessoal, este Si deve transmigrar para outro corpo. Ao cumprir esta purificação total, o ātman poderá ir para além do sol e ter acesso ao mundo divino. A partir do século IV a.C. a doutrina hindu da devoção (*bakhti*), ensinada pelo *Bhagavad Gīta*, ou "canto celeste" (que será o livro predileto de Gandhi), mostra aos adeptos que a devoção ao deus Krishna, sob suas diversas formas (orações, oferendas), é um meio seguro para se obter a libertação e a salvação. Nesta doutrina a Índia encontrou uma resposta satisfatória à angústia da condição humana, uma consolação que provém do Divino e uma certeza em relação à salvação. É o início da construção dos templos e da arte religiosa, o nascimento das peregrinações.

A doutrina da transmigração estabelece a responsabilidade do indivíduo por seu devir, já que ligado aos próprios atos, mas também justifica as desigualdades sociais, com suas hierarquias de direitos e deveres das castas. A ética se adapta às situações sociais. Enfatizando a lei do *karma*, a doutrina da transmigração revelou-se também um estímulo de promoção individual e social. Em última análise, trata-se de uma doutrina sobrecarregada de um pessimismo bastante pesado.

1.3.2 A doutrina do renascimento no budismo

Buda não admite a ideia de um ātman que transmigra de um corpo ao outro, dado que para ele o homem é apenas um conjunto de agregados que se recompõem incessantemente, em conformidade com a lei do *karma*. O que liga duas vidas é o processo mental da consciência (*viññāṇa*). A essência do budismo reside nas quatro santas verdades: tudo é dor; a fonte da dor é o desejo; a libertação do ser humano

---

1. PRIEUR, J. *Le mystère des retours éternels*. Paris: Laffont, 1994.

passa pela supressão do desejo; Buda propõe a octúplice via para alcançar o *nirvāṇa*, o repouso absoluto. Este *objetivo* último supõe a existência de várias vidas, submetidas ao *saṃsāra*, ou ciclo dos renascimentos. O termo hindu *saṃsāra* foi aceito pelo budismo, mas entendido na lógica da doutrina budista da impermanência universal e da importância das ações, ou *karma*, cuja energia perdura e se manifesta frequentemente numa existência ulterior. Assim, ele é a ação que se torna princípio energético de renascimento, visto que as ações constroem o *eu* presente e o *eu* futuro. Ao longo da história esta doutrina do budismo antigo sofreu muitas adaptações: o budismo do Grande Veículo na Índia do início de nossa era, influenciado pela corrente religiosa hindu da devoção; o budismo tibetano da terceira fase, que a partir da reforma de 1357 introduziu uma nova doutrina da transmigração.

Buda deu uma nova resposta à pergunta sobre a libertação feita pela Índia, uma resposta caracterizada pela santidade das opiniões e das intenções, radicada na fé budista em Buda, na Lei, na Comunidade. Uma santidade das palavras e das ações que leva o budista, de renascimento em renascimento, ao *nirvāṇa*, à condição inefável, à cessação da dor, à alegria, à luz e à plenitude[2].

1.3.3 As doutrinas gregas

O mundo grego veicula diversos modelos, o mais antigo dos quais provém do orfismo. São seus testemunhos, no século VI, Píndaro e Ésquilo, e, no período clássico, Aristóteles, Heródoto, Eurípedes e Platão. O orfismo confrontar-se-á com o osirismo egípcio, sofrendo sua influência, e deparando-se assim, no século II e III de nossa era, com uma prática de ensino dualista através de suas diversas escolas gnósticas. Centelha divina prisioneira do corpo, a alma imortal deve purificar-se graças à iniciação e a um rigoroso comportamento ético e religioso. Ao final do ciclo das purificações esta será admitida junto à deusa Perséfone.

a) O orfismo

A antropologia órfica é uma tipologia de dualismo. Sua versão mais completa é a oferecida por Clemente de Alexandria (*Protreptico* II, 17,2-182): o mito dos

---

2. SCHEUER, J. "Mort, renaissance et libération selon l'hindouisme et le bouddhisme". In: CASTIAU, C. (org.). *Réincarnation, immortalité, résurrection*. Bruxelas: Publications des Facultés Universitaires Saint-Louis, 1988, p. 65-90.

titãs, segundo o qual o homem participa tanto da natureza divina quanto da titânica. A raça humana carrega uma perversão originária, já que plasmada pelas cinzas de uma raça precedente, a dos titãs, que devoraram o jovem Dioniso. O homem foi criado desta raça maldita e criminosa. Seu corpo, portanto, é mau.

Desde o século VI a.C., encontram-se testemunhas relativas a Orfeu, artífice de uma mensagem religiosa arcaica em contraste com a religião grega oficial. A antropologia órfica dualista faz referência ao mito dos titãs: a raça dos homens procede da matéria saída dos assassinos de Dioniso e de uma centelha divina vinda dos deuses imortais. Assim, no homem, a alma imortal deve purificar-se para reencontrar sua origem divina, o que se realizará graças às migrações sucessivas. No século VI Pitágoras retoma estas doutrinas e as desenvolve. Seus discípulos darão especial relevo à sua antropologia dualista e às doutrinas da migração das almas, afirmando a possibilidade para a alma de libertar-se definitivamente do corpo, ao término de vidas sucessivas, para alcançar o mundo divino originário.

Entretanto, pelo fato de os titãs terem devorado o deus Dioniso, no homem também está presente uma centelha divina[3].

Estamos diante de um mito do pecado original: a atual condição humana é feita de uma mistura. A alma vive numa prisão. E deverá sair. E o germe da salvação está no homem. Presa ao corpo, a alma expia a culpa originária. Daqui brota a ética rigorosa dos órficos: o vegetarianismo, a recusa de realizar sacrifícios cruentos e, em última análise, a recusa da religião oficial da cidade grega. O orfismo veicula uma doutrina da purificação da alma. De origem divina, a alma é imortal. Esta é uma afirmação inconteste da doutrina órfica. Após a morte a alma segue um itinerário que conhecemos graças às famosas folhas de ouro descobertas nas tumbas órficas da Itália Meridional e de Creta: trata-se de estratos de um "livro dos mortos", em uso no orfismo, do qual temos apenas alguns fragmentos.

Graças à iniciação órfica a alma atinge a consciência. Desta forma a alma é admitida junto à deusa Perséfone, deusa do mundo dos infernos. À chegada a este local cessa sua identidade: "Sou filho da terra e do céu estrelado, mas minha origem é o céu. Também eu sou de vossa estirpe sagrada".

---

3. RICOEUR, P. *La symbolique du mal*. Paris: Aubier, p. 263-264 [trad. it. em: *Finitudine e colpa*. Bolonha: Il Mulino, 1970].

A origem divina da alma e seu parentesco com os deuses são, portanto, dois elementos basilares do orfismo. Mesmo sabendo que o corpo do homem é de origem titânica, as folhas de ouro evidenciam a dimensão divina presente no homem[4].

Numa inscrição descoberta em Thurii, e datada do século IV a.C., se lê: "Fugi do ciclo doloroso e penoso". O termo *kyklos* parece relevante, dada sua referência à transmigração. Para os adeptos do orfismo, a iniciação representa a preparação para a libertação da alma, prisioneira do corpo. Após ter sido iniciado, o fiel devia viver segundo a ética que a comunidade lhe sugeria. Era um estilo de vida que preparava a saída definitiva no momento da morte. No fim, a alma devia passar por uma fonte, a do Rio Lete, que tinha o poder de devolver-lhe o conhecimento, a "memória" de suas origens.

O modelo órfico do ciclo doloroso e penoso parece ser bastante diferente do modelo da Índia e do budismo. Fundado numa antropologia dualista, presente no gnosticismo e no maniqueísmo, o orfismo insiste na purificação da alma, prisioneira do corpo.

b) O modelo pitagórico: metassomatose

Com o pitagorismo reencontramos as doutrinas órficas relativas à alma como "centelha divina". Mas estas doutrinas são inseridas numa teoria do Uno, numa doutrina da harmonia universal.

Pitágoras nasceu em Samos por volta de 580 a.C. Viajou muito, e estudou matemática, astronomia, medicina e ciências. Viveu em Crotona, na Calábria, e em Metaponto, no sul da Itália. Instruiu muitos discípulos, que continuaram a viver segundo os princípios do mestre.

O pensamento pitagórico olha para a perfeição da conduta subordinada à autoridade divina. Sua ética religiosa se inspira no orfismo, mas, contrariamente a este que se volta para a iniciação em vista da salvação, o pitagorismo busca o fundamento do real. Tal fundamento é o Número, princípio de inteligibilidade do cosmo. O Uno é a Imutabilidade, o Eterno, o Consumado. Foi Pitágoras que criou o termo "cosmo" para indicar a ordem. Ele concebeu o cosmo como um ser vivente.

---

4. Para as folhas de ouro, cf. LAGRANGE, M.J. *Les mystères, L'orphisme*. 2. ed. Paris: Gabalda, 1937.

Pitágoras ensinava a imortalidade da alma, parente dos deuses e de todos os seres. Ele retomou as doutrinas da imortalidade da alma do orfismo, atenuando-lhes, porém, o dualismo. Em sua origem a alma é uma centelha do cosmo. Ela pode entrar sucessivamente em diversos corpos: trata-se da doutrina da metensomatose. Segundo Franz Cumont[5], desde o século V a.C. a cosmologia vinda da Índia e do Irã teve uma grande influência na Grécia, o que explica a ideia da beatitude "celeste". A transmigração pitagórica da alma é completamente centrada na purificação. Platão será o principal herdeiro do orfismo e do pitagorismo[6].

c) O modelo platônico

Platão (428-348), fundador da Academia de Atenas, inaugurou ali uma confraria que imitava o modelo pitagórico. Temos acesso a toda a sua obra: 42 diálogos e 13 cartas.

Platão era fascinado pela ideia pitagórica da unidade universal, da ordem imutável, do cosmo, da harmonia que governa cada coisa. Ele elaborou uma nova teoria: as ideias são Arquétipos sobrenaturais e imutáveis das realidades mundanas. O cosmo foi criado pelo Demiurgo (*Demiourgos*), o Ser Supremo, o Deus artista, o Grande Agente. O Demiurgo criou no início a alma do mundo, composta de uma mescla de essência indivisível e de essência divisível. Deus criou seres vivos mortais e almas imortais, seres espirituais. A alma é fonte de toda vida, faculdade de pensar e de conhecer.

Herdeiro do orfismo e do pitagorismo, Platão sustenta que a alma é divina e imortal. As almas são preexistentes e se encarnam nos corpos. Tomada de um desejo de encarnar-se num corpo, a alma se precipita nele: esta queda marca o início de uma série de reencarnações. As mais nobres são as do filósofo, do guerreiro e do mercador. De reencarnação em reencarnação, a alma corre o risco de perder sua pureza, mas ela tenta unir-se novamente às formas mais perfeitas. Cabe a ela escolher. Ela é imortal porque subsiste na alma universal. À medida que realiza uma boa escolha para unir-se novamente às formas mais perfeitas, a alma entra na via da purificação[7].

---

5. CUMONT, F. *Lux perpetua*. Paris: Geuthner, 1949, p. 142-156.

6. PEPIN, J. *Idées grecques sur l'homme et sur Dieu*. Paris: Les Belles Lettres, 1971.

7. SCHÖNBORN, C. *Quelques notes*. Op. cit., p. 159-180.

1.3.4 A oposição cristã às ideias greco-romanas sobre a migração das almas

Filósofo grego convertido a Cristo, São Justino (+ 165) é a primeira testemunha desta oposição. Em seu *Diálogo com Trifão* desvenda o erro da metempsicose, considerada por ele impossível (4,5-6). Na *Apologia* (61,4-5), falando do Batismo e da declaração de Jesus a Nicodemos (Jo 3,5), sustenta que os que nasceram uma vez para sempre não podem reentrar no seio da mãe.

O grande teólogo alexandrino Orígenes (+ 254) foi acusado de ter aceitado e sustentado a doutrina da reencarnação, o que lhe valeu a forte hostilidade de São Jerônimo e a condenação de uma parte de suas obras no Concílio de Constantinopla (553). De fato Orígenes admitiu a doutrina platônica da preexistência das almas e sua encarnação nos corpos, coisa que foi condenada em Constantinopla. Mas em seu *Contra Celsum* fala da loucura da metensomatose, "proveniente dos médicos que diminuem a natureza racional" (III,75). No *Comentário a São Mateus* (X,20) mostra que o ensinamento da Igreja não conhece esta doutrina[8].

No *Apologeticum*, redigido por volta de 197, e no *De testemonio animae*, escrito um pouco depois, Tertuliano (+ 220) se confronta com as doutrinas helenísticas da migração. No início do século III (por volta de 210-213) ele escreveu *De anima*, a primeira obra de psicologia cristã, na qual contesta Pitágoras, Platão e Empédocles. Em oito capítulos (28-35), com um tom polêmico e às vezes sarcástico, ele desenvolve sua argumentação sobre a negação da reencarnação. Numa primeira série de argumentos tenta mostrar os erros dos gregos: a invenção desta doutrina por parte de Pitágoras; a rápida progressão do povoamento da terra, em que a migração das almas deveria manter o mesmo número de vivos; o fato de que se morre a qualquer idade e que sempre há novos nascimentos; que a migração das almas deveria manter sempre o mesmo espírito e as mesmas inclinações nos homens; o disparate da hipótese da migração das almas humanas em corpos de animais, teoria desconhecida inclusive dos heréticos. Depois de expor esta série de argumentos contra os gregos, nosso apologista busca contestar dois gnósticos: Simão, o Samaritano, e Carpócrates. No fim ele observa que a justiça não pode satisfazer-se com a reencarnação da alma em um corpo qualquer; é no próprio corpo que a alma receberá o castigo ou a recompensa, por ocasião do

---

8. Cf. ibid., p. 169-175.

juízo final. No final da vida, com sua típica preocupação com a doutrina cristã, Tertuliano escreve um último tratado, o *De resurrectione carnis*. O inicia com uma frase que posteriormente servirá de guia a Padres e teólogos: "A esperança dos cristãos é a ressurreição dos mortos". Ele retoma o tema do juízo final, incorporando-lhe o argumento da ressurreição de Jesus, ressuscitado dos mortos com o corpo. Às objeções dos adversários responde com uma exegese das passagens bíblicas sobre o retorno de Elias e de João Batista. Aos adeptos da migração concede um mérito: a insistência sobre a imortalidade.

A argumentação de Tertuliano servirá aos Padres do século IV e V: Basílio de Cesareia (+ 379), Gregório Nazianzeno (+ 389), Gregório de Nissa (+ 394), João Crisóstomo (+ 407), Lactâncio (+ 325), Ambrósio de Milão (+ 397) e Jerônimo (+ 420). Os escritos deste último são um testemunho do declínio das doutrinas reencarnacionistas do final do século IV. Graças a ele dispomos de uma nova exegese dos textos bíblicos, sobre os quais alguns tentam embasar-se: Elias e João Batista, que os coloca em paralelo enquanto preparadores da vinda do Messias. Segundo João Crisóstomo, a vitória do cristianismo sobre o paganismo é determinante para o desenvolvimento das teorias pagãs da metempsicose e da migração das almas.

1.3.5 Os confrontos entre cristãos e gnósticos

Hoje estamos diante de três teorias sobre as origens do gnosticismo, a serem buscadas no judaísmo heterodoxo, no mundo helenístico – onde o cristianismo teria assumido um papel de catalisador – ou em uma imitação do cristianismo, com a inversão dos valores da criação. A descoberta dos textos de Hag Hammadi, no Alto Egito, permitirá talvez identificar melhor os problemas e suas soluções. Clemente de Alexandria (+ 215) cita Basílides e Marcião entre os defensores da reencarnação, mas é Irineu de Lyon (+ 200), no final do século II, que desenvolve uma oposição radical aos erros gnósticos relativos à criação, à redenção e à noção de vida após a morte[9]. Contradizendo Carpócrates (II,33,1), Irineu mostra as incoerências da metensomatose e começa insistindo na idiotice das "lembranças das vidas precedentes". Depois continua buscando na natureza do homem, criatura de Deus e

---

9. IRINEU. *Contre les Héresies*. Op. cit.

não centelha divina caída no mundo material, as razões profundas da negação da reencarnação (II,33,5). Desejado e criado por Deus, com um corpo e uma alma precisos, cada homem tem uma vida única, uma história única diante de Deus, um destino único. Destinado à ressurreição e à vida eterna, o homem é chamado a dar uma resposta a seu Criador. A humanidade inteira, por sua vez, tem uma história única, iniciada com o ato criador de Deus. Na refutação a Carpócrates, Irineu coloca os fundamentos da antropologia cristã.

Outro argumento de sua refutação emerge da exegese de Lc 16,19-31, a parábola do rico opulento e do pobre Lázaro (II,34,1). Segundo Irineu, aqui Jesus ensina que as almas humanas não perdem sua individualidade.

Após a morte do ser humano, ao invés de transmigrar para outro corpo, a alma continua a existir, conservando a lembrança do que fez ou deixou de fazer. É a hora da justiça divina. É de se salientar que Irineu – nascido na Ásia Menor, discípulo de São Policarpo e depositário da tradição joanina – é um testemunho precioso da Igreja de seu tempo. Ele inclusive combate a exegese gnóstica, que usava os textos escriturísticos como se fossem peças de um mosaico, visando evidentemente a montar coletâneas de *testemonia* para demonstrar a migração das almas (*Adv. haer.*I,9,4).

Por mais vezes Clemente de Alexandria tentou ajustar contas com os discípulos de Valentim. Nos *Extratos de Teódoto* escreve: "O texto 'Deus pune a culpa dos pais nos filhos até a terceira e a quarta geração', segundo os basilidianos, se refere à reencarnação". Assim, segundo a gnose valentiniana, os castigos dos pecados se encontrariam na reencarnação das almas (A,28). Clemente rejeita a explicação valentiniana de Dt 5,9: para ele a teoria da reencarnação não passa de um absurdo.

No início do século III o sacerdote romano Hipólito (+ 235) escreve sua *Refutatio omnium haeresium*. Discutindo as posições de Carpócrates, ele declara que os cristãos esperam não a reencarnação, mas a ressurreição da carne, isto é, a ressurreição dos mesmos corpos com as mesmas almas.

Estes poucos elementos nos mostram a oposição da Igreja às doutrinas gnósticas. Para refutá-las, os Padres Apostólicos usam o argumento da idiotice, a doutrina da ressurreição e da antropologia bíblica, sublinhando os erros da exegese gnóstica da Bíblia.

1.3.6 Refutação das doutrinas de Mani e dos sistemas dualistas da época medieval

O maniqueísmo se apresenta como a última religião de salvação, preparada por Jesus e realizada finalmente por Mani (nascido em 216), o Paráclito anunciado aos apóstolos.

No momento em que Hipólito redigia sua *Refutatio* e tentava mostrar que as aproximadamente trinta seitas gnósticas das quais tentava identificar as origens eram ramificações de um único tronco, Mani vivia na comunidade elka-saítas de Dastumisan, na Babilônia. Após ter reexaminado as grandes teses gnósticas, Mani as estruturou ao redor de um mito dualista radical, luz-trevas, e sob o modelo da Igreja cristã fundou uma igreja gnóstica com uma hierarquia, livros sagrados, missionários (os eleitos) e ouvintes encarregados de cuidar dos eleitos[10].

A doutrina maniqueísta do metangismo é tributária da alma do mundo, segundo a qual a luz está crucificada na matéria. Daqui vem a expressão "cruz de luz". Cosmologia e antropologia são idênticas: no cosmo, em todos os seres e nos homens matéria e luz se misturam. A luz constitui a alma dos seres, inclusive a humana. Integralmente dualista, a antropologia maniqueísta prega três *signacula* ou sigilos: o sigilo da boca, isto é, a abstinência de carnes e o jejum; o sigilo de Mani, que impede o trabalho na lavoura, a derrubada das árvores e a destruição dos vegetais; o sigilo do seio ou a recusa da procriação. Esta antropologia dualista impõe no homem a ética da apocatástase ou separação entre a matéria e o espírito. O eleito deve realizar a apocatástase em sua forma mais perfeita. Para os ouvintes a situação é menos severa.

A morte é vista como o feliz epílogo de uma situação dramática, devida ao combate originado entre a matéria e a luz. No momento da morte a alma luminosa pode alcançar o paraíso, o reino da luz, do qual procede. Para os ouvintes a situação é menos afortunada. Se no momento da morte o ouvinte se encontrar em estado de apocatástase perfeita, e se tiver dedicado toda uma vida à gnose, ele automaticamente segue a mesma via do eleito. Para os outros acontece o *metangismo*, o aprisionamento da alma a outro corpo. Não é uma situação particularmente invejável, já que esta realidade leva a uma nova vida cheia de dificuldades

---

10. RIES, J. "Cristianesimo e manicheismo – Lo scontro tra due religioni universali di salvezza". In: RIES, J. *Cristianesimo, religioni e culture* – I cristiani e le religioni. Op. cit., p. 117-148.

e de longas peregrinações, até chegar a uma completa purificação. Este ciclo de transmigração é mais dramático para os que rejeitaram qualquer tipo de adesão à gnose: para estes significa uma espécie de rebaixamento da alma, visto que ela deve incorporar-se num corpo animal.

Os Padres da Igreja criaram uma verdadeira "muralha" contra as doutrinas maniqueístas. Dentre eles encontramos Tito de Bostra (+ 371), João Crisóstomo (+ 407), Cirilo de Jerusalém (+ 386), Epifânio de Salamina (+ 403), Efrém da Síria (+ 373) e Ambrósio de Milão (+ 397), mestre de Santo Agostinho. Este último viveu por dez anos na seita de Mani. Logo depois de sua conversão, em 387, Agostinho escreveu o *De moribus ecclesiae catholicae et de moribus manichaeorum* (387-388). Uma boa parte do tratado se ocupa do sigilo de Mani. Ainda na condição de leigo, Agostinho despeja sobre as doutrinas da seita uma enorme quantidade de argumentos demonstrando a estupidez e a falsidade de suas pretensões: a proibição de matar animais ou cortar árvores; a interdição de colher frutos ou legumes, a não ser para serem digeridos pelos estômagos dos eleitos. Agostinho apresenta uma vasta documentação relativa às proibições, cuja única menção causa estupor ou hilaridade.

Tornado sacerdote, e depois bispo de Hipona, Agostinho não cessa de explicar sua argumentação, fundamentando-a sempre mais na exegese bíblica e no ensinamento da Igreja. Discute Platão, Plotino, Porfírio e Mani, rejeitando-os em nome da razão e da fé. O tema volta na refutação de Fausto de Milevo, nas obras exegéticas e nas homilias de Agostinho. Na *Cidade de Deus* (X,29-31) ele apresenta uma síntese de suas argumentações. Quando Agostinho morre, em 430, o maniqueísmo está praticamente derrotado.

Ao longo do século IV surgiu na Mesopotâmia e na Síria um movimento dualista, o messalianismo. Na mesma época o maniqueísmo se espalhou pela Armênia e é retomado pelos paulicianos, que se infiltraram no império bizantino. No século X nasce na Bulgária o bogomilismo que, não obstante a oposição das autoridades civis e religiosas, parece expandir-se, enquantono Ocidente surge o movimento cátaro. Estaríamos diante de correntes do maniqueísmo medieval? A questão permanece, e parece tender para uma resposta afirmativa. No Oriente, Fócio (+ 891) e seu contemporâneo Pedro da Sicília redigem novos tratados contra os maniqueus.

1.3.7 A resposta dos cristãos: a ressurreição

No mundo mediterrâneo, à época do nascimento do cristianismo eram amplamente difundidas as doutrinas platônicas do composto humano *soma-psychē*, da separação deste composto por ocasião da morte, da imortalidade e da sobrevivência da *psychē*. As religiões dos mistérios, o orfismo e o osirismo tinham, além disso, conquistado as cidades das regiões helenísticas, criando um pouco em toda parte um clima de religiosidade que levava o homem a aspirar à salvação. A sobrevivência e a imortalidade da alma, portando, eram tranquilamente admitidas nos cultos pagãos. A grande divergência entre a fé cristã e as crenças pagãs situava-se no nível da purificação da alma no caminho da salvação no além-túmulo. Às ideias reencarnacionistas presentes no mundo greco-romano os cristãos opunham sua doutrina da salvação no "estar com Cristo ressuscitado" e sua antropologia bíblica do homem imagem de Deus, fundada na criação do homem da parte de Deus e na cristologia paulina do Novo Adão.

a) A doutrina da ressurreição

Na tradição neotestamentária existe uma antropologia na qual o ser humano constitui um todo, feito de três elementos: *basar*, a carne; *ruah*, o sopro vital que se materializa na respiração, mas é também o espírito enquanto sede das emoções; *nefesh,* a alma, o ser animado, a vida, o sopro portador de vida. A Bíblia grega emprega mais de mil vezes o termo *psychē*para traduzir *nefesh*. De fato, o judaísmo palestinense e grego está muito próximo da terminologia platônica.

A Bíblia conhece a sobrevivência. Se a doutrina arcaica do *sheol* é ambígua, mesmo mostrando uma tendência espiritualista à crença na sobrevivência, a retribuição no além-túmulo é afirmada desde o século VI (Ez 32,17,32). O livro de Daniel (11,40-12,13) e o segundo livro dos Macabeus (7,9.13) atestam já no século II a.C. a fé de Israel na ressurreição individual e escatológica.

No anúncio do Reino feito por Jesus encontra-se a expectativa implícita de uma sobrevivência espiritual, como o sugere Mateus 10,28. Em 2Cor 4,7-5,10 Paulo sustenta que a existência após a morte é independente do corpo, e em outros textos (Fl 1,19-26; Rm 8,37-39 e 14,7-12) proclama a certeza de que nunca se separará de Cristo. A resposta de Jesus na cruz ao bom ladrão deu publicamente início à certeza de uma sobrevivência imediata e de ordem espiritual (Lc 23,43).

Os apóstolos proclamam que Jesus "está vivo", que "voltou à vida", que "despertou" da morte, que "voltou do mundo dos mortos""glorificado e exaltado". Não se trata, portanto, de uma simples sobrevivência, mas de uma vida que continua após uma morte real. Esta fé e este anúncio foi um choque para os ouvintes provenientes do helenismo, como o mostra o episódio da reação dos atenienses às palavras de Paulo sobre a ressurreição de Jesus e a ressurreição dos mortos (At 17,32). A pregação dos apóstolos e a fé dos discípulos, apoiadas na lembrança do evento pascal, oferecem com a ressurreição de Cristo – considerada exemplo para a dos homens – a resposta cristã ao problema do além-túmulo. A resposta não é a reencarnação, mas uma ressurreição esperada em virtude daquela de Cristo e concebida à sua imagem (1Ts 4,14; Rm 6,5; 1Cor 15,20.23; Cl 1,18; Jo 11,24). Desde o século II se elaboram tratados sobre a ressurreição: a apologética e a teologia assumem uma forma sistemática.

b) Nascimento de uma antropologia cristã

Apoiando-se na herança bíblica e grega, os pensadores cristãos dos primeiros séculos elaborarão uma doutrina sobre o homem cuja primeira testemunha é Paulo[11]. Escrevendo aos Colossenses, exorta-os a se revestirem"do homem novo, que vai se renovando para o conhecimento segundo a imagem de quem o criou" (Cl 3,10). O tema do homem criado à imagem de Deus (Gn 1,27) se encontra, sobretudo, em três passagens: em 2Cor 3,18-4,6, onde Paulo mostra Cristo como imagem de Deus e revelador do Pai; em Cl 1,15, onde é a imagem do Deus invisível e Primogênito de toda criação; e em 1Cor 15,45-49, uma passagem em que a condição cristã significa "carregar a imagem do homem celeste". Os cristãos são chamados a conformar-se à imagem do Ressuscitado: é a condição do homem novo.

Já presente nos textos dos Padres da Igreja, a antropologia cristã se afirma com Irineu de Lyon no final do século II. Em seu tratado *Adversus haereses* (II,33,1), mostra a incoerência da metensomatose: a razão profunda de sua rejeição é a natureza mesma do homem, criatura de Deus segundo a Revelação, querido

---

11. POIRIER, P.H. "Nascita de un'antropologia Cristiana (I-II secolo)". In: RIES, J. (org.). *Il credente nelle religioni ebraica, musulmana e cristiana.* Milão: Jaca Book, 1993, p. 195-284.

por Deus com um corpo e uma alma específicos na sua identidade definitiva. Daí a unicidade de cada ser humano, de cada vida humana, do gênero humano em sua totalidade. Toda concepção cíclica é rechaçada. Uma única vida: eis o lugar no qual se decide o destino definitivo do homem. A humanidade inteira tem uma só história. Para Irineu de Lyon – que aqui desenvolve o pensamento de Justino e de Teófilo de Antioquia – a antropologia se situa no interior da história da salvação. O mistério do homem se esclarece na recapitulação de Cristo, que dá seu sentido autêntico ao homem imagem de Deus. Esta antropologia gozará de novos desenvolvimentos na luta dos Padres contra gnósticos e maniqueus.

1.4 Os argumentos dos Padres da Igreja[12]

Rejeitando as doutrinas de Carpócrates, Irineu insiste na questão da *metensomatose*, à qual se opõe em base ao fato de o homem ser criado por Deus. Cada homem recebe de Deus o próprio corpo e a própria alma[13]. Ele não é, portanto, uma centelha decaída, precipitada no mundo material. É uma criatura de Deus, querida por Deus com seu corpo e com sua alma.

Da criação de cada ser humano da parte de Deus Irineu passa ao tema da ressurreição. Cada homem ressuscitará com o próprio corpo, com a própria alma, com o próprio espírito. Quem merecer receber os castigos os receberá com o próprio corpo e com a própria alma. O homem vive uma só vida, lugar onde se decide seu destino numa singularidade pessoal, alma e corpo.

Somente Deus é sem início e sem fim. Para Irineu é a fé cristã em seu conjunto que se contrapõe às teses da metensomatose, isto é:

- a criação de cada ser da parte de Deus;
- a criação de uma alma espiritual indestrutível;
- um corpo destinado à ressurreição e à vida eterna;
- o chamado do homem a dar uma resposta ao Criador. É em nome da antropologia bíblica que Irineu rejeita a reencarnação. Sua doutrina será a da maioria dos Padres.

---

12. IRINEU. *Adv. haer.*, 33,1 [*Contre les Hérésies*. Op. cit., p. 337].

13. Ibid., 33,5 [p. 353].

1.4.1 Orígenes

Orígenes foi acusado de ensinar a metensomatose. Dentre seus acusadores está São Jerônimo.

Orígenes sempre pensou num tratado sobre a alma, mas nunca o escreveu. Algumas de suas ideias sobre o tema as encontramos no conjunto de sua obra. Orígenes ensinava a preexistência das almas e sua encarnação nos corpos. Para compreender o que é a alma ele olha a Escritura, confrontando-se com a questão do profeta Elias e João Batista (Jo 1,21; Lc 1,11.17). Ele afirma que alguns veem nestas passagens da Escritura "um argumento a favor da doutrina da reencarnação, servindo-se talvez da opinião de que a alma se encarne sucessivamente em diversos corpos, sem conservar nenhuma lembrança das existências precedentes".

A esta doutrina Orígenes opõe a do *ekklesiastikos*, o homem de Igreja, expressão familiar que indica quem está em condições de ler a Escritura. Schönborn invoca o *Comentário a São Mateus*, no qual Orígenes discute a reencarnação à luz de Mateus 14,1-2, passagem em que Herodes pergunta se Jesus é João Batista, e de Mateus 15,21-25, passagem do encontro entre Jesus e uma cananeia, onde se faz referência aos "cachorrinhos". Nos cachorrinhos alguns contemporâneos de Orígenes viram as almas que passaram para os corpos animais.

Na opinião de Orígenes uma interpretação como esta é contrária à doutrina da Igreja. Ele optou, entretanto, pela doutrina da preexistência da alma, condenada em 553 pelo Concílio de Constantinopla; de imediato caiu sobre o teólogo um véu de desconfiança, o que lhe causou a perda de algumas de suas obras.

1.4.2 Tertuliano

Entre 210 e 213 Tertuliano escreveu o *De anima*[14], na qual refuta Pitágoras e Platão. À ideia de tempo cíclico ele opõe o tempo linear da história da salvação. Contrariamente a Orígenes, Tertuliano ensina a origem simultânea da alma e do corpo. À doutrina da reencarnação ele opõe a ressurreição dos corpos, fundando-a na ressurreição de Cristo. Um argumento que Tertuliano coloca em evidência é a identidade entre o corpo glorioso de Cristo ressuscitado e seu corpo terreno.

---

14. Edição crítica organizada por J.H. Was-Zink, Amsterdam 1947.

1.4.3 Lactâncio (250-325)[15]

A antropologia de Lactâncio é integralmente centrada na ideia de um Deus criador dos corpos e das almas. Ele refuta tanto a preexistência da alma quanto a metempsicose[16], destacando que os filósofos (pitagóricos e estoicos) ensinavam a imortalidade da alma, mas se enganavam "quando afirmavam que as almas não nascem, mas se introduzem nos corpos e passam de um corpo ao outro". Da refutação da doutrina da reencarnação entre os filósofos, Lactâncio chega a falar do suicídio, que condena como uma verdadeira injúria feita ao Deus criador. Ele atribui sua frequência no mundo pagão à doutrina da reencarnação: "As Sagradas Escrituras ensinam que as almas não se extinguem, mas recebem uma recompensa proporcional à sua retidão ou um castigo proporcional aos seus delitos" (*Institutiones*, 3,18,6-7).

Existem muitos outros textos patrísticos, de autores como Gregório Nazianzeno, Gregório de Nissa, Nemésio de Esmirna[17]. Agostinho dedica muitos escritos à refutação das doutrinas da migração das almas provenientes do mundo greco-romano e do maniqueísmo.

Conclusões

Esta rápida panorâmica sobre antigas doutrinas relativas à migração das almas e à refutação pelos cristãos dos primeiros séculos a tais tradições permite ao leitor fazer-se uma opinião sobre a complexidade das ideias ligadas às culturas e às religiões. A crença na reencarnação é fruto da reflexão humana sobre o mistério da vida e da morte, o bem e o mal no mundo e no homem, a igualdade entre as pessoas, o valor dos atos, a recompensa ou a punição que disso decorre. Trata-se de uma crença que não é nem universal nem particularmente antiga. É desconhecida na Mesopotâmia, no mundo semítico e no Egito. Na Índia é ignorada pelos *Vedas* e tem início somente com os *Upaniṣad*, por volta de 700

---

15. Cf. PERRIN, M. *L'homme antique et chrétien* – L'antropologie de Lactance. Paris: Beauchesne, 1981.

16. Ibid., p. 324-327.

17. Cf. BUKOWSKI, L. La réincarnation selon les Pères de l'Église. *Gregorianum*, 1928, p. 65-85. • SCHEFFCZYK, L. *Der Reinkarnationsgedanke in der altchristlichen Literatur* – Bayerische Akademie der Wissenschaften – Philosophisch-historische Klasse 1985/4. Munique: Beck, 1985.

a.C. Ausente do pensamento de Homero e de Hesíodo, esta crença aparece, na Grécia, com o orfismo e as religiões mistéricas, no momento da crise de sentido da religião da *polis*. A fraqueza e a fragilidade da resposta reencarnacionista às perguntas sobre o sofrimento, a morte e o sentido do agir humano devem-se ao fato de que o homem, nesta resposta, é tido como único mestre e responsável pelo próprio destino e pela própria libertação. Além disso, esta é também a razão pela qual, no momento da crise de sentido, religiões como o hinduísmo, o budismo e as religiões dos mistérios gregas introduziram deuses salvadores: daí a criação da *bhakti* hindu e budista e de deuses salvadores em época helenística. O advento da mensagem de Cristo e a organização da Igreja atingiram a lei cósmica da migração das almas, apresentando uma escatologia individual totalmente diferente: a ressurreição dos mortos vinculada à ressurreição de Jesus Cristo. Ao modelo grego, que recomendava um processo de aperfeiçoamento da alma em sua subida em direção ao divino, Paulo e, fundando-se nele, os Padres da Igreja contrapuseram Jesus, que proclamou: "Eu sou a ressurreição e a vida" (Jo 11,25-26). Baseando-se em textos fundadores da escatologia neotestamentária, estes refutaram a migração das almas e proclamaram a ressurreição dos mortos.

Bibliografia

BUKOWSKI, L. La réincarnation selon les Pères de l'Église. *Gregorianum*, 1928, p. 65-91.

HAMMAN, A.G. L'homme, image de Dieu – Essai d'une anthropologie chrétienne dans l'Église des cinq premiers siècles. *Relais études*, 2. Paris: Desclée de Brouwer, 1987. Estudo sobre os Padres da Igreja.

KELLER, C.A. (org.). *La réincarnation:* Théories, raisonnements et appréciations – Un symposium. Berna: Lang, 1986. Cf. KELLER, C.A. "La réincarnation dans le gnosticisme, dans l'hermétisme et le manichéisme", p. 135-157. • SCHÖNBORN, C. "Quelques notes sur l'attitude de la théologie paléochrétienne face à la réincarnation", p. 159-180.

MCWILLIAM DEWART, J.E. *Death and* Resurrection – Message of the Father of the Church.Wilmington, 1986.

POIRIER, P.H. "Nascita de un'antropologia cristiana (I-II secolo)". In: RIES, J. (org.). *Il credente nelle religioni ebraica, musulmana e cristiana*. Milão: Jaca Book, 1993, p. 195-284. Bibliografia p. 281-284.

PRIEUR, J. *Le mystère des retours éternels*. Paris: Laffont, 1994.

RIES, J. (org.). *La mort selon la Bible, dans l'Antiquité classique, et selon le manichéisme*. Louvain-la-Neuve: Centre d'Histoire des Religions, 1983.

SCHEFFCZYK, L. Der Reinkarnationsgedanke in der altchristlichen Literatur. *Bayerische Akademie der Wissenschaften* – Philosophisch-historische Klasse. Munique: Beck, 1985.

VAN EIJK, T.H.C. *La résurrection des morts chez les Pères Apostoliques*. Paris: Beauchesne, 1974, 204 p.

Um século de pesquisa sobre as crenças originárias dos cristãos.

2
NEW AGE E REENCARNAÇÃO

Em 1980, nos Estados Unidos, Marilyn Ferguson publica um livro que se revela um raio em pleno céu azul: *The Aquarian Conspiracy – Personal and Social Transformation in our Time*[1].

É o sonho de um novo milênio, a era de Aquário, um tempo de libertação do espírito ao longo do qual os homens serão transformados pela ciência e pela mística, pela biologia, pela sociologia e pelo sagrado. Difundidas pelas mídias e pelos ocultistas, estas ideias transpõem rapidamente o *melting pot* californiano, alcançam as Américas inteiras e atravessam o Atlântico. Redes, associações e publicações da *New Age* [Nova Era] se multiplicam em ritmo vertiginoso.

Os pontos essenciais de caráter doutrinal deste movimento são uma antropologia holística, uma visão imanentista de Deus, uma experiência do sagrado inserida numa religiosidade sincretista, uma concepção da salvação na qual o homem é o salvador de si mesmo e, enfim, a reencarnação, uma constante à qual voltaremos nossas atenções no presente estudo.

2.1 A herança dos precursores

2.1.1 Os predecessores

Uma série de predecessores preparou o terreno ao movimento *New Age*. Citamos primeiramente o movimento esotérico-ocultista do espiritismo, da teosofia e da ordem rosacruz: personagens como Alan Kardec (1804-1869) e Eliphas Lévi (1810-1875) deixaram seus traços; mais próximo de nós está René Guénon (1886-1951), fundador do esoterismo na perspectiva de uma tradição primitiva.

---

1. Los Angeles: Tarcher, 1980 [2. ed: 1987] [trad. bras.: *A conspiração aquariana*. Rio de Janeiro: Record, 1980]. • LE COUR, P. *L'ère du Verseau*. Paris: Dervy, 1989. • MACLAINE, S. *Going within*. Nova York: Bantam, 1989 [trad. it.: *Cercarsi dentro*. Milão: Sperling & Kupfer, 1989].

Um segundo precursor é o movimento francês *Atlantis,* de Paul Le Cour (1871-1954), autor do livro *L'ère du Verseau* (1937) [A era de Aquário], que anunciou uma nova gnose e uma era dourada, com a volta de Cristo e o advento do esoterismo cristão e gnóstico. Em terceiro lugar, como precursores, citamos a sociedade teosófica e a sociedade antroposófica. Todos estes grupos difundiram um cenário comum de religiosidade, que posteriormente será usado pelos criadores do movimento *New Age*[2].

2.1.2 *A terminologia antiga e seu significado*

Reencarnação: a alma, elemento psíquico do ser humano, está presente em cada uma das existências sucessivas em outros corpos.

Renascimento: se aplica à concepção budista, fundada numa antropologia centrada na impermanência do ser humano, que é constituído por um conjunto de forças que se reagrupam e por agregados que se recompõem ao redor de um centro psíquico.

Transmigração: em sentido estrito, é a passagem do *ātman*, princípio espiritual, de um corpo ao outro, no momento da morte: em nível humano, animal ou vegetal. É uma doutrina própria ao bramanismo e hinduísmo.

Metempsicose: animação sucessiva de diversos corpos por uma mesma alma; doutrina presente no orfismo, no pitagorismo e no platonismo.

Característica do bramanismo e do hinduísmo, a doutrina da transmigração responsabiliza o indivíduo por seu devir, fazendo este devir depender dos próprios atos do indivíduo. Insistindo na lei do *karma*, esta doutrina contribui na promoção individual e social. No budismo a doutrina do renascimento é uma nova resposta à questão da libertação. Uma resposta que carrega a marca da santidade das opiniões e das intenções. As doutrinas gregas veicularam diversos modelos: no orfismo, as purificações subsequentes da alma, esta entendida como centelha divina; no pitagorismo, a purificação da alma, vista como partícula do cosmo; no platonismo, as purificações sucessivas das almas imortais. O gnosticismo e o maniqueísmo retomaram as ideias gregas, juntamente com algumas noções budistas. Os Padres da Igreja, por sua vez, se opuseram a tudo isso, e, contra as doutrinas reencarnacionistas, afirmaram a ressurreição.

---

2. JAMES, M.F. *Les précurseurs de l'Ère du Verseau.* Montreal/Paris: Paulines/Médiaspaul, 1985.

2.1.3 O retorno das doutrinas reencarnacionistas ao Ocidente

Na Alemanha, em seus *Diálogos para os mações* (1780), dedicados à educação do gênero humano, Lessing lança a ideia dos renascimentos individuais, concebidos como meios naturais de fazer o homem percorrer a distância que o separa da perfeição. Lessing pensa numa nova época, ao longo da qual o homem se transforma em único artífice do próprio progresso e desenvolvimento. A influência destas ideias alcançou a França, sobretudo os pensadores socialistas Saint--Simon (1760-1865), Charles Fourier (1772-1837) e Pierre Leroux, que em 1840, em sua obra *L'humanité* [A humanidade] contrapõe o novo nascimento cósmico, social ou psíquico "à quimera da ressurreição pregada pelo cristianismo". Em 1856 Rivail (Allan Kardec) publica *Le livre des esprits* [O livro dos espíritos]: é o nascimento do espiritismo e de um novo vocabulário no qual sobressai o termo "reencarnação", que Pierre Larousse, em 1875, introduz em seu *Dictionnaire universel du XIXᵉ siècle* [Dicionário universal do século XIX].

A corrente romântica da reencarnação é representada por Helena Blavatsky (1831-1891), fundadora da teosofia, por Annie Besant (1847-1933) e por uma série impressionante de personagens da Europa e da Ásia: colonialistas ingleses, mações americanos, progressistas hindus, príncipes e diplomatas. Generosas somas arrecadadas para este fim serviram para adquirir, em 1882, o feudo de Adyar, em Madras, centro mundial da teosofia, do qual sai Krishnamurti, chefe supremo de uma nova revelação. Uma verdadeira avalanche de literatura esotérica e ocultista desliza por sobre o Ocidente: a reencarnação encontra aqui um novo espaço, em níveis muito populares.

Rudolf Steiner (1861-1926) rompe com a teosofia e em 1904 funda sua sociedade, no centro da qual se encontra o Goetheanum de Dornach, na Basileia. Steiner formulou e desenvolveu uma *ciência espiritual* (*Geisteswissenschaft*), contraposta ao materialismo, ao positivismo e ao cientismo. Reunindo médicos, biólogos, agrônomos, pastores, educadores e artistas ele fez do Goetheanum uma escola superior com inúmeras filiais no mundo. Apoiando-se na filosofia de Aristóteles, que evidencia o Espírito, o intelecto ativo, Steiner a transforma numa força transcendente em cada pessoa. É este "Eu espiritual" que se reencarna como Espírito de vida. A esta noção ele vincula o *karma* da Índia: a lei da herança e do destino criado pelas vidas precedentes. Em seguida acrescenta a ideia do Cristo cósmico, presente na humanidade antes e fora do cristianismo: é o Cristo gnóstico do qual é mensageiro Mani, com seu Evangelho da Luz. Para Steiner, a reencarnação é a solução dos problemas históricos: Jesus é a reencarnação de Zaratustra e de Buda. A antroposofia de Steiner, inspirada em Aristóteles, na Índia, na gnose antiga e no maniqueísmo, fornece à reencarnação uma vitrine moderna atraente e as aparências de um bem organizado sistema ético-filosófico. O movimento *New Age* dele sorverá plenamente.

2.2 A antropologia do *New Age*

Para compreender a reencarnação é preciso sempre referir-se à visão e à concepção do composto humano, considerando, em particular, os elementos permanentes que o caracterizam. Para os brâmanes da Índia, em cada ser humano existe um eu, um elemento puramente espiritual, um núcleo vital eterno que transmigra. Segundo o budismo, não existe um núcleo permanente da pessoa, mas fatores, *sankhara*, que levam a um novo nascimento. O platonismo pensa na preexistência das almas nascidas num tempo mítico, mas que são imortais e se reencarnam. O agnosticismo e o maniqueísmo inserem as almas na divindade luminosa, centelhas divinas caídas na matéria dos corpos, que por reencarnações sucessivas devem purificar-se para retornar às suas origens, a luz celeste.

2.2.1 O princípio fundamental: o holismo

O movimento *New Age* apresenta um novo paradigma, isto é, um grande modelo que abraça e explica o universo e o homem, um novo conjunto de concepções, de conhecimentos, de crenças, de valores e técnicas que representam um ponto de vista global que pressupõe em seus fundamentos uma dinâmica de transformação. Sua ambição é substituir o *homo technicus* e o *homo religiosus* pelo *homo noeticus*, ciente da própria identidade com o divino, consciente da unidade da vida. O advento desta nova humanidade dar-se-ia com a transformação da consciência: é a humanidade de Aquário[3].

---

3. VERNETTE, J. *Le Nouvel Age* – À l'aube de l'ère du Verseau. Paris: Téqui, 1990 [trad. it.: *Il New Age* – All'alba dell'Era dell'Acquario. 2. ed. Cinisello Balsamo: San Paolo, 1997]. • TERRIN, A.N. *New Age* – La religiosità del postmoderno. Bolonha: Dehoniane, 1993. • FORTIN, A. *Les Galeries du Nouvel Age*. Otawa: Novalis, 1993.

O princípio fundamental é o *holismo*, que exige uma abordagem integral e globalizante do real, em todos os níveis: ciência, antropologia, experiência, universo. No plano ontológico o Uno é divino, é a Energia-vida, fundamento de todos os seres. O cosmo é um organismo vivo no qual tudo está entrelaçado.

2.2.2 A antropologia gnóstica

Os *newagers* fazem uma abordagem global e integral do composto humano: *psychē*, corpo e ambiente. Como no gnosticismo, o ser humano é uma centelha divina, um núcleo concentrado de Energia, um microcosmo. Seu corpo não passa de um revestimento, visto que o homem é essencialmente Espírito, princípio divino imortal que possui uma alma tênue que interliga o espírito ao corpo. Ciente de ser uma centelha divina e uma energia cósmica, o ser humano descobre sua unidade com o universo. Nesta antropologia encontramos os ensinamentos da antroposofia de Steiner, ensinamentos inspirados nas doutrinas gnósticas de Mani. A afinidade entre estas duas antropologias parece evidente.

Nesta visão dualista, o que é fundamental é a consciência cósmica universal, da qual faz parte a consciência individual. Tudo se funda na consciência: o homem, a natureza e o cosmo formam um todo no qual o homem se reconhece como um fragmento da consciência cósmica, um microcosmo. Segundo Marilyn Ferguson, o holismo e as descobertas da amplidão da consciência estão relacionados: "Os seres humanos apenas começaram a desfrutar de seu potencial de transformação" (p. 112). A consciência de ser um núcleo de energia divina é uma descoberta fundamental, que o homem novo tem o dever de fazer e de refazer[4].

2.2.3 A educação transpessoal

Para alcançar o despertar, o homem deve olhar para suas faculdades transcendentes. O método holístico o impele a um conhecimento esotérico que busca ultrapassar a dicotomia entre sujeito e objeto fazendo uso dos poderes superio-

---

4. KELLER, C.A. *New Age* – Entre nouveauté et redécouverte. Genebra: Labor et Fides, 1990 [trad. it.: *New Age* – Lo "spirito" della nuova era. Roma: Mediterranee, 1996]. • BERGERON, R.; BOUCHARD, A. & PELLETIER, P. *Le Nouvel Age en question*. Montréal/Paris: Paulines/Médiaspaul, 1992.

res da inteligência: a intuição, a iluminação, a clarividência, a experiência da consciência, a iniciação, o contato direto com o divino. O acento é posto sobre a aquisição de um saber novo, graças a uma dilatação da consciência. O termo "despertar", próprio ao budismo e ao taoismo, aparece com frequência nesta literatura: trata-se de uma percepção que vai além das modalidades clássicas de conhecimento. Para o movimento *New Age* os estados místicos seriam explicáveis unicamente pelo funcionamento do cérebro; Deus é a soma da consciência existente no cosmo; é a consciência cósmica[5].

2.3 A reencarnação na religiosidade do *New Age*

2.3.1 *Um elemento comum do* New Age

A reencarnação é uma herança que os filhos de Aquário recebem pelo próprio fato de crerem na existência de uma consciência cósmica planetária. É Jean Vernette que sublinha este aspecto, de um lado visível em alguns textos caracterizados pela visão gnóstica do homem e do universo e, de outro, em textos colocados na esfera de influência do pensamento asiático: hindu, taoista e budista[6]. A crescente influência do Oriente é considerada ao sublinhar que no movimento *New Age* não se fala de uma reencarnação destinada a purificar a alma de suas culpas, da "lei da justa retribuição" ou lei do *karma*, como no hinduísmo, mas de uma reencarnação "impregnada de esperança cristã", sustentando que a nova vida é mais sorridente que a precedente. A herança gnóstica insiste na realização integral do ciclo espiritual, que segundo Steiner é regulada pela lei do *karma*. Para tomar consciência de sua verdadeira natureza divina e reintegrar o estado divino primordial, cada princípio espiritual deve reencarnar-se e viver em diferentes revestimentos corpóreos. Tal é o esquema de base da doutrina reencarnacionista do movimento *New Age*, onde a alma é o Eu ilimitado, constituído de todas as faculdades em condições de fazê-lo progredir.

---

5. BASTIAN, B. *Le New Age* – D'où vient-il? Que dit-il? Paris: OEIL, 1991. • ROUVILLOIS, S. *Vers un Nouvel Age?* Paris: Fayard, 1993.

6. VERNETTE, J. *Réincarnation, Résurrection* – Les mystères de la vie après la vie. Mulhouse: Salvator, 1989 [trad. it.: *Reincarnazione, risurrezione, comunicare con l'aldilà* – I misteri della vita dopo la vita. Leumann: Elle Di Ci, 1991]. • STEINER, R. *Guida alla comprensione del mondo spirituale*. Gênova: Il basilico, 1988. • INTROVIGNE, M. *Il cappello del mago*. Milão: SugarCo, 1990.

2.3.2 A reencarnação à luz do testemunho pessoal

Os filhos de Aquário sustentam que o tempo e a história são uma ilusão. Dão pouquíssimo crédito às diversas tradições religiosas e rejeitam a discussão tão logo se defrontam com fatos históricos ou científicos que não se inscrevem na perspectiva que lhes interessa. Para eles é essencial o testemunho relativo às vidas anteriores, documentos autênticos – sustentam –, que não admitem críticas. A reencarnação é uma descoberta interior capaz de variar de acordo com as pessoas. Abrir o próprio espírito à reencarnação significa então quebrar a imposição do rigor intelectual, deixando livre curso ao imaginário, que se torna a forma mais adaptada ao mundo moderno. Os *newagers* estimulam a própria imaginação, dando vida ao poder do próprio espírito e produzindo uma energia capaz de fazê-los alcançar o escopo desejado. É o procedimento usado para acessar às vidas precedentes, às imagens das existências passadas. Trata-se de um método de regressão usado para explicar os fenômenos psíquicos[7].

Segundo André Couture, o afluxo de testemunhos sobre vidas anteriores deságua numa falsificação do corpo mortal. Os livros reencarnacionistas contribuem para camuflar a morte autêntica. Na supervalorização do Eu o corpo se torna uma de suas dimensões e um instrumento que se dobra a qualquer experiência; o espírito deve aprender a dominar os corpos que nascem e morrem. Assim, a reencarnação do movimento *New Age* fragmenta a matéria a ponto de fazê-la perder toda sua realidade.

2.3.3 New Age, *reencarnação e cultura de massa*

Edgar Morin fez uma excelente investigação sobre a cultura de massa, fruto da colonização da alma e tornada uma verdadeira terceira cultura, com seus mitos, seus símbolos e suas imagens. Esta se sobrepôs à cultura nacional, à cultura humanista, à cultura religiosa. Ela se difunde ao ritmo dos *mass media* e oferece de tudo, numa retórica permanente, servindo ao grande público um sincretismo esmiuçado e homogeneizado. A cultura de massa é "um imaginário que imita o real e do real assume as cores do imaginário [...]"[8].

---

7. COUTURE, A. *La réincarnation*. Otawa: Novalis, 1992, p. 145-174. • KELLER, C.A. (org.). *La réincarnation*: *Théories, raisonnements et appréciations* – Un symposium. Berna: Lang, 1986.

8. MORIN, E. *L'esprit du temps*. Vol. 1: Névrose. Paris: Grasset, 1962 [2. ed.: 1975] [trad. it: *Lo spirito del tempo*. Roma: Meltemi, 2005].

André Couture analisou as crenças encarnacionistas dos *newagers* fazendo uso do esquema de Morin[9]. Ele individua neste movimento a chave de retorno a uma espiritualidade de massa acessível a todos. As histórias das vidas precedentes são novos mitos, que misturam anedotas de bizarra sexualidade e violência selvagem. Cada indivíduo tem direito ao próprio mito, e cada um pode elaborar sua origem, seu destino, suas reencarnações. Cada indivíduo pode fazer-se o próprio mito de criação e elaborar a própria gênese. No mercado do movimento *New Age* os filhos de Aquário encontram guias para viajar nas vidas anteriores com uma série infinita de expedientes e técnicas: auto-hipnose, meditação profunda, viagem astral etc. Auxiliado por esses guias o consumidor de reencarnações pode formar a história de suas vidas precedentes, criando a partir daqui seu Eu hodierno.

Síntese e conclusão

As doutrinas da transmigração das almas, da metempsicose, da reencarnação ocuparam e ocupam, segundo o vocabulário moderno, um espaço considerável da história das crenças. Elas são ligadas à cultura, à concepção do tempo cíclico, à cosmologia e à antropologia, e fazem parte de uma herança de caráter filosófico e religioso. No hinduísmo faz-se referência à transmigração, no budismo ao renascimento. No mundo grego a metempsicose constituía um fator central do orfismo, do pitagorismo e do platonismo. Desde o século II de nossa era a herança antiga, maturada no cadinho do mundo helenístico, tornou-se um elemento chave da soteriologia gnóstica e, em seguida, maniqueísta, opondo-se à doutrina cristã da ressurreição. Com os movimentos dualistas da época medieval, esta herança permaneceu no horizonte do pensamento ocidental.

Apoiando-se na tradição bíblica e no humanismo grego, os pensadores cristãos elaboraram uma antropologia do homem novo criado por Cristo, que confere seu sentido autêntico ao homem imagem de Deus. A antropologia dos Padres da Igreja levou a melhor sobre os ataques gnósticos e maniqueístas, tanto que em 430, por ocasião da morte de Santo Agostinho, as doutrinas reencarnacionistas ocupavam apenas algumas poucas zonas obscuras. O século das Luzes deu asas à ideia do progresso da humanidade. Na Alemanha G.E. Lessing passa a vida di-

---

9. COUTURE, A. *La réincarnation*. Op. cit., p. 164-167.

fundindo o pensamento do *Aufklãrung* [Iluminismo] europeu, polemizando com os teólogos e publicando, em 1780, duas obras que terão grande repercussão: os *Diálogos para maçons* e *A educação do gênero humano*. Suas convicções e fantasias sobre a reencarnação enquanto incentivo ao progresso da humanidade representam o início de toda uma corrente de pensamento e de estudos na França e na Alemanha do século XVIII cujo coroamento pode ser percebido no espiritismo e na teosofia.

Um longo movimento ocultista se organiza ao longo do século XIX com Allan Kardec (1804-1859), fundador do espiritismo, com Eliphas Lévi (1810-1875), renovador do ocultismo moderno via sociedade teosófica – que introduz sem distinção as doutrinas reencarnacionistas da Índia –, com as diversas sociedades rosacruzes e um esoterismo-ocultismo de várias ramificações. Uma influência sempre mais poderosa vem do renascimento dos movimentos gnósticos, cujas primeiras tentativas, espelhando-se nos gnósticos dos séculos II e III, se concretizam na igreja gnóstica criada por Gérard Encausse (1865-1916), mais conhecido sob o pseudônimo de Papus. Esta igreja nasceu em Paris em 1888. Ela será seguida pela antroposofia de Rudolf Steiner (1861-1925), que com o Goetheanum de Dornach, na Basileia, lançará as grandes ideias a partir das quais o movimento *New Age* tecerá a trama de suas doutrinas reencarnacionistas.

As doutrinas do *New Age* declinam a versão moderna da crença na reencarnação. Analogamente à antroposofia, o *New Age* entende oferecer um acesso aos mistérios, liberando no homem as forças espirituais que levam a alma, graças a reencarnações sucessivas e a existências ascendentes, à total iluminação. Apesar do uso frequente do termo *karma*, o movimento *New Age* se afasta do pensamento indiano, mergulhando no pensamento gnóstico ocidental: consciência, luz, iniciação, holismo, paradigma, saber direto, todos estes termos incessantemente retornam. Dentre as forças cósmicas em ação existe um impulso crístico, uma potência impessoal que não tem nada em comum com o Jesus histórico. Trata-se, em última análise, do Eu ilimitado com suas múltiplas capacidades, que evolui e desenvolve sua inteligência, sua consciência e sua memória. Cada *newager* está convencido da lei do progresso, e esta convicção se baseia na descoberta das próprias vidas precedentes. Assim, sua doutrina da encarnação se respalda no primado da experiência individual. Ou seja, é necessário crer na experiência das vidas precedentes, que a imaginação sempre e repetidamente consente atualizar.

No movimento *New Age* a reencarnação se transforma em crença de massa, numa cultura de massa que repousa em mitos criacionistas que cada indivíduo elabora em função de suas necessidades de consumo individual.

Bibliografia

Reencarnacionistas

DROULOT, P. *Nous sommes immortels* – La réincarnation face à la nouvelle physique. Paris: Garancière, 1987 [trad. it.: *Vite eterne*. Milão: Armenia, 1989]. O autor é um adepto do New Age.

CERMINARA, G. *De nombreuses demeures*. Paris: Adyar, 1962 [6. ed.: 1988]. Uma crítica à Igreja e à psicologia.

MCLAIN, F. *Guide pratique du voyage dans les vies antérieurs*. Paris: Sand, 1986.

SIEMONS, J.L. *La réincarnation* – Des preuves aux certitudes. Paris: Retz, 1989.

_____. *Revivre nos vies antérieures* – Témoignageset preuves de la réincarnation. Paris: Albin Michel, 1984 [trad. it.: *Le nostre vite anteriori* – Prove e testimonianze della reincarnazione. Roma: Mediterranee, 1991].

VIGNE, P. *La réincarnation* – Sur les traces des vies antérieures: les preuves de leur existence. Paris: De Vecchi, 1988.

A reação cristã

COUTURE, A. *La réincarnation*. Ottawa: Novalis, 1992.

MÜLLER, D. *Réincarnation et foi chrétienne*. Genebra: Labor et Fides, 1986.

ROBILLARD, E. *La réincarnation* – Rêve ou réalité. Montreal/Paris: Paulines, 1981.

THOMAS, P. *La réincarnation, oui ou non*. Paris: Le Centurion, 1987 [trad. it.: *La reincarnazione sì o no?* Cinisello Balsamo: Paoline, 1990].

VERNETTE, J. *Réincarnation, Résurrection* – Les mystères de la vie après la vie. Mulhouse: Salvator, 1989 [trad. it.: *Reincarnazione, risurrezione, comunicare con l'aldilà* – I misteri della vita dopo la vita. Leumann: Elle Di Ci, 1991]. Clara explicação das posições da Igreja.

Bibliografia crítica

COUTURE, A. *La réincarnation: theorie, science ou croyance* – Étude de 45 livres qui plaident en faveur de la reíncarnation. Montréal/Paris: Paulines/Mediaspaul, 1992.

DES GEORGES, A. *La réincarnation des âmes selon les traditions orientales et occidentales*. Paris: Albin Michel, 1966.

GRIMAL, P.; MALAMOUD, C. & RIES, J. Dossier: les voies étranges de la réincarnation. *Notre histoire*, 63, jan./1990.

KELLER, C.A. (org.). *La réincarnation*: Théories, raisonnements et appréciations – Un symposium. Berna: Peter Lang, 1986. Cf. tb.: BICHET, J.-C. "La doctrine chrétienne de l'unicité de la personne et ses conséquences anthropologiques", p. 265-275.

EPÍLOGO
O *HOMO RELIGIOSUS* E SEU DESTINO

Na história da humanidade o *homo religiosus* assume uma modalidade específica de existência, que se exprime em diversas formas religiosas e culturais. Isto pode ser reconhecido em seu estilo de vida: crê na existência de uma realidade absoluta que transcende este mundo e vive das experiências que, através do sagrado, o colocam em relação com esta Transcendência. Vale lembrar que ele crê na origem sagrada da vida e no sentido da existência humana como participação numa Alteridade. Ele é também um *homo symbolicus*, que colhe a linguagem das hierofanias, através das quais o mundo lhe revela modalidades que não são evidentes em si mesmas. A partir de 1959, alguns paleoantropólogos descobriram na África o *homo habilis*, o criador da primeira cultura, cuja atividade mostra nele a consciência de ser criador. Encontramos os desenvolvimentos desta consciência no *homo erectus* e, de modo mais preciso, no *homo sapiens*, graças à manifestação dos ritos fúnebres[1].

As primeiras tumbas que nos oferecem uma certeza da crença numa sobrevivência provêm de Qafzeh e de Skuhl, no Oriente Médio, graças à presença de restos de comida e de utensílios encontrados próximos aos esqueletos, cuja data remonta a 90.00o a.C. A partir de 80.000 a.C., o homem de Neandertal multiplica estes ritos. Desde 35.000 a.C., no Paleolítico Superior, o *homo sapiens sapiens* dá um tratamento especial ao cadáver do defunto: ocre vermelha, ornamentos ao redor da cabeça, conchas incrustadas nas órbitas oculares, pérolas de marfim dispostas sobre o corpo. A partir do início do Neolítico nos deparamos com o culto aos crânios conservados pelos vivos. No V milênio surge a figura da deusa. A descoberta por parte de Maria Gimbutas do sítio arqueológico de Achilleion,

---

1. RIES, J. *L'uomo religioso e la sua esperienza del saro*. Milão: Jaca Book, 2007 [Opera Omnia, 3] [ed. fr.: *L'homo religiosus et son expérience du sacré* – Introduction à une nouvelle anthropologie religeuse. Paris: Cerf, 2009]. • JUNG, C.G. *Von den Wurzeln des Bewusststeins* – Studien über den Archetypus. Zurique: Rascher, 1954.

na Tessália, oferece uma visão da religião arcaica da Europa graças às numerosas deusas, dentre as quais a da vida e a da morte. O Neolítico multiplicou os ritos funerários e deu-lhes uma simbologia sempre mais rica, sinal de uma autêntica presença dos vivos na sobrevivência de seus defuntos. Logo após a sedentarização das populações do Oriente Médio e da invenção da vegecultura e da agricultura, o *homo religiosus* começa a representar as divindades, a mais importante da quais é a deusa. É o momento da grande mutação dos símbolos, que se reflete na crença numa vida *post mortem*.

Um grande salto na consciência relativa à sobrevivência *post mortem* dos antigos indo-europeus pode ser percebido entre os etruscos. Estes povos nos legaram importantes documentos, ou seja, pinturas ornamentando câmaras funerárias com cenas de caça, abundantes desenhos de mobílias, representações de banquetes e ricos utensílios domésticos, bem como viagens de defuntos e banquetes no final de tais viagens. Suas tumbas eram construídas à imagem de uma casa. Acreditava-se que o defunto continuasse sua vida na tumba. Os vivos, claramente, faziam de tudo para que os defuntos se sentissem felizes. Entre os neo-hititas da Ásia Menor as representações do cacho de uva e da espiga constituem símbolos escatológicos significando que a alma humana seria recebida no mundo do deus da tempestade. Entre os celtas foram encontrados inúmeros indícios de objetos que faziam parte da vida do defunto: bijuterias, armas e vasos, mas também ovos quebrados, símbolos da vida e da renovação periódica da vida. A mitologia dos celtas da Irlanda fala de uma ilha distante, maravilhosamente iluminada pelo sol, onde tudo é alegria. O *Sid* é um túmulo sobrenatural e maravilhoso onde as almas dos defuntos ouvem uma música suave e consomem alimentos suculentos. Não existe mais nem tempo nem espaço. É a doutrina escatológica dos druidas.

Entre os antigos germânicos e escandinavos, ao contrário, o destino dos defuntos é visto de uma maneira menos otimista. Por volta de 1800 a.C. foram encontrados os primeiros campos de urnas, sinais claros da cremação do cadáver. Além disso, na Germânia foram encontrados inúmeros traços de uma cultura funerária megalítica, com tumbas dos clãs, culto aos antepassados e a crença num deus supremo. Para os germânicos, o destino exprime o ardor de viver: honra, fama, reputação, existência em cada membro do clã (*Sippe*) de uma força sagrada proveniente do destino. Os defuntos continuam vivendo em suas tumbas, mas voltam periodicamente para perto dos vivos. *Hel, Halja* é a morada dos mortos. A vida aqui é triste, exceto em *Valhalla*, morada reservada pelo deus Odin aos guerreiros tombados em campo de batalha. Estes bebem hidromel sagrado durante os banquetes, que nunca têm fim.

Dentre as grandes religiões do antigo Oriente Médio, o Egito faraônico tem uma visão muito otimista do além-túmulo. É no Egito que encontramos os inícios da civilização, dado que o Vale do Nilo se apresenta como um verdadeiro laboratório da cultura arcaica, cinco mil anos antes de nossa era. O *homo religiosus* do Egito faraônico vivia um mundo maravilhoso: o Nilo é o deus da vegetação. *Ankh* é o símbolo da vida, onipresente e sagrada. Para o egípcio, a vida humana não deve cessar com a morte. Como símbolo da sobrevivência, *ankh* está presente nas tumbas e em todos os documentos fúnebres: faz parte inclusive do ritual do embalsamamento. A primeira preocupação do egípcio é a construção de sua tumba, sua "casa de eternidade". Uma segunda preocupação é a conservação de seu corpo graças à mumificação. Desde os tempos da aparição dos *Textos das pirâmides* nos deparamos com uma dupla doutrina: de um lado os defuntos são enterrados nos campos de Osíris, e de outro a doutrina solar fala da ascensão do faraó junto a Rá, o deus sol. Sucessores dos *Textos das pirâmides*, os *Textos dos sarcófagos* exprimem o triunfo da vida sobre a morte e assemelham o defunto a Rá, o deus sol que retorna à vida a cada manhã, ou ao deus Osíris. Sob o Novo Império encontramos o *Livro dos mortos*, um papiro colocado num sarcófago que inicia com estas palavras: "Livro do romper do dia". Após o juízo diante do tribunal de quarenta deuses, o defunto era conduzido pelo deus Thot ao seu "lugar de eternidade", para uma felicidade definitiva.

Elaborada na mesma época da civilização faraônica, a civilização suméria veicula uma antropologia pessimista: "Criado pelos deuses, o homem foi feito para servi-los". A distância entre os deuses e os homens é intransponível. A sobrevivência do defunto tem lugar no subterrâneo, lugar feito de trevas, imobilidade e silêncio, poeirento e lamacento. Neste país sem volta a tumba constituía o vestíbulo de entrada dos infernos. A família convidava os mortos a participarem de uma refeição para alimentar sua frágil existência. Rituais de exorcismo impedem que os defuntos incomodem os vivos. Sublinha-se que entre os mortos, na Mesopotâmia, havia uma hierarquia de situações conformes ao destino de cada um.

Na religião de Zaratustra o destino humano é muito diferente: uma antropologia dualista opõe a alma ao corpo, considerado perverso e desprezível. Daí o rito da descarnação do cadáver por parte dos abutres a fim de impedir que ele polua a água e a terra. Uma corrente espiritualista – longínqua herança do pensamento indo-europeu – dá grande importância à alma, como no Egito faraônico. *Vyāna* é a alma sopro, princípio espiritual; *Manah* é a consciência que dirige o pensamento e a memória; *Urvan* é o princípio da personalidade; *Daena* é o intelecto religioso graças ao qual o fiel de Zaratustra toma consciência da revelação que vem do Deus Ahura Mazdā. A vida é uma escolha entre o bem e o mal. A salvação do homem passa pelo juízo consecutivo à morte, durante a passagem da ponte de Chinvat, a ponte da separação entre os salvos e os danados, em conformidade com a vida levada na terra. Trata-se de uma doutrina escatológica otimista, que perdura até hoje entre os povos parses da Índia e os guebris no Irã. A alma do fiel entra na casa de Ahura Mazdā, lugar de luz, felicidade e paz. Após a morte do Profeta formou-se uma doutrina da ressurreição dos corpos. Temos também diversas alusões a um juízo escatológico com o fogo e uma renovação do mundo. Os que decidiram fazer o mal na terra caem num lugar de trevas ao passarem pela ponte da separação.

Voltemos agora nosso olhar para a Ásia Central e para o Extremo Oriente a fim de examinar brevemente os textos da Índia, da China e do Tibete. O termo *amrita*, "não morte", está na origem da terminologia indo-europeia relativa à sobrevivência. No pensamento ariano a conquista da imortalidade consiste numa renovação da juventude e da vida. A simbologia védica da não morte gira em torno ao sol, ao *Agni*, fogo, ao *soma*, um elixir de vida proveniente do céu. Na Índia védica o sol aparece como a substância do revigoramento e constitui o protótipo do fogo sacrificial. O que sobrevive após a morte do homem é a essência de seu ser, inserido num prolongamento da duração ligada ao cosmo. Os *Brāmana* organizarão esta noção de duração dando ao rito a força de uma superação da morte. Nos *Upaniṣad,* o *ātman* é o princípio imortal chamado a libertar-se do corpo para alcançar uma perfeita identidade com o *Brahman*, princípio criador e totalidade do cosmo. Marcado pelo *karman* e pela retribuição dos atos, o pensamento dos *Upaniṣad* arranca a Índia do ritualismo bramânico e confere ao ato humano uma força que carrega seus frutos para além da morte, apresentando dois caminhos: o primeiro é a transmigração, o retorno a um corpo; o segundo é o caminho dos deuses, a identificação definitiva entre *ātman* e *Brahman*. Em sua reação à religião védica e bramânica, Buda nega a existência do *ātman*. Ele somente fala dos *skanda*, dos agregados: afirma o ato e seu fruto, mas nega a existência do agente. Entretanto, ele não suprime a imortalidade, mas afirma o *nirvāṇa*, que é a libertação dos renascimentos e da morte, beatitude por excelência, arrefecimento, felicidade perfeita e salvação. Esta doutrina, levemente modificada, está presente entre os budistas do Tibete e da China. Neste imenso país, ao lado do budismo existem duas religiões originárias: o taoismo e o confucionismo, que são também filosofias e caminhos de sabedoria. É no início de nossa era que surge uma religião taoista de salvação, com suas escolas, seus templos e seu clero, propondo levar seus fiéis à imortalidade em espiritualizando o corpo: sua busca é a exaltação da condição humana primordial. Confúcio instaura um humanismo, mas exige de seus adeptos um culto aos defuntos, particularmente aos antepassados.

No final da era antiga e nos primeiros séculos da nossa destacam-se duas religiões dualistas e iniciáticas, apresentando uma antropologia fundada numa oposição radical entre o bem o mal, entre o corpo e o espírito, levando o homem à obrigação de libertar a alma da prisão do corpo. Estas duas correntes são o orfismo e o gnosticismo; este último se alimenta do maniqueísmo, no qual a gnose se torna o fundamento de uma igreja. Subjacente às doutrinas órficas reside o mito de Orfeu, com suas iniciações e mistérios ao redor do desmembramento do deus Dioniso. O orfismo professa que é no homem que se encontra o germe da salvação, dado que sua alma imortal é uma centelha divina. Esta deve ser libertada da prisão da matéria: daí o vegetarianismo, a iniciação e a oposição à religião da Cidade grega. As folhas de ouro encontradas nas tumbas órficas da Itália Meridional e da Magna Grécia nos revelam uma geografia sagrada que leva o defunto à cidade celeste para uma sobrevivência gloriosa.

Fundada por Mani sob o mito iraniano dos dois reinos, sua religião concebe o homem como uma mescla de luz e trevas: seu corpo é fruto dos arcontes, sua alma uma centelha divina, prisioneira da matéria. Fadado à destruição como no masdeísmo, o corpo deve ser abandonado às trevas, enquanto a alma, iluminada pela gnose, passa por uma *katharsis* permanente. Por ocasião da morte, a alma do eleito inicia sua subida triunfal ao reino da luz, entrando finalmente no "quarto nupcial" onde três anjos munidos de uma coroa, de uma veste branca e de um diadema a aguardam. Uma virgem, réplica de sua alma, vai ao seu encontro. Os que rejeitaram a mensagem gnóstica, no entanto, serão lançados na *massa damnata* por toda a eternidade.

As doutrinas de Pitágoras e de Platão circularam no mundo helenístico e contribuíram para transformar as ideias dos países mediterrâneos a propósito da morte, da sobrevivência e da imortalidade. Segundo Franz Cumont, estas ajudaram a introduzir a esperança de uma eternidade radiosa no esplendor dos céus, ou na sociedade dos astros divinos ou nas esferas estelares[2]. O dualismo zoroastriano, difundido pelos magos helenizados, estaria na origem da concepção desta beatitude celeste. A imortalidade da alma é um ensinamento comum dos primeiros pitagóricos, mas também poderia ter sido uma influência da doutrina órfica. Platão era fascinado pela unidade universal, pela ordem imutável do cosmo e por sua harmonia. Para ele a alma é imortal e de uma essência espiritual. Em Homero a crença no além-túmulo se caracteriza por um pessimismo inato, ao passo que Hesíodo fala das ilhas dos bem-aventurados nas quais os defuntos vivem em festa. Na crença comum dos gregos, as almas dos mortos descem para o Hades sem esperança de retorno. Estas atravessam o infernal Rio Estige no barco de Caronte, superando as portas guardadas pelo monstruoso cão Cérbero e permanecendo sob a dominação do deus Hades e sua esposa Perséfone. Elas vivem uma vida no Hades que não passa de um pálido reflexo da vida terrestre. O costume queria que o defunto recebesse um óbolo para pagar o barqueiro Caronte e um doce de mel para o cão Cérbero. Entretanto, a tradição das refeições fúnebres contradiz a ideia da alma aprisionada para sempre no Hades. Em Ática, no século VI, as tumbas mais luxuosas eram ornadas com a imagem do defunto idealizado, representado na plenitude de sua força e beleza, como se a morte lhe tivesse conferido uma nova juventude. Em Roma a crença mais antiga admitia que a alma ficava na tumba com o cadáver, razão pela qual a tumba era protegida e venerada a fim de que o defunto ali desfrutasse de uma tranquilidade plena. Sobre os monumentos fúnebres existem símbolos protetores: o leão, o grifo e a medusa. Muitos epitáfios evocam o repouso que o defunto enfim encontrou. Em todas as épocas existiram oferendas alimentares. A alimentação devia ser renovada por libações de água fresca, azeite, leite ou mel. As refeições fúnebres eram realizadas nas proximidades da tumba da família, com a ideia de que o defunto participava do banquete. Uma corrente pitagórica difundiu um simbolismo astral que diz respeito à eternidade

---

2. CUMONT, F. *Lux perpetua*. Paris: Geuthner, 1949 [2. ed.: 1978] [nova ed. organizada por Brochette e A. Motte, Nino Aragno: Roma/Turnhout: Academia Belgica/Brepols, 2009].

feliz. Sob o Império Romano houve também o ritual da apoteose dos imperadores, costume através do qual se buscava divinizar o defunto.

Após este percurso através das religiões pré-históricas e das religiões do Oriente e do Ocidente resta um âmbito específico a ser considerado: a sobrevivência e a imortalidade nos três monoteísmos abraâmicos, nos quais o historiador das religiões é confrontado com uma doutrina revelada, o que significa um novo aporte ligado à hermenêutica teológica. Nestas três religiões nos deparamos com a fé dos crentes num Deus único, autor de uma revelação que guia suas vidas e que está escrita em dois livros sagrados: a Bíblia e o Alcorão. Ambos os livros ensinam uma escatologia específica. Os hebreus acreditavam primitivamente que o defunto residisse em sua tumba, mas a esta visão sobrepôs-se a ideia de uma morada no *sheol*, lugar subterrâneo e escuro. No Antigo Testamento a doutrina da ressurreição aparece tardiamente, em Jó, nos Salmos, em Ezequiel, em Daniel, e de forma mais precisa no Segundo Livro dos Mártires de Israel. No livro da Sabedoria, escrito em grego por volta do ano 50 a.C., encontra-se o vocábulo *aphtarsis*, "imortalidade". No Novo Testamento Jesus afirma que os que entrarem no Reino receberão em troca uma existência de paz e felicidade (Mc 1,15). Em Fl 1,19-26 Paulo afirma sua certeza de estar sempre junto a Cristo. A doutrina do Novo Testamento sobre a imortalidade e sobre a ressurreição dos cristãos nas sendas de Cristo ressuscitado e glorioso funda há vinte séculos a escatologia cristã[3]. Segundo o Alcorão, o anúncio do juízo se encontra no início da pregação de Muhammad e se coloca na perspectiva da ressurreição, que será a reunião da estirpe adâmica. Os crentes serão chamados a deliciar-se no paraíso, enquanto os ímpios serão condenados aos tormentos. A tradição islâmica embelezou e enriqueceu este tema. O termo *yawn*, "dia", aparece 385 vezes no texto do Alcorão, para designar o fim do mundo presente, a ressurreição dos mortos e o juízo final com suas consequências.

Na conclusão dos capítulos deste livro, dedicado à escatologia nas religiões do mundo, constatamos que o *homo religiosus*, da pré-história à nossa época, longamente refletiu sobre o seu destino. Ele inventou uma série impressionante de ritos fúnebres para acompanhar sua crença numa sobrevivência e fez construir sua "cada de eternidade" como o egípcio da era faraônica. O *homo christianus*,

---

3. RATZINGER, J. *Eschatologie, Tod und ewiges Leben*. Regensburg: Pustet, 1977 [2. ed.: 1978; 3. ed.: 2007] [trad. it.: *Escatologia, morte e vita eterna*. Assis: Cittadella, 1979 [5. ed.: 2008].

ancorado em sua fé no Cristo ressuscitado e glorioso, vive na esperança de uma felicidade eterna e da ressurreição no "último dia". Voltando à fé cristã de seus primeiros anos de juventude, o grande historiador das religiões Franz Cumont intitulou seu último livro *Lux perpetua*.

BIBLIOGRAFIA SELETIVA GERAL

Bibliografia

PRIEUR, J. *La mort dans l'antiquité romaine*. Rennes: Ouest-France, 1986; bibliografia: p. 197-201 [trad. it.: *La morte nell'antica Roma*. Gênova: ECIG, 1991].

RATZINGER, J. *Eschatologie, Tod und ewiges Leben*. Regensburg: Pustet, 1978 [trad. it.: *Escatologia, morte e vita eterna*. 5. ed. Assis: Cittadella, 2008; bibliografia: p. 281-296].

VOVELLE, M. *La mort et l'Occident de 1300 à nos jours*. Paris: Gallimard, 1983; bibliografia: p. 763-777 [versão it.: *La morte e l'Occidente dal 1300 ai giorni nostri*. Roma/Bari: Laterza, 1986].

Livros e enciclopédias

ALEXANDRE-BIDON, D. *La mort au Moyen-Âge, XIIIe-XIVe siècle*. Paris: Hachette, 1998.

ALSTER, B. (org.). *Death in Mesopotamia* – Papers read at the 26 – Rencontre assyriologique international. Copenhagen: Akademisk, 1980.

AMIGUES, M. *Le chrétien devant le refus de la mort* – Essai sur la Résurrection. Paris: Cerf, 1981.

ARIES, P. *L'homme devant la mort*. Paris: Seuil, 1977 [trad. it.: *L'uomo e la morte dal Medioevo ad oggi*. Roma/Bari: Laterza, 1980].

_____. *Essais sur l'histoire de la mort en Occident* – Du Moyen-Âge à nos jours. Paris: Seuil, 1975 [trad. it.: *Storia della morte in Occidente*. Milão: Rizzoli, 2006].

BAR, F. *Les routes de l'autre monde* – Descentes aux enfers et voyages dans l'au-delà. Paris: PUF, 1946.

BARBARIN, G. *L'après-mort* – Le grand problème de l'au-delà. Paris: Astra, 1958.

BARGUET,P. (org.). *Textes des sarcophages égyptiens du Moyen Empire*. Paris: Cerf, 1986 [Littératures anciennes du Proche-Orient].

BARGUET, P. (org.). *Le Livre des morts des anciens Égyptiens*. Paris: Cerf, 1967 [Littératures anciennes du Proche-Orient].

BAUWENS, I.S. *Inhumation et crémation* – Les rites funéraires de l'Antiquité à nos jours. Bruxelas: Goemaere, 1891.

BIANU, Z. *Les religions et la mort*. Paris: Ramsay, 1981.

BINANT, P. *La préhistoire de la mort* – Le premières sépultures en Europe. Paris: Errance, 1991.

BONNARD, A.M. & LEDRU, E. *Les rituels de mort dans la Chine ancienne*. Paris: Dervy/Livres, 1986.

BOROS, L. *L'homme et son ultime option* – Mysterium mortis. Mulhouse: Salvator, 1966.

BOURGEOIS, H. *Je crois à la résurrection du corps*. Paris: Desclée de Brouwer, 1981.

BULTMANN, R. & VON RAD, G. et al. *Vie, mort et résurrection*. Genebra/Paris: Labor et Fides [extraído de: KITTEL, G. (org.). *Theologisches Wörterbuch*. Stuttgart: Kohlhammer, 1975-1978].

CHABANIS,C. (org.). *La mort* – Un terme ou un commencement? Paris: Fayard, 1982.

CHAMPDOR, A. *Le livre des morts* – Papyrus d'Ani, de Hunefer, d'Anhai du British Museum. 79 Photographies, 22 Dessing, 2 Planches en Couleurs. Paris: Albin Michel, 1963.

CHAREIRE, I. *La résurrection des morts* – Tout simplement. Paris: l'Atelier, 1999 [trad. it.: *La resurrezione dei morti*. Cinisello Balsamo: San Paolo, 2002].

CHAUNU, P. *La mort à Paris* – 16e, 17e, 18e siècles. Paris: Fayard, 1978.

CHOISY, M. (org.). *La survie après la mort* – Deuxième colloque tenu les 7 et 8 janvier 1967 à la Roche-Dieu. Paris: Labergerie, 1967.

COCHET, J.B.D. *Sépultures gauloises, romaines, franques et normandes*. Paris: Derache, 1857 [reimp. Monfort: Brionne, 1975].

COUTURE, A. *La réincarnation* – Théorie, science ou croyance? Montréal/Paris: Paulines/Mediaspaul, 1992.

_____. *La réincarnation*. Ottawa: Novalis, 1992.

CUMONT, F. *Lux perpetua*. Paris: Geuthner, 1949 [nova ed.: Roma/Turnhout: Academia Belgica/Brepols, 2009].

D'ARC, S.J. *Mort, immortalité, résurrection* – Étude biblique. Paris: Desclée de Brouwer, 1993.

DE MARTINO, E. *Morte e pianto rituale nel mondo antico*. Turim: Einaudi, 1958.

DEROBERT, L. & REICHLEN, H. *Les momies* – Le culte des morts. Prisma: Prisma, s.d.

EKKES, E. *Credenze religiose della Cina antica*. Roma: ISMEO, 1958.

ESNOUL, A.M. *Le jugement des morts* – Égypte ancienne, Assour, Japan, Babylone, Iran, Islam, Chine, Israël. Paris: Seuil, 1961 [Sources orientales].

FREMANTLE, F. & TRUNGPA, C. *Le livre des morts tibétains* – La grande libérations par l'audition pendant le Bardo. 2. ed. Paris: Courrier du Livre, 1975 [trad. it.: *Il libro tibetano dei morti* – La grande liberazione attraverso l'udire nel Bardo del guru Rinpoce secondo Karma Lingpa. Roma: Ubaldini, 1977].

GARDINER, A. *The Attitude of the Ancient Egyptians to Death and the Dead.* Cambridge: Cambridge University Press, 1935.

GNOLI, G. & VERNANT, J.P. (orgs.). *La mort, les morts dans les sociétés anciennes.* Paris/Cambridge: Maison des Sciences de l'Homme/Cambridge University Press, 1977.

GODIN, A. *Mort et présence* – Étude de psychologie. Bruxelas: Lumen Vitae, 1971.

GOYON,J.-C. (org.). *Rituels funéraires de l'ancienne Égypte* – Le rituel de l'embaumement, le rituel de l'ouverture de la bouche, les livres des respirations. Paris: Cerf, 1972 [Littératures anciennes du Proche-Orient].

GREGOIRE, F. *L'au-delà.* Paris: PUF, 1977.

GRELOT, P. *De la mort à la vie éternelle* – Études de théologie biblique. Paris: Cerf, 1971 [trad. it.: *Dalla morte alla vita* – Studi di teologia biblica. Turim: Marietti, 1975].

GRENET, F. *Les pratiques funéraires de l'Asie Centrale sédentaire, de la conquête grecque à l'islamisation.* Paris: CNRS, 1984.

GRESHAKE, G. & KREMER, J. *Resurrectio mortuorum* – Zum theologischen Verständnis der leiblichen Auferstehung. Darmstadt: Wissenschaftliche, 1986.

GUARDINI, R. *Die letzten Dinge* – Die christliche Lehre vom Tode, der Läuterung nach dem Tode, Auferstehung: Gericht und Ewigkeit. 4. ed. Würzburg: Werkbund, 1952 [trad. it.: *Le cose ultime –La dottrina cristiana sulla morte, la purificazione dopo la morte, la resurrezione, il giudizio e l'eternità.* 2. ed. Milão: Vita e pensiero, 1997].

HINARD, F. & LAMBERT, M.F. (org.). *La mort au quotidien dans le monde romain* – Actes du Colloque organisé par l'Université de Paris 4. (Paris-Sorbonne 7-9 octobre 1993). Paris: De Boccard, 1995.

HUBAUT, M. *La vie au-delà de la vie* – Un autre regard sur la mort. Paris: Desclée de Brouwer, 1994 [trad. it.: *L'aldilà* – Rappresentazioni attese e fede cristiana. Cinisello Balsamo: San Paolo, 1996].

HULIN, M. *La fece cachée du temps* – L'imaginaire de l'au-delà. Paris: Fayard, 1985.

JANKÉLEVITCH, V. *La mort.* Paris: Flammarion, 1977 [trad. it.: *La morte.* Turim: Einaudi, 2009].

JOUAN,F. (org.). *Mort et fécondité dans les mythologies* – Actes du Colloque de Poitiers, 13-14 mai 1983. Paris: Les Belles Lettres, 1986.

KLIMKEIT, H.-J. (org.). *Tod und Jenseits im Glauben der Völker.* Wiesbaden: Harrassowitz, 1978.

KOLPAKTCHY, G. *Livre des morts des anciens Égyptiens.* Paris: Stock, 1978.

KÖNIG, F. *Zarathustras Jenseitsvorstellungen und das Alte Testament*. Friburgo/Basileia/Viena: Herder, 1964.

KRAMER, K. *The Sacred Art of Dying* – How World Religions understand Death. Nova York: Paulist, 1988.

LE GOFF, J. *La naissance du purgatoire*. Paris: Gallimard, 1981 [trad. bras.: *O nascimento do purgatório*. Petrópolis: Vozes, 2017].

LEMAITRE, S. *Le mystère de la mort dans les religions de l'Asie*. Paris: PUF, 1943 [Mythes et religions].

LEONARD, A.M. *La mort et son au-delà* – Perspectives chrétiennes. Paris: la Renaissance, 2004.

LEPP, I. *La mort et ses mystères* – Approches psychanalytiques. Paris: Grasset, 1966.

MARCEL, G. *Présence et immortalité*. Paris: Flammarion, 1959 [trad. it.: *Presenza e immortalità*. Milão: Bompiani, 2011].

MARTELET, J. *L'au-delà retrouvé* – christologie des fins dernières. Paris: Desclée de Brouwer, 1974 [trad. it.: *L'aldilà ritrovato* – Una cristologia dei novissimi. Bréscia: Queriniana, 1977].

_____. *Résurrection, eucharistie et genèse de l'homme*. Paris: Desclée de Brouwer, 1972 [trad. it.: *Genesi dell'uomo nuovo* – Vie teologiche per un rinnovamento cristiano. Bréscia: Queriniana, 1976].

MESSORI, V. *Scommessa sulla morte*. Turim: SEI, 1984.

MINOIS, J. *Histoire de l'enfer*. Paris: PUF, 1994 [trad. it.: *Piccola storia dell'inferno*. Bolonha: Il Mulino, 1995].

MOHEN, J. *Les rites de l'au-delà*. Paris: Odile Jacob, 1996.

MORIN, E. *L'homme et la mort*. Paris: Seuil, 1970 [trad. it.: *L'uomo e la morte*. Roma: Meltemi, 2002].

MOSSAY, J. *La mort et l'au-delà dans Saint Grégoire de Nazianze*. Lovaina: Publications Universitaires, 1966.

MOTTE, A. *Prairies et jardins dans la Grèce antique* – De la religion à la philosophie. Bruxelas: Académie Royale de Belgique, 1973.

NATHAN,T. (org.). *Rituels de deuil, travail du deuil*. Grenoble: La Pensée Sauvage, 1988.

NÖTSCHER, F. *Altorientalischer und alttestamentlicher Auferstehungsglauben*. Darmstadt: Wissenschaftliche Buchgesellschaft, 1980.

PARROT, A. *Malédictions et violations des tombes*. Paris: Geuthner, 1939.

_____. *Le "Refrigerium" dans l'au-delà*. Paris: Leroux, 1937.

PHILIBERT, M. *Mort et immortalité* – De la préhistoire au Moyen-Âge. Paris: du Rocher, 2002.

PRIEUR, J. *Le mystère des retours éternels* – Réincarnation: un problème ouvert. Paris: Robert Laffont, 1994.

_____. *La mort dans l'antiquité romaine*. Rennes: Ouest-France, 1986 [trad. it.: *La morte nell'antica Roma*. Gênova: ECIG, 1991].

RAGON, M. *L'espace de la mort* – Essai sur l'architecture, la décoration et l'urbanisme funéraires. Paris: Albin Michel, 1981 [trad. it.: *Lo spazio della morte* – Saggio sull'architettura, la decorazione e l'urbanistica funeraria. Nápoles: Guida, 1986].

RATZINGER, J. *Eschatologie, Tod und ewiges Leben*. Regensburg: Pustet, 1978 [trad. it.: *Escatologia, morte e vita eterna*. 5. ed. Assis: Cittadella, 2008].

RIES, J. "Immortality". In: ELIADE, M. (org.). *Encyclopedia of Religion*. Vol. VII. Nova York: Macmillan, 1987, p. 123-145.

_____.(org.). *La mort selon la Bible, dans l'Antiquité classique et selon le Manichéisme*. Louvain-la-Neuve: Centre d'Histoire des Religions, 1983 [Cerfaux-Lefort, 5].

ROGUET, A.M. (org.). *Le mystère de la mort et sa célébration*. Paris: Cerf, 1956.

ROHDE, E. *Psyché* – Le culte de l'âme chez les Grecs et leur croyance à l'immortalité. Paris: Payot, 1928.

ROUX, J.P. *La mort chez les peuples altaïques anciens et médiévaux*. Paris: Maisonneuve, 1963.

SCHELER, M. *Tod und Fortleben*. Munique, 1933 [trad. it.: *Morte e sopravvivenza*. Bréscia: Morcelliana, 2012].

SIEMONS, J.L. *Réincarnation* – Des preuves aux certitudes. Paris: Retz-poche, 1982.

STEPHENSON, G. (org.). *Leben und Tod in den Religionen* – Symbol und Wirklichkeit. Darmstadt: Wissenschaftliche Buchgesellschaft, 1980.

SULLIVAN, L.E. (org.). *Death, Afterlife and the Soul* – Selection from The Encyclopedia of Religion. Nova York: Macmillan, 1989.

THÉODORIDÈS, A.; NASTER, P. & RIES J. (orgs.).*Vie et survie dans les civilisations orientales*. Lovaina: Peeters, 1983.

THOMAS, L.V. *La mort africaine* – Idéologie funéraire en Afrique noire. Paris: Payot, 1982.

_____. *Rites de mort* – Pour la paix des vivants. Paris: Fayard, 1985.

_____. *Anthropologie de la mort*. Paris: Payot, 1980 [trad. it.: *Antropologia della morte*. Milão: Garzanti, 1976].

THOMAS, L.V.; SEVRIN, J.M. et al. *Réincarnation, immortalité, résurrection*. Bruxelas: Publications des Facultés Universitaires St. Louis, 1988.

TOURNIAC, J. *Vie posthume et résurrection dans le judéo-christianisme*. Paris: Dervy-Livres, 1983.

TROISFONTAINES, R. *Je ne meurs pas*...Paris: Éditions Universitaires, 1960 [trad. it.: *Non morrò*... Roma: Paoline, 1963].

URBAIN, J.D. *L'archipel des morts* – Le sentiment de la mort et les dérives de la mémoire dans les cimetières d'Occident. Paris: Plon, 1989.

VAN EIJK, T.H.C. *La résurrection des morts chez les Pères Apostoliques*. Paris: Beauchesne, 1974.

VERNETTE, J. *Réincarnation, résurrection* – Communiquer avec l'au-delà. Les mystères de la vie après la vie. Mulhouse: Salvator, 1988 [trad. it.: *Reincarnazione, risurrezione* – Comunicare con l'aldilà. I misteri della vita dopo la vita. Leumann: Elle Di Ci, 1991].

VOVELLE, M. *La mort et l'Occident de 1300 à nos jours*. Paris: Gallimard, 1983; bibliografia: p. 763-777 [trad. it.: *La morte e l'Occidente dal 1300 ai giorni nostri*. Roma/Bari: Laterza, 1986].

ÍNDICE DOS NOMES E DOS PRINCIPAIS LUGARES

Aborígenes 35
Abrahamsson, H. 34
Acadianos 120
Adão 295, 315, 322, 345
Æsir, deuses escandinavos 82
África 29-30, 45, 187
  Negra 31
  subsaariana 29, 32-34
Afrodite 211, 276
Agni, deus indiano 147-150, 155, 159, 366
Agostinho de Hipona, santo 233, 297,
  300, 344, 349, 359
Ahura Mazdā, deus iraniano 8, 11-12,
  130-140, 239, 366
Alá 320, 323-326
Alberta 41
Alcmeão 242
Alexandre Magno 102
Alexandre-Didon, D. 102
Alexandria 102, 244
Alfaric, P. 229n.
Algonquinos 41-42
Allara, A. 278n.
Allberry, C.R.C. 230n., 233n., 235
Alster, B. 371
Amazônia 41
Ambrósio, santo 299, 341, 344
Amenófis IV, faraó egípcio 113
Ameretāt, entidade divina zoroastriana 12,
  59, 130, 133, 136-137
América 45, 180
  Ártica 46

Central 48
Meridional 40-41
Setentrional 39
Amesha Spenta, entidades divinas
  zoroastrianas 130, 137
Amigues, M. 371
Amitabha Buddha (Amida no Japão)
  176-179, 200-203
Amósis I, faraó egípcio 102, 113
An, deus sumério 120
Anati, E. 26n., 51n., 53, 103
Anatólia 7, 24, 58
Andes 41, 51
Angra Mainyu, divindade zoroastriana 130
Antilhas 41
Antíoco IV Epifânio 313, 316
Antoine, R. 161
Anton, F. 52
Antônio Pio, imperador 280
Anúbis, deus egípcio 107, 116
Apolo 68, 211-212, 248, 267, 276
Aquemênidas 240
Aranda ou Arunta 35
Argélia 218
Arianos 57-58, 145-146
Aristóteles 7-8, 212, 336, 354-355
Arkoun, M. 327
Armênia 344
Armogathe, J.-R. 317
Arnold, P. 52
Arnou, R. 259
Arrighetti, G. 226

Aruru, deusa suméria 121
Arvon, H. 181
Asé 33
Ásia 45-46, 58, 187
Ásia Menor 61, 63-64, 67, 240, 263, 303, 342, 364
Assmann, J. 118
Astecas 48-49
Atenas 205, 246, 248, 258, 265, 339
Áton, deus egípcio 113
Augusto, imperador 277, 280
Austrália 29, 35, 45
Autun, Catedral de 298
Aynard, J.-M, 126

Baal, divindade fenícia 296
Babilônia 121, 210, 228, 288, 343
Baetke, W. 79n., 95
Balthasar, H.U. von 287, 319
Bambaras, povos do Mali 31
Bantus 30-31
Bapat, P. 181
Bar, F. 371
Barbarin, G. 371
Bardy, G. 299n.
Bareau, A. 165, 181-183
Barguet, P. 113-114n., 116n., 118, 371
Barucq, A. 118
Basileia 354, 360
Basilídes 341
Basílio de Cesareia, santo 341
Bastian, B. 357n.
Bastide, R. 42
Bausani, A. 327-328
Bauwens, I.S. 371
Beltrán, A. 52
Benares 164
Benedict, R.F. 42
Benin 33
Bento XII, papa 312-313

Bento XVI, papa 304n.
Benzi, M. 42
Bergeron, R. 356n.
Bergui, I. 282
Berndt, C.H. 37
Berndt, R.M. 23
Bertuccioli, G. 205
Berval, R. de 181
Besant, A. 354
Bianchi, U. 210n., 227, 269, 271
Bianu, Z. 328, 372
Biardeau, M. 161
Biblos 25
Bienzais, H. 85-86n., 91n., 97
Bilde, P. 230-231n., 235n.
Binant, P. 18, 20-22, 372
Bizâncio 272
Blanc, P. 177
Blásquez, J.M. 65
Blavatsky, H. 354
Bloch, R. 62, 62n., 272n., 279n., 281
Bobo 30
Böhme, R. 226
Bolívia 51
Bombay 133n.
Bonnard, A.M. 205, 372
Borgeaud, P. 227
Boros, L. 319, 372
Bottéro, J. 120-121n., 122, 124, 125-126n., 127-128, 129n.
Bouchard, A. 356n.
Boucher, T. 87-88n.
Boudouris, I. 246
Boulogne, J. 269
Bourgeois, H. 287, 293n., 297n., 301n., 308n., 319, 372
Boyancé P. 269, 281
Bouyer, L. 303n.
Boyer, R. 79-81, 91-93, 96
Bréal, M. 57

Brekilien, Y. 72n.
Brelich, A. 271
Bremmer, J.N. 246
Breuil, H. 52
Briend, J. 227, 291n., 295-296n., 299n.
Brun, J. 259
Buchholz, P. 96
Buda 145, 157, 164-171, 179-180, 200-201, 204, 335-336, 355, 366
Buffière, F. 257
Bührmann, M.V. 34
Bukowski, L. 349n., 350
Bultmann, R. 372
Bureau, R. 34
Burkert, W. 227
Burkina Faso 30, 32
Burr, A.H. 41-42

Cagni, L. 128
Cairo (o) 106
Calmette, J. 57
Camarões 33
Campanile, E. 75, 97
Camporeale, G. 63
Camps, G. 18-19, 20n., 22n., 52, 288
Camunos 7
Canadá 41
Canet, L. 239n.
Capelle, W. 95
Carcopino, J. 245
Carpócrates 340-342, 347
Cassin, E. 128
Castellani, G. 63n., 75, 97, 128, 205, 207, 271, 282
Castiau, C. 336n.
Çatalhöyük (Turquia) 24-26
Catão, o uticense 274
Cáucaso 58, 146
Cauvin, J. 18n., 23, 24n., 25, 52
Cavin, A. 197n., 199, 205

Celtas 58, 60, 66-69, 71-72, 364
Celtiberos 66
Cerminara, G. 361
Cerri, G. 261n., 271
César 67-70, 76-77, 279-280
Chabanis, C. 372
Chadwick, N.K. 74
Chains, J. 296n.
Chaix-Ruy, H. 259
Chamoux, F. 262n., 267n., 269n., 270
Champdor, A. 107n., 114n., 116, 372
Chareire, I. 372
Charlieu (local na França) 300
Chatelet, F. 259
Chaunu, P. 372
Cheng, A. 205
Cheremises (povos russos do Rio Volga) 44
China 173-175, 184-185 187, 194-197, 200-207, 366-367
Choctaw 40
Choisy, M. 328, 372
Cibele, deusa frígia 266
Cícero 274, 277, 279n.
Cipriano 309
Cirillo, L. 229n.
Cirilo de Jerusalém, santo 344
Cláudio, imperador 280
Clemen, C. 95, 141
Clemente de Alexandria 212, 214, 218, 299, 309, 336, 341-342
Cocagnac, A.M. 300n.
Cochet, J.B.D. 74, 372
Colpe, C. 133n.
Colúmbia Britânica 40
Cômodo, imperador 280n.
Comte, A. 9
Confúcio 186, 190, 197-199, 367
Congo 30
Conques 298
Constantino, imperador 272

Constantinopla 340, 348

Conze, E. 183

Coppens, Y. 18n., 23, 25n.

Corbin, H. 325, 327-328

Core 266

Cornu, P. 180n., 181, 203n.

Cosi, D.M. 227, 271

Cothenet, E. 296n., 299

Coutau-Bégarie, H. 58n., 273

Couture, A. 358-359, 361, 372

Creta 214, 219, 221-223, 265, 337

Crono 213-214, 264

Crotona 241, 338

Culmann, O. 286

Cumont, F. 239-240, 243n., 245-246, 255, 262-266, 270, 275, 276n., 279n., 281, 339, 368, 370, 372

Dagai 30

Dagda, deus irlandês 68, 73

Dalai Lama 175, 180

Damáscio 215

Dammann, E. 34

Daniel 290, 313, 316, 333, 345, 369

Dante 300

Danúbio 26, 76, 91

D'Arc, S.J. 372

Darmesteter, J. 138, 140

Daumas, F. 9n., 118

Decret, E. 229n.

Defleur, A. 18, 19n.

Delahoutre, M. 180n.

Delatte, A. 244, 246

Delaware, tribo Americana 42

D'Elia, P.M. 205

Delumeau, J. 270

De Martino, E. 271, 372

Deméter 265-266, 276

Demiéville, P. 206

Derchain, P. 110n.

Derobert, L. 372

Derolez, R.L.M. 97

Derveni, Macedônia 213-214, 226-227

Detienne, M. 215, 217-218, 226

Dhorme, P. 128

Di Nola, A.M. 268n., 271

Dickstader, F. 52

Dídimo 309

Dies, A. 259

Dieterlen, G. 34

Dillon, M. 74

Dinamarca 76-77

Diodoro de Tarso 309

Diodoro Sículo 68, 70-71, 212, 214

Diógenes Laércio 245

Dião Cassio 280

Dioniso 211-216, 218, 224, 243, 266, 276, 337, 367

Disertori, B. 259

Dísir, deusas germânicas 79

Dixsaut, M. 259

Djoser, faraó egípcio 102, 110

Dodd, C.H. 285

Do-Dinh, P. 199

Donadoni, S. 109n., 118

Doneux, J. 35

D'Onzo Chiodo, M. 183

Drioton, E. 12n.

Droulot, P. 361

Duchesne-Guillemin, J. 129n., 132, 137, 138n., 140-141

Ducos, A. 281

Dumézil, G. 7, 58, 59n., 61, 62n., 68, 75, 77-78, 82-83, 84n., 97, 130, 147, 162, 272-275, 281

Dumont, L. 162

Dumoulin, H. 181

Dunhuang 200-201

Dunstheimer, G.H. 206

Duval, P.M. 74

Duverger, C. 52

Ebeling, E. 127n.

Edsman, M.C. 162

Efrém, santo 298, 344

Egípcios 8-9, 71, 101, 103-105, 109-110, 113, 117, 224

Egito 9, 11, 101-106, 110, 115-118, 127, 175, 202, 212, 221, 248, 266, 268, 288-289, 294, 303, 325, 334, 341, 349, 365-366

Ehrhard, A. 96

Eichhorn, W. 195

Eliade, M. 35-37, 46-47, 52, 119, 121-122, 127, 141, 159-162, 172, 182, 187n., 190n., 191, 195, 206, 212, 214n., 220, 225-226, 256, 261n., 270, 281, 375

Elias 341, 348

Elkin, A.P. 36n., 37

El-Saleh, S. 328

Empédocles 220, 340

Encausse, G. (Papus) 360

Enki, deus sumério 120

Enlil, deus sumério 120

Epifânio de Salamina, santo 298, 344

Epiteto, filósofo 277

Equador 51

Erbman E. 162

Erkes, E. 206

Escandinávia 76, 78, 82-84, 91, 96

Escandinavos 60, 76-77, 79, 82, 84, 87, 94-96, 364

Eschliman, J.P. 34

Escócia 67, 71

Esnoul, A.M. 161, 372

Espanha 20, 66-67

Esparta 268

Ésquilo 116, 212, 336

Esquimó 40-41

Estrabão 69, 76, 212

Étiemble, R. 199, 206

Etrúria 62

Etruscos 60-61, 63, 66-67, 263, 272-273, 364

Eudemo de Rodes 213

Eufrates 23-24, 113, 120

Eurípedes 212, 217, 223, 261, 336

Europa 7, 18, 26, 43, 58, 66-67, 76, 180, 202, 272, 354, 364

Evágrio Pôntico 309

Evans-Wentz, W.Y. 177

Ezequiel 289-290, 369

Fahd, T. 327

Fali, etnia 33

Falkenberg, J. 37

Falkenstein, A. 128

Fanes, deus órfico 213-214, 219, 225

Fang, povo 33

Faron, L.C. 42

Faure, P. 20-21

Fausto de Milevo 344

Fenícios 289

Ferécides de Siro 220, 241

Ferguson, M. 352, 356

Ferretti, G. 277n., 282

Festugière, A.-J. 224, 259, 270

Filippani Ronconi, P. 183

Filliozat, J. 146

Fílon de Alexandria 291n., 334

Filoramo G. 65, 75, 97, 118, 128, 141, 163, 183, 205-206, 328

Finlandeses 44

Fírmico Materno 214

Fischer, H. 102n.

Fluck, C. 235

Flügel, G. 229-230n., 235

Fócio, santo 344

Fortin, A. 355n.

Fourier, C. 354

Fra Angélico (João de Fiesole) 298

França 19-23, 66, 298, 354, 360
Frank-Duquesne, A. 317n.
Fravashi, essências espirituais zoroastrianas 137, 240
Frazer, J. 57
Frédéric, L.
Fremantle, F. 177, 181n., 372
Froelich, J.-C. 34
Frola, E. 183
Fustel de Coulanges, N.D. 10

Gabão 33
Gabrieli, F. 327
Gales 71
Gália 66-67, 71
Galletier, E. 281
Ganges 145
Gardet, L. 321-322n., 327-328
Gardiner, A. 373
Gauleses 66-68, 70
Germânia 66, 76-78, 81, 83-84, 87, 91, 94-95, 364
Germânicos 60, 76, 80-84, 89, 94, 96, 364
Gillen, F.J. 35
Gimbutas, M. 26, 52, 363
Giotto 298
Gira, D. 182
Girard, R. 42, 52
Gizé 105, 110-111
Glasenapp, H. von 162
Gnoli, G. 125n., 128, 137n., 141, 266, 270, 373
Gobry, I. 241, 244, 246
Godin, A. 373
Goldschmidt, V. 259
Gonda, J. 162
Goody, J. 34
Goossens, W. 291n.
Gore, M. 54
Górgias 249

Goyon, J.-C. 119
Graziosi, P. 52
Grécia 62, 67-68, 218, 225, 239, 241, 243, 246, 248, 262, 265-266, 276-278, 294, 320, 339, 350, 367
Grégoire F. 373
Gregório de Nissa, santo 309, 341, 349
Gregório Nazianzeno, santo 341, 349
Gregos 8-9, 50, 61, 66, 68, 71, 76, 86, 89, 210, 213, 265, 272-274, 279, 301, 309, 334, 340, 368
Grelot, P. 287, 289n., 291n., 373
Grenet, F. 373
Grenier, A. 74, 281
Greshake, G. 373
Grimal, P. 272n., 362
Grimm, G. 182
Groot, J. de 195
Grousset, R. 199
Guardini, R. 373
Guatemala 50
Guénon, R. 352
Guidi, M. 327
Guthrie, W.K.C. 217n., 221, 223, 226, 270

Hagen, V.W. von 54
Hamadan (Irã) 210
Hamayon, R. 46
Hamman, A.G. 350
Hapi, deus egípcio 103
Harappa 7
Harpigny, G. 327-328
Haurvatãt, entidade divina zoroastriana 59, 130, 133, 136-137
Hebreus 101, 137, 289, 369
Heissig, W. 177, 182
Heliópolis 104, 110-112, 116
Hentze, C. 196
Heráclides Lembo 243
Heráclito 240, 243, 249

382

Hércules 68
Hermópolis 104
Heródoto 63, 212, 217, 336
Herz, P. 281
Hesíodo 213-214, 217, 219, 225, 260-261, 264, 268, 350, 368
Hiérocles 244-245, 247
Hinard, F. 278n., 281, 373
Hipólito 342-343
Hititas 58, 60-61, 63-64, 364
Hoffmann, P. 306n.
Holmberg-Harva, U. 44
Homero 212, 214, 219, 225, 260-261, 266, 268, 276, 350, 368
Honduras 50
Hornung, E. 119
Hopfner, T. 119
Hórus, deus egípcio 103, 107, 112
Howitt, A.W. 37
Hubaut, M. 373
Huitzilopochtli, deus asteca 48
Hulin, M. 373
Hultkrantz, A. 39-40, 42, 45
Humbach, H. 129n.
Hussein, S.K. 328
Hyksos, povos asiáticos 102, 113

Iacutos, povos 43
Ibn al-Nadim 229
Ienissei (Eniseij, rio) 43
Ilchmann, U. 282
Inácio de Antioquia 303
Incas 48, 51
Índia 57-58, 60, 71, 74, 83, 86, 91, 129-130, 133, 146, 148-149, 151, 154-155, 157, 160, 162, 164, 168-169, 173-174, 176, 178, 194, 200, 202-203, 220, 233, 263, 294, 335-336, 338-339, 349, 354-355, 360, 366
Índios 41

Índios das Américas (ameríndios) 41
Indo, (vale do) 7, 146
Indo-europeus 6, 55, 58-60, 78, 94, 130, 168, 364
Indra, deus indiano 59, 82, 147, 150-151
Insler, S. 129n., 141
Introvigne, M. 357n.
Irã 11, 58, 129, 133, 176, 320, 339, 366
Iraque 19, 120
Irineu de Lyon, santo 303, 341, 346-347
Irlanda 66-67, 71-73, 364
Iroqueses 41
Isaías 64, 294, 297
Ishtar, deusa babilônica 122-124
Ísis 106-108, 111, 266
Islândia 77, 89
Israel 285, 289-290, 296, 313, 345, 369
Itália 67-68, 210, 214, 219, 221-222, 240-241, 243, 248, 262-263, 276, 337-338, 367
Italiotas 58
Iuracchi, povos 43

Jacobsen, J.P. 277n., 281
Jackson, A.V.W. 235
James, E.O. 52
James, M.F. 353n.
Jankélevitch, V. 373
Japão 46, 169-170, 200, 202-204
Jaubert, J. 18
Javé 64, 289-290
Jean, C.-F. 121n., 127n., 128
Jeanmaire, H. 215n.
Jeremias, J. 295
Jericó 24
Jerônimo, santo 298, 340-341, 348
Jerusalém 231, 295-296, 310, 316-317
Jesse, D.J. 52
Jestin, R. 128
Jesus Cristo 306, 308, 318, 350

Jettmar, K. 45
Jivaros, povos 40-41
Jó 289, 313, 369
João Batista 293, 296, 341, 348
João Crisóstomo 299, 341, 344
João da Cruz, santo 309
João Evangelista 296
João Paulo II, papa 310
Jobbe-Duvall, E. 281
Jomier, J. 328
Jones, W. 57
Jouan, F. 373
Judas Macabeu 290
Jung. C.G. 363n.
Junker, H. 102
Juno 68
Júpiter 68, 82, 240
Justino, santo 298, 340, 347
Juvenal 275

Kahn, J.F. 247
Kalisky, R. 328
Kaltenmark, M. 196, 206
Kant, I. 9
Kardec, A. 352, 354, 360
Karnak, templo 113
Karsten, R. 52
Kasserl, R. 231n., 235
Kees, H. 109n., 117n., 119
Kellens, J. 133n., 137n., 141
Keller, C.A. 350, 356n., 358, 362
Kerényi, K. 226
Kern, O. 222n., 226, 270
Kestemont, G. 63-64
Khsathra, entidade divina zoroastriana 130
Kittel, G. 293n., 372
Klimkeit, H.-J. 123n., 329
Koenen, L. 228n.
Kolm, S.C. 182
Kolpaktchy, G. 114n., 373

König, F. 78n., 131n., 134, 135n., 136-139, 141, 373
Kramer, K. 374
Kramer, S.N. 120-121, 128
Kremer, J. 373
Krickeberg, W. 42, 53
Krishna, deus indiano 145-146, 157-159, 335
Krishnamurti, J. 354
Kubaba, deusa néo-hitita 64
Kucharski, P. 259
Kwakiutl, povos 40

La Chapelle-aux-Saints 19
La Ferrassie 19
Labat, R. 122n., 128
Lacombe, O. 161
Lactâncio 341, 349
Lagrange, M.J. 213-215n., 218, 221n., 222, 223n., 224, 226, 264, 265n., 338n.
Laks, A. 227
Lambert, M.F. 278, 281, 373
Laming Emperaire, A. 53
Lamotte, E. 172, 182
Lanciotti, L. 206
Lantier, R. 52
Lao-Tsé 186, 190-191
Larousse, P. 354
Larre, C. 186
Latte, K. 281
Le Cour, P. 352n., 353
Le Goff, J. 287, 301n., 374
Le Mas-d'Azil (Pirineus) 22
Le Roux, F. 73n., 74-75
Ledru, E. 372
Lehmann, H. 50
Lemaitre, S. 374
Léonard, A.M. 304, 311-312, 314-316, 318
Lepenski Vir (local arqueológico na Sérvia) 26-27, 53

Lepp, I. 374
Leroi-Gourhan, A. 19, 23n., 53
Lessing, G.E. 354, 359
Letica, Z. 26n.
Lévi, E. 352, 360
Lévi-Strauss, C. 217
Licópolis 103
Liége (Bélgica) 46
Limet, H. 46n., 258n.
Littré E. 10
Loicq, J. 59, 75
Lommel, H. 137
Lot-Falck, E. 92, 93n., 96
Louvain-la-Neuve 46, 77n., 79n., 111n.,
   115n., 122, 137, 141, 162, 173, 182,
   229, 235, 258, 311
Louvel, F. 303n.
Lubac, H. de 181-182, 202n.
Lucano, escritos antigos 70
Lucas, evangelista 295-296, 312
Lucrécio 276
Lug, deus irlandês 68
Lugalzagesi, rei sumério 121
Luneau, R. 35
Luxor 103

Maat, deusa egípcia 114-118
MacLaine, S. 352n.
Madison, G.B. 212n., 226
Maggiani, A. 65
Magna Grecia 243, 248, 266, 367
Magnin, P. 202n., 206
Maia, civilização 48, 50
Malamoud, C. 163, 362
Mali 32
Mâneton 101, 103
Mani 129n., 140-141, 156, 161, 185, 210,
   228-231, 273, 277, 343-344, 355
Manno, A. 259
Marcel, G. 374

Marcião 341
Marco Aurélio, imperador 275, 277
Marcos, evangelista 296, 308
Marduk, deus mesopotâmico 121
Maria Madalena 314
Maria Virgem 298, 315
Markale, J. 72n., 74-75
Marselha 76
Marte 82-84, 240, 280
Martelet, G. 287, 301n., 319, 374
Marut, divindade indiana 147
Masaracchia, A. 227
Maspero, H. 188, 190, 194n., 196, 199,
   206
Massignon, L. 324, 327
Masson, D. 329
Masson, J. 182
Masson, M. 206
Mastrelli, C.A. 96-97
Mateus, evangelista 296, 313, 316, 340
Matt, J.J. 282
Mattei, J.F. 247
McLain, F. 361
McWilliam Dewart, J.E. 350
Media, Babilônia 210, 228, 288, 343
Medinet Madi, Egito 229
Mediterrâneo 58
Mellaart, J. 53
Mêncio 186, 198
Menés, faraó egípcio 102-103
Mênfis 104, 110
Mercúrio 68, 240
Mesopotâmia 7, 120, 122-123, 126-127,
   240, 288, 294, 344, 349, 365
Messori, V. 374
Métraux, A. 53
Meunier, M. 244n.
México 42, 48, 50, 53
Meyer, B. 227
Miguel, santo 298

Mikkelsen, G.B. 235
Minerva 68
Minois, J. 271, 374
Mississipi 41
Mitra/Mithra, deus indiano 82, 130
Mitsogho 33
Mohen, J. 374
Mohenjo-daro 7, 146
Moissac 300
Molé, M. 135, 141n.
Mondesert, C. 303n.
Montana 41
Monte Carmelo 18
Morenz, S. 119n.
Morgan, J. de 23
Morin, E. 358-359, 374
Mortier, R. 54
Moscati, S. 75
Mossay, J. 374
Most, G.W. 227
Motte, A. 239n., 242, 243n., 258, 266, 269, 270, 280, 282, 368n., 374
Moubarac, Y. 328
Moulinier, L. 227
Mpongwé 33
Much, R. 96
Muhammad, profeta 286, 320, 323, 325, 328, 369
Müller, D. 361
Müller, W. 42, 53
Müller-Karpe, H. 53
Mundurucu 40
Murti, T.R.V. 183
Mussner, F. 53

Nag Hammadi (Egito) 341
Nagel, T. 329
Nápoles 227
Narrou, H.I. 282
Nāsatya (Ašvin), deuses indianos 59, 82, 130, 147

Naster, P. 63n., 290n., 327n., 328, 375
Nathan, T. 270, 374
Nazaré 18, 288
Neandertal 18-19, 288, 363
Néftis, deusa egípcia 106-107
Nemésio de Esmirna 349
Neo-hititas 58, 60-61, 63-64, 364
Nepal 164
Neuner, J. 161
Nevermann, H. 37
Nilo 101-105, 107, 109, 365
Nilsson, M.P. 227, 269n.
Norbeck, E. 52
Norden, E. 96
Norne, deusas germânicas 79
Noruega 77
Nötscher, F. 374
Nougayrol, J. 128
Novo México 41
Noja, S. 328
Numênio de Apameia 243
Nyberg, H.S. 135, 139, 142

Odin, deus germânico 68, 82-83, 85, 90-92, 94, 365
Ojibway 40
Oldenberg, H. 183
Olimpo, monte 224, 266
Orfeu 211-213, 216, 218, 225, 264, 337, 367
Oriente Próximo 71, 174, 255n.
Orígenes 299, 309, 340, 348
Orinoco 40
Osíris, deus egípcio 106-107, 111-113, 115, 117-118, 175, 202, 223-224, 288, 365
Ostíacos 43
Ovídio 275, 334

Pacal, rei maia 50
Pachacamac, deus inca 51

Pachamama, deusa inca 51
Padmasambhava, missionário budista 173
Paduano Faedo, L. 282
Panaino, A. 142
Panamuwa I, rei neo-hitita 64
Papia, bispo 303
Parmênides 249
Parrot, A. 374
Passi, A. 183
Paulo, santo 292, 294-296, 307-308, 310-312, 314-318, 345, 346, 350, 369
Paulson, I. 45
Pausânias 212, 240
Pedro de Sicília 344
Pedro, santo 313-314, 317-318
Pelletier, P. 356n.
Pelliot, P. 200
Pensa, C. 183
Pépin, J. 227, 339n.
Perls, H. 259
Perrin, M. 349
Persas 263
Perséfone 63, 222-224, 265, 269, 276, 336-337, 368
Peru 51
Pétit, P. 272n.
Pétrement, S. 210n.
Petri, H. 37
Peuckert, W.E. 91
Pezzali, A. 183
Pfiffig, A.J. 65
Philip. J.A. 247
Piano, S. 163
Piantelli, M. 163
Píndaro 212, 220, 256, 264, 336
Piolanti, A. 319
Pirart, E. 133n.
Pirenne, J. 111
Pisani, V. 75
Pitágoras 240-246, 248-249, 255n., 268, 337-340, 348, 368

Píteas 76
Places, E. de 258
Platão 210, 212, 213n., 214-215, 217-221, 225-226, 240, 242, 245, 248-259, 263, 290, 334, 336, 339-340, 344, 348, 368
Plínio, o velho 77, 274n., 275-277
Plotino 344
Plutão 224, 262, 274
Plutarco 219, 243
Pó 66
Poirier, P.H. 346n.
Polotsky, H.J. 231, 235n.
Pompeia 218
Pompônio Mela 70-71
Porfírio 344
Poupard, P. 34, 37, 50, 59, 75, 97, 162, 180n., 182, 210n., 228-229n., 243n., 258n., 266n., 270, 277n.
Pozo, C. 319
Prajapati, deus indiano 151-152
Preissler, H. 232-233n., 236
Prieur, J. 335n., 350, 371, 375
Proclo 213-215
Protágoras 249
Pruhm, K. 227
Ptah, deus egípcio 104
Puech, H.C. 62n., 65, 74n., 75, 97, 128, 182, 206, 229n., 235, 267n., 271, 279n., 281

Qafzeh (Israel) 18, 288, 363
Quetzalcoatl, deus asteca 48-49

Ra, deus egípcio 104, 107, 110-112, 114-115, 117-118, 365
Rad, G. von 372
Radcliffe-Brown, A.R. 37
Ragon, M. 375
Rahner, K. 287, 319
Ratzinger, J. 286, 304-306, 308-310, 317-319, 369n., 371, 375

Reau, L. 300
Régourdou (Dordona) 19
Reitzenstein, R. 91
Reichlen, H. 372
Renardet, E. 75
Reno 76
Renou. L. 146n., 150n., 162
Reynold, G. de 89n., 97
Richard, J.C. 282
Riedweg, C. 247
Ries, J. 7n., 10n., 25-26n., 46n., 58-59n., 63n., 65, 75, 77n., 82n., 96-97, 103-104n., 111n., 116n., 122n., 129n., 137n., 141-142, 162, 182, 206, 210n., 227, 229-230n., 232n., 235, 258n., 269, 271, 280n., 282, 290n., 304n., 327n., 328, 343n., 346n., 351, 362, 363n., 375
Rinpoché, S. 181n.
Robin, L. 256, 259
Rochette, B. 239
Ricoeur, P. 212n., 215-216, 218, 226-227
Ródano 66
Roguet, A.M. 375
Rohde, E. 227, 247, 259, 270, 375
Roma 66, 82, 222-223, 245, 272, 275-277, 280, 298, 303, 311n., 368
Romano, F. 259
Romanos 61, 67, 86, 274, 276, 277n.
Römer, C. 228
Rosati, C. 119
Rosenfeld, A. 53
Roux, J.P. 375
Rudolph, K. 236
Rússia 23, 91
Ruyt, F. de 62, 65

Sabbatucci, D. 227, 270-271, 282
Saint-Simon, H. de 354
Samoiedos 43
Samos 240, 338

Sanders, E.-P. 227
Sang Chao 204
Saqqara 102, 110
Sargão, rei assírio 120-121
Saturno 240
Sauneron, S. 8
Saxão Gramático 87n.
Scheffczyk, L. 349n., 351
Scheffer, T. von 227, 270
Scheil, V. 127n.
Scheler, M. 375
Scheuer, J. 336n.
Schipper, K. 206
Schmidt, C. 231n., 235
Schmidt, W. 38, 47
Schnapp-Gourbeillon, A. 266n.
Schönborn, C. 339n., 348, 350
Schröder, R.R. 96
Schuhl, P.M. 259
Schützinger, H. 123n.
Schwarz, F. 51n., 53
Schwertfeger, S. 282
Séjourné, L. 53
Selêucidas, dinastia helenística 290
Semitas 120
Seine-et-Marne 21
Senart, E. 161
Sêneca 276-277
Senegal 32
Sèrer 32
Sergent, B. 270
Sesklo (Tessália) 26
Sethe, K. 111n.
Sevrin, J.M. 376
Shakyamuni Buddha 201
Shanidar (Iraque) 19
Shiva, deus indiano 145-146, 158
Sibéria 43, 46
Sicília 241, 248, 255n.
Siddhārtha Gautama, cf.Buda

Siemons, J.L. 361, 375
Silburn, L. 148n., 162, 182
Simão, o samaritano 340
Sioux 40
Síria 120, 243, 344
Síria-Palestina 24-25, 288
Skhul (Israel) 18
Smagina, E. 233n., 236
Smet, R. de 161
Snellgrove, D.L. 182
Snorri Sturluson 77, 81-82, 89, 91, 93, 95
Sócrates 248-249, 253, 256
Soden, W. von 128
Söderblom, N. 142, 240
Solov'ëv, V. 316
Songtsen Gampo, imperador tibetano 173
Soothill, W.E. 196, 200
Sorel, R. 227
Sourdel, D. 329
Soustelle, J. 50, 53
Speleers, L. 111n.
Spencer, R. 35, 38
Spenta Mainyu, divindade zoroastriana 130, 132, 137, 377
Spiegel, J. 119
Spineto, N. 142, 268-269n., 271, 277n., 280n., 282
Srejović, D. 26, 53
Stein, A. 200
Steiner, R. 354-357, 360
Stephenson, G. 375
Steward, J.H. 42
Stöhr, W. 47
Stonehenge 78
Strehlow, T.G.H. 35, 38
Ström, A. 85-86, 91, 97
Stroumsa, G.G. 232n., 236
Suécia 76, 78
Suetônio 280n.
Sullivan, L. 34
Sun Tzu 198

Tabourin, Y. 21
Tacchi Venturi, P. 327
Tácito 77, 84, 88, 94
Tao Cheng 204-205
Tardan-Masquelier, Y. 153n., 162
Tardieu, M. 229n.
Tarquinia 63
Tax, S. 42
Tebas 102-103, 112, 264
Teodoro de Mopsuestia 309
Teófilo de Antioquia, santo 347
Teotihuancan (México) 48-49
Teresa de Lisieux, santa 309
Ternes, C.-M. 282
Tertuliano 279, 298, 300, 309, 313, 340-341, 348
Théodoridès, A. 63n., 115n., 328, 375
They, E. 97
Thomas, J. 269
Thomas, L.V. 10n., 17n., 30n., 34-35, 53, 271, 375-376
Thomas, P. 361
Thompson, J.E. 53
Thompson. L.G. 196
Thor, deus escandinavo 82, 84, 90
Thullier, J.P. 65
Thurii 223-224, 338
Tibete 173-178, 200, 203, 366-367
Tigre, rio 120
Timpanaro Cardini, M. 247
Titãs 214-216, 218-219, 225, 243, 263, 268, 337
Titicaca, lago 51
Tito de Bostra 344
Tito, imperador 280
Tlaloc, deus asteca 48-49
Tomé, santo 314
Tourniac, J. 376
Toynbee, J.M.C. 282
Trajano, imperador 303

Trimborn, H. 42, 53
Troia 116, 264
Troisfontaines, R. 376
Trungpa, C. 177, 372
Tsongkhapa, mestre budista 173
Tucci, G. 177
Tungúsicos, povos 43
Turcan, R. 280n., 282
Turchi, N. 271
Tutacâmon, faraó egípcio 113
Týr, deus germânico 81-84, 90

Uadi el-Natouf (Israel) 23
Ucko, P.J. 53
Urais 43
Urbain, J.D. 376
Uruk 122-123

Vacca, G. 207
Vaillant, G.C. 50
Valcamônica, ou Vale Camônica 24
Valentim 342
Valla, F.R. 23n.
Vallée-Poussin, L. de la 170n., 172-173, 203
Valois, H.V. 22n.
Van der Meer, F. 300n.
Van Eijk, T.H.C 297, 303n., 319, 351, 376
Van Imschoot, P.m. 289n.
Van Lindt, P. 232n.
Vancouver 40
Vandermeersch, B. 18n.
Vandersleyen, C. 119
Vandier, J. 103n., 105n., 119
Vandier-Nicolas, N. 204, 207
Vanir, deuses escandinavos 68, 82-84
Vannicelli, L. 207
Varenne, J. 150n., 160n., 161-162, 180n.
Varuna, deus indiano 59, 82, 130, 147
Vāyu, divindade Indiana 59

Vendryes, J. 58
Ventura, A. 328
Vênus 240
Vercoutter, J. 110, 119
Vernant, J.-P. 125n., 128, 137, 266, 270, 373
Vernette, J. 355n, 357, 361, 376
Vernus, P. 108-109n.
Vespasiano, imperador 280
Vézelay 300
Vian, F. 267, 269n., 271
Vigne, P. 361
Vikings 77
Virgílio 212, 274, 276
Vishnu, deus indiano 145-147, 158
Vogel, C.J. de 246
Vógulos 43
Vohu Manah, entidade divina zoroastriana 130
Volos (Tessália) 26
Vovelle, M. 371, 376
Vries, J. de 75, 82, 85-86, 88, 91, 97

Wagner, P. 85n., 89-90n., 92
Waica, povos do Orinoco 40-41
Waley, A. 196
Warner, W.L. 38
Wasson, G.R. 162
Watt, M.W. 328
Wegner, M. 276n.
Weinreich, O. 282
Wernert, P. 54
West, E. 133n., 140-141
Widengren, G. 131n., 134, 139, 142, 230, 236
Wieger, L. 196
Williams, P.V.A. 42
Wlosok, A. 282
Wolf, A.P. 196
Wolff, F. 129n.

390

Wolfson, H.A. 329
Wolski, W. 282
Wörfel, D.J. 78
Worms, E.A. 37

Xenócrates 263
Xenófanes 240

Yama, rei indiano 11, 150, 160-161, 204
Yang, C.K. 196
Yoyote, J. 115n., 117
Yuchi 40

Zaehner, R.C. 162
Zahan, D. 35
Zarathustra XXIX 129n., 131n., 134-136n., 138-139n., 141, 374
Zerries, O. 42, 53
Zeus 68, 211, 213-215, 222, 243, 264, 267, 276, 316
Zoetmulder, P. 47
Zoroastro → Zaratustra
Zuni, povos mexicanos 41
Zürcher, E. 207
Zwicker, J. 75

ÍNDICE GERAL

Sumário, 5

Introdução, 7

    1 A vida: Os primeiros esboços de uma reflexão sobre a vida, 7

        1.1 A vida como manifestação e como animação, 8

        1.2 A vida como organização, 8

        1.3 A vida como desgaste e cessação, 10

    2 A sobrevivência como vida para além do desgaste, 10

        2.1 A noção de sobrevivência, 11

        2.2 O modo como se organiza a sobrevivência, 12

I – Pré-história e populações de tradição oral, 15

1 As crenças do homem arcaico na sobrevivência – Do *homo habilis* ao homem do neolítico, 17

    1.1 Ritos e simbologia funerária no Musteriano, 18

    1.2 Sepulturas e simbologia funerária no Paleolítico Superior, 20

        1.2.1 O ocre vermelho, 20

        1.2.2 Os objetos de ornamentação, 21

        1.2.3 Os utensílios, 22

    1.3 Do Mesolítico ao Neolítico, 23

2 Morte e sobrevivência nas populações orais da África e da Austrália, 29

    2.1 A África Subsaariana, 29

        Bibliografia, 34

    2.2 A Austrália: A sobrevivência no pensamento religioso dos aborígenes australianos, 35

        Bibliografia, 37

3 A imortalidade e a sobrevivência nas religiões das populações ameríndias, árticas e finlandesas, 39

    3.1 As populações ameríndias, 39

        Bibliografia, 42

3.2 As populações árticas e finlandesas, 43

   3.2.1 As tribos siberianas, 43

   3.2.2 As populações finlandesas, 44

     Bibliografia, 44

3.3 Antepassados, xamãs, caminho dos mortos, 45

   Bibliografia, 47

4 Imortalidade e sobrevivência nas grandes religiões mesoamericanas, 48

4.1 As grandes civilizações pré-colombianas, 48

4.2 A religião dos astecas, 48

   4.2.1 O destino dos mortos, 49

     Bibliografia, 50

4.3 A religião maia, 50

4.4 A religião inca, 51

   Bibliografia, 51

II – Morte, destino e além-túmulo entre os indo-europeus, 55

Introdução, 57

1 Morte e sobrevivência entre os etruscos e neo-hititas, 61

1.1 Os etruscos, 61

1.2 Os neo-hititas, 64

Bibliografia, 65

2 Sobrevivência e imortalidade entre os celtas, 66

2.1 História, civilização e religião, 66

   2.1.1 As populações célticas, 66

   2.1.2 A civilização céltica, 67

   2.1.3 A expansão céltica, 67

   2.1.4 Os deuses dos celtas, 68

   2.1.5 Os druidas, 68

2.2 A morte e o além, 69

   2.2.1 Alguns textos de autores antigos, 69

   2.2.2 Funerais e túmulos, 70

   2.2.3 A mitologia e a épica célticas, 72

   2.2.4 A imortalidade como destino da alma, 73

Bibliografia seletiva, 74

Bibliografia complementar, 75

3 Vida, morte, sentido do destino e do além nas concepções dos antigos germânicos e escandinavos, 76

Introdução, 76

As fontes para o estudo da religião germânico-escandinava, 76

3.1 História e estrutura da religião, 77

    3.1.1 Os primeiros indícios de religiosidade, 77

    3.1.2 Sagrado e destino, 79

        a) Terminologia do sagrado e do destino, 79

        b) Destino e comportamento, 80

        c) Destino, família e clã, 81

        d) O sagrado fundamento do direito, 81

    3.1.3 Os deuses dos germânicos e dos escandinavos, 82

        a) *Odin, Wotan*, 83

        b) O deus *Týr-Tiwas*, 83

        c) O deus *Thor-donar*, 84

3.2 As crenças escatológicas dos antigos germânicos e escandinavos, 84

    3.2.1 A escatologia individual, 84

        a) A noção de alma, 84

        b) O problema da morte, 86

    3.2.2 *Hel*, a morada dos mortos, 88

    3.2.3 *Valhalla, Walhalla, Valhöll*, 90

    3.2.4 A escatologia cósmica: *Ragnarök*, 91

        a) O problema: o gigantesco combate, 91

        b) O texto do *Völuspá*, 92

        c) Outros textos, 93

    3.2.5 A regeneração do mundo, 93

Conclusões, 94

Léxico, 95

Bibliografia, 95

III – Destino humano, morte e sobrevivência segundo as grandes religiões do antigo Oriente Médio, 99

1 Sentido da vida e da morte e concepções do além-túmulo na religião do Egito faraônico, 101

Introdução, 101

A pré-história egípcia, 102

1.1 Os egípcios e o amor pela vida, 103

   1.1.1 *Ankh* (♀) como sinal da vida, 105

   1.1.2 *Ankh* (♀) como sinal da sobrevivência, 106

1.2 O egípcio diante da morte, 108

1.3 Ritos funerários e escatologia, 110

   1.3.1 O Império Antigo, 2700-2400 a.C. (segundo J. Vercoutter), da terceira à sexta dinastia, 110

   1.3.2 O Império Médio, décima segunda dinastia, 1994-1797 a.C., 112

   1.3.3 O Império Novo, 1580-1085 a.C., 113

1.4 O juízo dos mortos, 114

   1.4.1 *Maat*, encarnação da verdade e da justiça, 114

   1.4.2 O juízo do defunto, 115

   1.4.3 A psicostasia, a pesagem do coração, segundo o cap. 30 do *Livro dos mortos*, 116

   1.4.4 O juízo na sala das duas *Maat*, 116

1.5 O destino abençoado, 117

Bibliografia, 118

2 O homem mesopotâmico, seu destino e a morte, 120

Introdução, 120

2.1 *Gilgamesh* em busca da imortalidade, 122

2.2 A morte e o além, 123

   2.2.1 Os funerais e o percurso dos mortos, 123

   2.2.2 A morada nos infernos, 124

   2.2.3 A dependência dos mortos, 125

   2.2.4 A reação dos mortos, 126

2.3 O juízo dos mortos?, 126

Bibliografia seletiva, 127

3 A doutrina zoroastriana da sobrevivência, da imortalidade da alma e da renovação do mundo, 129

Introdução, 129

3.1 A reforma teológica de *Zaratustra*, 130

3.2 O homem na religião de *Zaratustra*, 131

3.3 *Zaratustra* e a salvação, 132

3.4 A viagem da alma após a morte, 133

3.5 O juízo da alma do defunto, 135

3.6 O destino da alma após o juízo, 136

3.7 A ressurreição dos mortos, 137

3.8 Um juízo final e uma renovação do mundo, 138

Conclusões, 140

Pequeno léxico, 140

Bibliografia, 141

IV – As grandes religiões da Ásia Central e Oriental, 143

1 A imortalidade segundo o vedismo, o bramanismo e o hinduísmo, 145

Introdução, 145

1.1 A Índia védica e a imortalidade, 146

    1.1.1 Os arianos e os *Vedas*, 146

      a) Acontecimentos, documentos, pensamento religioso, 146

      b) Os deuses védicos e a religião védica, 147

    1.1.2 A imortalidade segundo os *Vedas*, 147

      a) O elixir da imortalidade, 147

      b) Duração e cosmo, 148

      c) Importância da simbologia, 148

    1.1.3 As estruturas escatológicas dos hinos védicos, 149

1.2 A Índia dos *Brāhmaṇa*, 151

    1.2.1 Os *Brāhmaṇa*, 151

      a) Os textos, 151

      b) O sacrifício, 151

    1.2.2 A imortalidade, fruto do sacrifício, 152

    1.2.3 Os *Brāhmaṇa* e o além, 153

1.3 Os *Upaniṣad* – Interiorização do sacrifício, 153

    1.3.1 Os nossos documentos e o contexto social, 153

      a) Os *Upaniṣad*, 153

      b) A Índia das classes ou castas, 154

    1.3.2 As doutrinas, 154

      a) *Brahman-Ātman*, 154

      b) *Karman-saṃsāra*, 155

    1.3.3 A imortalidade segundo os *Upaniṣad*, 155

    1.3.4 Transmigração e salvação, 156

1.4 Imortalidade e *bhakti*, 157

   1.4.1 Os textos, 157

   1.4.2 A *bhakti*, 158

   1.4.3 A imortalidade segundo a *bhakti*, 158

1.5 A simbologia da imortalidade, 159

1.6 O juízo dos mortos, 160

Bibliografia, 161

2 A imortalidade segundo o budismo, 164

   2.1 O budismo, 164

      2.1.1 O Sermão de Benares, 164

         a) O texto, 164

         b) O alcance dessa doutrina, 165

      2.1.2 A Antropologia budista, 166

         a) O homem e sua existência, 166

         b) O ato, princípio criador e motor, 167

      2.1.3 O caminho para deter a dor, 167

   2.2 O budismo como via da santidade, 168

      2.2.1 A terminologia da santidade, 168

      2.2.2 Os meios da santidade, 168

      2.2.3 Os tipos de santidade, 169

         a) Os śrāvāka, 169

         b) O *Mahāyāna*, 169

   2.3 *Nirvāṇa*: imortalidade, 170

      2.3.1 A superação dos *Upaniṣad*, 170

      2.3.2 O *nirvāṇa* como estancamento da dor, 171

      2.3.3 O *nirvāṇa* como imortalidade, 171

   2.4 A imortalidade segundo o lamaísmo, 172

      2.4.1 O budismo tibetano, 173

      2.4.2 A concepção tibetana da morte, 174

         a) A alma, 174

         b) A morte e os ritos funerários, 174

      2.4.3 O *Bardo-Thodol*, ritual para a sobrevivência, 176

         a) O *Bardo-Thodol*, 176

         b) As edições e as traduções, 176

2.4.4 O caminho da imortalidade, 177

    a) O budismo da fé, 177

    b) O ritual: guia do defunto, 178

    c) As três etapas da libertação, 179

2.4.5 O *Bardo-Thodol* e os renascimentos, 180

Bibliografia, 181

3 As religiões da China – Sobrevivência e imortalidade, 184

Introdução, 184

3.1 Pensamento antigo chinês e sobrevivência, 187

    3.1.1 O Neolítico, 187

    3.1.2 A Idade do Bronze e o início da Idade do Ferro, 187

    3.1.3 O *yin-yang* e a reencarnação, 188

3.2 Taoismo e sobrevivência, 189

    3.2.1 O Tao, 189

    3.2.2 A busca da imortalidade, 191

        a) Crenças antigas, 191

        b) Lao-Tsé e a sobrevivência, 191

        c) Três categorias de imortais, 191

    3.2.3 As práticas da conquista da imortalidade, 192

        a) O princípio, 192

        b) O *Livro da vida* e o *Livro da morte*, 193

        c) As técnicas corpóreas: nutrir o corpo, 193

        d) As técnicas espirituais: nutrir o espírito, 194

3.3 Conclusões, 195

Bibliografia, 195

3.4 O confucionismo e a questão da sobrevivência, 196

    3.4.1 Notas de cronologia, 196

    3.4.2 Confúcio (551-479 a.C.), 197

    3.4.3 Confúcio e a imortalidade, 198

Bibliografia, 199

3.5 A imortalidade segundo o amidismo, 200

    3.5.1 Amida e o amidismo, 200

        a) *Amitabha-Amida*, 200

        b) Amidismo: um budismo místico, 201

c) O paraíso, 202

d) O budismo de *Amitabha* na China e no Japão, 202

3.5.2 Amidismo e imortalidade, 203

3.6 O juízo dos mortos na China, 204

Bibliografia, 205

V – Duas religiões dualistas e iniciáticas: O orfismo e o maniqueísmo, 209

1 A imortalidade nas doutrinas e nos rituais órficos, 211

1.1 Orfeu e seu mito, 211

1.1.1 O mito de Orfeu, 211

1.1.2 Orfeu, fundador de uma religião mistérica, 212

1.1.3 A teogonia órfica, 213

1.2 Antropologia órfica: dualismo, 214

1.2.1 As testemunhas desta antropologia dualista, 214

1.2.2 A doutrina dualista do orfismo, 215

1.3 Iniciação órfica e salvação, 216

1.3.1 A vida é uma escolha permanente, 216

1.3.2 Uma contestação da religião oficial?, 217

1.3.3 Doutrina de purificação da alma, 217

1.3.4 A iniciação órfica, 218

1.3.5 Uma religião de salvação, 218

1.4 A imortalidade da alma, 219

1.4.1 As fontes literárias, 220

a) A origem da crença, 220

b) Platão, 220

1.4.2 As folhas de ouro, 221

1.4.3 A imortalidade da alma, 224

a) Um nascimento místico, 224

b) A natureza divina da alma, 224

c) Ações injustas e reencarnação, 224

Conclusões, 225

Bibliografia, 226

2 A escatologia na religião de Mani, 228

2.1 A escatologia individual, 229

2.1.1 Morte e sobrevivência do eleito, 229

2.1.2 O destino do catecúmeno maniqueísta após a morte, 230

2.2 A escatologia cósmica, 231

    2.2.1 O dia do juízo, 231

    2.2.2 A destruição do cosmo com o fogo, 232

    2.2.3 Da Nova Era à Eternidade bendita, 233

Conclusões, 234

Bibliografia, 235

VI – A morte e o além no mundo greco-romano antigo, 237

1 As crenças pitagóricas na imortalidade celeste da alma, 239

    1.1 Vida e obra de Pitágoras, 240

    1.2 A filosofia pitagórica, 241

    1.3 A imortalidade da alma, 242

    1.4 Permanência do pitagorismo e neopitagorismo, 243

    Bibliografia, 246

2 Platão e a imortalidade da alma, 248

    2.1 Platão e sua obra, 248

        2.1.1 A vida (428-347), 248

        2.1.2 Os diálogos, 249

        2.1.3 O mundo das ideias, 249

    2.2 A alma é imortal, 250

        2.2.1 O cosmo e a sua alma, 250

        2.2.2 Caos e cosmo, 251

        2.2.3 O cosmo tem uma alma, 251

        2.2.4 Os viventes mortais e a alma imortal, 252

        2.2.5 As funções da alma, 254

        2.2.6 Essência e imortalidade da alma, 254

        2.2.7 Tentativa de síntese da doutrina platônica, 255

    2.3 A reencarnação, 255

        2.3.1 A herança órfico-pitagórica, 255

        2.3.2 O mito do destino das almas, 256

        2.3.3 A alma e a reencarnação, 256

        2.3.4 A reencarnação como imortalidade, 257

Conclusões, 258

Bibliografia, 259

3 A morte e o além na religião grega, 260

    3.1 Hades, o lugar e o deus dos mortos, 261

        3.1.1 A tradição de Homero e Hesíodo, 261

        3.1.2 As metamorfoses do Hades, 262

    3.2 O paraíso dos Campos Elíseos, 264

    3.3 A escatologia helênica e os mistérios, 265

    3.4 Os ritos funerários, 266

        3.4.1 A época de Homero, 266

        3.4.2 Rituais funerários da época clássica, 267

    Bibliografia, 269

4 Morte, sobrevivência e além-túmulo na antiguidade romana, 272

    4.1 O além-túmulo na concepção romana, 272

        4.1.1 As pesquisas de Dumézil, 272

        4.1.2 Testemunhos romanos sobre o além, 274

        4.1.3 Os testemunhos da arte funerária, 275

    4.2 Os ritos funerários romanos, 276

        4.2.1 Os funerais, 276

        4.2.2 O culto aos mortos, 278

    4.3 A divinização do defunto e a apoteose dos imperadores, 279

    Bibliografia, 281

VII – Morte, sobrevivência, imortalidade, ressurreição nos três monoteísmos abraâmicos, 283

Introdução, 285

Bibliografia, 287

1 A visão hebraica do além-túmulo nas tradições bíblicas veterotestamentárias, 288

    1.1 A morada dos mortos, 289

    1.2 A ressurreição dos mortos, 289

    1.3 A imortalidade do ser humano, 290

2 A visão cristã do além-túmulo, 292

    2.1 A imortalidade e a ressurreição nos textos fundadores do cristianismo, 292

        2.1.1 A sobrevivência do ser humano, 292

        2.1.2 A esperança da ressurreição, 292

2.1.3 O além-túmulo, 293

    a) O juízo, 293

    b) O paraíso, 294

    c) A *geena*, o inferno, 296

2.2 Desenvolvimentos da doutrina e da simbologia dos textos fundadores, 297

2.2.1 A ressurreição, 297

2.2.2 O juízo, 297

2.2.3 O céu, 298

2.2.4 O inferno, 299

2.2.5 O purgatório, 300

Conclusões, 301

3 Escatologia e teologia cristã, 303

3.1 Escatologia – Morte e vida eterna, 304

3.2 A morte e o além-túmulo – Perspectivas cristãs, 311

3.2.1 O destino último de cada pessoa, 311

3.2.2 A ressurreição da carne, 313

3.3 O destino último do universo e da história, 315

3.3.1 A última prova da Igreja, 315

3.3.2 A volta gloriosa de Cristo e a renovação de todas as coisas, 316

Conclusões, 317

Bibliografia, 319

4 Imortalidade e ressurreição nas crenças islâmicas, 320

4.1 Alá dispensador de vida e de morte, 320

4.1.1 Os *novíssimos*, 320

4.1.2 A antropologia muçulmana, 320

4.1.3 A noção de morte no islã, 321

4.2 A morte humana, 322

4.2.1 A morte, 322

4.2.2 A tumba e o primeiro juízo, 323

4.3 A ressurreição final, 323

4.3.1 O anúncio do último dia, 323

4.3.2 Os sinais precursores, 323

4.3.3 A doutrina da ressurreição, 324

4.3.4 As provas da ressurreição, 324

4.4 Ressurreição e juízo, 325

    4.4.1 Pesagem das almas e passagem da ponte de *sirât*, 325

    4.4.2 O inferno muçulmano, 326

    4.4.3 A recompensa: o gozo, 326

    4.4.4 Um corpo de ressurreição?, 326

Bibliografia, 327

VIII – Escatologia cristã e migração das almas, 331

1 Os cristãos diante da herança das religiões antigas, 333

  1.1 Às origens do pensamento cristão, 333

  1.2 O léxico antigo da migração das almas, 333

  1.3 As formas históricas da transmigração, 335

    1.3.1 A transmigração no bramanismo e no hinduísmo, 335

    1.3.2 A doutrina do renascimento no budismo, 335

    1.3.3 As doutrinas gregas, 336

      a) O orfismo, 336

      b) O modelo pitagórico: metassomatose, 338

      c) O modelo platônico, 339

    1.3.4 A oposição cristã às ideias greco-romanas sobre a migração das almas, 340

    1.3.5 Os confrontos entre cristãos e gnósticos, 341

    1.3.6 Refutação das doutrinas de Mani e dos sistemas dualistas da época medieval, 343

    1.3.7 A resposta dos cristãos: a ressurreição, 345

      a) A doutrina da ressurreição, 345

      b) Nascimento de uma antropologia cristã, 346

  1.4 Os argumentos dos Padres da Igreja, 347

    1.4.1 Orígenes, 348

    1.4.2 Tertuliano, 348

    1.4.3 Lactâncio (250-325), 349

Conclusões, 349

Bibliografia, 350

2 *New Age* e reencarnação, 352

  2.1 A herança dos precursores, 352

    2.1.1 Os predecessores, 352

2.1.2 A terminologia antiga e seu significado, 353

2.1.3 O retorno das doutrinas reencarnacionistas ao Ocidente, 354

2.2 A antropologia do *New Age*, 355

2.2.1 O princípio fundamental: o holismo, 355

2.2.2 A antropologia gnóstica, 356

2.2.3 A educação transpessoal, 356

2.3 A reencarnação na religiosidade do *New Age*, 357

2.3.1 Um elemento comum do *New Age*, 357

2.3.2 A reencarnação à luz do testemunho pessoal, 358

2.3.3 *New Age*, reencarnação e cultura de massa, 358

Síntese e conclusão, 359

Bibliografia, 361

Epílogo – O *homo religiosus* e seu destino, 363

Bibliografia seletiva e geral, 371

Índice dos nomes e dos principais lugares, 377

CULTURAL
- Administração
- Antropologia
- Biografias
- Comunicação
- Dinâmicas e Jogos
- Ecologia e Meio Ambiente
- Educação e Pedagogia
- Filosofia
- História
- Letras e Literatura
- Obras de referência
- Política
- Psicologia
- Saúde e Nutrição
- Serviço Social e Trabalho
- Sociologia

CATEQUÉTICO PASTORAL
Catequese
- Geral
- Crisma
- Primeira Eucaristia

Pastoral
- Geral
- Sacramental
- Familiar
- Social
- Ensino Religioso Escolar

TEOLÓGICO ESPIRITUAL
- Biografias
- Devocionários
- Espiritualidade e Mística
- Espiritualidade Mariana
- Franciscanismo
- Autoconhecimento
- Liturgia
- Obras de referência
- Sagrada Escritura e Livros Apócrifos

Teologia
- Bíblica
- Histórica
- Prática
- Sistemática

REVISTAS
- Concilium
- Estudos Bíblicos
- Grande Sinal
- REB (Revista Eclesiástica Brasileira)
- SEDOC (Serviço de Documentação)

VOZES NOBILIS
Uma linha editorial especial, com importantes autores, alto valor agregado e qualidade superior.

VOZES DE BOLSO
Obras clássicas de Ciências Humanas em formato de bolso.

PRODUTOS SAZONAIS
- Folhinha do Sagrado Coração de Jesus
- Calendário de mesa do Sagrado Coração de Jesus
- Agenda do Sagrado Coração de Jesus
- Almanaque Santo Antônio
- Agendinha
- Diário Vozes
- Meditações para o dia a dia
- Encontro diário com Deus
- Guia Litúrgico

CADASTRE-SE
www.vozes.com.br

EDITORA VOZES LTDA.
Rua Frei Luís, 100 – Centro – Cep 25689-900 – Petrópolis, RJ
Tel.: (24) 2233-9000 – Fax: (24) 2231-4676 – E-mail: vendas@vozes.com.br

UNIDADES NO BRASIL: Belo Horizonte, MG – Brasília, DF – Campinas, SP – Cuiabá, MT
Curitiba, PR – Fortaleza, CE – Goiânia, GO – Juiz de Fora, MG
Manaus, AM – Petrópolis, RJ – Porto Alegre, RS – Recife, PE – Rio de Janeiro, RJ
Salvador, BA – São Paulo, SP